中国人民大学科学研究基金（中央高校基本科研业务费专项基金资助）项目"中国古代交通史研究"成果（10XNL001）

曾磊 孙闻博
徐畅 李兰芳 ｜ 编

飞轸广路
中国古代交通史论集

中国社会科学出版社

图书在版编目（CIP）数据

飞軨广路：中国古代交通史论集／曾磊等编 . —北京：
中国社会科学出版社，2015.10
ISBN 978 - 7 - 5161 - 6792 - 2

Ⅰ.①飞…　Ⅱ.①曾…　Ⅲ.①交通运输史—中国—
古代—文集　Ⅳ.①F512.9 - 53

中国版本图书馆 CIP 数据核字（2015）第 192174 号

出 版 人	赵剑英
责任编辑	宋燕鹏
责任校对	石春梅
责任印制	李寡寡

出　　　版	中国社会科学出版社
社　　　址	北京鼓楼西大街甲 158 号
邮　　　编	100720
网　　　址	http://www.csspw.cn
发 行 部	010 - 84083685
门 市 部	010 - 84029450
经　　　销	新华书店及其他书店

印　　　刷	北京君升印刷有限公司
装　　　订	廊坊市广阳区广增装订厂
版　　　次	2015 年 10 月第 1 版
印　　　次	2015 年 10 月第 1 次印刷

开　　　本	710×1000　1/16
印　　　张	26
字　　　数	451 千字
定　　　价	80.00 元

序

我于 1984 年 12 月西北大学历史系中国古代史专业硕士学位研究生毕业，以硕士论文《论秦汉陆路运输》通过答辩，获历史学硕士学位。到今天算起来整整 30 年了。感谢我的导师林剑鸣教授和硕士论文答辩委员会主任委员方诗铭研究员的指导。我希望不辜负他们的期望，应当说，在秦汉史研究领域依然坚持耕作，也可以说历年小有进步。而就中国古代交通史研究而言，成果也逐渐有所积累。算起来，已经出版的书有：《中国古代交通文化》，三环出版社 1990 年版；《交通与古代社会》，陕西人民教育出版社 1993 年版；《秦汉交通史稿》，中共中央党校出版社 1994年版（中国人民大学出版社 2013 年增订版）；《跛足帝国：中国传统交通形态研究》，敦煌文艺出版社 1996 年版；《门祭与门神崇拜》，上海三联书店 1996 年版（《门祭与门神崇拜——"门"的民俗文化透视》，陕西人民出版社 2006 年版）；《中国古代交通》，广东人民出版社 1996 年版；《中国古代行旅生活》，商务印书馆国际有限公司 1996 年版（台湾商务印书馆 1998 年版）；《驿道驿站史话》，中国大百科全书出版社 2000 年版（《驿道史话》，社会科学文献出版社 2011 年版）；《邮传万里：驿站与邮递》，长春出版社 2004、2008 年版。近期又有列为中国人民大学科学研究基金（中央高校基本科研业务费专项资金资助）项目"中国古代交通史研究"（项目编号：10XNL001）成果的待出版学术专著《战国秦汉交通格局与区域行政》《中国古代交通文化论丛》《秦汉交通考古》《秦汉交通史新识》《中国蜀道·历史沿革》。现在回想，前面的 9 种书有深度的不多。当然学者也有普及历史知识的任务，但是未能推出较多质量精深的成果,毕竟遗憾。近期完成的 5 种虽然用心颇多,但是如果数年之后回过头来看,肯定还会有所遗憾。

交通史考察对于认识和理解整个历史文化进程的意义,已经逐渐为学界朋友们重视。我指导的学生们历年也多有中国古代交通史研究成果问世。陈宁的博士学位论文《秦汉马政研究》也列入中国人民大学科学研究基金(中央高校基本科研业务费专项资金资助)项目"中国古代交通史研究"(项目编号:10XNL001)成果之中,即将由中国社会科学出版社出版,就是一件值得高兴的事。

本书是在博士后期间与我建立合作关系的朋友以及我指导的博士生、硕士生有关中国古代交通史研究的论文合集。这应当是我们师生情谊的一种纪念,也是同学们同窗友情的一种纪念。曾磊、孙闻博、徐畅、李兰芳负责编集,曾磊总成其事。他们的辛劳,值得感谢。

读者如果认真披阅此书,可以发现,作者的考察视角分别涉及交通技术、交通制度、交通文化,以及交通与政治、经济的关系,交通对社会历史文化的影响。这样的研究思路,是符合交通史研究对象的多方面,观察的多方位,品质的多层次这些特点的。

李学勤先生说,"中国历史上的交通运输,是一项非常重要的学术课题","交通史作为一个学科分支,牵涉的方面很广,不止与经济的种种内涵,如农业、工业、贸易、赋税等等息息相关,和国家政治组织、文化传播、民族关系、对外的交往,也无不有着相当密切的联系。所以对交通史的探讨会对整个历史文化研究起重要的推进作用"。(《秦汉交通史稿》序,中国人民大学出版社 2013 年版)交通史如果作为专门史的一种,学术建设还需要很多努力。交通史研究的进步,当然只能倚仗青年学人的经营。热诚期望本书的作者继续相关工作,为交通史的学术进步再作贡献。也期望更多的青年历史学者和关心中国古代历史文化的朋友们介入中国古代交通史研究。

枚乘《七发》:"驯骐骥之马,驾飞軨之舆,乘牡骏之乘。"(《文选》卷三四)《古诗十九首》:"白杨何萧萧,松柏夹广路。"(《文选》卷二九),又刘桢《赠五官中郎将四首》之二:"素叶随风起,广路扬埃尘。"(《文选》卷二三)"飞軨""广路",是秦汉交通生活中常见的现象,我们借以形容交通史研究取得新的进步的乐观前景和广阔空间，可能也是适宜的。

王子今

2015 年 1 月 4 日酒后，于中国人民大学国学馆 202 室（前晚与学生 16 人于中国人民大学汇贤食府聚庆新年，其中若干位即本书作者，编者除曾磊远在天津外，孙闻博、徐畅、李兰芳皆在微醺中）

目　　录

燕秦汉时期辽西走廊考

　　——兼与王绵厚、李健才先生商榷 ……………………… 王　海（1）

放马滩秦简《日书》"行不得择日"篇考释 ……………… 姜守诚（16）

秦据汉水与南郡之置

　　——以军事交通与早期郡制为视角的考察 …………… 孙闻博（42）

秦代船及船官的考察

　　——以里耶秦简为视窗 ………………… 杨延霞　王　君（67）

从里耶简看秦代县、乡的公文传递机制

　　——兼论早期中国的以女性"行书" ………………… 徐　畅（78）

秦"封陵津印"考

　　——兼论风陵渡之得名 ………………………… 熊长云（106）

秦二世元年巡行探析 ……………………………… 靳金龙（111）

秦汉"太仆"考略 …………………………………… 陈　宁（123）

秦汉戍卒赴边问题初探 …………………………… 赵宠亮（136）

由会稽郡在秦汉交通格局中的地位看吴越之地的

　　文化演变 …………………………………… 黄　旭（157）

刘邦循武关道入秦原因再探 ……………………… 尤　佳（173）

汉初南郡的前进据点与郡国关系 ……………… ［韩］琴载元（197）

巫蛊之祸作战路线考 ……………………………… 曲柄睿（211）

天文信仰与王莽迁都洛阳 ………………………… 董　涛（221）

说"甲渠河南道" ………………………… 孙兆华　田家溧（233）

读居延汉简邮传文书札记二则 …………………… 李迎春（247）

居延汉简"车祭"简所见出行占色 …………………………… 曾　磊（256）

《焦氏易林》所见汉代交通行旅生活 ……………………… 刘志平（265）

巫术、风俗与礼仪：祖道的源流与变迁 …………………… 李玥凝（283）

略论汉代的独轮车

　　——兼谈文献中汉代"鹿车"事迹的独特文化内涵 ……… 党　超（303）

从长安到安邑：汉献帝东归历程中的政治角逐 …………… 崔建华（323）

诸葛亮北伐战略与蜀汉的交通与经济 ……………………… 吕　方（338）

孙吴的洲、渚屯戍

　　——兼说州中仓与三州仓 ………………………………… 汪华龙（349）

试论孙吴时期的海路交通的发展

　　——以大秦商人秦论来华为中心 ………………………… 钟良灿（362）

《广东新语》所载南越国史迹考

　　——兼论秦汉时期的岭南交通与岭南开发 …………… 杨倩如（370）

作者简介 ………………………………………………………… （405）

燕秦汉时期辽西走廊考[*]

——兼与王绵厚、李健才先生商榷

渤海大学历史学系　王　海

　　马克思、恩格斯说过："一个民族本身的整个内部结构都取决于它的生产以及内部和外部的交往的发展程度。"① "内部和外部的交往的发展程度"无疑与交通密切相关。王子今曾这样评价交通的历史意义："交通系统的完备程度决定古代国家的领土规模、防御能力和行政效能。交通系统是统一国家维持生存的首要条件。社会生产的发展也以交通发达程度为必要条件。生产技术的革新、生产工具的发明以及生产组织管理方式的进步，通过交通条件可以成千成万倍地扩大影响，收取效益，从而推动整个社会的前进。……从社会史、文化史的角度来看，交通网的布局、密度及其通行效率，决定了文化圈的范围和规模，甚至交通的速度也对社会生产和生活的节奏有重要的影响。"②

　　"辽西走廊"这一地理名称正式出现的时间虽不久远，但该地区在中国交通史上发挥的重要作用却由来已久。战国以前，辽西走廊所在地区

---

　　* 本文为辽宁省社科基金项目"秦汉魏晋时期辽海地区社会史研究"（L12BZS007）的阶段性成果。

　　① ［德］马克思、［德］恩格斯：《德意志意识形态》，中共中央马克思恩格斯列宁斯大林著作编译局编：《马克思恩格斯选集》第1卷，人民出版社1995年版，第25页。

　　② 王子今：《秦汉交通史稿》，中共中央党校出版社1994年版，第4—5页。

活动着诸多经济形态、文化面貌各异的民（部）族，[①] 该地区在促进各民（部）族对内、对外的沟通交往方面的意义业已彰显，区域交通处在初步发展阶段。[②]

燕秦汉时期，走廊所在地区首次纳入中原政权郡县制管辖体系。《史记·匈奴列传》记载战国时期秦、赵、燕等国对外扩张，有"燕有贤将秦开，为质于胡，胡甚信之。归而袭破走东胡，东胡却千余里。……燕亦筑长城，自造阳至襄平。置上谷、渔阳、右北平、辽西、辽东郡以拒胡"[③] 之语。《史记·秦始皇本纪》记载，秦统一后"分天下以为三十六郡"，《集解》列出了"三十六郡"的具体名称，其中包括"右北平、辽西"[④]。《汉书·地理志》记载，"右北平郡。户六万六千六百八十九，口三十二万七百八十。县十六"，"辽西郡。户七万二千六百五十四，口三十五万二千三百二十五。县十四"[⑤]。该时期辽西走廊大致相当于右北平、辽西郡地，[⑥] 属于华夏民族与边疆民族交往频繁、地区态势复杂多变的"北边"。[⑦]

交通系统的完善成熟是社会发展进步的重要构成方面，社会的发展进步也会极大地推动交通系统的完善成熟。由上述记载可见，燕秦汉时期辽西走廊城邑列布、人口众多，社会发展较为迅速。在这样的区域社会背景下，走廊"交通网的布局、密度及其通行效率"如何？

关于燕秦汉时期辽西走廊交通状况的研究，学界业已取得成果，其中以王绵厚、李健才《东北古代交通》（以下简称《交通》）一书为代表。该书以"战国时期燕秦辽东和辽西的古道交通"和"（汉魏

[①] 王立新：《辽西区夏至战国时期文化格局与经济形态的演进》，《考古学报》2004年第3期。

[②] 崔向东：《辽西走廊变迁与民族迁徙和文化交流》，《广西民族大学学报》（哲学社会科学版）2012年第4期。李亚光：《先秦时期辽西区的民族迁移与文化交流》，《内蒙古社会科学》（汉文版）2012年第4期。

[③] 《史记》卷一一〇《匈奴列传》，中华书局1982年版，第2885—2886页。

[④] 《史记》卷六《秦始皇本纪》，第239页。

[⑤] 《汉书》卷二八下《地理志下》，中华书局1962年版，第1624、1625页。

[⑥] 谭其骧主编：《中国历史地图集》第2册《秦·西汉·东汉时期》，中国地图出版社1982年版，第9—10、27—28、61—62页。

[⑦] 王海：《秦汉时期"北边"略说》，《史学月刊》2010年第6期。

时期）辽西右北平郡的陆路交通道"等章节进行讨论，认为汉魏时期已形成"北出卢龙向右北平郡治平刚道"、"辽西大凌河古道"和傍海的辽西"碣石道"三条干道。这些成果值得后学尊重与充分借鉴。

不过，也应该看到，《交通》的某些观点和结论尚有进一步商榷或补充完善的必要。以《交通》之成果为借鉴，同时利用更多的考古资料和与交通史相关的其他论著，可以对燕秦汉时期辽西走廊交通面貌做出更加科学系统的展示。以此为切入点，我们可以进一步考察燕秦汉时期辽西走廊交通与生态环境的相互影响、交通与民族关系的互动演变，① 交通与区域文化特质的关系等内容。从而使有关（燕）秦汉时期"北边"区域社会研究工作得到更加全面深入地推进。

一　"卢龙—平刚"道

对于该干道的基本走向，《交通》勾勒如下："过北京以东通县和河北蓟县、玉田、卢龙，然后进入滦河下游。自此古道避开辽西傍海道，稍转西北行；溯滦河谷地而上，越古'白檀'山地，由滦河支流青龙河溯源北行，再出青龙河或瀑河河口，上游进入今辽宁省西部青龙河上游凌源县叨尔登一带，这一带已勘察有汉代古城遗迹。由叨尔登再西北行经平泉，而进入老哈河上源五十家子河畔'黑城子'，即右北平郡治平刚故地。过平刚沿老哈河继续北行出塞，即到达匈奴左部之地。"②

在收集、整理相关资料的基础上，通过对文化遗迹定点、连线的方法，有助于进一步明晰该道的具体走向（表1），同时对其形成时间得出相对准确的认识。

---

① 王海：《燕秦汉时期辽西走廊与东北民族关系》，《南都学坛》2013年第1期。
② 王绵厚、李健才：《东北古代交通》，沈阳出版社1990年版，第44—45页。

表1 燕秦汉时期"卢龙—平刚"道文化遗迹分布情况

文化遗迹所在地	性质	示意图编号
平泉县南五十家子乡会州城村	战国汉代遗址①	A1
宁城县甸子乡黑城村	西汉右北平郡治平刚县城②	A2
宁城县八里罕镇塔其营子村	汉代城址③	A3
建平县三家乡西胡素台村	西汉潒县城④	A4
喀喇沁旗西桥乡七家村	汉代城址⑤	A5
喀喇沁旗乃林镇北山根村	汉代城址⑥	A6
赤峰市美丽河镇美丽河村	战国秦汉城址⑦	A7
赤峰市三眼井乡三眼井村	西汉廷陵县城⑧	A8
赤峰市蜘蛛山	战国汉初遗址⑨	A9
建平县张家营子镇张家营子村	汉代城址⑩	A10
建平县北二十家子乡	战国城址⑪	A11
敖汉旗四道湾子镇	燕国"狗泽都"遗址⑫	A12

　　结合图1可见,由卢龙塞前往平刚大致有两条道路可循:一是经令支沿濡水(今滦河)北行,再沿滦河支流瀑河进抵今河北平泉(A1),由此进入发源于平泉西北的乌候秦水(今老哈河)谷道,循此谷道即可到达平刚。二是由肥如沿玄水(今青龙河)北行进入今凌源境内,此后道

---

① 黄信、梁亮、张守义、张春长:《承德地区辽金元时期城址勘查报告》,《文物世界》2008 年第 5 期。

② 李文信:《西汉右北平郡治平刚考》,《社会科学战线》1983 年第 1 期。

③ 李庆发、张克举:《辽宁西部汉代长城调查报告》,《北方文物》1987 年第 2 期。

④ 王绵厚:《两汉时期辽宁建置述论》,《东北地方史研究》1985 年第 1 期。

⑤ 李庆发、张克举:《辽宁西部汉代长城调查报告》。

⑥ 同上。

⑦ 项春松:《昭乌达盟燕秦长城遗址调查报告》,《中国长城遗迹调查报告集》,文物出版社 1981 年版,第 14 页。

⑧ 王绵厚:《秦汉东北史》,辽宁人民出版社 1994 年版,第 291 页。

⑨ 中国社会科学院考古研究所内蒙古工作队:《赤峰蜘蛛山遗址的发掘》,《考古学报》1979 年第 2 期。

⑩ 李庆发、张克举:《辽宁西部汉代长城调查报告》。

⑪ 项春松:《昭乌达盟燕秦长城遗址调查报告》,《中国长城遗迹调查报告集》,第 15 页。

⑫ 邵国田:《内蒙古敖汉旗四道湾子燕国"狗泽都"遗址调查》,《考古》1989 年第 4 期。

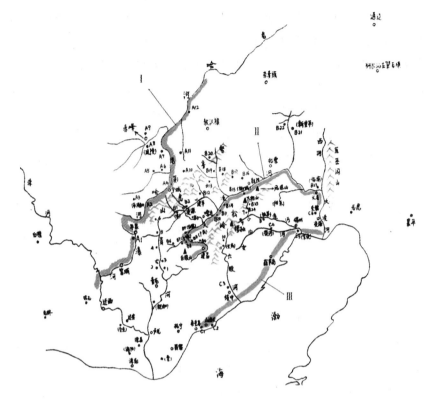

图 1　燕秦汉时期辽西走廊示意图

说明：此图绘制参考谭其骧主编《中国历史地图集》第 2 册之相关部分及王绵厚《大凌河水系历史地理考辨——兼与张博泉同志商榷》（《社会科学战线》1982 年第 1 期）一文之示意图。其中，"●"为燕秦汉时期文化遗迹，括号内为古地名，"卢龙—平冈"道、"白狼水—渝水"谷道和辽西"并海道"之主干分别为Ⅰ、Ⅱ、Ⅲ。

路可分为二：其一溯青龙河源穿越努鲁儿虎山，循山间河谷进入老哈河谷道，进而抵达平刚；其二取道青龙河支流西行前往平泉（今沈阳至承德铁路线、101 国道均由此路），再由此前往平刚。相比而言，后者的通行效率低于前者，无论是穿越努鲁儿虎山，还是由青龙河流域前往瀑河流域，似乎都不如由滦河（瀑河）流域直接进入老哈河流域快速便捷，所以，将前者作为"卢龙—平刚"的主干道或许更加接近历史原貌。

从《交通》的框架、行文看，该道形成时间应在汉代。实际上，早在战国时期即已开辟。例如，在今平泉县城以南的南五十家子乡发现辽金元时期会州城遗址,在遗址及周边也采集到陶器残片、铁犁铧、五铢钱等典型的战国、汉代遗物,据此,考古工作者推测"会州城下应有战国及汉代时期的遗存"①。在今宁城县甸子乡黑城村,除了有西汉右北平郡治平刚城(A2)外,还有一座位于平刚城后外部并以其北墙作为南壁的城址,当地俗称"花城"。据考察,花城应是战国燕修筑的一座军事防御城堡。②顺老哈河而行,在赤峰美丽河镇美丽河村、敖汉旗四道湾子镇均发现具有战国燕文化性质的遗迹(A7、A12),而后者竟已远在燕长城以北约13公里处。依次将这些文化遗迹连接起来可见,"卢龙—平刚"道在燕国占领辽西走廊后即已得到一定程度的开辟。遗憾的是,这在《交通》"战国时期燕秦辽东和辽西的古道交通"章节中并未提及。

二 "白狼水—渝水"谷道

首先说一下道路命名问题。"白狼水—渝水"谷道即《交通》中的"辽西大凌河古道"。不过,"大凌河"乃后起称谓,并非燕秦汉时期的原称。《汉书·地理志》记载辽西郡下辖十四县中包括"交黎"和"临渝",相关注释涉及如下两条河流:"交黎,渝水首受塞外,南入海。东部都尉治。莽曰禽虏","临渝,渝水首受白狼,东入塞外。……莽曰冯德"③。据李殿福考证:"在唐以前诸史把大凌河的主源,谓作牤牛河,把牤牛河与今大凌河下游,通称渝水;而发源于建昌南,北流至下府这段水,称为白狼水,作为渝水的支流。"④看来,以"白狼水—渝水"谷道代替"辽西大凌河古道"一称,应更接近燕秦汉时期的历史。

关于"白狼水—渝水"谷道基本走向及形成时间,《交通》有较为细致的考证,结合沿道相关文化遗迹可生成表2。参照表2并结合图1,有助于直观清楚地认识相关问题。本文仅就一些旁支内容加以讨论。

---

① 黄信、梁亮、张守义、张春长:《承德地区辽金元时期城址勘查报告》。
② 冯永谦、姜念思:《宁城县黑城古城址调查》,《考古》1982年第2期。
③ 《汉书》卷二八下《地理志下》,第1625页。
④ 李殿福:《西汉辽西郡水道、郡县治所初探》,《辽宁大学学报》1982年第2期。

表2　　　　燕秦汉时期"白狼水—渝水"谷道（大凌河谷道）
文化遗迹分布情况

文化遗迹所在地	性质	示意图编号
凌源市城关镇安杖子村	西汉字县城①	B1
凌源市凌北镇三官甸子村	战国秦汉遗址②	B2
喀左县六官营子镇	春秋战国墓群③	B3
喀左县南公营子镇小店村、铁岭村	战国秦汉遗址④、西汉广成县城⑤	B4、B5
喀左县四合当镇	战国秦汉遗址⑥	B6
喀左县山嘴子镇黄家店村、桃花池村	西汉石城县城⑦、战国遗址⑧	B7、B8
喀左县平房子镇黄道营子村	西汉白狼县城⑨	B9
喀左县羊角沟乡小黄杖子村、羊角沟村	战国汉代城址、汉代遗址⑩	B10、B11
建平县万寿镇扎寨营子村	战国汉代城址⑪	B12
建平县榆树林子镇炮手营子村	汉代城址⑫	B13
朝阳县胜利乡	汉魏遗址⑬	B14
朝阳市袁台子乡十二台营子村	西汉柳城县城⑭、战国秦汉墓群⑮	B15

① 王绵厚：《秦汉东北史》，第291—292页。不过，有学者认为此乃西汉石城县城，参见辽宁省文物考古研究所《辽宁凌源安杖子古城址发掘报告》，《考古学报》1996年第2期。

② 王绵厚、李健才：《东北古代交通》，第50页。

③ 同上。

④ 同上书，第49页。

⑤ 王绵厚：《秦汉东北史》，第293页。

⑥ 王绵厚、李健才：《东北古代交通》，第49页。

⑦ 孙进己、王绵厚主编：《东北历史地理》，黑龙江人民出版社1989年版，第315页。

⑧ 王绵厚、李健才：《东北古代交通》，第49页。

⑨ 刘新民：《白狼山与白狼城考》，《辽宁省考古学会会刊》（创刊号）。王绵厚：《秦汉东北史》，第292—293页。

⑩ 王绵厚、李健才：《东北古代交通》，第48页。

⑪ 李宇峰：《辽宁建平县两座西汉古城址调查》，《考古》1987年第2期。

⑫ 李庆发、张克举：《辽宁西部汉代长城调查报告》。

⑬ 王绵厚、李健才：《东北古代交通》，第48页。

⑭ 中央民族学院编辑组：《〈中国历史地图集〉东北地区资料汇编》，中央民族学院出版社1979年版，第3页。

⑮ 辽宁省博物馆文物队：《辽宁朝阳袁台子西汉墓1979年发掘简报》，《文物》1990年第2期。

文化遗迹所在地	性质	示意图编号
朝阳县召都巴镇召都巴村	西汉城址①	B16
朝阳县大庙镇土城子村	西汉城址②	B17
朝阳县大青山	汉代至辽代关隘山城③	B18
建平县喀喇沁镇河东村	战国遗址④	B19
敖汉旗四家子镇老虎山村	战国秦汉遗址⑤	B20
奈曼旗南湾子乡沙巴营子屯	西汉新安平县城⑥	B21
奈曼旗土城子镇	战国秦汉城址⑦	B22
义县九道岭镇复兴堡村	西汉临渝县城⑧	B23
朝阳县南双庙乡	战国汉魏城址、汉魏墓群⑨	B24、B25

"汉际辽西、右北平郡的戍边之道"属于"白狼水—渝水"谷道。《交通》第二章第三节讨论汉魏时期"辽西右北平郡的陆路交通道",其中第六部分讲"汉际辽西、右北平郡的戍边之道"。具体而言,该"戍边之道"有两条:一条是"柳城西北出右北平郡治'平刚'道",另一条是"柳城东行通向临渝和新安平道"。著者对于这两条道路上若干文化遗迹的勘察与考证工作值得尊重和肯定,不过,一些枝节问题的处理似乎

---

① 孙进己、王绵厚主编:《东北历史地理》,第301页。该书推断召都巴古城为西汉辽西郡且虑县所在。柳城乃都尉治所,按常理来讲,郡治所在不应位于都尉治所北部更加靠近边塞之处,故以上推断值得商榷。

② 孙进己、王绵厚主编:《东北历史地理》,第301页。王绵厚、李健才:《东北古代交通》,第67—68页。

③ 孙进己、王绵厚主编:《东北历史地理》,第301页。

④ 辽宁省博物馆文物工作队、朝阳地区博物馆文物组:《辽宁建平县喀喇沁河东遗址试掘简报》,《考古》1983年第11期。

⑤ 敖汉旗文化馆:《敖汉旗老虎山遗址出土秦代铁权和战国铁器》,《考古》1976年第5期;项春松:《昭乌达盟燕秦长城遗址调查报告》,《中国长城遗迹调查报告集》,第15页。

⑥ 王绵厚:《秦汉东北史》,第286页。

⑦ 李殿福:《吉林省西南部的燕秦汉文化》,《社会科学战线》1978年第3期。

⑧ 王绵厚:《两汉辽宁建置述论》,《东北地方史研究》1985年第1期。王绵厚:《秦汉东北史》,第289页。

⑨ 王绵厚、李健才:《东北古代交通》,第60、47页。

可以做得更好。参照表 2 和图 1 可见,第一条道路在经过 B16、B17、B18 之后应该能够与 B19、B20 两点衔接,也就是说,该道路应沿着今老虎山河谷道穿越努鲁儿虎山。对此,《交通》甚至也说:"从马迷水村大青山关隘西北行,十余里既发现有穿过老虎山河上游、今敖汉旗四家子乡努鲁儿虎山西麓的一段汉长城遗址。过老虎山河长城,再西北出塞,不过数十里,又有右北平郡北境的战国至汉初燕、秦、汉古长城遗迹。"[1] 第二条道路是由今大凌河干流进抵其支流牦牛河、西河,然后溯牦牛河、西河北上前往边塞,被考证为县邑的 B21(新安平)、B23(西汉临渝)分别位于这两条支流近旁,无疑发挥着区域主要据点和戍边中转站的重要作用。至此,问题随之而来。这两条戍边道路主要是循老虎山河、牦牛河和西河谷道北抵边塞,而这三条河流均属于大凌河分支。可见,"汉际辽西、右北平郡的戍边之道"应属于"白狼水—渝水"谷道组成部分。然而,在《交通》本节的内容构架里,"辽西大凌河古道的形成"被作为第二部分与讨论以上内容的第六部分并列,难免会让人产生误解。实际上,王绵厚曾在其早期文章中对大凌河水系历史地理问题有过精彩考辩,老虎山河、牦牛河、西河都是该水系的组成部分。[2]

"辽西郡之柳城—交黎道"存在更加便捷之通途。《交通》第二章第三节第五部分讨论"辽西郡之柳城—交黎道"。该道基本走向是"由汉'柳城'东南沿小凌河北岸,东去大凌河下游的'昌黎'和医巫闾山南的'无虑县'的古道"。[3] 从图 1 上看,此道应由 B15 出发,途经小凌河北岸的 8 号点(狐苏县邑),其间可能经过 B25、B24 和 7 号点,再由 8 号点顺流而下,从小凌河水系进入大凌河水系而抵达 C6。毋庸置疑,这确实是一条西汉时期连接辽西郡东、西两部都尉治所,东汉时期连接柳城与辽东属国都尉治所[4]的交通线。但是,我们不能忽略另一条连接柳城与交黎的交通线。上面说到"汉际辽西、右北平郡的戍边之道",其中包括"柳城东行通向临渝和新安平道"。实际上,在进抵临渝(B23)后,沿

① 王绵厚、李健才:《东北古代交通》,第 68 页。
② 王绵厚:《大凌河水系历史地理考辩》,《社会科学战线》1982 年第 1 期。
③ 王绵厚、李健才:《东北古代交通》,第 66 页。
④ 谭其骧主编:《中国历史地图集》第 2 册《秦·西汉·东汉时期》,第 27—28、61—62 页。

着因医巫闾山阻断而南流的大凌河下游河道便可到达交黎（C6）。前者要由大凌河水系进入小凌河水系，继而再回归大凌河水系，后者则只需从大凌河中游进抵其下游，相比之下，后者的通行效率似乎更高。这条循大凌河干道而行的"辽西郡之柳城—交黎道"无疑属于"白狼水—渝水"谷道，不过，《交通》在"辽西大凌河谷道的形成"部分并未言及。

三　辽西"并海道"

《交通》曾介绍先秦时期的"辽西傍海之'屠何、孤竹'道"和"汉魏时期的傍海碣石道"。两条道路基本走向分别是："循今辽西大小凌河下游西行，缘女儿河谷上游，进入六股河谷道，然后傍海西南行，经'渝关'和卢龙等地'孤竹、令支'故城，进入燕、晋之地。然后东行转至山东齐国旧地"；"开始于朝阳南袁台子，沿十二台子河，进入小凌河上游和六股河上游的巴什罕古城；顺六股河而下，经绥中古城寨后，西南到达山海关外十八里的万家乡金丝屯古城和'姜女坟'（碣石）。过碣石后，则经过抚宁县古城村古'临渝县城'"[1]。两条交通线的大部分路途当循辽西山地丘陵间的河谷而行，似乎难与"傍海"相符。

关于辽西地区"傍海"而行的交通线，另有学者进行过研究。史念海认为："东北诸郡濒海之处，地势平衍，修筑道路易于施工，故东出之途此为最便。始皇、二世以及武帝皆尝游于碣石，碣石临大海，为东北诸郡之门户，且有驰道可达，自碣石循海东行，以至辽西辽东二郡，再由辽东斜趋而东南行，渡浿水即抵朝鲜。武帝之时，左将军荀彘佐杨仆东征朝鲜，其出师之途即遵此路。"[2] 王子今曾说："《盐铁论·险固》论'关梁者邦国之固，而山社稷之金'，说到战国时代各国凭险筑关，'燕塞碣石，绝邪谷，绕援辽'。显然由碣石而东，沿海有交通大道……'傍海道'即并海道……这一段并海道虽往往受水害影响，难以通行，然而较

①　王绵厚、李健才：《东北古代交通》，第13、61页。

②　史念海：《秦汉时代国内之交通路线》，《文史杂志》1944年第1、2期。

卢龙平冈山路显然便捷平易，至少在建武以后200年间长期作为联系中原与辽河地区的主要交通线路。"①

表3　　　　　　　　燕秦汉时期"并海道"文化遗迹分布情况

文化遗迹所在地	性质	示意图编号
山海关区石河镇古城村	东汉临渝县城②	C1
绥中县万家镇石碑地	秦汉"碣石"行宫遗址③	C2
绥中县高台镇腰古城寨村	汉代城址④	C3
葫芦岛市台集屯镇	汉代徒河县城⑤	C4
凌海市娘娘宫镇高山子村	汉代宾徒县城⑥	C5
凌海市大业镇大业堡村	西汉交黎/东汉昌黎县城⑦	C6

比较而言，笔者更倾向于以上二位先生的观点。从C3到C6的四座城址虽均地处河岸边，却都位于河流下游入海口附近的"地势平衍"处，显然，C1至C6间的往来要比崎岖难行的河谷交通"便捷平易"（见表3）。《交通》之所以没有重视燕秦汉时期的这条道路，一定程度上受到西汉后期渤海湾海侵的影响，为此还专门写有"汉魏时辽西'碣石道'的水陆变迁"等考证内容。实际上，从现有资料分析，海侵是否影响到渤海湾北岸尚难判断，而《交通》的相关推断也难以令人信服。⑧ 另从文献记载看，这段"往往受水害影响"的并海道尚可通行。汉献帝建

①　王子今：《秦汉时代的并海道》，《中国历史地理论丛》1988年第2期。
②　王绵厚：《秦汉东北史》，第290页。
③　辽宁省文物考古研究所姜女石工作站：《辽宁绥中县"姜女石"秦汉建筑群址石碑地遗址的勘探与试掘》，《考古》1997年第10期。
④　王绵厚：《秦汉东北史》，第278—279页。王先生认为该城址乃东汉辽西郡治阳乐县。而《〈中国历史地图集〉东北地区资料汇编》一书则认为，两汉时期的辽西郡治阳乐应位于今义县西偏南一带（第5页）。本文倾向于后者，但该遗址无疑是当时"并海道"上的重要城邑。
⑤　朱永刚、王立新：《辽宁锦西邰集屯三座古城址考古纪略及相关问题》，《北方文物》1997年第2期。不过，有学者认为邰集屯古城是西汉辽西郡郡治且虑县所在地（王成生：《汉且虑县及相关陶铭考》，《辽海文物学刊》1997年第2期），该观点值得注意。
⑥　孙进己、王绵厚主编：《东北历史地理》，第306页。
⑦　王绵厚：《秦汉东北史》，第288页。
⑧　王绵厚、李健才：《东北古代交通》，第63—64页。

安十二年（207），曹操北征乌桓，"夏五月，至无终。秋七月，大水，傍海道不通"①。《三国志》中《田畴传》亦载此事："（畴）随军次无终。时方夏水雨，而滨海洿下，泞滞不通，虏亦遮守蹊要，军不得进。太祖患之，以问畴。畴曰：'此道，秋夏每常有水，浅不通车马，深不载舟船，为难久矣。'"②"滨海""洿下""泞滞"等词汇都表明这条"并海道"应位于海岸线附近的"地势平衍"处，而非河谷纵横的山地丘陵地区。更重要的是，"秋夏每常有水"说明并海道的通行受季节气候因素影响，曹操也正是利用此点，采取麻痹敌人、出其不意的战术。《三国志·田畴传》有言："（操）乃引军还，而署大木表于水侧路傍曰：'方今暑夏，道路不通，且俟秋冬，乃复进军。'虏候骑见之，诚以为大军去也。太祖令畴将其众为乡导，上徐无山，出卢龙，历平冈，登白狼堆，去柳城二百余里，虏乃惊觉。单于身自临陈，太祖与交战，遂大斩获，追奔逐北，至柳城。"③看来，在秋冬时节，并海道还是具备军队通行条件的，曹操"且俟秋冬，乃复进军"的疑兵之术奏效了。

关于曹操北征乌桓的班师路线，《交通》认为曹军当经由"汉魏时期的傍海碣石道"，④参看图1，应主要经过 B15、B24、9、11、C3、C2 各点。实际上，曹军经辽西"并海道"班师的可能性似乎更大。第一，曹操进军本首选"并海道"，只是受季节气候因素影响改道。班师时值深秋"九月"，著名的《碣石篇》成于"孟冬十月"，"傍海道""洿下"和"泞滞"的情况大有好转，可供大军通行，行进效率高于山地丘陵间的河谷道。第二，由"并海道"班师能起到加强边防、震慑敌方的作用。北征之后，曹操掌控除辽东、朝鲜外的东北地区，而割据辽东的公孙氏政权以及逃往辽东的乌桓、袁氏残余的威胁仍在。从柳城取道"并海道"班师，沿途可经 B23、C6、C5、C4、C3 等汉代重要边城，利于加强边防建设、巩固新占领区，同时还能向敌对势力施加压力。果然，不久之后，"（公孙）康即斩尚、熙及速仆丸等，传其首"。⑤可见，辽西"并海道"

---

① 《三国志》卷一《魏书·武帝纪》，中华书局1982年版，第29页。

② 《三国志》卷一一《魏书·田畴传》，第342页。

③ 同上。

④ 王绵厚、李健才：《东北古代交通》，第61—62页。

⑤ 《三国志》卷一《魏书·武帝纪》，第29页。

在汉末三国东北地区政治、民族形势中依然发挥着较大功效。

四　辽西走廊交通网

"卢龙—平刚"道、"白狼水—渝水"谷道和辽西"并海道"是燕秦汉时期辽西走廊三条交通干道，有效连接着中原与东北地区，彼此间也存在着密切联系。此外，走廊内还有一些道路，对于整体的交通运行发挥着重要辅助作用（见表4）。可以说，该时期辽西走廊已形成一张高效交通网络。

表4　　　　　燕秦汉时期辽西走廊其他道路文化遗迹分布情况

文化遗迹所在地	性质	示意图编号
凌源市叼尔登镇北营子村、头道河村	汉代遗址、汉代城址①	1，2
凌源市三道河子乡五道河子村	战国墓群②	3
凌源市大河北乡大窝铺村	汉代遗址③	4
凌源市三十家子镇北宫村	汉代遗址④	5
平泉县台头山乡三家村	汉代城址⑤	6
朝阳县羊山镇五佛洞	汉晋城址⑥	7
朝阳县东大屯乡松树嘴子村	西汉狐苏县城⑦	8
朝阳县黑牛营子乡	汉魏辽代城址⑧	9
建昌县巴什罕乡土城子村	战国秦汉城址⑨	10
建昌县二道湾子乡后城子村	西汉文成县城⑩	11

①　王绵厚、李健才：《东北古代交通》，第50页。

②　辽宁省文物考古研究所：《辽宁凌源县五道河子战国墓发掘简报》，《文物》1989年第2期。

③　王绵厚、李健才：《东北古代交通》，第50页。

④　同上。

⑤　河北省文物管理处：《河北省三十年来的考古工作》，文物编辑委员会编《文物考古工作三十年（1949—1979）》，文物出版社1979年版，第45页。

⑥　王绵厚、李健才：《东北古代交通》，第60页。

⑦　中央民族学院编辑组：《〈中国历史地图集〉东北地区资料汇编》，第5页。佟柱臣：《考古学上汉代及汉代以前的东北疆域》，《考古学报》1956年第1期。

⑧　王绵厚、李健才：《东北古代交通》，第60页。

⑨　王绵厚：《秦汉东北史》，第289页。

⑩　同上书，第289—290页。

　　《汉书·地理志》记载西汉右北平郡下辖十六县中包括"平刚""石成""聚""字""白狼""广成"等，其中，平刚、聚位于"卢龙—平刚"道，而石成、字、白狼、广成位于"白狼水—渝水"谷道。既然以上诸县同属一郡，即便地处不同的交通道路，彼此间也理应建立联系，对于郡治平刚（A2）而言，必须与"白狼水—渝水"谷道上的字（B1）、白狼（B9）、石成（B7）、广成（B5）各县密切沟通，保证上级政令、下级情况的及时下达与上报。分属于不同郡的城邑间也要保持经常联系，当遇到重大政治、军事情况时做到步调一致和相互间的有效配合。以上推论得到考古发现的证实。在平刚城址中发现"渔阳太守章"和"白狼之丞"封泥，① 在安杖子城址中发现"右北 太守 ""廷陵丞印""聚丞之印""夕阳丞印""泉州丞印""无终□□"等封泥。② 图1表明，大凌河西源南大河及其支流、大凌河支流叶柏寿河与老虎山河等，均深入努鲁儿虎山脉中，当有路径通往老哈河或其支流，而6、B1、B2、B12、B13、B20、A10 等文化遗迹，应是沟通这两条主干道的支线上的重要据点。相比之下，"白狼水—渝水"谷道和辽西"并海道"的沟通更为便捷，两者在今大凌河下游入海处附近地域相衔接，C6 为关键交点，或许正因如此，它才被定为辽西郡东部都尉治所。

　　除三条干道外，走廊内还有今青龙河、六股河、小凌河等辅助性交通道。通过今青龙河谷道，"白狼水—渝水"谷道方能与燕山山脉南部、进而与中原相通。借助今小凌河上游谷道和六股河谷道，从"白狼水—渝水"谷道上的重镇柳城（B15）可南抵狐苏（8）、文成（11），进而与辽西"并海道"相通（C3）。另外，从辽西"并海道"上的宾徒（C5）启程，可沿今小凌河谷道前往狐苏（8）、柳城（B15），从徒何（C4）出发，可循小凌河支流女儿河谷道去往文成（11）。

　　以上对燕秦汉时期辽西走廊交通面貌的讨论，只是勾勒出一个粗线条。尽管如此，依然可以认定该时期走廊交通呈多线并行、主次分

---

① 冯永谦、姜念思：《宁城县黑城古城址调查》。
② 辽宁省文物考古研究所：《辽宁凌源安杖子古城址发掘报告》。

明、联系紧密之势，交通网业已成熟，总体布局合理、效率较高。相信随着更多的考古发现，相关讨论会更加深入，走廊交通面貌也会越加清晰。

（原载《咸阳师范学院学报》2013 年第 5 期，收入本书时有所改动）

放马滩秦简《日书》"行不得择日"篇考释[*]

中国社会科学院哲学研究所　姜守诚

20 世纪 80 年代，甘肃省天水市放马滩地区发掘了十四座秦汉墓葬（秦墓十三座、西汉墓一座），其中一号秦墓（M1）出土了竹简461 枚，内容涉及《日书》（甲、乙种）及《志怪故事》，引起了学术界的广泛关注。[①] 本文所讨论的是这两种《日书》中涉及出行禁忌的一段论述。

甲种《日书》第 66—67 简下栏曰："┃禹须臾·行不得择日：出邑门，禹步三，乡北斗，质、画地，视之曰：'禹有直五横，今利行，＝毋咎，为禹前除得。'"[②]

乙种《日书》第 165 简曰："禹须臾·行不得择日：出邑门，禹步三，乡北斗，质、画地，视之曰：'禹有直五横，今利行，＝毋咎，为禹

＊ 本文为国家社会科学基金青年项目"汉晋道教与方术民俗——以出土资料为背景"（09CZJ005）的阶段性成果。

① 这座秦墓中出土竹简的内容分为甲种《日书》（计73 枚）、乙种《日书》（381 枚）、《志怪故事》（7 枚）三种。据发掘报告称："放马滩秦墓的时代早至战国中期，晚至秦始皇统一前。其中一号墓的下葬时代约在公元前 239 年以后。"（《天水放马滩墓葬发掘报告》，甘肃省文物考古研究所编：《天水放马滩秦简》，中华书局 2009 年版，第 128 页）又说："甲种《日书》的字体有战国古文之风，而乙种《日书》和《志怪故事》的字体多有秦隶之意。……两种《日书》的形成先于墓葬本身，早已有之，或许在战国早期就已很流行。甲种是一种较早的本子；而乙种是墓主人抄于甲种后形成的一种抄本，其时代当在墓主生前时期，即公元前 239 年以前。由于爱好此术、死后随之入葬。"（甘肃省文物考古研究所编：《天水放马滩秦简》，第 129 页）

② 甘肃省文物考古研究所编：《天水放马滩秦简》，图版第 7 页，释文第 86 页。另需指出的是，本文所引放马滩简文句读均系笔者添加，若有不妥之处由笔者承担。

前除道。'"①

下面，我们逐一对简文中出现的名辞术语及其含义加以诠释和解读。

一　禹须臾

"须臾"二字乃系古代熟语，翻阅先秦—明清的历代典籍文献，我们可以看到其含义在两千多年里并无太大变化，均用以指称片刻、顷刻间等较短时间段。不过，"须臾"有时也作为选择方术的特定术语而使用，如《后汉书·方术传》载："其流又有……挺专、须臾、孤虚之术"，唐李贤注曰："须臾，阴阳吉凶立成之法也，今书《七志》有武王《须臾》一卷。"② 简言之，这里所谓"须臾"就是能够快速查找出阴阳、吉凶之对应结果的一种数术。③ 而"禹须臾"作为出行择日禁忌的一种快捷形式，多见载于秦汉出土资料中。为何称为"禹须臾"呢？这或许与战国、秦汉时"大禹"作为"行神"而被世人所奉祀有关。④ 事实上，目前已知

---

① 甘肃省文物考古研究所编：《天水放马滩秦简》，图版第 25 页，释文第 95 页。

② 《后汉书》卷八二上《方术传》，中华书局 1965 年版，第 2703、2704 页。

③ 刘乐贤认为："从睡虎地《日书》及放马滩《日书》来看，'禹须臾'这种以大禹名字命名的须臾术似乎可以理解为一种让人能够快速判断行事吉凶的方法。……所谓须臾、立成就是快速、方便的意思。须臾、立成采用的方式多半是列表格，以便于阅读。"（刘乐贤：《睡虎地秦简日书研究》，台北文津出版社 1994 年版，第 165 页）又云："从出土文献看，'须臾'似是指表格一类易于快速查阅占测结果的数术方法，在传世数术文献中又称为'立成'。"（刘乐贤：《放马滩秦简〈日书〉甲种初探》，《简帛数术文献探论》第二章《出土五行类文献研究（上）——秦简〈日书〉丛考》，湖北教育出版社 2003 年版，第 61 页）笔者虽然同意刘氏所言"快速、方便"之含义，但认为若将其归入"列表格一类"则推之过甚。从放马滩秦简《行不得择日》篇可知，此时"禹须臾"根本就无列表格之必要和可能。有鉴于此，我们认为"禹须臾"其实就是关于出行择日（吉）的快捷方式，其形式或有列表格以供快速查阅者，也可能就是举行一些简单的仪式或动作而已。

④ 工藤元男认为：夏禹是先秦时期的行神，汉代以降则被修、累祖所取代而湮没不显（［日］工藤元男著，［日］广濑薫雄、曹峰译：《睡虎地秦简所见秦代国家与社会》第六章《先秦社会的行神信仰和禹》，上海古籍出版社 2010 年版，第 188—237 页）。蒲慕洲也持此看法："可见禹做为民间信仰中的'行神'，'禹步'具有法术性的作用，这种与旅行有关的信仰和巫术在春秋战国时代可能已经相当流行。"（蒲慕洲：《睡虎地秦简〈日书〉的世界》，《"中央"研究院历史语言研究所集刊》第 62 本第 4 分，1993 年 4 月，第 645 页）刘增贵对此持反对意见，认为：睡虎地秦简《日书》中的行神是"常行"、"大常行"，参见所撰《秦简〈日书〉中的出行礼俗与信仰》，《"中央"研究院历史语言研究所集刊》第 72 本第 3 分，2001 年 9 月，第 503—541 页。

的秦汉出土简牍《禹须臾》篇中内容均与出行有关。换言之，"禹"代表外出远行，而"禹须臾"就是涉及出行择日（时）、择向及趋吉避害的一种快捷查找方式，具有简便易行、操作快捷等特点，故以"须臾"冠名。

"禹须臾"用语在睡虎地秦简中计有 2 次（均出现于《日书甲种》），放马滩秦简中出现 4 次（甲种《日书》计 3 次，乙种《日书》计 1 次），孔家坡汉简中残存见有 1 次。根据上述情况看，笔者认为"禹须臾"应为一种大的总目冠名（或作限定修饰语而使用），其下还应包括"行日""所以见人日"、"行意"、"行不得择日"等子目分类篇题。① 此外，放马滩秦简发掘报告中指出甲种《日书》第 73 号简和 42 号简、66 号简、67号简下栏均属《禹须臾》篇。② 笔者认为第 73 号简恐非《禹须臾》篇中内容，而从第 42—72 号简（共计 31 条简）则均属《禹须臾》篇③，其中第 42—72 号简上栏文字为《禹须臾·行日》内容；第 42—53 号简下栏文字为《禹须臾·所以见人日》内容；第 66—67 号简下栏文字属《禹须臾·行不得择日》内容。④ 此外，乙种《日书》第 25—54 简上栏虽无原题，但其内容与甲种《日书》第 43—72 号简上栏基本相同，故应拟名《禹须臾·行日》篇（发掘报告中称此内容为《方位吉时》篇⑤）；同样，乙种《日书》第 25—34 号简下栏内容与甲种《日书》第 42—53 号简下栏文字大抵一致，故亦应拟名《禹须臾·所以见人日》（发掘报告将此部分称为《地支时辰吉凶》篇⑥）。又据睡虎地秦简《日书》甲种"禹须臾"篇可知，

① 放马滩秦简《日书》中有"禹须臾行日"、"禹须臾所以见人日"、"禹须臾行不得择日"等类目标题，通常在每段篇章文字的居首位置。孔家坡汉简《日书》残损严重，部分篇题已缺失（或本无篇题），不过现存篇题中仍可见"禹须臾所以见人日"等命名，释文整理者介绍说："'禹须臾所以见人日'写在一五九号简上，是原有的篇题。"（湖北省文物考古研究所、随州市考古队编：《随州孔家坡汉墓简牍》，文物出版社 2006 年版，第 150 页）此外，孔家坡汉简《日书》第 159—167 号简与放马滩秦简甲种《日书》第 42—72 号简上栏内容大体相符，故释文整理者将其拟名为"禹须臾行日"（湖北省文物考古研究所、随州市考古队编：《随州孔家坡汉墓简牍》，图版第 80—81 页，释文第 149 页）。

② 《天水放马滩墓葬发掘报告》，甘肃省文物考古研究所编：《天水放马滩秦简》，第 122 页。

③ 发掘报告将第 43—72 号简上栏和下栏内容统称为《吉凶》篇，恐误（详见《天水放马滩墓葬发掘报告》，《天水放马滩秦简》，第 122 页）。

④ 换言之，甲种《日书》第 42 号简上栏"禹须臾行日"字样当系其后第 43—72 号简上栏文字的篇题；第 42 号简下栏"禹须臾所以见人日"字样当系其后第 43—53 号简下栏文字的篇题；第 66 号简下栏"禹须臾行不得择日"字样当系其后第 66—67 号简下栏文字的篇题。

⑤ 《天水放马滩墓葬发掘报告》，《天水放马滩秦简》，第 124 页。

⑥ 同上。

放马滩秦简乙种《日书》第 78—82 号简上栏文字也应归入前者所云《禹须臾》篇之类（发掘报告中称此内容为《行》篇①），孙占宇将此部分拟名为《禹须臾·行憙》篇②，笔者以为较切题而沿袭之。释文整理者还将乙种《日书》第 165 号简定名为《禹步》篇③，然其与对前引甲种《日书》第 66—67 号简下栏文字近乎一致，且就文意而言亦非旨在讨论禹步，故将此简定名为《禹步》篇恐非确切，若拟名《禹须臾·行不得择日》似更妥贴。

二 行不得择日

"行"字，《说文·行部》训曰："人之步趋也。"④ 放马滩秦简《日书》"行不得择日"篇中"行"尤指远行——至少是离开所栖居的乡邑驻地。据出土资料及传世文献证实，战国、秦汉时人已十分注重出行择日的问题。⑤ 除前述放马滩秦简《日书》外，睡虎地秦简《日

---

① 《天水放马滩墓葬发掘报告》，《天水放马滩秦简》，第 124 页。

② 孙占宇：《放马滩秦简日书整理与研究》，博士学位论文，西北师范大学，2008 年。此外，孙氏论文中有关"行日"、"所以见人日"、"行不得择日"等篇题的拟名与划分与笔者颇有相合之处。

③ 《天水放马滩墓葬发掘报告》，《天水放马滩秦简》，第 126 页。

④ （汉）许慎撰，（清）段玉裁注：《说文解字注》二篇下，浙江古籍出版社 1998 年版，第 78 页。

⑤ 择日术起源何时，无从确考。"吉日"说法最早见于《诗经》，如《小雅·吉日》云："吉日维戊，既伯既祷。……吉日庚午，既差我马。"《穆天子传》中也多次提到"吉日"。此外，《韩非子·亡征》也明确谈到择吉日之术，如云："用时日，事鬼神，信卜筮而好祭祀者，可亡也。"（（清）王先慎撰，锺哲点校《韩非子集解》卷五，中华书局 1998 年版，第 109 页）《墨子·贵义》也载有日者之言论："子墨子北之齐，遇日者，日者曰：'帝以今日杀黑龙于北方，而先生之色黑，不可以北。'子墨子不听，遂北至淄水，不遂而反焉。日者曰：'我谓先生不可以北。'子墨子曰：'南之人不得北，北之人不得南，其色有黑者，有白者，何故皆不遂也？且帝以甲乙杀青龙于东方，以丙丁杀赤龙于南方，以庚辛杀白龙于西方，以壬癸杀黑龙于北方，若用子之言，则是禁天下之行者也，是围心而虚天下也，子之言不可用也。'"（吴毓江撰，孙启治点校：《墨子校注》卷一二，中华书局 1993 年版，第 689 页）此外，汉代典籍也对此多有涉及。如《史记·日者列传》记述了司马季主这位以占候时日为业的术士形象，西汉司马迁撰《史记·太史公自序》介绍该卷的写作动机说："齐、楚、秦、赵为日者，各有俗所用。欲循观其大旨，作《日者列传》第六十七。"（《史记》卷一三〇，中华书局 1959 年版，第 3318 页）东汉王充撰《论衡》中《四讳》、《调时》、《讥日》、《辨祟》、《难岁》等篇对当时择日风俗也多有涉及。总之，据诸种迹象表明，时日选择术在先秦、两汉时期颇为盛行。

书》甲种①、孔家坡汉简《日书》②、香港中文大学文物馆藏汉简《日书》③
等均收录了出行前慎重地选择吉日（方）的"行日"、"所以见人日"之类
的《禹须臾》等内容。换言之，这些都属于"行得择日"的情况。但不可
否认的是，现实生活中经常会见到这种情景：某人遭遇特殊情况或执行紧
急任务时，必须立即动身或在指定的时日出发，根本就无选择时日之回旋
余地（无暇或无权选日）。那么在这种情况下，他如何应对呢？放马滩秦简
《日书》（甲、乙种）中《禹须臾·行不得择日》篇讨论的就是无法出行择
吉情况下的应对措施及防御护性手段。准确地说，出行时无法择日或不得
已必须在凶日时涉足远行等场合下所进行的禳解方术，是对无法出行择吉
情况下的一种变通处理方式，借此祈求路途平安无虞。而若能从容地选择
吉日出行，则应该是不需要进行禹步、"直五横"仪式的。

三　出邑门

所谓"邑"，《释名·释州国》训曰："邑犹悒也，邑人聚会之称

---

① 睡虎地秦简《日书》甲种第 135 号简正面以十天干日为划分标准；第 97—101 号简背面
则以六十甲子日（缺少 4 日、实为 56 日）为划分标准（睡虎地秦墓竹简整理小组编：《睡虎地
秦墓竹简》，文物出版社 1990 年版，图版第 26 页、第 23 页，释文第 201 页、第 222 页）。刘乐
贤认为第 134 号简也应属于"禹须臾"内容，应缀附于第 135 号简后（《睡虎地秦简日书研究》，
第 162—165 页）。若以本文所持的划分标准看，睡虎地秦简《日书》甲种中所见二处《禹须臾》
文字均应归入《禹须臾·行憙》篇。

② 孔家坡汉简《日书》第 159—167 号简谈论了入月三十天中旦、日中、昏、中夜等四个
时段出行方位的吉凶情况，原篇题缺失，整理者拟名为《禹须臾行日》；第 159—171 号简论述
了十二支日的旦、晏食、日中、日昳、夕日等五个时段中出行见人的吉凶情况，原有篇题《禹
须臾所以见人日》（湖北省文物考古研究所、随州市考古队编：《随州孔家坡汉墓简牍》，图版第
80—81 页，释文第 149 页、第 150 页）。

③ 香港中文大学文物馆藏汉简《日书》第 32 号简虽残缺不全，但其内容显然与出行择日
有关，整理者拟名为《禹须臾篇》，我们认为应当归入《禹须臾·行憙》篇（陈松长编著：《香
港中文大学文物馆藏简牍》，香港中文大学文物馆 2001 年版，第 24 页）。又据孙占宇指出："港
简有关于'见人日'的残简四枚，原无标题，整理者题为'吏篇'，疑误。"（孙占宇：《放马滩
秦简日书整理与研究》，第 30 页）孙氏所言甚是，港简第 84—87 号简应属于《禹须臾·所以见
人日》篇中内容，而其后第 88—94 号简才应归入《吏篇》（陈松长编著：《香港中文大学文物馆
藏简牍》，第 42—45 页）。

也。"① 《周礼·地官·里宰》:"里宰,掌比其邑之众寡与其六畜、兵器,治其政令。"郑玄注:"邑犹里也。"贾公彦疏:"邑是人之所居之处,里又训为居,故云'邑犹里也'。"② 故而,这里的"邑门"就是指乡城或县城的城门。诚如日本学者工藤元男所言:"(睡虎地秦简)《日书》中的'乡'是用'邑'之名称来表达的,放马滩秦简的'邑门'也大致相当于乡城的门。……放马滩秦简《禹须臾》中提到的'邑门',具体指的就是乡城、县城的城门,是和睡虎地秦简的'邦门'大致相同的概念。"③ 那么,"出邑门"就是指远行者从家中出发、步行到了乡/县城的城门外,先在此演行禳除方术,然后再踏上漫漫征程。④ "出邑门"三字虽然十分简洁,但却明确交待了禹步、"直五横"仪式的举行地点乃系在"邑门"外,同时也再次印证了本文"行不得择日"中的"行"字应是特指远行,至少是出离了本境(县、乡)的辖区。出了城门就意味着告别了家乡,而中国古人历来对远行——离开自己熟悉的辖境到另一个陌生领域内,有着本能的恐惧感。⑤ 这就迫切地需要进行相应的反制或应对措施,来舒缓心中的恐惧和不安。⑥ 故而也就有了择日出行、"祖道"⑦及禹步、"直五横"等禁忌风俗和方术仪式。

---

① 任继昉纂:《释名汇校》卷二,齐鲁书社 2006 年版,第 89 页。

② 《十三经注疏》整理委员会整理、李学勤主编:《周礼注疏》卷一五,北京大学出版社 1999 年版,第 402 页。

③ [日]工藤元男著,[日]广濑薰雄、曹峰译:《睡虎地秦简所见秦代国家与社会》,第 250—251 页。

④ 有关门(城门)与古人远行之关系,详见刘增贵《门户与中国古代社会》,《"中央"研究院历史语言研究所集刊》第 68 本第 4 分,1997 年版,第 817—897 页;王子今《门祭与门神崇拜》第六章《"门"与"行"》,陕西人民出版社 2006 年版,第 199—218 页。

⑤ 详见江绍原《中国古代旅行之研究》,上海文艺出版社 1989 年版。

⑥ 有关中国古人的出行禁忌及保护性巫术等情况,详见王子今《睡虎地秦简〈日书〉所见行归宜忌》,《江汉考古》1994 年第 2 期;贺润坤《云梦秦简〈日书〉"行"及有关秦人社会活动考》,《江汉考古》1996 年第 1 期;刘增贵《秦简〈日书〉中的出行礼俗与信仰》,《"中央"研究院历史语言研究所集刊》第 72 本第 3 分册,2001 年版,第 503—541 页;余欣《神道人心——唐宋之际敦煌民生宗教社会史研究》第三编"游必有方:敦煌文献所见中古时代之出行信仰",中华书局 2006 年版,第 255—356 页。

⑦ 有关"祖道"之研究,详见许志刚《祖道考》,《世界宗教研究》1984 年第 1 期;陶思炎《祖道皲祭与入山镇物》,《民族艺术》2001 年第 4 期;王子今《门祭与门神崇拜》第六章"'门'与'行'",第 207—218 页。

四   禹步三

顾名思义,"禹步"就是大禹行走迈步的步法。下面,我们分别讨论"禹"、"步"及"禹步三"等问题。

传世文献中的夏禹,始终是作为墨家、儒家所推崇的圣王面貌而示人(位居"三皇五帝"之一),近年来陆续出土的战国及秦汉简帛资料则重新再现出了大禹形象的多面性。① 工藤元男论述了大禹的"行神"特征,② 笔者大抵同意他的看法。但需要补充一点的是,先秦时人(特别是社会下层民众)之所以将"大禹"奉为"行神"而特加崇拜,恐怕并不完全是因为他常年在外奔走治理水患获得成功后所塑造的圣人形象以及圣人崇拜心理,而更多是基于世人眼中的大禹作为"山川神主"所拥有的对山川河流统御能力的神化。③ 这恰是道教将"禹"视为神祇化身及"禹步"在道教法术中大行其道的重要理论支撑。④

---

① 有关大禹形象的多样化,详见〔日〕工藤元男著《禹形象的改观和五祀》,徐世虹、郗仲平译,中国社会科学院简帛研究中心编《简帛研究译丛》第1辑,湖南出版社1996年版,第1—26页。

② 〔日〕工藤元男著:《睡虎地秦简所见秦代国家与社会》,〔日〕广濑薰雄、曹峰译,第六章《先秦社会的行神信仰和禹》,第188—237页。

③ 刘昭瑞也指出:"战国时代流行的有关禹的传说和神话,都是围绕着禹平水土这一母题敷衍而成。"(刘昭瑞:《论"禹步"的起源及禹与巫、道的关系》,中山大学人类学系编:《梁钊韬与人类学》,中山大学出版社1991年版,第274页,又见《考古发现与早期道教研究》,文物出版社2007年版,第229页)邢义田以汉墓画像中的胡汉战争图为例,分析指出同一人物形象(画像构成元素)在不同场合下可代表不同的象征含义,"各组件可以出现在不同的意义脉络中,例如大禹可以是历代帝王图中的圣王大禹(如武梁祠所见),也可以是汉人所深信充满神异,而为'缙绅先生'所不取的《禹本纪》这类书中的大禹。"(邢义田:《汉代画像胡汉战争图的构成、类型与意义》,《画为心声:画像石、画像砖与壁画》,中华书局2011年版,第378页)

④ 《尚书·吕刑》:"禹平水土,主名山川。"(《十三经注疏》整理委员会整理、李学勤主编:《尚书正义》卷一九,北京大学出版社1999年版,第540页)《史记·夏本纪》:"(禹)为山川神主。"(《史记》卷二,第82页)《汉书·沟洫志》:"禹之行河水",颜师古注曰:"行谓通流也。"(《汉书》卷二九,中华书局1962年版,第1697、1698页)

"步"，《说文·步部》训曰："行也。"① 《释名·释姿容》训曰："徐行曰'步'，步，捕也，如有所伺捕，务安详也。"② 必须指出的是，现今"一步"与古人所说的"一步"是两个不同的概念：今人"一步"是指行走时跨步迈出后，左右两脚间的距离，而在古代称作"跬"——即半步之义，而只有两脚各跨出一次后的那段距离才叫作"步"，即如《小尔雅·广度》所云："跬，一举足也。倍跬谓之步。"③ 弄懂了这一点，我们才能更好地理解"禹步"的基本步法及为何会有"三步九迹"之说。

有关"禹步"的由来，《尸子》卷下介绍说："古者，龙门未辟，吕梁未凿，禹于是疏河决江，十年不窥其家。生偏枯之病，步不相过，人曰禹步。"④ 鉴于大禹神话的影响，古代巫觋及部分民众通过模仿大禹走路时"步不相过"的姿态和步法，⑤ 希望借此获得了大禹的庇护或拥有超越自然的神力，乃至成为巫者娱神的专用舞步。⑥ 嗣后，禹步为道教所继

---

① （汉）许慎撰，（清）段玉裁注：《说文解字注》二篇上，第68页。

② 任继昉纂：《释名汇校》卷三，第123页。

③ 迟铎集释：《小尔雅集释·广度第十一》，中华书局2008年版，第357页。

④ （宋）李昉等撰，夏剑钦、王巽斋点校：《太平御览》卷八二《皇王部七》引《尸子》，河北教育出版社1994年版，第703页。夏德安指出有关"禹步"的记载中，"没有公元前三世纪以前的出土资料"，故而"怀疑公元前三世纪以前没有'禹步'这个术语"，进而推论"禹步"是在战国末秦初时的复杂文化史背景下造成的（［美］夏德安：《放马滩日书甲乙种"禹有直五横"与禹治水神话试探》，"中国简帛学国际论坛2012：秦简牍研究"会议论文，武汉大学，2012年11月）。

⑤ 《史记·夏本纪》："禹为人敏给克勤；其惠不违，其仁可亲，其言可信；声为律，身为度，称以出；亹亹穆穆，为纲为纪。"对于文中"身为度"之句的含义，《索隐》按曰："今巫犹称'禹步'。"（《史记》卷二，第51页）

⑥ 有关"大禹"原型及"禹步"之研究，近来学界已取得了不少创见和成果，兹择要列举如下，陈国符：《道藏源流考》附录二《道藏札记》"禹步"条，中华书局1963年版，第280页；饶宗颐：《禹符、禹步、禹须臾》，饶宗颐、曾宪通：《云梦秦简日书研究》，中山大学出版社1982年版，第20—22页；胡新生：《禹步探源》，《文史哲》1996年第1期；叶舒宪：《〈山海经〉与禹、益神话》，《海南大学学报（社会科学版）》1997年第3期；李零：《禹步探原——从"大禹治水"想起的》，《书城》2005年第3期；李剑国、张玉莲：《"禹步"考论》，《求是学刊》2006年第5期；王晖：《夏禹为巫祝宗主之谜与名字巫术论》，《人文杂志》2007年第4期；李远国：《大禹崇拜与道教文化》，《中华文化论坛》2012年第1期。

承和改造，并作为最重要的法术步法而不断强化和累次神化[1]，乃至成为道教仪式、法术体系中的核心动作——诚如东晋葛洪撰《抱朴子内篇·登涉》所言："凡作天下百术，皆宜知禹步"。[2] 此外，《抱朴子内篇》还收录了当时盛行的两种禹步之走法，[3] 日本学者坂出祥伸根据葛洪的描述绘制出了这两种踏法的步伐图（图1）。[4] 这两种禹步所踏步法都是直线式的"三步九迹"，差别在于先迈出左足抑或右足（《仙药》篇先跨左足、《登涉》篇先跨右足）。而后世道教"步罡（纲）踏斗"时，对于左足与右足哪个先迈，是有严格规定的。北宋元妙宗编《太上助国救民总真秘要》卷八《太上正法禹步斗纲掌目诀法国文》"禹步斗纲诀"条云："夫禹步者，法乎造化之象，日月运度之行也。一月三交，一交三旬，三

---

① 道教将"禹步"纳入法术体系中加以规范化和宗教化，并重新赋予了"禹步"的神秘性和神圣性。所以说，道教法术中"禹步"与先秦巫术"禹步"有较深的渊源关系，但也不能将二者完全等同。约出南北朝时的《洞神八帝元变经·禹步致灵》认为大禹模仿了能令石头翻动的禁咒"鸟步"而创制了"禹步"，如云："禹步者，盖是夏禹所为术。召役神灵之行步，以为万术之根源，玄机之要旨。昔大禹……见鸟禁咒，能令大石翻动。此鸟禁时，常作是步。禹遂摹写其形，令之人术。自兹以还，术无不验。因禹制作，故曰禹步。"（《道藏》，第28册，文物出版社、上海书店出版社、天津古籍出版社1988年版，第398页）北宋张君房编《云笈七签》卷六一《诸家气法》"服五方灵气法"条云："诸步纲起于三步九迹，是谓禹步。其来甚远，而夏禹得之，因而传世，非禹所以统也。"（《道藏》，第22册，第426页）北宋元妙宗编《太上助国救民总真秘要》卷八《太上正法禹步斗纲掌目诀法图文》"禹步斗纲诀"条则说禹步乃系"太上"所授："禹步者，云大禹治水以成厥功。盖天真授此步诀，以制神召灵，遂因名为禹步耳。……禹步是禹受于太上，而演天罡地纪，出为禹步，求真禁百物。"（《道藏》，第32册，第103页）汉魏以降，"禹步"被频繁地运用于道门科仪及法术中，并衍生出各种踏法及变化。据《洞神八帝元变经·禹步致灵》所言：后世"禹步"已推演出九十余种种——"末世以来，好道者众，求者蜂起，推演百端。……触类长之，便成九十余条种。举足不同，呪颂各异。详而验之，莫贤于先举左足、三步九迹，迹成离坎卦。步纲蹑纪者，斗有九星，取法于此故也。"（《道藏》，第28册，第398页）

② 王明：《抱朴子内篇校释（增订本）》卷一七《登涉》，中华书局1985年版，第303页。胡文辉指出："'禹步'并非一种单独的巫术类型，而是巫术的一种基本步法，可以运用于各式各样的巫术，如治病、隐身、辟兵等等。"（胡文辉：《马王堆〈太一出行图〉与秦简〈日书·出邦门〉》，《中国早期方术与文献丛考》，中山大学出版社2000年版，第149页）此说可取。

③ 分别见载于王明《抱朴子内篇校释（增订本）》卷一一《仙药》、卷一七《登涉》，第209页、第302—303页。此外，《云笈七签》卷六一《诸家气法》"服五方灵气法"条也谈到禹步的步法，与《仙药》篇所云大抵吻合（详见《道藏》，第22册，第427页）。

④ 葛兆光著，［日］坂出祥伸监译：《道教と中国文化》，东京东方书店1993年版，第83页。该书中文版并无此图，这两种禹步图系坂出氏监译时增补。

旬者，三盈数也。一时三交，三交者，九旬也。是以一步一交，一交三迹，三步九迹，象一时也，并足象天交也。先举左足者，春秋之步也。先举右足者，冬夏之步也。春秋之孟者，阳辰也。冬夏之孟者，阴辰也。故生杀制御用春秋，收藏积聚用冬夏也。又云：男当用春秋，女用冬夏也。"① 由此可知，禹步时先迈左足还是右足，是根据季节或性别而决定的。

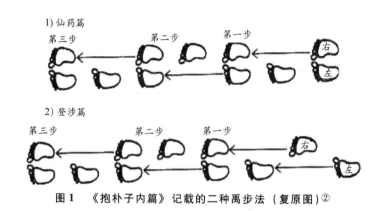

图1　《抱朴子内篇》记载的二种禹步法（复原图）②

　　"禹步"的本质特征就是"三步九迹"，"三""九"均为阳数，"九"更为阳数之极，故"禹步三"实为跨出三"步"（古代之步，即"倍跬"）、完整地实现"禹步"的一系列步骤。那么，秦汉出土文献中反复出现的"禹步三"③ 是否存在重复三遍"禹步"的可能性呢——即九步、二十七迹？对此，笔者给出了否定的答案，其原因有如下几点：其一，禹步及直五横等动作均应在临时清整出来的祭坛内进行（古代及当今道士均是如此），这个划定的坛场地域即象征仪式时的圣域空间，这就决定了这个空间通常不会很宽阔（尤其"行道"更是如此），据《抱朴子内篇·仙药》所云"如此三步，当满二丈一尺，后有九迹"。若按照东晋时

---

① 《道藏》，第32册，第103页。《道法会元》卷一六〇《上清天蓬伏魔大法》"禹步斗罡天策论"条所言与此大略相同（详见《道藏》，第30册，第1页）。

② ［日］工藤元男著，［日］广濑薰雄、曹峰译：《睡虎地秦简所见秦代国家与社会》，第206页。

③ "禹步三"频见于秦汉出土文献中，如睡虎地秦简《日书》甲乙种、周家台三〇号秦墓简、马王堆汉墓帛书《五十二病方》及《养生方》等中等大量出现此语。

的度量标准（东晋 1 尺等于 24.5 厘米①）换算，"二丈一尺"即为 5.145 米。"三步九迹"（走直线）共计 5 米多的场地尚为正常范围，若按照"禹步三"就是重复三次"三步九迹"走直线禹步的说法则需要长达 15 米左右的场地，如此宽旷的场地实属罕见，尤其对于出行"祖道"仪式更不可能。其二，或许还有人问是否存在另外一种可能性：即从 A 地"禹步三"到达 B 地，再从 B 地"禹步三"折回 A 地，旋即又从 A 地"禹步三"重新回到 B 地，从而实现九步之可能，即 A ⇄ B。② 笔者认为似不存在这种可能性，古人行进过程中原路折回（俗称"走回头路"）是很忌讳的，尤其不可能出现在祈求出行平安的"祖道"仪式中。后世道士步罡（纲）踏斗时仿照北斗星象或八卦九宫等图案进行迂回、曲折式地行进，借此拟象随斗运转之意，所踏步法已非直线（见《洞神八帝元变经·禹步致灵》"禹步法"、《贯斗忠孝五雷武侯秘法》"禹步罡"）。

道门中人又将"禹步"称作"宇步""羽步"，并将其步法复杂化，除了最常见的"三步九迹"外，又新增出了"十二迹""十五迹""二十八迹""三十五迹"等说法。③ 原题李淳风注《金锁流珠引》④ 卷九"上元上部将军步纲图"条注曰："禹受三等禹步：一、三步九迹，二、十二迹，三、二十八迹。"⑤ 北宋元妙宗编《太上助国救民总真秘要》卷八《太上正法禹步斗纲掌目诀法图文》"禹步斗纲诀"条："又云：三步九迹者，法步三元九炁也。又十二迹者，法于律吕也。又十五迹者，法三

---

① 有关中国古代量度标准之演变，参见矩斋《古尺考》，《文物参考资料》1957 年第 3 期；吴承洛《中国度量衡史》，上海书店出版社 1984 年版（据商务印书馆 1937 年版复印）；国家计量总局、中国历史博物馆、故宫博物院主编《中国古代度量衡图集》，文物出版社 1984 年版。

② 后世道教又将步罡踏斗时的往返步法称为"顺行""倒行""返行"，如《太上助国救民总真秘要》卷八《太上正法禹步斗纲掌目诀法图文》"禹步斗纲诀"云："（禹步）又有顺倒返三帀之诀，列之于后。如步七星，即从第一至第七谓之顺行，却从第七至第一谓之倒行，复从第一至第七谓之返行。地纪纲起于地户，从地户上天之义也。"（《道藏》，第 32 册，第 103 页）

③ 《道法会元》卷一七二《元应太皇府玉册·赞皇猷篇》"禹步"条："宇步者，亦曰禹步也。……三九之迹、一十二迹、一十五迹，皆夏禹皇帝以步洪波之间，履步治水、开道役神，功成登真，亦曰羽步，谓之能致羽服飞仙故也。"（《道藏》，第 30 册，第 109 页）

④ 《金锁流珠引》原题"中华仙人李淳风注"。有关该书的撰作年代，英国学者巴雷特认为"成书于八世纪末或九世纪初"（[英] 巴雷特著：《〈金锁流珠引〉年代考》，吕鹏志译，《宗教学研究》2006 年第 2 期）。

⑤ 《道藏》，第 20 册，第 396 页。

五之数也。因用制宜之术，存乎法诀之轻重。……
经曰：禹步是禹受于太上，而演天纲地纪。出为禹
步，求真禁百物，人神龙鬼恶兽蛇毒之虫等，伏而
勿杀。拒而不伏者，诛之。其理有并五斗作三步九
迹，或十二迹，或三十五迹，或一十五迹。"①

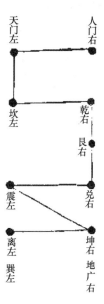

图 2　禹步法②

五　乡北斗

　　"乡"通"向（嚮）"，即为面对、朝向之含义。③
《集韵·漾韵》训曰："乡，面也。或从向。"④《左
传·僖公三十三年》云："秦伯素服郊次，乡师而
哭。"⑤ 放马滩秦简所言"乡北斗"意指面向北斗
的方向（即北方）。⑥ 这与秦汉出土文献中反复出

---

　　① 《道藏》第32册，第103页。这段引文中部分文字亦见载于《道法会元》卷一六〇
《上清天蓬伏魔大法》"禹步斗罡天策论"条（详见《道藏》第30册，第1页）。

　　② 《洞神八帝元变经·禹步致灵》，《道藏》第28册，第398页。

　　③ 高亨纂著，董治安整理：《古字通假会典》，齐鲁书社1989年版，第281—282页；冯其庸、
邓安生编著：《通假字汇释》，北京大学出版社2006年版，第902—905页。

　　④ （宋）丁度等奉敕纂：《集韵》卷八，（清）永瑢、纪昀等纂修：《景印文渊阁四库全
书》，第236册，台湾商务印书馆1986年版，第696页。

　　⑤ 《十三经注疏》整理委员会整理、李学勤主编：《春秋左传正义》卷一七，北京大学出
版社1999年版，第476页；杨伯峻编著：《春秋左传注》，中华书局1990年版，第500页。

　　⑥ 北斗只有在晴朗的夜间才能看到，而古代的远行者通常选择白昼出行，故此处所言"乡
（向）北斗"实际上是基于个人生活经验中的北斗位置——朝向北斗的方向，即面朝北方。古人
对"北向"似存较多禁忌。《山海经·大荒北经》："有系昆之山者，有共工之台，射者不敢北
乡。有人衣青衣，名曰黄帝女魃。……魃时亡之。所欲逐之者，令曰：'神北行！'先除水道，
决通沟渎。"（袁珂校注《山海经校注（增补修订本）》卷一二，巴蜀书社1992年版，第490—
491页）袁珂指出："'神北行'就是巫师逐魃的咒语。群众在巫师的率领下，噪呼诵咒，驱逐旱
魃。并且以'除水道'、'通沟渎'的巫术行动来迎接水雨的骤然自天而降。"（袁珂译注：《山
海经全译·前言》，贵州人民出版社1991年版，第9页）值得注意的是，放马滩秦简乙种《日
书》谈到占候卜雨时亦见有"鬼神北行"字样，如第154号简云："·正月甲乙雨，禾不享，□
有木攻；丙丁雨，大旱，鬼神北行，多疾；戊己雨，大有年，邦有土攻。"（甘肃省文物考古研
究所编：《天水放马滩秦简》，图版第32页，释文第94页）

现的"北乡（向）"具有相同的含义。① 北斗在中国人心目中始终占据了崇高的地位，古代先民很早就形成了崇祀北斗的信仰，并不断地赋予其丰富的象征含义。② 如《史记·天官书》中言北斗为帝车、统御四乡，如谓："斗为帝车，运于中央，临制四乡。分阴阳，建四时，均五行，移节度，定诸纪，皆系于斗。"③《汉书·艺文志》亦云："阴阳者，顺时而发，推刑德，随斗击，因五胜，假鬼神而为助者也。"④ 值得注意的是，《汉书·息夫躬传》谈到息氏施术"祝盗方"时就是择夜间面朝北斗祝祷："以桑东南指枝为匕，画北斗七星其上，躬夜自被发，立中庭，向北斗，持匕招指祝盗。"⑤ 不过，放马滩秦简《日书》"行不得择日"篇中

---

① 与巫祝有关的"北乡（向）"用语，集中出现在睡虎地秦简《日书》（甲、乙种）、马王堆汉墓帛书《五十二病方》、周家台三〇号秦墓简牍《病方及其它》。兹举一例以作分析，马王堆汉墓帛书《五十二病方》（第97—98行）"蚖"条："一，湮汲一音（杯）入奚蠡中，左承之，北乡（向），乡（向）人禹步三，问其名，即曰：'某某年□今□'。饮半音（杯），曰：'病□□已，徐去徐已。'即复（覆）奚蠡，去之。"（马王堆汉墓帛书整理小组编：《马王堆汉墓帛书（肆）》，文物出版社1985年版，图版第18页，释文第38页）引文中"奚蠡"，简文整理者认为是大腹的瓢。这无疑是正确的。但余欣则发挥想象、提出此处"奚蠡"拟象北斗，认为"然以往的研究者都未注意到奚蠡在方术中的象征含义。……地浆，含有五行中土与水，盛入象征北斗的奚蠡中，于是变成神药，复以禹步及呪语配合之，以为疾病便可'徐去徐已'。其中的'左承之，北向'，'覆奚蠡'动作，与'向北斗，质画地'实质是一样的。"（余欣：《神道人心——唐宋之际敦煌民生宗教社会史研究》，第320—321页）"奚蠡"之语见载于《墨子·备城门》，如云："五步一罂，盛水。有奚，奚蠡大容一斗。"（吴毓江撰，孙启治点校：《墨子校注》卷一四，第777页）对广大民众而言，自家种植的瓢成熟后刨开即是盛水的容器——"奚蠡"，简便耐用而造价低廉，故得以广泛使用。若仅以外形像斗勺之状，就将其视为北斗象征，则属缺乏理论依据的过度解释和任意发挥。我们认为尚无其他旁征的情况下，不赞成将"奚蠡"与"北斗"之间建立某种联系（或象征），且据引文来看，二者的拟象关系是比较牵强的：其一、马王堆汉墓帛书与秦汉出土文献中仅出现一次，若以"奚蠡"为北斗化身或象征的话，则不应仅有一次，而"北向"则出现次；其二、若按北斗理解的话，末尾"即复（覆）奚蠡"则不可理喻（甚至是犯忌之动作），而其实就是瓢，将其覆盖扣住其实很简单就是意将"蚖"（蛇毒）封锁住、封闭住，不再蔓延、扩散等意思。这在后世道教科仪法术中属于较为常见的动作。应该指出的是，同类文献中除"北乡（向）"外，也见有东乡（向）、南乡（向）、西乡（向）、东西乡（向）等语。

② 前人多有论述，兹不赘言。道教对北斗星之神化，详见《云笈七签》卷二四《日月星辰部二》、卷二五《日月星辰部三》（《道藏》第22册，第178—193页）。

③《史记》卷二七《天官书》，第1291页。

④《汉书》卷三〇《艺文志》，第1760页。

⑤《汉书》卷四五《息夫躬传》，第2186页。

出行时"乡北斗、质画地"显然不会是在晚上，而应是指白天的北方或北斗的指向。诚如夏德安所言："我估计读者或用者不须等天黑看星星。周家台日书用'求斗术'算日夜北斗指向，连白天可以按照'求斗术'的算法进行'出行'仪式。"①

"禹步"与"北斗"有很深的渊源关系。约成书于 12 世纪的日本阴阳道文献《小反闭作法并护身法》以图文并茂的形式详细介绍了"禹步"的步法（图 3），文字曰："次禹步：谨请天逢、天内、天冲、天辅、天禽、天心、天柱、天任、天英。"② 随后绘制了十一个脚印，其中画面底端绘有并排的左右二足印，并标注"左"、"右"字样（代表左足、右足），借此表示禹步开始前、双脚平行站立；其后九个脚印则代表"三步九迹"，九个脚印中分别标注"一"至"九"字数，借此表示步伐的前后次序；九个脚印依次旁注"天蓬"至"天英"星宿神名，指明了每一步所召请北斗九宸中的哪一个星宿，同时表示乃系漫步于北斗星辰的神圣空间中（藉此获得神祇的佑护和神秘的力量）。整个画面形象地再现了《抱朴子内篇·仙药》所言"禹步"的步法："禹步法：前举左，右过左，左就右。次举右，左过右，右就左。次举右，右过左，左就右。"③ 值得注意的是，《抱朴子内篇·杂应》云："又思作七星北斗，以魁覆其头，以罡指前。"④ 所谓"罡"是指位于"杓"的柄状三星——玉衡、开阳、瑶光，"魁"则是指组成"斗"的前端四星——天枢、天璇、天玑、天权。⑤ 后世道士秉承了此一传统，行禹步及踏斗时根据天罡的指向来判明方位。此外，《小反闭作法并护身法》还谈到踏"禹步"完毕后，需站立念诵一段咒语："次禹步立留呪曰：'南斗、北斗、三台、玉女，左青龙避万兵，右白虎避不祥，前朱雀避口舌，后玄武避万鬼，前后辅翼，

---

①　［美］夏德安：《放马滩日书甲乙种"禹有直五横"与禹治水神话试探》。

②　［日］村山修一编著：《阴阳道基础史料集成》，东京美术出版社 1987 年版，彩版四，黑白图版，第 180—181 页。

③　王明：《抱朴子内篇校释》（修订本）卷一一《仙药》，第 209 页。

④　王明：《抱朴子内篇校释》（修订本）卷一五《杂应》，第 275 页。

⑤　何宁注《淮南子·天文训》"斗杓为小岁"句时说："斗第一星至第四（星）为魁，第五（星）至第七（星）为杓。补曰：《说文》云：'杓，斗柄也。'司马贞云：'即招摇也。'"（何宁《淮南子集释》卷三，中华书局 1998 年版，第 219 页）

急急如律令。'"① 显然，这与道书中所见每踏一步均需念诵咒语的情况
不同。

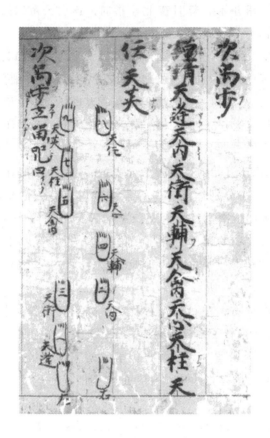

图3 禹步图及咒文②

将禹步与北斗九星（古人认为北斗不只是七颗星，而计有"七明二
隐"九颗星）结合起来，这其实是道教"步罡（纲）踏斗"中"踏斗"
的拟象化。余欣认为"（《小反闭作法并护身法》所绘禹步图）其步法与
《抱朴子内篇·登涉》相同（守诚按：其步法乃与《仙药》篇相同而非
《登涉》篇），但每步均以道教的九星命名，则不见于任何中国典籍或出

---

① ［日］村山修一编著：《阴阳道基础史料集成》，彩版四，黑白图版，第180—181页。
② ［日］村山修一编著：《阴阳道基础史料集成》，彩版四。

土文献。"① 这个结论下得过于草率和武断。其实，中国道教早已将禹步与罡斗结合起来，将三步九迹与北斗（七星或九星）配合演行乃系唐宋以降道门科仪之传统，② 并且不断地精细化而析分出顺、逆两种踏斗步法：即从天蓬到天英为顺行，从天英到天蓬为逆行。如元末明初编纂的《道法会元》③ 卷一七二《元应太皇府玉册·赞皇猷篇》"禹步"条所云："册曰：玄斗之妙，在乎十二辰，契大化之数，秉三明以历九宫，齐七政以随（一作循）八门也，出生制逆皆应。推之坎卦，三元起甲子日，时天蓬顺行出天英也；离卦，三元起甲子日，时自天英出天蓬也。……筌曰：右禹步玄斗者，言北斗九宸应化分精而为九神也。九神者，天蓬、天任、天冲、天辅、天英、天内、天柱、天心、天禽也。"④ 此外，部分道门文献则根据纪日天干划分出阳日和阴日，并据此排定踏罡的步法及顺序。如《黄帝太一八门入式秘诀》云："甲、丙、戊、庚、壬，阳日（先立天英）：天内，左足八；天柱，左足三；天心，两足旋左足践四；天英，左足起一；天禽，左足五；天蓬，右足天蓬出；天辅，左足左跷六；天冲，左足七；天

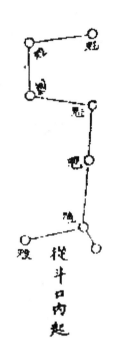

图4　逆行步罡踏斗图
　　　（阳日）⑤

---

①　余欣：《神道人心——唐宋之际敦煌民生宗教社会史研究》第三编"游必有方：敦煌文献所见中古时代之出行信仰"，第319页。

②　前引《太上六壬明鉴符阴经》卷四"真人禹步斗罡"条谈到以白垩画地、作北斗九星图案，再以禹步次第踏之，同时配合唱诵北斗九星之名，如谓："正仰天英，而歌斗经。诵前至天英，便立右足，并呼星名，依经步之左右足，便递履之。……歌曰：'……履天英兮，度天任。清冷泉兮，可陆沉。拔天柱兮，拥天心。复此度兮，登天禽。倚天辅兮，望天冲。入天蓬兮，出天内。斗道通兮，出刚柔。入幽冥兮，千万岁。'"（《道藏》第18册，第642页）

③　《道法会元》系大型道法汇编类典籍，该书约编纂于元末明初（任继愈主编《道藏提要（修订本）》，中国社会科学出版社1991年版，第961页）。

④　《道法会元》卷一七二，《道藏》第30册，第108页。

⑤　《黄帝太一八门入式诀》卷下，《道藏》第10册，第776页。

任，左足二。乙、丁、己、辛、癸，阴日（先立天蓬）：天内，右足二；天柱，左足七；天心，右足六；天英，左足九；天禽，左足五；天蓬，左足一；天辅，左足四；天卫，左足三；天任，右足八。"① 概言之，阳日踏斗采用逆行原则（即从天英到天蓬），阴日踏斗则遵循顺行规律（即从天蓬到天英），乃系基于阴阳和合之意（逆行踏斗步法详见图4）。

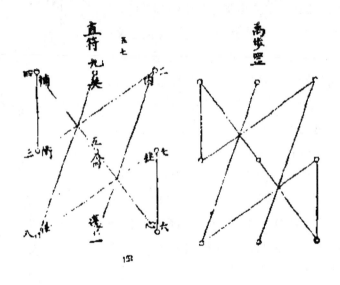

图5　禹步罡、直符②

六　质、画地

考究"质"字之义，《说文·贝部》训曰："以物相赘。"③《汉语大字典》诠释说："通'贽'。古时初次拜见尊长所送的礼物。《六书故·动物四》：'质，亦作贽，通作挚。'《孟子·滕文公下》：'出疆必载质。'赵岐注：'质，臣所执以见君者也。'《史记·屈原贾生列传》：'（惠王）乃令张

① 《黄帝太一八门入式秘诀》，《道藏》第10册，第782页。
② 《贯斗忠孝五雷武侯秘法》，《道藏》第10册，第765页。
③ （汉）许慎撰，（清）段玉裁注：《说文解字注》六篇下，第281页。

仪详去秦，厚币委质事楚。'《汉书·外戚传》：'深念奉质共修之义。'"①
《淮南子·修务训》："是故禹之为水，以身解于阳盱之河。汤旱，以身祷于
桑山之林。"汉代高诱注曰："为，治水。解，祷以身为质。"② 又清代俞樾
注《礼记·效特牲》"扫地而祭于其质也"之句时说："樾谨按：郑注不释
质字，盖即以为文质之质。若然，当云'贵其质也'文义方明，乃曰'于
其质也'义不可通矣。《广雅·释言》曰：'质，地也。'《仪礼·乡射礼》
记郑注曰：'白质、赤质，皆谓采其地。'是古谓地为质。郊本祭天，乃扫
地而祭者，以天体空虚而地则实有形质。故就其有形质之处而祭之。所谓
'于其质也'，下文曰'器用陶匏'以象天地之性也。盖于其质而祭之，故
既取象于天，亦兼取象于地矣。"③ 据上所述，笔者认为"乡（向）北斗
质"之句的含义是指：面向北斗的方向（即北方）清整出一块场地作为祭
坛，并在坛内陈设供品、施予祭拜。④

"画"字，《说文·画部》训曰："介也。从聿，象田四界，聿所以
画之。"⑤ 南朝梁人顾野王撰《玉篇·聿部》训曰："形也，绘也，杂五

① 《汉语大字典》编辑委员会编纂：《汉语大字典》（第 2 版）贝部·八画，四川辞书出版
社、崇文书局 2010 年版，第 3649 页。
② 何宁：《淮南子集释》卷一九《修务训》，第 1317—1318 页。
③ （清）俞樾：《群经平议》卷二〇，《续修四库全书》编纂委员会编：《续修四库全书》一
七八《经部·群经总义类》，上海古籍出版社 2002 年版，第 331 页。《太玄经·玄图》云："则阴
质北斗日月盷营"，晋人范望注："阴，为夜也；质，正也；盷，界也；营，营域也。言斗昼则不
见，惟夜乃可以取正也。故曰日月转在于营域之中，各有盷界也。"（（汉）扬雄撰，（晋）范望注：
《太玄经》卷一〇，（清）永瑢、纪昀等纂修：《景印文渊阁四库全书》，第 803 册，台湾商务印书
馆 1986 年版，第 94 页）
④ 其实，这一做法屡见载于后世道经中。如《抱朴子内篇·登涉》云："有老君黄庭中胎四
十九真秘符，入山林，以甲寅日丹书白素，夜置案中，向北斗祭之，以酒脯各少少，自说姓名，再
拜受取，内衣领中，辟山川百鬼万精虎狼虫毒也。"（王明：《抱朴子内篇校释（增订本）》卷一七，
第 308 页）这段引文中谈到出行人山林前，择日（甲寅日）以朱砂画"老君黄庭中胎四十九真秘
符"于白素上，夜间放置祭坛供案上，并陈设酒肉等供品，面向北斗祭拜，自报姓名，拜祭领受
而将其纳入衣领中，可以防御山林中的鬼精、虎狼、毒虫等物，以保旅途平安。不过，孙占宇则认
为："质，匕首之类的利器。……质画地，即以匕首之类的利器在地上画。又，'质'字或可上读，
训为'对'。"（孙占宇：《放马滩秦简甲种日书校注》，中国文化遗产研究院编：《出土文献研究》
第 10 辑，中华书局 2011 年版，第 132 页）夏德安驳斥了孙占宇的上述说法，认为"'质'读为副
词，意思是'清晰地'。"（［美］夏德安：《放马滩日书甲乙种"禹有直五横"与禹治水神话试
探》）
⑤ （汉）许慎撰，（清）段玉裁注：《说文解字注》三篇下，第 117 页。

色彩也……分也……界也，止也。"《左传·襄公四年》有言："芒芒禹迹，画为九州。"西晋时人杜预注曰："画，分也。"① 《释名·释书契》："画，挂也，以五色挂物上也。"② 总之，"画"具有分划、绘制等含义。"画地"作为先秦以来世人习见之熟语，屡见载于历代典籍中。《楚辞·天问》云："河海应龙，何尽何历？鲧何所营？禹何所成？"东汉王逸注："或曰：禹治洪水时，有神龙以尾画地，导水所注当决者，因而治之也。"③ 此外，《战国策》卷九《齐二》、《史记》卷四〇《楚世家》和卷一〇七《魏其武安侯列传》、《盐铁论》卷九《繇役》、《西京杂记》卷三及汉代碑刻"唐公房碑"（原碑篆书额题"仙人唐君之碑"）④ 等均见"画地"之语，皆指择地勾划某符字或图形。

值得注意的是，睡虎地秦简、马王堆汉墓帛书等出土文献中也出现了"五画地"说法。睡虎地秦简《日书》甲种（第 111—112 号简背面）："行到邦门困（阃），禹步三，勉一步，謼（呼）：'皋，敢告曰：某行毋（无）咎，先为禹除道。'即五画地，掫其画中央土而怀之。"⑤ 马王堆汉墓帛书《五十二病方》（第 13 行）"诸伤"条："一、伤者血出，祝曰：'男子竭，女子戴。'五画地□之。"⑥ 整理小组注曰："五画地，在地上画五下。"⑦ 前述引文中"五画地"并没有说明所画（划）的图案或字形，从字面理解就是划地五次（下）。⑧ 有学者认为"'五画地'的'五'通交午之'午'，有午贯交叉之义。这段文字大意是说，远行者通过城邑门坎时，先走三个禹步，继之用力并足行步；同时高呼：'皋！

---

① 《十三经注疏》整理委员会整理、李学勤主编：《春秋左传正义》卷二九，第 839 页；杨伯峻编著：《春秋左传注》，中华书局 1990 年版，第 938 页。

② 任继昉纂：《释名汇校》卷六，第 333 页。

③ 洪兴祖又引《山海经图》补注云："夏禹治水，有应龙以尾画地，即水泉流通。"［（宋）洪兴祖撰，白化文、许德楠、李如鸾、方进点校：《楚辞补注》卷三《天问章句》，中华书局 1983 年版，第 91 页］

④ 该碑文有云："君乃画地为狱，召皋（鼠）诛之。"［高文《汉碑集释》（修订本），河南大学出版社 1997 年版，第 503 页］

⑤ 睡虎地秦墓竹简整理小组编：《睡虎地秦墓竹简》，图版第 112 页，释文第 223 页。

⑥ 马王堆汉墓帛书整理小组编：《马王堆汉墓帛书（肆）》，图版第 14 页，释文第 27 页。

⑦ 同上书，第 27 页。

⑧ 刘昭瑞认为："（睡简《日书》）'五画地'可能是指在地上画东西南北中五方"（刘昭瑞《论"禹步"的起源及禹与巫、道的关系》，《梁钊韬与人类学》，第 268 页，又见《考古发现与早期道教研究》，第 224 页）。此说纯属臆测，不足取。

敬告某神，让我出行无灾！现在我先为大禹清除道路。'呼毕，在地上画个交叉图形，拾取图形中央即交叉点上的土揣在怀内。"① 我们则认为：上古音韵中"五"、"午"虽同隶属鱼部疑纽，② "午"字也确有纵横交叉之义，③ 但将睡简"五"字训为"午"、并将"五画地"解释成"在地上画个交叉图形"则似有不妥当。查睡虎地秦简中也并无"五"字通"午"的其他语例用法，而放马滩秦简"直五横"中的"五"显然也不能通"午"，故不足为据。必须指出的是，周家台三〇号秦墓简牍《病方及其它》第345—346号简文曰："马心：禹步三，乡（向）马祝曰：'高山高郭，某马心天，某为我已之，并□侍之。'即午画地，而最（撮）其土，以靡（摩）其鼻中。"④这里的"午"字究竟是作纵横交叉解，抑或通"五"字，尚难定论。⑤

对于放马滩秦简"乡北斗质画地"之句的含义，发掘报告认为："意即出行前，先在地上画北斗，然后按禹步之法占吉凶，择日而行。"⑥ 另

----

① 胡新生：《禹步探源》，《文史哲》1996年第1期。

② 许伟建：《上古汉语通假字字典》，海天出版社1989年版，第120—121页。

③ "午"字，《说文·午部》训曰："牾也。"［（汉）许慎撰，（清）段玉裁注：《说文解字注》一四篇上，第746页］《玉篇·午部》训曰："牾也，分布也，交也。"

④ 湖北省荆州市周梁玉桥遗址博物馆编《关沮秦汉墓简牍》，中华书局2001年版，图版第51页，释文第132页。

⑤ 关于简文"午画地"之含义，整理者注曰："'午'，纵横相交。《玉篇·午部》：'午，交也。'《仪礼·大射》'度尺而午'，郑玄《注》：'一纵一横曰午，谓画物也。''午画地'，即在地上画出一纵一横的两条交叉的直线。"（湖北省荆州市周梁玉桥遗址博物馆编：《关沮秦汉墓简牍》，第132页）

⑥ 《天水放马滩墓葬发掘报告》，《天水放马滩秦简》，第122页。此说承袭饶宗颐。《正统道藏》本《太上六壬明鉴符阴经》卷四"真人禹步斗罡"条所云"《经》曰：天一步斗可以通神，当以夜半居星下，用白垩画作九星，斗间相去三尺，从天罡起，禹步随作次第之，居魁前逆步之。"（《道藏》，第18册，第642页）饶氏据此对睡虎地秦简《日书甲种》"五画地，掫其画中央土而怀之"推测说："日书叙禹步，即五画地，想亦用白垩画于地上作北斗状，掫取……其中央之土而怀之，此种禹步动作，一向以道教兴起以后才有之，今观日书所记，渊源已肇于战国。"（饶宗颐：《禹符、禹步、禹须臾》，饶宗颐、曾宪通《云梦秦简日书研究》，第21页）饶氏根据前引《太上六壬明鉴符阴经》提出睡虎地秦简《日书》"亦用白垩画于地上作北斗状"，显系臆断之言，其说不足取。此外，除《太上六壬明鉴符阴经》外，其他道经也谈到以白灰画出星图以作步罡时踏步之用，如《洞神八帝元变经·禹步致灵》"禹步法"云："于室内术人铺前，面向神坛，以夏时尺量三尺，为星相去之间率。以清净白灰为星图及八卦之数。术人立在地户巽上，面向神坛坐之，方鸣天鼓十五通，即闭气步之。"（《道藏》，第28册，第398页）总之，以白灰（垩）画地的道教文献均系晚出宋以后，我们切忌仅凭上述材料而逆推出早在一千年前的战国、秦汉时就已有此类行为。

有学者提出："按照'禹须臾'之术，出行要择日出发，走出邑门的时候，要行三次禹步，面向北斗即面朝北，审视在地上所画图形的日影，然后作出今天利于出行的判断。这样，出行的时候，就不必再高喊'为禹除道'（替禹开路）的话，也会得到出行的吉利。"① 无论是"在地上画北斗"抑或"审视地上所画图形的日影"，类似解说不仅有过度诠释之嫌，而且多系毫无文本依据的凭空想象，均不足信。笔者认为放马滩秦简所言"乡北斗质画地"乃系择地划"直五横"，而非北斗或其他图形。

值得一提的是，后世医书中频见画地作"十字""五字""土字""王字"及"蠼形"，并取其土，或"水服之"、或"糁之"、或"唾和涂之"，藉此治疗各种疾病。② 这应当是秦汉出土文献中所见"画地"方术之孑遗。

七　禹有直五横

关于"直"字的含义，《玉篇·L部》训曰："不曲也。"《诗·大雅·绵》亦云："其绳则直，缩版以载"。据此，笔者认为：放马滩秦简所言"禹有直五横"中"直"字乃系形容词、用以修饰"五横"，意为径直、笔直、不弯曲之含义。

工藤元男、胡文辉等坚持认为此处"直"当作"纵"解，即表示竖

---

① 王青：《禹步史料的历史民俗文献分析》，《西北民族研究》2011 年第 1 期。

② 唐代王焘撰《外台秘要》、北宋唐慎微撰《证类本草》、南宋洪遵撰《集验方》、明朱橚（周定王）、滕硕、刘醇等编《普济方》、明刘文泰等撰辑《本草品汇精要》卷三一《虫鱼部》"蝎"条等均言"画地作十字，取其上土，水服五分"云云；日本医师丹波康赖编纂《医心方》、北宋唐慎微撰《证类本草》、明代李时珍撰《本草纲目·百病主治药》"心腹痛"条则言"画地作五字，取中土，水服"。〔（明）李时珍：《本草纲目》卷三，人民卫生出版社 1975 年版，第 258 页〕；《本草品汇精要·续集》（该书由明代刘文泰等奉敕撰辑，原书四十二卷，清康熙卅九年王道纯等又增补续集十卷）卷一《玉石部》"黄土"条引《集简方》云："治蜈蚣螫伤，画地作土字，内取土糁之，即愈。"〔（明）刘文泰等纂：《本草品汇精要》，（清）王道纯等补：《续集》，人民卫生出版社 1982 年版，第 982 页〕明代李时珍撰《本草纲目·土部》"黄土"条云："卒患心痛：画地作王字，撮取中央土，水和一升服，良。"又云："蜈蚣螫伤：画地作王字，内取土掺之，即愈。"又云："蠼螋尿疮：画地作蠼螋形，以刀细取腹中土，唾和涂之，再涂即愈。"〔（明）李时珍：《本草纲目》卷七，第 427—428 页〕

线，从而得出最早的"四纵五横"之说法，其依据是《山海经·大荒北经》："（章尾山）有神，人面蛇身而赤，直目正乘"，郭璞注曰："直目，目从也。"① 笔者认为郭氏注解系晚出，而且引文"直目"及注文"从（纵）目"中的"直"与"从（纵）"均是形容词、修饰语，而不能等同于代表平线的名词——"直"与"纵"。此外，还有学者将"直"诠释为"再画一竖画，竖直穿过这五条横画"，亦甚谬矣。② 查阅秦汉简帛文献材料可知，"直"有二义：其一，通"值"，即"当也"，意为当值、轮职或价值、价钱等，此种用法所见甚多，兹举二例为证：放马滩秦简乙种《日书》第 53 号简云："门忌：乙辛戊，宿直胃、氐，不可开门窦及祠。"③ 此处"直"当作轮值之义；又如《里耶秦简（壹）》（第 8 层）第 1287 号简牍曰："大奴一人直钱四千三百，小奴一人直钱二千五百·凡直钱六千八百"④，此处三个"直"字均为价值；其二，正直、公正，亦即指合乎正义，兹举二例：睡虎地秦墓竹简《法律答问》第 93 号简文曰："论狱【何谓】'不直'？……罪当重而端轻之，当轻而端重之，是谓'不直'。"⑤ 又睡虎地简《为吏之道》第 1—2 号简文曰："凡为吏之道，必精絜（洁）正直"云云。⑥ 总之，秦汉简帛文字中并未见到能与"纵"互换、表示竖线的名词——"直"字的语例用法。故将放马滩简"直五横"中的"直"说成是表示"纵"向竖线，恐怕不能成立。

关于"横"字的含义，《周礼·秋官·野庐氏》云："禁野之横行径逾者。"贾公彦疏："言'横行'者，不要东西为横，南北为纵，但是不

----

① 袁珂校注：《山海经校注（增补修订本）》卷一二，第 499—500 页。

② 王青认为"'禹有直五横'似可理解为先画五条平行的横画，再画一竖画，竖直穿过这五条横画。"（王青：《禹步史料的历史民俗文献分析》，《西北民族研究》2011 年第 1 期，第 61 页注①）

③ 甘肃省文物考古研究所编：《天水放马滩秦简》，图版第 22 页，释文第 89 页。

④ 湖南省文物考古研究所编著：《里耶秦简〔壹〕》，文物出版社 2012 年版，图版第 162 页，释文第 66 页。

⑤ 睡虎地秦墓竹简整理小组编：《睡虎地秦墓竹简》，图版第 56 页，释文第 115 页。

⑥ 同上书，图版第 81 页，释文第 167 页。这一种含义，亦见载于字书中。《说文·L 部》训曰："直，正见也。"〔（汉）许慎撰，（清）段玉裁注：《说文解字注》一二篇下，第 634 页〕《广雅·释诂一上》："端、直……，正也。"〔（清）王念孙：《广雅疏证》卷一上，中华书局 1983 年版，第 11 页〕《广雅·释诂二》："切、直、方，义也。"〔（清）王念孙：《广雅疏证》卷二下，第 61 页〕

依道涂，妄由田中，皆是横也。"①《楚辞·东方朔〈七谏·沈江〉》："不开痦而难道兮，不别横之与纵。"王逸注："纬曰横，经曰纵。"② 东汉扬雄撰《太玄经·从更至应》云："一从一横，天网罝罝。"范望注："南北为经，东西为维，故从横也。"③ 概言之，"横"就是东西向的水平线，与"纵"相对：直线为"纵"、平线为"横"，南北为"纵"、东西为"横"。值得一提的是，美国学者夏德安提出放马滩秦简"直五横"中"横"字与额济纳汉简"土五光"中"光"字有一定关系，可惜未给出说明和论证。④

概言之，"直五横"三字的含义就是笔直的五条直线——要将五条平线画地笔直、不要弯曲了。笔者认为，放马滩秦简《日书》"直五横"与睡虎地秦简《日书》、马王堆汉墓帛书《五十二病方》、周家台三〇号秦墓简牍《病方及其它》中"五（午）画地"说系出一源，也是后世道教"四纵五横"方术的滥觞。

工藤元男认为："我们推测原简脱了一个'四'字。这样的话，这段咒文的末尾'为禹前除得'和睡虎地秦简'先为禹除道'句式相同，因此前者的'得'可能是'道'之误释。"⑤ 经过文字梳理及查验图版，笔者判定工藤氏提出的原简脱漏"四"字的看法恐不能成立，且据证据显示秦汉时尚未形成"四直（纵）五横"的说法，而仅见"五（午）画地""直五横"等，故不宜贸然判定原简漏书"四"字（且据公布的放简《日书》甲种与乙种图版均写作"直五横"，故而排除了脱漏的可能性）。至于放简《日书》甲种中"得"字，因图版此字迹处甚为模糊，尚无法判明系当年抄手之误书，抑或当今整理者之误释。

余欣借鉴了刘乐贤及工藤元男等人的意见，将放马滩秦简甲种《日书》中这段简文校释为"禹有直五横［六］"，即认为原简文脱漏一

---

① 《十三经注疏》整理委员会整理、李学勤主编：《周礼注疏》卷三六，第970页。

② 黄灵庚疏证：《楚辞章句疏证》，中华书局2007年版，第2276页。

③ （汉）扬雄撰，（晋）范望注：《太玄经》卷三，（清）永瑢、纪昀等纂修：《景印文渊阁四库全书》，第803册，第41页。

④ ［美］夏德安：《放马滩日书甲乙种"禹有直五横"与禹治水神话试探》。

⑤ ［日］工藤元男著：《睡虎地秦简所见秦代国家与社会》，［日］广濑薰雄、曹峰译，第253页。

"六"字。① 今放简乙种《日书》业已公布，亦系"禹有直五横"，且查验图版，甲、乙种《日书》"禹有直五横"文字处均清晰可辨，殆无误释之可能，从而证实余氏当初的推断及补文不确。不过，他谈到敦煌残卷（P. 2661《诸杂略得要抄子一本》、S. 2729 V）中存见"五纵六横""纵五横六"等说法则值得重视。②

八　今利行，＝毋咎

关于"利"字，《广雅·释诂四上》训曰："惠、爱、恕、利人，仁也。"③《庄子·天地篇》云："爱人利物之谓仁"。又《孟子·梁惠王上》云："亦将有以利吾国乎？"故前引放简中"利"字乃作有利于、裨益等含义。

"＝"为重文符号，代表省写前字，即"行"字。④

"咎"字，《说文·人部》训曰："灾也。"⑤《尔雅·释诂》训曰："病也。"⑥故前述放简中"咎"乃系指灾祸、不祥等。

概言之，这句文字是说：今天有利于出行，远足不会引来灾殃。

---

① 余欣：《神道人心——唐宋之际敦煌民生宗教社会史研究》，第 316 页。

② 余欣认为："从放马滩秦简《日书》仅有'直五横［六］'一说来看，'四纵五横'盖后起之说，或为凑合'九'之数而改。"（余欣：《神道人心——唐宋之际敦煌民生宗教社会史研究》，第 320 页）我们对此并不赞同，不仅是因为前文已证伪了他提出的放马滩秦简"直五横［六］"之说，更重要的是除了敦煌卷子外其他传世文献中并无"五纵六横"之说，故而我怀疑"五纵六横"（或"纵五横六"）说法是敦煌地区特有的地方性民俗，当系此观念由中原向西北边地传播过程中发生了讹误及衍变。这一现象，其实在宗教、民俗等人文领域的传播史上并不少见。

③ （清）王念孙：《广雅疏证》卷四上，第 119 页。

④ 有关简帛文书的书写格式，详见李均明《简牍文书学》第三章《简牍符号》，广西教育出版社 1999 年版，第 60—88 页；汪桂海《汉代官文书制度》第二章《官文书及其程序（一）》、第三章《官文书及其程序（二）》，广西教育出版社 1999 年版，第 19—111 页；张显成《简帛文献学通论》第三章《简帛制度》，中华书局 2004 年版，第 108—220 页；王国维原著，胡平生、马月华校注：《〈简牍检署考〉校注》，上海古籍出版社 2004 年版。

⑤ （汉）许慎撰，（清）段玉裁注：《说文解字注》八篇上，第 382 页。

⑥ 徐朝华注：《尔雅今注》，南开大学出版社 1994 年版，第 36 页。

九　为禹前除得（道）

　　"除"字，《玉篇·阜部》训曰："去也，关也。"《周礼·地官·山虞》云："若祭山林，则为主而修除。"郑玄注："修除，治道路场坛。"南宋戴侗撰《六书故·地理二》亦云："辟草移地为除，廷除之义取此，凡除治皆取此义。"① 结合上述诠释，本段简文中"除道"的含义当是指对沿途的道路施予开辟、修治和清整，使之畅通无阻。其实，"除道"是先秦古籍中常见的专用术语，如《春秋左传》卷八"庄公四年"条云："（王）令尹斗祁、莫敖屈重除道梁溠，营军临随。"《正义》曰："除道，谓除治新路，故知更开直道。"② 此外，"除道"亦频见于《战国策》《墨子》《韩非子》等传世文献及睡虎地秦墓竹简、里耶秦简、张家山汉墓竹简（247 号墓）、额济纳汉简等出土资料中，均系指肃清、修缮道路等含义。后世道教文献中频见"除道"用语，其含义大抵是对原有本意的延伸和神化。

　　就句式的结构及含义而言，放马滩秦简《日书》"为禹前除得（道）"与睡虎地秦简《日书甲种》"先为禹除道"可谓一致。有学者将睡简"先为禹除道"解释为"我为大禹清除道路"③。此说恐误，笔者认为：经过禹步及画地"五横"等神秘仪式后，出行者暂时实现了从世俗到神圣的转变，俨然化身为大禹（后世道教科仪将此环节称作"变神"），进而以大禹的神圣权威饬令沿路的神祇及邪鬼精灵，清整道路、使之畅通无阻，消除一切安全隐患，为即将展开的旅行提供庇护和保佑。④

---

　　① （宋）戴侗：《六书故》卷五，（清）永瑢、纪昀等纂修：《景印文渊阁四库全书》，第226 册，台湾商务印书馆 1986 年版，第 69 页。
　　② 《十三经注疏》整理委员会整理、李学勤主编：《春秋左传正义》卷八，第 225—226 页。
　　③ 胡新生：《禹步探源》，《文史哲》1996 年第 1 期。
　　④ 胡文辉则认为长沙马王堆汉墓帛画《太一出行图》"禹先行"与睡虎地秦简《日书》"先为禹除道"及放马滩秦简《日书》"为禹前除"等具有相同的含义，"其中 '为' 似可解作 '作'，'除道'、'前除' 当是指作先锋开路，所以 '禹先行' 和 '先为禹除道'、'为禹前除' 的意思都是指出行时先让 '禹' 开路保平安……"（胡文辉：《马王堆〈太一出行图〉与秦简〈日书·出邦门〉》，《中国早期方术与文献丛考》，第 152 页）此可备一说。

十　译文

综上所述，放马滩秦简《日书》"禹须臾·行不得择日"篇的大意是说：倘若无法择日出行或必须在凶日时出行，远行者需从家中出发、步行到乡/县城的城门外，先踏行三个禹步，接着面向北斗的方向（即北方），清理出一块场地作为祭坛（陈设供品、施予祭拜），并择地划五条笔直的平线，然后注视地上的"五横"图案，念诵祝文："大禹神有直五横，今天是利于出行的日子，远行将不会遭遇任何不测及灾祸，赶快为禹神清整道路、消除隐患（确保沿途畅通无阻）。"

（原载《鲁东大学学报》2012 年第 4 期，收入本书时有所改动）

秦据汉水与南郡之置[*]

——以军事交通与早期郡制为视角的考察

中国人民大学国学院　孙闻博

一　问题的提出

《史记》卷一五《六国年表》"序"叙"秦之帝用雍州兴",自"秦襄公始封为诸侯"以下,涉及"文公踰陇,攘夷狄""穆公修政,东竟至河""至献公之后常雄诸侯"等几个重要阶段,反映了史迁的秦史归纳。[①] 而始皇最终得并兼天下,与战国秦军事扩张的进程直接相关。秦的崛起,始自商鞅变法之孝公世。而《秦本纪》记"孝公元年"(前361)秦与邻国形势,作:

> 楚、魏与秦接界。魏筑长城,自郑滨洛以北,有上郡。楚自汉中,南有巴、黔中。[②]

---

* 本文为国家社科基金重大项目:"秦统一及其历史意义再研究"(14ZDB028)的阶段性成果。

① 《史记》卷一五《六国年表》,中华书局1982年版,第685页。

② 《史记》卷五《秦本纪》,第202页。《正义》云"楚北及魏西与秦相接,北自梁州汉中郡,南有巴、渝,过江南有黔中、巫郡也。魏西界与秦相接,南自华州郑县,西北过渭水,滨洛水东岸,向北有上郡鄜州之地,皆筑长城以界秦境"。中华本应取此义句读。需指出,战国魏御秦而筑长城,主要分布于"自郑滨洛"。按魏设西河(河西)郡,"辖境相当于今陕西华阴以北,黄龙以南,洛河以东,黄河以西的地区"(杨宽:《战国史》附录一《战国郡表》,上海人民出版社2003年版,第677页),即在"自郑滨洛"一带。故长城当围绕而筑于此郡西侧。魏又设

秦当时与楚、魏为邻，要向外发展，主要有两个攻取方向：一为东向与魏争夺西河、上郡，进而逐鹿中原；二为东南向与楚交兵，涉及楚汉中、黔中诸郡。关于前者，秦惠文君十年（前328）魏上郡入秦，秦上郡大体于稍后设置。[1]考虑到商鞅改革地方行政制度，主要集中在对秦本土"并诸小乡，聚集为大县，县一令，四十一县"，[2]则郡县制推行中所置秦郡，实多为后来夺取关东六国领土而设立的军事、行政性管理区。[3]学者对始皇廿六年统一天下后的秦郡设置及变动情形，已多有精湛研究。[4]不过，秦自上郡起，向东置郡，是一个逐渐发展的过程。秦昭襄王、秦始皇统

上郡，在西河郡北，辖境虽较秦统一所置上郡为小，仍"相当于今陕西洛河以东，黄梁河以北，东北到子长、延安一带"（杨宽：《战国史》附录一《战国郡表》，第677页），魏长城似未延伸至此。这里联系下句"楚自汉中，南有巴、黔中"表述上的前后对应特征，或可断作"魏筑长城，自郑滨洛（西河）以北有上郡"。

①　关于秦上郡设置年代，学界有不同意见。谭其骧、马非百、李晓杰主秦惠文君十年（前328）说（谭其骧：《秦郡新考》，《浙江学报》第二卷第一期，1947年12月，收入《长水集》上册，人民出版社1987年版，第2页；马非百：《秦集史·郡县志上》，中华书局1982年版，第578页；周振鹤主编：《中国行政区划通史·总论、先秦卷》之《先秦卷》第九章，李晓杰撰，复旦大学出版社2009年版，第444—445页）。董珊主秦惠文王改元前后说（董珊：《战国铭与工官制度》第六章《秦国题铭》第三节"上郡"，博士学位论文，北京大学，2002年，第225页）。杨宽据《水经·河水注》主秦昭襄王三年（前304）说（杨宽：《战国史》附录一《战国郡表》，第680页）。今参据秦惠文王五年以来上郡兵器题铭，董说或较可取。

②　《史记》卷五《秦本纪》，第203页。《史记》卷六八《商君列传》作"而集小（都）乡邑聚为县，置令、丞，凡三十一县"，第2232页。相关文句辨析，参见孙闻博《秦汉县乡聚落形态考论》，《国学研究》第29卷，北京大学出版社2012年版，第215—232。又，先秦秦汉"四"字多有积四横划写法，作"亖"，与"三"形近易混。清人王引之、段玉裁、俞樾以下多有论及，参见辛德勇《〈汉书〉赵佗"处粤四十九年"说订讹》，《文史》2009年第4辑，收入《纵心所欲——徜徉于稀见与常见书之间》，北京大学出版社2011年版，第154—155页。按"三"难为"亖"，而："亖"易为"三"。史迁所撰《本记》史料又多较《列传》可信。此处相对《表》《传》，似当取《秦本纪》所载。

③　秦及汉初郡级行政组织的相关问题，参见孙闻博《两汉的郡兵调动：以"郡国"、"州郡"的行政变化为背景》，《中华文史论丛》2014年第3期。

④　谭其骧：《关于秦郡和两汉州部——〈中国大百科全书·中国历史·秦汉卷〉》，《复旦学报》（社会科学版）1982年第5期；《中国大百科全书·中国历史》"秦郡"条，谭其骧撰，中国大百科全书出版社1997年2版缩印本，第510—511页。学术梳理及最新探讨，又参见辛德勇《秦始皇三十六郡新考》，《文史》2006年第1、2辑，修订稿收入《秦汉政区与边界地理研究》，中华书局2009年版，第3—92页。

治时期是秦扩展疆域、实现发展的两个关键阶段。秦昭襄王后期以前所设郡与秦始皇统一时大量置郡，亦可划分为两个阶段。前一阶段的秦郡设置与秦政推行，使秦国建立起对关东六国的战略优势，最终实现海内一统，意义重要而深远。以往研究对此层面，虽有所关注，但仍有不少工作可以开展。下面即注意分析与探讨。

秦所置上郡，虽取自魏地，但设立后的管理颇有成效。在随后的攻伐战争中，上郡成为秦进攻三晋的重要基地，设有供应和维护秦军武器装备的"上郡武库"，为秦统一打下了坚实的基础。[①] 这一过程中，上郡也日益与内史形成密切联系的整体。至项羽破秦，分封天下，上郡已成为"三秦"之一。[②] 而此种情形，实非特例。相对与秦最初相邻的魏西河、上郡，南侧楚国与秦毗邻主要是汉水流域的相关地区。战国中后期的秦、楚战争，自商、於出武关道攻楚、夺取汉中到袭破郢郢，主要围绕汉水流域展开。秦至昭襄王，先后在这里设置了汉中郡、南郡。这些在楚地较早设立的秦郡，横向上与前论上郡是否有类似之处？纵向上与秦始皇于荆楚故地所置新郡又存在怎样的差别呢？秦对汉水流域的征服及相关秦郡的设立，对秦统一及秦汉帝国的确立与巩固，具有怎样的意义？秦末关东暴动的地域特征，西汉郡国并行的郡、国分界，是否亦可从中获得启示？这些同样是研究相关问题时，需要思考的。

二　商於之地与秦取汉中

秦孝公时，商鞅变法，三年（前359），商鞅被任为左庶长；十年

---

① 参见董珊《战国题铭与工官制度》第六章《秦国题铭》第三节"上郡"，第225—235页。

② 《史记》卷七《项羽本纪》云："而三分关中，王秦降将以距塞汉王。项王乃立章邯为雍王，王咸阳以西，都废丘。长史欣者，故为栎阳狱掾，尝有德于项梁；都尉董翳者，本劝章邯降楚。故立司马欣为塞王，王咸阳以东至河，都栎阳；立董翳为翟王，王上郡，都高奴。"（第316页）

（前352），更为大良造。① 他除在国内推行政治、经济、军事、文化诸方面改革外，还亲自领兵，对外作战，主要进攻"楚、魏与秦接界"之魏。商鞅曾明确谈到相关考虑："秦之与魏，譬若人之有腹心疾，非魏并秦，秦即并魏。何者？魏居领厄之西，都安邑，与秦界河而独擅山东之利。利则西侵秦，病则东收地。今以君之贤圣，国赖以盛。而魏往年大破于齐，诸侯畔之，可因此时伐魏。魏不支秦，必东徙。东徙，秦据河山之固，东乡以制诸侯，此帝王之业也。"② 十年，商鞅"将兵围魏安邑，降之"③，十一年（前351），"卫鞅围固阳，降之"④，"二十二年，卫鞅击魏，虏魏公子卬"，"二十四年，与晋战雁门，虏其将魏错"，且因伐魏之功，"秦封之於、商十五邑，号为商君"⑤。至于这一时期秦在东南方向与楚之联系，则常为人忽略。实际上，秦、魏主线之外，秦、楚关系作为一条暗线，同样值得关注。

商鞅所立军功，多来自攻取魏地。然"於、商十五邑"之封地，则在今陕西商洛市东南的丹凤县附近，濒临汉水的重要支流丹水。⑥ 由商於沿丹水行进，不仅上溯西北为峣关，而且更重要的，东南即是武关。武关与函谷关、萧关、大散关并为"秦之四塞"，是据有关中形胜的秦国在

---

① 《史记》卷五《秦本纪》、卷一五《六国年表》、卷六八《商君列传》，第203、722、2232页。

② 《史记》卷六八《商君列传》，第2232页。

③ 同上。

④ 《史记》卷一五《六国年表》，第723页。"固阳"见同书卷四四《魏世家》："十九年，诸侯围我襄陵。筑长城，塞固阳。"《正义》云："魏筑长城，自郑滨洛，北达银州，至胜州固阳县为塞也。固阳有连山，东至黄河，西南至夏、会等州"（第1845页）。

⑤ 《史记》卷五《秦本纪》、卷六八《商君列传》，第204、2233页。

⑥ 《正义》云："於、商在邓州内乡县东七里，古於邑也。商洛县在商州东八十九里，本商邑，周之商国。案：十五邑近此〔二〕邑"（第2233页）。相关地理考释，又可参见刘向集录，范祥雍笺证，范邦瑾协校《战国策笺证》卷三，上海古籍出版社2006年版，第137页；周振鹤主编《中国行政区划通史·总论、先秦卷》之《先秦卷》第六章，李晓杰撰，第364页。王子今等先生早年更做过实地的考古学踏查，参见王子今、焦南峰、周苏平《陕西丹凤商邑遗址》，《考古》1989年第7期。所获取的重要收获与认识，曾得到学界的充分肯定："1984年，在陕西丹凤西3公里的古城村进行调查，证实是战国至汉代的遗址。这里发现的鹿纹半瓦当，花纹类似雍城的圆瓦当，几种云纹圆瓦当则近于咸阳的出土品。有花纹的空心砖、铺地方砖，也同咸阳的相似。一件残瓦当有篆书'商'字，说明当地就是商鞅所封商邑。这是一个有历史价值的发现。"（李学勤《东周与秦代文明》第三十章"新发现和新研究"，上海人民出版社2007年版，第308页）

东南方向最为重要的关隘。① 战国时期的秦、楚战争往往与武关道密切相连。② 而武关的具体位置，王子今指出：依以往学者多有参据的谭其骧《中国历史地图集》所标示，战国武关"在今陕西和河南两省交界处丹江之北"，即今陕西商南东南；秦代武关在商南正南丹江北岸，较战国时期位置西移；西汉武关向西略有偏移；东汉武关则更向西移动，然而仍在丹江北岸；至唐代，武关位置被标记在今丹凤与商南之间的武关河上，即今丹凤武关镇，亦曾称武关街、武关村所在。③ 然而，王子今结合"武侯"瓦当所做最新研究，"可以证实丹凤武关镇历代看作武关城的遗址，就是汉代武关的确定位置。这里也很可能是战国设置武关以来长期沿用的伺望守备的地点"④。这一认识非常重要。它说明：战国秦汉武关实际位于以往确定的唐代武关所在。它并非南濒丹水，而是更为偏向西北，在今陕西丹凤—商南一线，临近今丹凤市。联系王子今等人早年考察，商邑在丹凤西3公里古城村，所发现丹凤古城岭遗址属商邑遗址，⑤ 一个重要的问题就呈现出来：商於与武关之关系，实际较以往理解要紧密得多。换言之，商於紧邻武关，乃秦东南边境上控扼武关的战略要地。

商於富庶盛兵。赵良言商鞅，有"则何不归十五都"，"君尚将贪商於之富"语。秦惠文君即位，商鞅被告谋反而亡走未成时，又有"既复入秦，走商邑，与其徒属发邑兵北出击郑"的选择与行动。⑥ 而据《六国年表》，早在孝公十一年商鞅攻魏固阳时，秦在邻楚一线已有所行动，尝试经营："城商塞。"⑦ 按秦常有将重要封君之食邑，选赐在新夺取要地的习惯。如稍后秦昭襄王十五年（前292），大良造白起"攻楚，取宛"，

---

① 王子今、焦南峰：《古武关道栈道遗迹调查简报》，《考古与文物》1986年第2期；王子今：《丹江通道与早期楚文化清华简〈楚居〉札记》，"经学与诗史系列研讨会——'简帛·经典·古史'国际论坛"会议论文，香港，2011年11月；王子今：《"武侯"瓦当与战国秦汉武关道交通》，《文博》2013年第6期。

② 顾祖禹著，贺次君、施和金点校《读史方舆纪要》卷五四《陕西三》："（商）州扼秦楚之交，据山川之险，道南阳而东方动，入蓝田而关右危。武关巨防，一举足而轻重分焉矣"（中华书局2005年版，第2593页）。

③ 相关梳理参见王子今《"武侯"瓦当与战国秦汉武关道交通》，《文博》2013年第6期。

④ 王子今：《"武侯"瓦当与战国秦汉武关道交通》，《文博》2013年第6期。

⑤ 王子今、焦南峰、周苏平：《陕西丹凤商邑遗址》。

⑥ 《史记》卷六八《商君列传》，第2235、2237页。

⑦ 《史记》卷一五《六国年表》，第723页。

十六年，"封公子市宛，公子悝邓，魏冉陶，为诸侯"，二十一年，"泾阳君封宛"①，"明年，……乃封魏冉于穰，复益封陶，号曰穰侯"②。秦昭襄王时，张仪欺楚以商、於之地六百里，楚怀王曾"日与置酒，宣言'吾复得吾商於之地'"③。这显示商於原属楚地，后入于秦。而作为孝公时代权臣之首的商鞅，④ 其封邑被择选在此，显示秦当时在东南邻楚一线，沿丹水积极进取的态势。《楚世家》提到一则未见它处的记载：

（楚宣王）三十年，秦封卫鞅于商，南侵楚。⑤

对于理解当时的形势，或有帮助。

秦惠文君即位后，延续孝公后期战略，继续进攻魏地。前论秦之首郡上郡，即设置于这一时期。张仪在此阶段，曾数任秦相，广行灵活外交，为秦争取利益。《秦本纪》记惠文王十二年（前313），在秦与三晋连年交兵的情况下，张仪离秦赴楚："张仪相楚"，⑥ 反映出秦对外战略的微妙变化。《楚世家》记此事作"（楚怀王）十六年，秦欲伐齐，而楚与齐从亲，秦惠王患之，乃宣言张仪免相，使张仪南见楚王……怀王大悦，乃置相玺于张仪"⑦。而从张仪随后成功破坏楚、齐联盟，又欺楚而无意交付商於之地来看，秦当时已有与楚一战的打算。"（楚王）遂绝和于秦，发兵西攻秦。秦亦发兵击之"，秦、楚在进入战国后的首次大规模正面战争，由此上演。⑧

秦惠文王十三年（楚怀王十七年，前312）春，秦自商、於出武关

---

① 《史记》卷五《秦本纪》，第212页。

② 《史记》卷七二《穰侯列传》，第2325页。

③ 《史记》卷四〇《楚世家》，第1723页。

④ 《战国策·秦策一》并有"孝公行之〔十〕八年，疾且不起，欲传商君，辞不受"的说法。（何建章：《战国策注释》卷三，中华书局1990年版，第71页）

⑤ 《史记》卷四〇《楚世家》，第1720页。

⑥ 《史记》卷五《秦本纪》，第207页。

⑦ 《史记》卷四〇《楚世家》，第1723页。《史记》卷七〇《张仪列传》作"秦欲伐齐，齐楚从亲，于是张仪往相楚"，第2287页。

⑧ 李开元引《诅楚文》"十八世之诅盟"，指出"从秦穆公到秦惠文王，正是《诅楚文》所说的十八世。秦楚两国绊以婚姻、申以诅盟的联姻结盟关系，经历了十八世，延续了三百年，可以说源远流长"。参见李开元《秦始皇的秘密》，中华书局2009年版，第198—201页。

道，与楚在丹水北岸丹阳地区发生大战。楚战败后，复攻入武关，与秦大战于蓝田：

> （楚怀王）十七年春，与秦战丹阳，秦大败我军，斩甲士八万，虏我大将军屈匄、裨将军逢侯丑等七十余人，遂取汉中之郡。楚怀王大怒，乃悉国兵复袭秦，战于蓝田，大败楚军。韩、魏闻楚之困，乃南袭楚，至于邓。楚闻，乃引兵归。①

> （秦惠文王）十三年，庶长章击楚于丹阳，虏其将屈匄，斩首八万；又攻楚汉中，取地六百里，置汉中郡。②

> 楚王不听，卒发兵而使将军屈匄击秦。秦齐共攻楚，斩首八万，杀屈匄，遂取丹阳、汉中之地。楚又复益发兵而袭秦，至蓝田，大战，楚大败，于是楚割两城以与秦平。
> 楚尝与秦构难，战于汉中，楚人不胜，列侯执圭死者七十余人，遂亡汉中。楚王大怒，兴兵袭秦，战于蓝田。③

> 明年，助魏章攻楚，败楚将屈丐，取汉中地。
> 王见而说之，使将，而佐魏章略定汉中地。④

> 秦发兵击之，大破楚师于丹、浙，斩首八万，虏楚将屈匄，遂取楚之汉中地。怀王乃悉发国中兵以深入击秦，战于蓝田。魏闻之，袭楚至邓。楚兵惧，自秦归。而齐竟怒不救楚，楚大困。⑤

上述即历史上著名的"丹阳之战"与"蓝田之战"。相对楚怀王在"蓝

---

① 《史记》卷四〇《楚世家》，第 1724 页。
② 《史记》卷五《秦本纪》，第 207 页。
③ 《史记》卷七〇《张仪列传》，第 2288、2291 页。
④ 《史记》卷七一《樗里子甘茂列传》，第 2307—2308、2311 页。
⑤ 《史记》卷八四《屈原贾生列传》，第 2483 页。

田之战"中，攻入武关，深入秦境，以图雪耻；秦军在最初赢得"丹阳之战"时，本可有两个乘胜攻击选择：一、向东进攻楚方城所在的南阳地区；二、沿汉水而下，攻取邓、鄢等襄阳地区。楚军当时损失惨重，所谓"秦大败我军，斩甲士八万，虏我大将军屈匄、裨将军逢侯丑等七十余人"，"楚人不胜，列侯执圭死者七十余人"。庶长魏章、樗里疾在这种情况下，却没有率秦军乘胜深入，而选择了由丹阳向南、进而向西迂回的路线，进入汉中，略定汉中地。与秦置上郡相呼应，秦在楚地也成功设郡。① 汉中与秦惠文王九年（前316）以来所取的巴、蜀，② 由此连成一片。汉中郡之置，反映了秦力图控扼汉水上游的意图，并初步建立起对以江汉平原为重心的楚国的战略优势。

关于战国秦汉中郡，有两点需要指出。一是秦对汉中郡治南郑的夺取与经营，要早于汉中郡设置。秦厉共公二十六年（前451），有"左庶长城南郑"事。③ "躁公二年（前441），南郑反。"④ 此地后为秦蜀反复争夺。⑤ 这反映秦除循丹水一线向东南进取外，对汉水源头的沔水区域，也非常重视。二是秦置汉中郡早期，东部边界并不稳定。白起攻破鄢郢之前，秦对该地的统治主要集中在汉中郡中西部。按秦置汉中郡次年，

---

① 秦汉中郡在楚汉中郡基础上，又加部分原巴蜀之地而设置，应有今陕西省秦岭以南，湖北省郧县、保康以西，大巴山以北地区。所谓"北界辨见内史，又东北今郧、郧西、白河诸县之地"；谭其骧：《秦郡界址考》，收入《长水集》，第13—14页；周振鹤主编《中国行政区划通史·总论、先秦卷》之《先秦卷》第七、九章，李晓杰撰，第415、448页。

② 罗开玉：《秦在巴蜀地区的民族政策试析——从云梦秦简中得到的启示》，《民族研究》1982年第4期；孙华：《巴蜀为郡考》，《社会科学研究》1985年第2期；冯一下：《战国后期至秦朝四川地区民族融合的基本趋势》，《西南民族学院学报（哲学社会科学版）》1985年第4期；王子今：《秦兼并蜀地的意义与蜀人对秦文化的认同》，《四川师范大学学报》1998年第2期；王子今：《秦汉区域文化研究》上编"八　巴蜀文化及其与关中文化的特殊关系"，四川人民出版社1998年版，第158—178页。

③ 《史记》卷一五《六国年表》，第697页。《史记》卷五《秦本纪》："（厉共公）二十五年，智开与邑人来奔。"《集解》引徐广曰"一本二十六年城南郑也"（第199页）。

④ 《史记》卷五《秦本纪》、卷一五《六国年表》，第199、700页。

⑤ 《史记》卷五《秦本纪》作"（惠公）十三年，伐蜀，取南郑"（第200页），同书卷一五《六国年表》则作"蜀取我南郑"（第713页）。相关问题的学术梳理与评议，参见周振鹤主编《中国行政区划通史·总论、先秦卷》之《先秦卷》第六章"南郑"条，李晓杰撰，第367页。

"（楚怀王）十八年（前311），秦使使约复与楚亲，分汉中之半以和楚"①。"汉中之半"，应即靳尚语怀王宠妃郑袖"今将以上庸之地六县赂楚"②。楚后因怀王索求张仪抵罪，当时未能收回上庸。③ 秦武王即位，致力于东向伐韩，攻取宜阳。秦的对外战略重心一度转回三晋。秦昭襄王即位初年，发生严重统治危机，④ 对外曾特别注意修复与楚之关系："三年（前304），王冠。与楚王会黄棘，与楚上庸。"⑤ 秦再次考虑放弃汉中郡东部地区。至昭襄王二十七年（楚顷襄王十九年，前280），"秦伐楚，楚军败，割上庸、汉北地予秦"⑥。时隔二十四年之后，秦才又重新控制汉水流域的这一地区。⑦

即便如此，秦对汉中郡的经营，其实非常重视。任鄙是武王以来秦国最有名的武人之一，以强力著称。⑧ 秦人评价甚高，时谚所谓"力则任鄙，智则樗里"⑨。史迁《白起王翦列传》自开篇以下详叙白起领兵征伐诸事，然在"昭王十三年，而白起为左庶长，将而击韩之新城"下，"其明年，白起为左更，攻韩、魏于伊阙，斩首二十四万，又虏其将公孙喜，拔五城。起迁为国尉"上，记：

----

① 《史记》卷四〇《楚世家》，第1724页。此事又见同书卷八四《屈原贾生列传》："明年，秦割汉中地与楚以和。"（第2484页）

② 《史记》卷四〇《楚世家》，第1725页。

③ 同上书，第1724—1725页。

④ 《史记》卷五《秦本纪》、卷七二《穰侯列传》，第210、2323页。

⑤ 《史记》卷五《秦本纪》，第210页。此事又见《史记》卷四〇《楚世家》、卷一五《六国年表》，第1727、735页。

⑥ 《史记》卷四〇《楚世家》，第1735页。此事又见《史记》卷一五《六国年表》，第741—742页。

⑦ 相关考述及《史记》卷五《秦本纪》"（昭襄王）三十四年，秦与魏、韩上庸地为一郡，南阳免臣迁居之"条的辨析，参看杨宽《战国史》附录一（六），第681页；周振鹤主编《中国行政区划通史·总论、先秦卷》之《先秦卷》第六章、第九章，李晓杰撰，第353、369—370、451页。

⑧ 《史记》卷五《秦本纪》云"武王有力好戏，力士任鄙、乌获、孟说皆至大官"（第209页）；同书卷七九《范雎蔡泽列传》范雎语秦昭王，又有"且以五帝之圣焉而死，三王之仁焉而死，五伯之贤焉而死，乌获、任鄙之力焉而死，成荆、孟贲、夏育之勇焉而死"的表述（第2407页）。

⑨ 《史记》卷七一《樗里子甘茂列传》，第2310页。

是岁（十三年），穰侯相秦，举任鄙以为汉中守。①

这里对魏冉推举任鄙一事特予交代，从一侧面反映出汉中守御对秦的意义。魏冉数为秦相。按相邦樗里疾卒于昭王七年（前300），②《六国年表》记是年"魏冉为相"，多有学者赞同，③ 有魏冉五次相秦说。但《史记索隐》述赞明确说"四登相位，再列封疆"④。四言体述赞为唐人司马贞反复斟酌所作，当有所据。"七年丞相殳殳造咸□（阳）工帀（师）豚工游＼公（内正）沙羡（内背）"戈铭，⑤ 在揭示殳、殳任左右丞相外，反映魏冉当时可能未任相邦。因为秦国京师地区兵器多由最高官员督造。⑥"十二年，楼缓免，穰侯魏冄为相"，⑦ 或是其首次任相。按白起功业，与魏冉主政关系密切，是后者推举信任的结果。⑧《穰侯列传》虽言"昭王十四年，魏冉举白起，使代向寿将而攻韩、魏"，但本传、《秦本纪》记白起活动，均始自昭王十三年。⑨ 而我们注意到，《秦本纪》《六国年表》在记录秦国对外纷繁战争时，在十三年条下又同时特记："任鄙为汉中守。"⑩ 这一略显突兀的记录，同样意味深长。魏冉为相之始，实际

---

①《史记》卷七三《白起王翦列传》，第2331页。

②《史记》卷五《秦本纪》、卷一五《六国年表》、卷七一《樗里子甘茂列传》，第210、736、2310页。

③ 马非百：《秦集史》，第181页；杨宽：《战国史料编年辑证》卷一三，上海人民出版社2001年版，第658页；安作璋、熊铁基：《秦汉官制史稿》，齐鲁书社2007年版，第19页；林剑鸣：《秦史稿》，中国人民大学出版社2009年版，第208、221页。

④《史记》卷七二《穰侯列传》，第2330页。

⑤ 梁云：《秦戈铭文考释》，《中国历史文物》2009年第2期，第56—57页。按"沙羡"，原作"□义"，今据石继承意见改。石继承：《加拿大苏氏藏秦戈铭文补释》，《中国国家博物馆馆刊》2011年第5期。

⑥ 相关论述参见孙闻博《爵、官转移与文武分职：秦国相、将的出现》，北京大学国学研究院，袁行霈主编《国学研究》第三十五卷，北京大学出版社2015年版，第41—63页。

⑦《史记》卷五《秦本纪》，第210页。

⑧《史记》卷七二《穰侯列传》："白起者，穰侯之所任举也，相善。"（第2325页）相关又可参见马雍《读云梦秦简〈编年记〉书后》，中华书局编辑部编：《云梦秦简研究》，中华书局1981年版，第22、24页；李开元：《秦始皇的秘密》，第191页。

⑨《史记》卷七二《穰侯列传》、卷七三《白起王翦列传》、卷五《秦本纪》，第2325、2331、212页。

⑩《史记》卷五《秦本纪》、卷一五《六国年表》，第212、738页。

举用了两位重要武将——白起、任鄙。白起主要负责对三晋的战事,主攻;任鄙则具体负责对楚的防御,主守。这与魏冉主政初期攻晋备楚的战略,息息相关。因此,对汉中郡守任职看似突兀的"插叙",实际不可或缺。它们显示了秦国当时在防御楚国时,汉中郡所具有的举足轻重地位。而《秦本纪》、《六国年表》在昭襄王十九年(前288),又特别交代"任鄙卒"。①除了人物著名之外,汉中备守的重要,显然是重要原因。任鄙在去世前长达六年时间里一直被委任此职,并且在他去世次年就有秦王巡行的发生:"二十年,王之汉中,又之上郡、北河",② 也反映了这一情形。马非百曾指:"大抵当日秦国情形,每一执政当国时,必有其自己所最亲信之人为将。如魏冉为相,则任举白起为将;范雎为相,亦任举郑平安为将。而将相之进退,又往往相互为转移。故范雎既说王昭王罢穰侯,不久即杀白起。郑安平战败降敌,而范雎亦随之去位。张仪与魏章间之关系,殆亦金与同。"③ 所论颇为精当。唯魏冉为相时,白起下似当补一任鄙。

汉中虽是秦取楚地所设首郡,但统治开展有效,与巴、蜀逐渐结合为一区域单元。④ 秦末项羽分封天下,"故立沛公为汉王,王巴、蜀、汉中,都南郑",即以汉中郡郡治南郑作为王治选择。更值得注意的是,与上郡类似,汉中也逐渐成为广义"关中"的一部分。项羽封刘邦汉王,虽有"巴、蜀道险,秦之迁人皆居蜀"的"阴谋","项羽背约而王君王于南郑,是迁也"的事实,但所谓"巴、蜀亦关中地也"的对外宣称与解释,⑤ 仍应符合当时社会的观念。而汉中也在此范畴之内。《秦楚之际月表》称"羽倍约,分关中为四国",下复云"分关中为汉""分关中为雍""分关中为塞""分关中为翟",⑥ 即是体现。张家山汉简《二年律

---

① 《史记》卷五《秦本纪》、卷一五《六国年表》,第212、739页。

② 《史记》卷五《秦本纪》,第212页。

③ 马非百:《秦集史·人物传四之二》,第233—234页。

④ 《战国策·秦策一》:"苏秦始将连横说秦惠王曰:'大王之国西有巴、蜀、汉中之利……'"(何建章《战国策注释》卷九,第74页)

⑤ 《史记》卷七《项羽本纪》,第316页;《汉书》卷一上《高帝纪上》,中华书局1962年版,第30页。

⑥ 《史记》卷一六《秦楚之际月表》,第775、776页。

令·津关令》记西汉初年关禁制度，出现扞关、郧关、武关、函谷关、临晋关五关。王子今、刘华祝敏锐注意到上述五关与广义"关中"的关系，指出"通过五关位置的考察，可以认识当时区域地理学'关中'概念的含义以及区分'关中'、'关外'的界限"，并提出了"大关中"这一重要概念。此概念下"'关中'指包括巴蜀在内的殽函以西的西部地区"，亦即上述五关以西地区。① 其中，"所见'郧关'，整理小组注释：'郧关，《汉书·地理志》汉中郡长利县有郧关，在今湖北郧县东北。'《史记·货殖列传》：'南阳西通武关、郧关。……郧关，是项羽等以'巴、蜀亦关中地也'，于是'立沛公为汉王，王巴、蜀、汉中'的'汉中'地方的东界。"② 这进一步显示：西汉初年的法律观念中，汉中郡仍然被视作"大关中"的范畴。

三　袭破鄢郢与南郡之置

秦惠文王时，秦取魏地设上郡，取楚地设汉中。进入昭襄王时代，秦进一步攻取魏、楚领土，并先后在魏地设立了河东郡，在楚地设立了南郡。关于前者，秦虽在昭襄王十七年（前290）就获取魏河东郡大量领土，但大体在昭襄王二十一年（前286）控制魏河东全境后，才进而设郡。③ 有趣的是，河东郡治安邑，魏徙大梁前为魏国国都；④ 南郡郡治郢

---

① 王子今、刘华祝：《说张家山汉简〈二年律令·津关令〉所见五关》，《中国历史文物》2003 年第 1 期，收入中国社会科学院简帛研究中心编《张家山汉简〈二年律令〉研究文集》，广西师范大学出版社 2007 年版，第 362—373 页；王子今：《秦汉区域地理学的"大关中"概念》，《人文杂志》2003 年第 1 期。

② 王子今、刘华祝：《说张家山汉简〈二年律令·津关令〉所见五关》，第 366 页；王子今：《秦汉区域地理学的"大关中"概念》，第 89 页。

③ 参见周振鹤主编《中国行政区划通史·总论、先秦卷》之《先秦卷》第九章，李晓杰撰，第 449 页。

④ 关于魏自安邑徙大梁时间，有魏惠王三十一年（前340）与魏惠王九年（前361）说。参见周振鹤主编《中国行政区划通史·总论、先秦卷》之《先秦卷》第五章"安邑、垣（王垣）"条、"大梁"条，李晓杰撰，第 339、340 页。

（后徙江陵），① 楚徙陈前则为楚国国都。如同上郡与汉中郡，这里又形成一组对应。秦通过攻取魏、楚原本都邑所在，扩地立郡，实现了向关东的进一步发展。这其中，鄢郢之战与南郡之置使秦成功进据整个汉水流域，对秦最终实现统一，意义深远。

秦据巴、蜀、汉中以后，楚、秦接界主要为：汉中南、巴郡东的巫、黔中二郡，两郡大体以江水而分；汉中以东是楚、韩、魏相邻的南阳地区；东南则是楚郢都中心区。秦欲向汉水中下游进一步发展，势必要驱逐楚国，使其退出江汉平原。而关于攻楚路线，《战国策·燕策二》苏代语燕王，言秦人对楚人警告，有这样的话：

> 秦之行暴于天下，正告楚曰："蜀地之甲，轻舟浮于汶，乘夏水而下江，五日而至郢。汉中之甲，乘舟出于巴，乘夏水而下汉，四日而至五渚。寡人积甲宛，东下随……"②

"夏水"，《索隐》云"谓夏潦之水盛长时也"，非指江汉相汇附近之夏水。这里谈到秦攻楚有三个进攻方向。前两种为通过水路，由蜀郡、汉中郡"下江""下汉"，攻取"郢""五渚"。另一路从楚北部方城一带的宛出发，东南指向随县。而"五渚"位置，以往存在不同意见，多认为在汉水入江处或洞庭附近。③ 不过，《史记索隐》引"刘氏以为宛邓之间，临汉水，不得在洞庭"，④ 何建章参于邼《战国策注》"《秦策》云

---

① 黄盛璋：《江陵凤凰山汉墓简牍及其在历史地理研究上的价值》，《文物》1975 年第 6 期；《江陵凤凰山汉墓出土称钱衡、告地策与历史地理问题》，《考古》1977 年第 1 期。均收入《历史地理与考古论丛》，齐鲁书社 1982 年版，第 187—188、207—212 页。楚国此都在汉江陵县北十里纪南城，旧名或作"疆郢"、"南郢"。相关问题及南郡郡治变动，又可参见辛德勇《北京大学藏秦水陆里程简册初步研究》，清华大学出土文献研究与保护中心编《出土文献》第 4 辑，中西书局 2013 年版，第 178—185 页。

② 何建章：《战国策注释》卷三〇，第 1127 页。此又见于《史记》卷六九《苏秦列传》"告楚曰：'蜀地之甲，乘船浮于汶，乘夏水而下江，五日而至郢。汉中之甲，乘船出于巴，乘夏水而下汉，四日而至五渚。寡人积甲宛东下随'"（第 2272 页）。

③ 刘向集录，范祥雍笺证，范邦瑾协校：《战国策笺证》卷三〇，第 1710—1711 页；刘信芳：《释五渚》，《中国历史地理论丛》1987 年第 2 期；卞鸿翔：《"洞庭五渚江南"考辨》，中国历史文献研究会秘书处编：《古籍论丛》第 2 辑，福建人民出版社 1985 年版，第 236—250 页。

④ 《史记》卷六九《苏秦列传》，第 2272 页。

'取洞庭、五都'，'五都'即'五渚'"，而解"五都"为鄢、邓、巫郡、西陵及郢，①也需要考虑。②相关记录反映了秦攻江汉平原，存在由汉、江上游顺流而取的方案。

秦惠文王在置汉中郡、占据丹阳后，曾于第二年，即"十四年，伐楚，取召陵"。此地已在南阳以东。不过，此后至秦昭襄王初年，秦未再与楚发生较大战事。这除前论惠文王去世、武王欲"通三川，窥周室"、昭襄王初年政局不稳外，与秦在巴蜀遭遇的统治危机，不无关系。秦虽在惠文王九年占据蜀地，但统治一直不稳，未能如汉中全面设郡。前引"取召陵"下，紧接书"丹、犁臣，蜀相壮杀蜀侯来降"，《正义》云"二戎号也，臣伏于蜀。蜀相杀蜀侯，并丹、犁二国降秦"③，已呈现当地复杂的政治动向。武王即位元年，除首书"与魏惠王会临晋"外，紧接提到"诛蜀相壮。……伐义渠、丹、黎"事。④秦昭襄王"六年，蜀侯煇反，司马错定蜀"。至此，秦始基本控制蜀地局势。我们注意到，"司马错定蜀"下，记"庶长奂伐楚，斩首二万"。昭襄王时首次秦、楚战事，就是在这样的背景下发生的。

不过，从秦国通往楚都郢城，最主要的道路显然是出武关道，由南阳南下鄢、郢。⑤学者曾提出"南阳南郡道"："出武关东南向，经南阳

---

① 何建章：《战国策注释》卷三〇、卷三，第1131、89页。

② 按"五渚"如在汉水入江或洞庭，此既言蜀地至郢需"五日"，由汉入江，则不当仅有"四日"，而是明显会超过"五日"的。这一表述或有夸大之处，《史记》卷七〇《张仪列传》云："秦西有巴蜀，大船积栗，起于汶山，浮江已下，至楚三千里。舫船载卒，一舫载五十人与三月之食，下水而浮，一日行三百余里，里数虽多，然而不费牛马之力，不至十日而距扞关，扞关惊，则从境以东尽城守矣，黔中、巫郡非王之有"（第2290页）。不过，"五日""四日"作为比较之用，仍有参考价值。《战国策》此章除"正告楚"，尚有"正告韩""正告魏"等部分，威胁攻打之地皆为一国要害重地、都邑名城。相对洞庭、汉水入江处，恫吓之辞言及汉水一线，似应涉及邓、鄢、都、邔、蓝田会聚的襄阳地区。而由宛而南，本来也应首先指向这里。所言转而提到随县，则宛城正南的襄阳地区，似应有所交代。又，战国称城邑有用"都"。如前引赵良言商鞅"则何不归（商於）十五都"；陈轸说楚怀王"伐秦非计也，不如因赂之一名都"。故"五渚""五都"指鄢、邓襄阳地区的可能性，仍需思考。

③ 《史记》卷五《秦本纪》，第208页。

④ 同上书，第209页。

⑤ 章巽：《秦帝国的主要交通线》，《学术月刊》1957年第2期；史念海：《秦汉时代国内之交通路线》，《文史杂志》3卷1、2期，收入《河山集》四集，陕西师范大学出版社1991年版，第536—600页。

至于南郡，使关中平原与江汉平原得以沟通，又通过水陆交错的形式
'南极吴、楚'（《汉书·贾山传》），与长江中下游衡山、会稽地区相联
系。"① 这一意见无疑十分正确。从近年所发现秦简牍资料看，这条交通
干线不仅在秦汉统一帝国时期存在，在战国中后期实际就已使用，而且
由南郡涉江，经屏陵、索、临沅，沿沅水进一步向南延伸：

　　　鄢到销百八十四里
　　　销到江陵二百卌六里
　　　江陵到屏陵百一十里
　　　屏陵到索二百九十五里
　　　索到临沅六十里
　　　临沅到迁陵九百一十里
　　　凡四千四百卌里　　　　　　　　　　[J1（16）52 第二栏②]

此为里耶秦简第十六层所出里程木牍。其中第二栏涉及南郡鄢县至洞庭
郡迁陵县，正呈现相关情形。而北大藏秦简水陆里程简册，不仅更细致
记录了秦南郡境内水陆交通路线，而且对南郡北出南阳郡通道的水陆交
通，亦有较清晰反映。③ 故从军事交通角度而言，秦要夺取汉水中下游地
区，除江汉水道外，更需打开"南阳南郡道"方可。

　　秦昭襄王"七年，拔新城"。"八年，使将军芈戎攻楚，取新市"，"九
年……奂攻楚，取八城，杀其将景缺"④。魏冉任相前，秦曾对楚发动了一
连串攻势。睡虎地秦简《编年记》涉及昭襄王以来攻楚事，恰自六年始：

　　① 王子今：《秦汉交通史稿》（增订版）第一章"秦汉交通道路建设"，中国人民大学出版社 2013 年版，第 25—26 页。
　　② 湖南省文物考古研究所：《里耶发掘报告》第二章第四节《出土遗物》，岳麓书社 2007 年版，第 198—199 页，彩版四〇；张春龙、龙京沙：《里耶秦简三枚地名里程木牍略析》，武汉大学简帛研究中心主办：《简帛》第 1 辑，上海古籍出版社 2006 年版，第 265—274 页。
　　③ 辛德勇：《北京大学藏秦水陆里程简册初步研究》，第 177—279 页；辛德勇：《北京大学藏秦水陆里程简册的性质和拟名问题》，武汉大学简帛研究中心主办：《简帛》第 8 辑，上海古籍出版社 2013 年版，第 17—28 页；蒋文：《岳麓秦〈三十年质日〉地理初探》，复旦大学出土文献与古文字研究中心网站，2011 年 4 月 5 日。
　　④ 《史记》卷五《秦本纪》，第 212 页。

六年，攻新城。

七年，新城陷。

八年，新城归。

九年，攻析。　　　　　　　　　（六壹、七壹、八壹、九壹①）

整理小组注："新城，楚地，今河南襄城。《史记·秦本纪》记昭王六年伐楚，'七年，拔新城'。《正义》引《括地志》认为新城即襄城"，"析，楚地，在今河南西峡境。《史记·秦本纪》和《六国年表》仅记此年伐楚"②。所说可从。这里，秦选择攻取新城（襄城），应有在楚"北地"③获取据点，打开"南阳南郡道"通路的考虑。而"九年，攻析"，应即"九年……奂攻楚，取八城，杀其将景缺"事。我们注意到，楚人被召对言，有"楚之故地汉中、析、郦可得而复有也"语，时在楚顷襄王十八年（前281）。④ 郦在析东侧，楚方城内，与析均在宛北。按秦昭襄王十五年（前292）取宛，之后逐步南下。故"析、郦"之"郦"，可能即九年奂取楚八城时，为秦所据。

魏冉为相后，为巩固已占领的楚"北地"部分地区，曾由白起攻晋，大败韩、魏于伊阙，限制它们对秦侵南阳的干扰。⑤ 秦随后攻取南阳重镇宛，⑥ 进一步打开了南下通道。至"二十六年，赦罪人迁之穰"，"二十

---

① 睡虎地秦墓竹简整理小组编：《睡虎地秦墓竹简》，文物出版社1990年版，释文第4页。

② 睡虎地秦墓竹简整理小组编：《睡虎地秦墓竹简》，释文第8页。

③ 《史记》卷七〇《张仪列传》记张仪说楚王，有"秦举甲出武关，南面而伐，则北地绝"语（第2290页）。

④ 《史记》卷四〇《楚世家》，第1730页。

⑤ 相对在楚地顺利设立汉中郡、南郡，秦在邻近韩、魏之楚"北地"设郡则遭遇复杂局面，并不顺利。晚至秦昭襄王"三十三年……魏入南阳以和。三十四年，秦与魏、韩上庸地为一郡，南阳免臣迁居之。三十五年，佐韩、魏、楚伐燕。初置南阳郡"（《史记》卷五《秦本纪》，第213页）。

⑥ 《史记》卷五《秦本纪》记"（秦昭襄王）十五年……攻楚，取宛"（第212页）。然学者结合其他文献，多倾向宛取自韩，或此地分属韩、楚。参见睡虎地秦墓竹简整理小组编《睡虎地秦墓竹简》，释文第8页注9；周振鹤主编《中国行政区划通史·总论、先秦卷》之《先秦卷》第六章"宛"条，李晓杰撰，第375页；陈苏镇《〈春秋〉与"汉道"：两汉政治与政治文化研究》第一章，中华书局2011年版，第25—26页。

七年，错攻楚。赦罪人迁之南阳"。《编年记》还提到"廿七年，攻邓"。整理小组注："邓，楚地，今河南邓县，参看吴卓信《汉书地理志补注》卷一四。《史记·秦本纪》和《白起列传》秦取邓在二十八年。"① 可知秦攻邓从二十七年已经开始，但战事较为激烈，至二十八年白起南下伐楚，邓才被攻破。而《楚世家》又言"十九年，秦伐楚，割上庸、汉北地予秦"②。楚顷襄王十九年当秦昭襄王二十七年，相关区域正在邓之西侧。

昭襄王二十七年，秦自蜀地同样有所行动："又使司马错发陇西，因蜀攻楚黔中，拔之。"需指出，这次虽调动了陇西驻军由蜀攻楚，但所谓"攻楚黔中，拔之"应指攻破楚黔中郡治，而非整个楚郡。秦随后也没有如之前攻入汉中那样，略地而置郡。联系白起当时"攻赵，取代光狼城"，江水一线秦军乃偏师邀战，主要战略目的，恐为吸引楚军，并适当牵制、分散对方兵力。当楚军转向对江汉上游方向秦军布防时，攻赵白起忽率秦军主力迅速南下，绕过秦、楚相持的邓，而猛攻鄢。破鄢之后，复北取邓。《秦本纪》："二十八年，大良造白起攻楚，取鄢、邓"，作"鄢、邓"而非"邓、鄢"的叙述顺序，恐怕就是这样的缘故。秦在占领后复"赦罪人迁之"，完成对郢的紧逼。《楚世家》并记是年"秦将白起拔我西陵"③。都城郢城此时已无险可守，楚不得不迁都于陈。郢入于秦，成为顺理成章之事："二十九年，大良造白起攻楚，取郢为南郡，楚王走。"④

在此有利形势下，秦曾尝试向西进一步占据楚巫郡、黔中。《秦本纪》云："三十年，蜀守若伐楚，取巫郡，及江南为黔中郡。"⑤《白起王翦列传》则称"武安君因攻楚，定巫、黔中郡"⑥。不过，楚此时实力尚强，东收兵后即溯江反击，《秦本纪》称"三十一年……楚人反我江

---

① 睡虎地秦墓竹简整理小组编:《睡虎地秦墓竹简》，释文第8页。

② 《史记》卷一五《六国年表》作"秦击我，与秦汉北及上庸地"，第741—742页。

③ 《史记》卷一五《六国年表》作"秦拔鄢、西陵"，第742页。

④ 《史记》卷五《秦本纪》，第213页。又见《史记》卷四〇《楚世家》、卷一五《六国年表》，第1735、742页。

⑤ 《史记》卷五《秦本纪》，第213页。又见《史记》卷四〇《楚世家》，第1735页。

⑥ 《史记》卷七三《白起王翦列传》，第2331页。

南"①，《楚世家》记述更详："二十三年，襄王乃收东地兵，得十余万，复西取秦所拔我江旁十五邑以为郡，距秦。"② 有关上述内容的理解，以往存在不同意见。③ 据新出里耶秦简"今迁陵廿五年为县，廿九年田、廿六年尽、廿八年当田""及苍梧为郡九岁乃往岁田"（8—757、8—758），④ 可以确认迁陵县、苍梧郡的设置在秦王政二十五年。迁陵所属洞庭郡大体亦在此时设置。⑤ 秦洞庭郡大体为楚黔中郡地。由此言之，秦昭襄王置南郡后，南郡成为当时秦国的东南边郡。秦虽对楚有进一步攻伐，但至秦始皇灭楚前，一直未能控制长江中游以南地区。换言之，白起破郢与南郡之置，使秦获取了对长江中游以北的控制权。秦通过进据汉水，以南郡为基础，与楚对峙。

四　始皇、秦末的"荆新地"与"故荆"

始皇即位之初，秦于关东已设秦郡，大体如下所述：

> 年十三岁，庄襄王死，政代立为秦王。当是之时，秦地已并巴、蜀、汉中，越宛有郢，置南郡矣；北收上郡以东，有河东、太原、上党郡；东至荥阳，灭二周，置三川郡。⑥

前论秦孝公崛起时与楚、魏为邻，多在南侧、北端两个方向征伐、开

---

①　《史记》卷五《秦本纪》，第 213 页。

②　《史记》卷四〇《楚世家》，第 1735 页。《史记》卷一五《六国年表》作"秦所拔我江旁反秦"，第 742 页。

③　贺刚：《楚黔中地及其晚期墓葬的初步考察》，楚文化研究会编《楚文化研究论集》第 4 集，河南人民出版社 1994 年版，第 282—301 页；赵炳清：《秦代无长沙、黔中二郡略论》，《中国历史地理论丛》2005 年第 4 期；宋少华：《湖南秦墓初论》，中国考古学会编辑《中国考古学会第七次年会论文集》，文物出版社 1992 年版，第 189—212 页。

④　陈伟主编：《里耶秦简牍校释》第 1 卷，武汉大学出版社 2012 年版，第 217 页。

⑤　蔡万进：《秦"所取荆新地"与苍梧郡设置》，《郑州大学学报》（哲学社会科学版）2008 年第 5 期；［韩］琴载元：《秦洞庭、苍梧郡的设置年代与政区演变》，《鲁东大学学报》（哲学社会科学版）2013 年第 6 期。

⑥　《史记》卷六《秦始皇本纪》，第 223 页。

拓。至秦武王"欲容车通三川，窥周室"，秦复注意向韩、两周所在中路方向深入。伴随与楚、魏攻战及设郡，至始皇即位前，秦在中路也取得初步成功：吞灭二周，"使蒙骜伐韩，韩献成皋、巩。秦界至大梁，初置三川郡"①。《秦始皇本纪》这里之所以按"秦地已并巴、蜀、汉中，越宛有郢，置南郡矣""北收上郡以东，有河东、太原、上党郡""东至荥阳，灭二周，置三川郡"的顺序，分三段记述，缘由或在于此。

秦始皇即位时已设郡与统一战争中所设新郡，大体可以划分为前、后两类。就秦在楚国一侧而言，自前278年白起拔郢，设立南郡，到前223年王翦灭楚之前，秦、楚未再发生大规模战争。② 那么，南郡的统治特征及与楚地后置秦郡的关系，又是怎样的呢？秦始皇在令丞相、御史大夫等大臣确定"帝号"时，曾对攻灭关东六国缘由，有所解释。其中提到：

> 秦初并天下，令丞相、御史曰："……荆王献青阳以西，已而畔约，击我南郡，故发兵诛，得其王，遂定其荆地。"③

秦曾索"青阳以西"之地，楚未割地而发兵攻秦。秦称此事作"击我南郡"。楚郢故都所在未如"青阳以西"使用地理性称谓，而以郡称指代，反映秦在统治多年后，早已将其视为本土之一部。睡虎地秦简《编年纪》有"（始皇）十九年，□□□□南郡备敬（警）"（二六二）。④ 楚在这一时期曾威胁南郡。睡虎地秦简又有著名的《语书》：

---

① 《史记》卷五《秦本纪》，第219页。
② 有关秦始皇时期灭楚战争的学术梳理及最新研究，参见辛德勇《云梦睡虎地秦人简牍与李信、王翦南灭荆楚的地理进程》，李学勤主编《出土文献》第5辑，中西书局2014年版，第190—258页。
③ 《史记》卷六《秦始皇本纪》，第235页。《集解》引《汉书·邹阳传》曰："越水长沙，还舟青阳。"张晏曰："青阳，地名。"苏林曰："青阳，长沙县是也。"（第236页）
④ 相关分析又参见田余庆《说张楚——关于"亡秦必楚"问题的探讨》，《历史研究》1989年第2期，收入《秦汉魏晋史探微》（重订本），中华书局2004年版，第1—29页。

廿年四月丙戌朔丁亥，南郡守腾谓县、道啬夫：古者，民各有乡俗，其所利及好恶不同，或不便于民，害于邦……今法律令已具矣，而吏民莫用，乡俗淫失（泆）之民不止，是即法（废）主之明法殹（也），而长邪避（僻）淫失（泆）之民，甚害于邦，不便于民。故腾为是而修法律令、田令及为间私方而下之，令吏明布，令吏民皆明智（知）之，毋巨（距）于罪。今法律令已布，闻吏民犯法为间私者不止，私好、乡俗之心不变，自从令、丞以下智（知）而弗举论，是即明避主之明法殹（也），而养匿邪避（僻）之民。如此，则为人臣亦不忠矣。

（一至六①）

整理小组提到，南郡守腾颁发给本郡各县、道这篇文告时，"秦在南郡地方已统治了半个世纪，但当地的楚人势力还有很大影响"②。以往讨论受其影响，也多从"秦法—楚俗"的角度论述。然而从时空层面，有两点需要注意。文告制作、颁布所在地南郡，实为始皇以前即已设置的早期秦郡。相对"其基调反映了秦统一六国实行集权统治的强烈意志，为此，要彻底清除各地在原有价值体系上存在的风俗习惯，全面施行秦的法律"③，这里更主要体现了早期秦郡的统治状况。"廿年"为始皇二十年，即《编年纪》记"南郡备敬（警）"的第二年。南郡守腾发布文告，实际正处楚攻秦地的军事战争时期。秦、楚边境弭兵多年后，如今再起战事，在此紧张局势下的官方文告，必然严肃纪律，特予告诫，措辞选择与语气程度上，不同以往。所谓"今法律令已具矣，而吏民莫用，乡俗淫失（泆）之民不止"。"今法律令已布，闻吏民犯法为间私者不止，私好、乡俗之心不变"，需纳入上述时空背景下重新理解与把握。南郡作为郢都故地，固然存在秦

---

① 睡虎地秦墓竹简整理小组编：《睡虎地秦墓竹简》，释文第13页。

② 睡虎地秦墓竹简整理小组编：《睡虎地秦墓竹简》，释文第13页"说明"。相关考述又参见陈苏镇《〈春秋〉与"汉道"：两汉政治与政治文化研究》第一章，第30—37页。

③ ［日］工藤元男著：《云梦秦简〈日书〉所见法与习俗》，莫枯译，《考古与文物》1993年第5期。此又有译作："要是这样将《语书》的内容和'南郡备警'的记事分开探讨的话，可见《语书》的基调正是秦走向统一六国，追求一元化统治的坚强意志。为此基层社会原有的习俗被否定，再三督促秦法的彻底化。"（［日］工藤元男著：《睡虎地秦简所见秦代国家与社会》，［日］广濑薰雄、曹峰译，上海古籍出版社2010年版，第361页）

法、楚俗上的一些冲突，但与秦后来所取"荆新地"相比较，有关情形似不宜估计过高。①

新公布岳麓秦简《为狱等状四种》之《尸等捕盗疑购案》提到：

> 廿（二十）五年五月丁亥朔壬寅，州陵守绾、丞越敢谳（谳）之：遆二月甲戌，走马达告曰：……·治等曰：秦人，邦亡荆；闻等曰：荆邦人，皆居京州相与亡，来入秦地，欲归莪（义）。行到州陵界中。　　　　　　　　　　　　　　（33 正、34 正②）

州陵，南郡属县，下有言"南郡叚（假）守贾报州陵守绾、丞越"（40正）。"遆二月甲戌"，"遆"，同于古书"乃者"，训为"往"。③ 此指始皇二十五年二月十七日。④ 按秦自始皇二十三年复召王翦击楚，虏楚王；二十四年破反于淮南之昌平君、项燕军；二十五年秦灭燕、代后，复定楚江南地，置会稽郡。⑤ 此案件发生时间楚国已基本灭亡，领土为秦所并。虽然"京州"一地目前尚难确定，但"秦人，邦亡荆；闻等曰：荆邦人，皆居京州相与亡，来入秦地，欲归莪（义）。行到州陵界中"的表述中，南郡为"秦地"，所居为"秦人"，大体是明确的。

与南郡相对，始皇时代所立郡县称"新地"，新占楚地称"荆新地"

---

　　① 相关探讨又参见刘海年《云梦秦简〈语书〉探析——秦始皇时期颁行的一个地方性的法规》，《学习与探索》1984 年第 6 期；［韩］琴载元《秦통치시기"楚地"의形势와南郡의지역성》，《中國古中世史研究》第 31 辑，2014 年版，第 167—215 页；［韩］琴载元《反秦战争时期南郡地区的政治动态与文化特征——再论"亡秦必楚"形势的具体层面》，西北师范大学历史文化学院、甘肃简牍博物馆编《简牍学研究》第 5 辑，甘肃人民出版社 2014 年版，第 129—140 页。

　　② 朱汉民、陈松长主编：《岳麓书院藏秦简（叁）》，上海辞书出版社 2013 年版，第 113—114 页。

　　③ 刘乐贤：《秦汉文献中的"遆"与"乃者"》，复旦大学出土文献与古文字研究中心编：《出土文献与古文字研究》第 1 辑，复旦大学出版社 2006 年版，第 199—209 页。

　　④ 朱汉民、陈松长主编：《岳麓书院藏秦简（叁）》，第 117 页注 2。

　　⑤ 《史记》卷六《秦始皇本纪》，第 234 页。

"故荆"，官吏称"新地吏""新地守"，民众称"新黔首"。① 如蔡万进所言，"所取荆新地"，"应指秦攻取楚之'陈以南至平舆'、'淮南'、'荆江南地'等地，是相对于前278年秦'越宛有郢'置南郡的楚地而言的。"② 岳麓秦简见有：

　　绾请许而令郡有罪罚当戍者，泰原署四川郡；东郡、参川、颍川署江胡郡；南阳、河内署九江郡……　　　　　　　　　　（0706）

　　……泰原署四川郡；东郡、参川、颍川署江胡郡，南阳。
　　　　　　　　　　　　　　　　　　　　　　　　　（0194）

　　河内署九江郡；南郡、上党□内臣）邦道当戍东故徼者，戍衡山郡。　　　　　　　　　　　　　　　　　　　　　（0383③）

　　五月甲辰州陵守绾、丞越、史获论令癸、琐等各赎黥。癸、行戍衡山郡各三岁，以当灋（法）；先备赎。　　　　　　（1221④）

"罚戍"，因罪戍边。秦代对"罚戍"戍边，有统筹性规划。"罚戍"具体往何郡戍守，依原籍所在郡，均有明确规定。此为以往所未知，反映秦代在戍卒管理上已建立起较详密的制度。秦统一后，作为东南边郡的南郡转为内郡，以往"戍东故徼者"，后"戍衡山郡"，即由昭襄王所据楚地，行戍"荆新地"。

　　"荆新地""故荆"在"新黔首"的民众构成、"新地吏"、"新地

①　蔡万进：《里耶秦简研读三题》，《湖南大学学报》（社会科学版）2007年第1期；蔡万进：《秦"所取荆新地"与苍梧郡设置》；陈松长：《岳麓书院藏秦简中的郡名考略》，《湖南大学学报（社会科学版）》2009年第2期；于振波：《秦律令中的"新黔首"与"新地吏"》，《中国史研究》2009年第3期；［韩］琴载元：《秦통치시기'楚地'의形勢와南郡의지역성》；［韩］琴载元：《反秦战争时期南郡地区的政治动态与文化特征——再论"亡秦必楚"形势的具体层面》。
②　蔡万进：《秦"所取荆新地"与苍梧郡设置》。
③　陈松长：《岳麓书院藏秦简中的郡名考略》。
④　朱汉民、陈松长主编：《岳麓书院藏秦简（叁）》，第99页。

守”的官吏身份上，具有自身特征。秦惠文王至秦昭襄王时，史迁记秦与三晋及楚交战，多有“取其地而出其人”，“民地并取而迁入秦人”①。而始皇统一六国的战争中，则很少提及相关情形。秦一统后，为便于更好控制，与以往向关东迁徙秦民相反，更多如“徙天下豪富于咸阳十二万户”一类，将关东民众向关中调动。整个帝国的移民方向，还包括北逐匈奴、南取百越后新开拓的地区，“荆新地”“故荆”虽如睡虎地秦墓M4所出 6 号木牍“闻新地城多空不实者，且令故民有为不如令者实……”也有令故民前往的。不过，据书信结尾“新地人盗，衷唯毋方行新地，急急急”来看，② 强制性不及之前，民众且多力图避免。岳麓秦简涉及“新黔首”部分律文，特别禁止对“‘新黔首’的巧取豪夺”，反映帝国对新占领地民众在管理上的一些特征。③ 又据岳麓秦简对“新地吏”的相关规定，新地吏主要有两种来源：病免有瘳，谪过废免。作为非正常去职“故吏”，而前往“新地远辈”任职。④

以“新地吏”治理“新黔首”所在“新地”，与能力更强之秦吏治理多有秦民之“故地”，二者在具体统治模式与管理效果上，都会呈现一定的差异。秦朝末年，不仅“亡秦必楚”的暴动实际主要出现于“荆新地”，而且稍后形成的六国反秦局面，实际也主要发生在始皇所取“新地”的区域范围。汉并天下，改行郡国并行之制。⑤ 除景帝子临江王刘荣曾以南郡为封外，⑥ 西汉基本是以南郡作为郡、国分界之一。

---

① 史料梳理及分析参见于振波《秦律令中的“新黔首”与“新地吏”》。

② 简文参见《云梦睡虎地秦墓》编写组编《云梦睡虎地秦墓》第二章“随葬器物”，文物出版社 1981 年版，第 25—26 页；又见李均明、何双全编《散见简牍合辑》，文物出版社 1990 年版，第 84 页。

③ 于振波：《秦律令中的“新黔首”与“新地吏”》。

④ 相关参见孙闻博《秦汉帝国“新地”与徙、戍的推行——兼论秦汉时期的内外观念与内外政策特征》，《古代文明》2015 年第 2 期。王夫之《读通鉴论》卷二“文帝”条就晁错徙民实边策云“后世之吏于边者，非赢贫无援之乙科，则有过迁补之茸吏；未有能人而为台谏郎官者，未有擢而为监司郡守者”（中华书局 1975 年版，第 43 页）。按此种情形，秦代已如此。

⑤ 郡国并行的意义及变化，参见陈苏镇《〈春秋〉与“汉道”：两汉政治与政治文化研究》第一章第三节，第 66—106 页。

⑥ 《史记》卷五九《五宗世家》：“荣最长，死亡后，国除。地入于汉，为南郡”（第2095 页）。又见《汉书》卷五三《景十三王传》，第 2413 页。

分封在荆楚故地的诸侯国，主要集中在南郡以东、以南地区。[①] 淮南王刘安时，伍被有"南收衡山以击庐江，有寻阳之船，守下雉之城，结九江之浦，绝豫章之口，强弩临江而守，以禁南郡之下，东收江都、会稽，南通劲越，屈强江淮间，犹可得延岁月之寿"的设想[②]。"强弩临江而守，以禁南郡之下"，揭示了当时南郡在军事交通上的重要地位。西汉中央政府在南郡的有效统治，对于汉帝国的巩固，同样发挥着重要作用。而我们讨论这些情形的发生，却不宜忽视秦据汉水与南郡之置的历史背景。

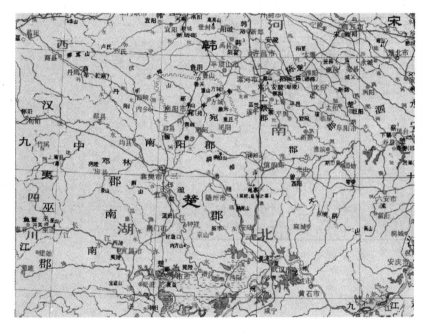

图 1

资料来源：谭其骧主编：《中国历史地图集》第 1 册《原始社会·夏·商·西周·春秋·战国时期》，中国地图出版社 1982 年版，第 45—46 页。

---

① 相关形势参见周振鹤《西汉政区地理》，人民出版社 1987 年版；［英］崔瑞德、［英］鲁惟一编，杨品泉等译：《剑桥中国秦汉史（公元前 221—公元 220 年）》第二章，中国社会科学出版社 1992 年版，第 148—210 页。秦及汉初南郡辖县变动的最新探讨，又参见邓玮光《简牍所见西汉前期南郡属县（侯国）考》，《中国历史地理论丛》2011 年第 4 期；庄小霞《〈里耶秦简（壹）〉所见秦代洞庭郡、南郡属县考》，卜宪群、杨振红主编《简帛研究二〇一二》，广西师范大学出版社 2013 年版，第 51—63 页。

② 《史记》卷一一八《淮南衡山列传》，第 3092 页。

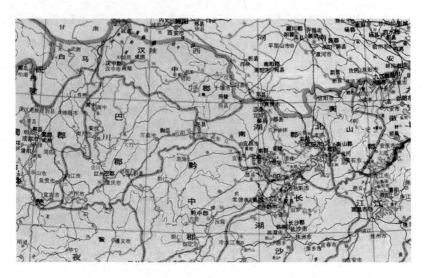

图 2

资料来源:谭其骧主编:《中国历史地图集》第 2 册《秦·西汉·东汉时期》,第 11—
12 页。

附记:本文于 2014 年 10 月曾提交由中国社会科学院历史研究所、湖
北省社会科学院联合主办"中国襄阳·汉水文化论坛"。文章修改得到中
国人民大学国学院王子今先生,中国社会科学院历史研究所凌文超、曾
磊先生,北京大学历史学系琴载元先生的帮助,特此致谢。

秦代船及船官的考察[*]

——以里耶秦简为视窗

中国计量学院马克思主义学院　杨延霞

山东英才学院　王　君

里耶秦简内容涉及当时社会生活各个层面，为秦史研究提供了广阔前景。目前学界对里耶秦简已公布资料[①]所进行的研究，已取得丰硕成果，在很多方面丰富了我们对秦代社会的认识。里耶秦简中"狼假公船"文书有如下叙述：

> 廿六年八月庚戌朔丙子，司空守樛敢言：前日言竟陵汉阴狼假迁陵公船一，袤三丈三尺，名曰□⏌，以求故荆积瓦。未归船。狼属司马昌官。谒告昌官，令狼归船。报曰：狼有逮在覆狱已卒史⏌衰、义所。今写校券一牒上，谒言己卒史衰、义所，问狼船存所。其亡之，为责券移迁陵，弗□□属⏌。谒报。敢言之。丿

---

　　* 本文为中国人民大学科学研究基金（中央高校基本科研业务费专项资金资助）"里耶秦简研究"（13XNH082）的阶段性成果。

　　① 以下文中简称"里耶秦简"。湖南省文物考古研究所、湘西土家苗族自治州文物处、龙山县文物管理所：《湖南龙山里耶战国——秦代古代一号井发掘简报》，《文物》2003年第1期；湖南省文物考古研究所、湘西土家族自治州文物处：《湘西里耶秦代简牍选释》，《中国历史文物》2003年第1期；马怡：《里耶秦简选校》，简帛网，2005年11月14日、11月18日、11月24日，后收录于《中国社会科学院历史研究所学刊》第4集，商务印书馆2007年版，第133—186页；湖南省文物考古研究所编著：《里耶发掘报告》，岳麓书社2007年版；湖南省文物考古研究所编著：《里耶秦简（壹）》，文物出版社2012年版；陈伟主编：《里耶秦简牍校释》第1卷，武汉大学出版社2012年版。

　　九月庚辰，迁陵守丞敦狐却之：司空自以二月假狼船，何故弗
蚤辟□，今而┘蒱曰谒问覆狱卒史衰＝义＝事已，不智所居，其听
书从事ノ廌手。即令走□行司空（正）　　　　　　　　　（J1（8）135）

里耶秦简"狼假公船"文书有不少关于秦代"船"及其相关管理情况的
记录，其内容包括秦代船只的命名、长度、性质以及"船官"等。这些
信息为探讨秦代基层社会船只管理与使用情况提供了珍贵的一手资料。
本文拟就里耶秦简所见有关秦代"船"的相关内容进行初步探讨，不妥
之处敬祈方家指教。

一　秦代船只规格、公船

（一）关于秦"公船"命名的探讨

　　里耶秦简中，我们发现在秦代某些船只已有名字。例如 J1（8）135
中简文内容提到："狼假迁陵公船一，袤三丈三尺，名曰□……"其中
"名曰"后面"□"一字存疑。《湘西里耶秦代简牍选释》①、《湖南龙山
里耶战国——秦代古城一号井发掘简报》疑"名曰"后之"□"为
"杝"②。胡平生《读里耶秦简札记》指出，从简影图版看，此字像
"棹"，可能是作动词，意谓划船；江陵凤凰山汉墓出土遣册所记佣人劳
作分工中有"棹（櫂）"。③ 参考与简文 J1（8）135 中"名曰□"用法
相类似的文例可知，J1（8）135 中"名曰□"可解释为：（狼所借）
船的名字是"□"（此字存疑）。王焕林认为是"檍"，解释为船名。④

　　① 湖南省文物考古研究所等：《湘西里耶秦代简牍选释》，《中国历史文物》2003 年第 1 期。
　　② 湖南省文物考古研究所等：《湖南龙山里耶战国——秦代古城一号井发掘简报》，《文物》2003 年第 1 期。
　　③ 胡平生：《读里耶秦简札记》，《简帛学研究》第 4 辑，甘肃人民出版社 2004 年版，第 9 页。
　　④ 王焕林认为："此字右下较模糊，但左旁木部，右上西部尚存轮廓。考诸典籍，暂隶定为'檍'。《选释》《简报》疑为'杝'字，误。"（王焕林《里耶秦简校诂》，中国文联出版社 2007 年版，第 36—37 页）

里耶秦简中另外一条简文 J1（8）1195："船一【榜（艘），名曰】
□□☑"虽'名曰'后的文字漫漶待考，某种程度上说明秦时的某些船
很可能是有名字的。据睡虎地秦简记载，秦百姓"假公器"会登记在册，
船只的名字有可能是秦代船只使用登记记录中的一种符号。

（二）关于秦代船只的规格

传世文献中鲜见记载秦代不同用途船只的规格。据里耶秦简，秦时
有长"六丈以上"的船，也有"袤三丈三尺"的"公船"，一定程度丰
富了秦代船只长度的认识。

我国古代的海运，至迟在春秋时期就已经开始[①]。文献中有关于先秦
时期水军战船的记载，如伍子胥用于军事战斗的"三翼"之规格，它们
在航海战争中负责进攻、防御、运输、侦查和巡逻等。《越绝书·伍子胥
水战兵法·内经》说道："大翼一艘，广一丈五尺二寸，长十丈；中翼一
艘，广一丈三尺五寸，长九丈六尺；小翼一艘，广一丈二尺，长九丈。"[②]
《太平御览》卷三一五引《越绝书·伍子胥水战法》时更为详细地记载了
"大翼"上所能承载的战斗人员和武器配备："水战法：大翼一艘，广丈
六尺，长十二丈，容战士二十六人，棹五人，舳舻三人，操长钩矛斧者
四，吏仆射长各一人，凡九十一人。"[③]

春秋战国时期，造船水平已有较大幅度提高。船只类型各异，用途
不一。较大者有"楼船"[④]，据《汉书》卷六四下《严安传》记载，秦统
一六国后，秦始皇为了达到"威海外"的目的，曾命"尉屠睢将楼船之

①　林剑鸣、余华青、周天游、黄留珠：《秦汉社会文明》，西北大学出版社1998年版，第
252页。

②　（梁）萧统编，（唐）李善注：《文选》卷二二颜延年《车驾幸京口侍游曲阿后湖诗》，
上海古籍出版社1986年版，第1054页。《文选》卷三五张景阳《七命》注引《越绝书·伍子胥
水战兵法内经》记载："大翼一艘，长十丈；中翼一艘，长九丈六尺；小翼一艘，长九丈。"（第
1601页）

③　（宋）李昉等撰：《太平御览》卷七七〇引《越绝书》，中华书局1960年版，第1450
页。今本《越绝书》未找到相关记载。

④　楼船是一种建有楼舱的大船。

士攻越，使监禄凿渠运粮，深入越地，越人遁逃"①。用"楼船之士"攻越，可见越地的楼船已有很大的数量，通过灵渠运粮也不是小型船只所能完成的。此处虽未明确记载楼船大小，但参照汉武帝时期楼船规格②，可见一斑。到秦汉时期，楼船数量已较为可观。汉武帝时，平定岭南所遣将领中就有楼船将军。东汉时，马援伐交趾，所将大小楼船2000余艘，可见当时楼船之多。

而一般民用船，则规模较小，虽有三舱，但没有施楼。比如马王堆汉墓出土的木船模型就没有楼，但有16条船桨，船尾处有一舵，当是一艘货船。商船中，比较大的有5丈以上，漕运粮食入关的船队，在万艘以上。

里耶秦简中所见的"公船"与"楼船""三翼"之规格相较，则小很多，可能此处"公船"不是用于作战，或是社会生活用船。J1（8）135中所见到的"三丈三尺"（秦制三丈三尺，约合今7.6米）、J1（8）1510中"六丈以上"（约合今13.8米）等数据，丰富了我们对秦代社会生活用船大小情况的认识。

（三）关于秦代船只性质的分析

里耶秦简中有关于秦代"公船"的记录。从船的性质上来说，简文J1（8）134中"竟陵"的"狼"（人名）所借的"公船"应指公家（即秦迁陵县官府）之船，属于秦代"公器"之一种。"秦代将官有器物称作'公器'"③，秦律中有关于百姓"假公器"、隶臣妾如若丢失"公器"当如何处罚的规定。睡虎地秦简《秦律十八种·金布律》针对"百姓叚（假）公器及有责（债）未赏（偿）"的不同情况会有不同的赔偿规定。④

---

① 《汉书》卷六四下《严安传》，中华书局1962年版，第2783—2784页。

② 武帝时，"治楼船，高十余丈，旗帜加其上，甚壮"（《史记》卷三〇《平准书》，中华书局1959年版，第1436页）。

③ 马怡：《里耶秦简中几组涉及校券的官文书》，武汉大学简帛研究中心主办：《简帛》第3辑，上海古籍出版社2008年版，第191—205页。

④ 睡虎地秦墓竹简整理小组编：《睡虎地秦墓竹简》，文物出版社1990年版，释文第38—39页。此简中出现的"百姓假公器"，整理小组释文为：百姓借用官府器物。"隶臣妾亡公器"释文为：隶臣妾有丢失官府器物。

其中"公器"大概是指官有器物，而"秦公器管理的维持，是通过让负责官员承担很大赔偿责任来实现的"[1]。

与"公船"相对的是"私船"（或民船）。《华阳国志·蜀志》："汉祖自汉中出三秦伐楚，萧何发蜀汉米万船以助军粮"，萧何"当大量调用民船"[2]。《史记》卷五六《陈丞相世家》载："渡河，船人见其美丈夫独行，疑其亡将，要中当有金玉宝器，目之，欲杀平。平恐，乃解衣裸而佐刺船。船人知其无有，乃止。"[3] 以上两文例中，萧何"助汉军粮"所调用的部分船只，"船人"载人（陈平）"渡河"所驾之"船"，或许就是与"公船"相对立的"私船"（即民船）。

二 秦代的船官

秦始皇灭六国后，建立统一的、权力高度集中的封建王朝，形成一套严密的官制。秦代虽历史短暂，但据文献记述秦始皇多次巡游的经历可知，秦朝的内河江湖船只和航海船舶的制作、应用，已经达到较高水平。那么秦朝完备的中央集权的管理制度中，对船等交通工具管理情况如何？据《吕氏春秋》等文献记载，秦代设有司空，其职责主要是巡视全国，督促修筑堤防，疏浚河渠。秦代在各地设置都水长、丞，主管河道、池塘、灌溉、守护河堤等。里耶秦简中出现了"船官"这一称谓：

> □年四月□□朔己卯，迁陵守丞敦狐告船官┘□：令史廮雔律令沅陵，其假船二椆，勿┘留　　　　　　　　　　　　（J1（6）4）

这里"船官"应是"主船之官"。陈伟解释："敦狐，人名。""船官，

① ［日］工藤元男著：《睡虎地秦简所见秦代国家与社会》，［日］广濑薰雄、曹峰译，上海古籍出版社 2010 年版，第 22 页。

② 王子今：《秦汉时期的船舶制造业》，《上海社会科学院学术季刊》1993 年第 1 期。

③ 《史记》卷五六《陈丞相世家》，第 2053 页。

官名，管理船只。"① J1（6）4 表明，"船官"的工作内容包括船只的调度等。

（一）秦代的船司空或为"主船之官"

1. 文献中"船司空"的考察

《史记》《汉书》等传世文献中多次出现的"船司空"，或与当时管理船只的职官有关。《史记》卷九二《淮阴侯列传》有"陈船"，司马贞《索隐》引刘氏云："陈船，地名，在旧关之西，今之朝邑是也。"案：京兆有船司空县，不名"陈船"②。历代学者对"船司空"有不同认识：第一种观点认为，"船司空"为"主船之官"，如洪迈、俞正燮等。③ 第二种观点认为，"船司空"为县名。如服虔曰，船司空，为"县名"，但是对县名来源之说不一。有的认为"船司空"由官名转化为县名，如颜师古曰："本主船之官，遂以为县。"④ 有的学者认为"船司空"是因造船基地而置县。"船司空以造船基地而置县，可以说明其生产规模。"⑤

2. 里耶秦简中"司空"与船只的关系

秦、西汉王朝都曾在京师宫苑官署、郡国县乡以及军队里普遍设立名为"司空"的机构，这些机构在国家的政治、经济与社会管理等活动

---

① 陈伟主编：《里耶秦简牍校释》第 1 卷，第 19 页。

② 《史记》卷九二《淮阴侯列传》，第 2613—2614 页。

③ 《汉书》卷二八上《地理志上》颜师古注曰："船司空""本主船之官，遂以为县。"（第 1544 页）宋代学者洪迈在《容斋续笔》卷一之《汉郡国诸宫》条中写道"京兆有船司空，为主船官"〔（宋）洪迈撰，孔凡礼点校：《容斋随笔》，中华书局 2005 年版，第 230 页〕。清代学者俞正燮在《癸巳类稿》卷二（道光十三年刻本）中写道："《汉书》西河郡有驹虞县，盖三分有二时方七十里圃地连虞，官名县者如船司空，县名驹之虞、船之司空，名同一也。"从"驹虞"的构词方式来看，"驹"，矢也。又"矢之善者，曰驹"。（《汉书》卷四九《晁错传》注引如淳，第 2281 页）"虞"，官也。掌矢之官为"驹虞"，如掌水之官为"水虞"（何宁撰《淮南子集释》卷五《时则》注，中华书局 1998 年版，第 425 页）。俞正燮意在说，掌船之司空为"船司空"。

④ 据《汉书》卷二八上《地理志上》记载，京兆尹为故"秦内史"。汉朝建立后，几经变革，到孝惠帝元年"初城"，"六年成"。京兆尹共有十二县，其中"船司空，莽曰船利"。（第 1543 页）

⑤ 王子今：《秦汉时期的船舶制造业》。

中发挥着重要作用。据睡虎地秦简《秦律杂抄》记载，秦代设有名为"县司空"的官职。司空主要掌管工程，如简牍制作、筑城、车辆制造等，还有大量关于刑徒管理的文例。睡虎地秦简《司空律》记载，司空掌管的公器还包括车类："官府叚（假）公车牛者"等①。秦及汉初是否存在"船司空"这一"主船之官"尚缺乏直接的资料可以说明，但是里耶秦简中与此相关的几条简文记录，可以在一定程度上还原当时基层司空管理船只的部分场景。

首先，从司空对船的管辖方面来看，简 J1（8）135 记载"司空自以二月叚狼船"，说的是秦始皇二十六年（前 221）二月，（迁陵县）县司空曾把"公船"借给（竟陵的）"狼"（这个人）。有学者指出，司空主管工程，故有船、车等公器可以借出。② J1（8）1510 记载"廿七年三月丙午朔己酉，库后……度用船六丈以上者四槎（艘）。谒令司空遣吏、船徒取……"由以上两条简文中可看出，至少在秦代"司空"（此为迁陵县司空）既有借船给狼的权力，也有"遣吏、船徒取……"之职责。

其次，从当时司空"记录"和"考课"等方面来看，J1（8）486 中，"□船课"为"司空课志"的对象之一。J1（8）480 表明"船计"是"司空曹记录"的内容之一。

由以上里耶秦简所披露给我们的重要信息：迁陵县设有"司空曹"，（县）司空职责包括"假船"给"狼"、并"遣吏、船徒"等；以及秦代"司空曹记录"中包括"船计"，"司空课志"对象有"□船课"等。根据这些信息我们可以推测秦代县级机构中，有可能存在"船司空"，但不能排除其他可能性。

另外，里耶秦简中还见到有"乡司空"等具体负责船只调度的文例，如 J1（16）6（背）："三月庚戌，迁陵守丞敦狐敢告尉，告乡司空、仓主，听书从事；尉别书都乡司［空］，［司空］传仓都乡；别启陵、贰春，皆勿留船。它如律令。扣手。庚戌水下□刻，走袑行尉。"③

---

① 睡虎地秦墓竹简整理小组编：《睡虎地秦墓竹简》，释文第 49 页。

② 马怡：《里耶秦简中几组涉及校券的官文书》，《简帛》第 3 辑，第 193 页。

③ 参见马怡《里耶秦简选校》，《中国社会科学院历史研究所集刊》第 4 集，商务印书馆 2007 年版，第 133—186 页。"皆勿留船"，王焕林《里耶秦简校诂》为"皆勿留脱"，此材料暂存疑（第 112 页）。

3. 秦封泥中的"船司空"

西安相家巷出土了许多秦代封泥,其中有"船司空丞"(图3),这为秦代"船司空"的存在提供了另一佐证。秦始皇陵遗址出土板瓦陶文中的工匠印戳"船司空□"等,王学理认为隶属于"船司空"①。据周晓陆等考证:"船司空在秦属内史。"②宋杰指出,"秦及西汉负责京师警卫的长官是中尉,属官有都船令丞,船司空可能为其下属机构"③。

(二)秦代其他船官的考察

西安相家巷遗址流散的秦封泥中,有"都船丞印""阳都船印""阳都船丞""阴都船丞"等(图1、图2、图4、图5、图6)。④《汉书》卷一九上《百官公卿表上》记载,中尉是秦官。其属官有中垒、寺互、武库、都船四令丞。其中都船、武库有三丞,中垒两尉。都船,如淳解释为:"都船狱令,治水官也。"⑤"都船"属官设阴阳,"阳都船丞"和

图1 都船丞印   图2 阳都丞印   图3 船司空丞

① 王学理:《秦始皇陵研究》,上海人民出版社1994年版,第240—241页。
② 周晓陆、陈晓捷、汤超、李凯等:《于京新见秦封泥中的地理内容》,《西北大学学报》(哲学社会科学版)2005年第4期。周晓陆按:《史记·秦本纪》,秦昭王五十年"初作河桥。"《正义》:"此桥在同州临晋县东,渡河至蒲州,今蒲津桥也。"河桥为浮桥,系船而成,故置船库官。则船司空应在陕西大荔县以东黄河故道中。
③ 宋杰:《秦汉国家机构中的"司空"》,《历史研究》2011年第4期。
④ 中国社会科学院考古研究所长安城工作队:《西安相家巷遗址秦封泥的发掘》,《考古学报》2001年第4期。
⑤ 《汉书》卷一九上《百官公卿表上》,第735—736页。

 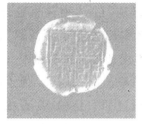 

图4　阳都船丞　　　图5　阳都船丞　　　图6　阴都船丞

"阴都船丞"当为"都船"之属官，"阳都船印"和"阴都船印"为"都船"属官之印。相家巷遗址中发掘出土的"阳都船丞""阴都船丞"，证实了"都船"设"三丞"之记载，但"都船"另外一丞，待考。

三　余论

一般来说，秦百姓若借用官府"公船"等"公器"都是登记在册的。里耶秦简J1（8）134中"狼假公船"的官文书，其内容和"船"（秦代公器）的借出与亡失有关。文书中详细记录了"公船"的借用对象，借用日期，追讨程序和赔偿等。可见秦代船只管理与使用、追讨等程序是相当严格、完备的。《肩水金关汉简》中也有关于"船"登记的记录：

　　　　　　□□□籍船□□累计轺车移□　　　　　　（73EJT1：278①）

船作为水上最重要的交通工具，发挥着重大作用。里耶秦简中，狼借船"求故荆积瓦"，是社会生活中船只运输功能的一个缩影。从军事方面来看，秦始皇在统一的过程中，中原逐鹿和北伐主要依靠的是马战车和骑兵，在南征中战船曾发生过重要作用。如秦始皇曾派大将率

---

①　肩水金关汉简均出自甘肃简牍保护研究中心、甘肃省文物考古研究所、甘肃省博物馆、中国文化遗产研究院古文献研究室、中国社会科学院简帛研究中心编《肩水金关汉简（壹）》，中西书局2011年版，第32页。

领用楼船组成的舰队攻打楚国。"南取百越之地,以为桂林、象郡"时,"使尉(佗)屠睢将楼船之士南攻百越",利用先进的水上战船楼船的运输和战斗力,为南征战争胜利铺平了道路。此外,文献记载秦始皇还"使监禄凿渠运粮,深入越"。为了解决北方驻军的粮饷问题,秦始皇"使天下"通过船只运输50石粮食,保障了南征战争中的后勤粮草补给顺畅和将士们的饮食需求。① 可见船舶在秦统一过程中的重要作用。其次,船舶在帝王将相的生活出行和其他一些社会活动中,作为便捷的水上交通工具,也发挥了极为重要的作用。据《史记》等史书记载,秦始皇统一中国后,为了"示强威,服海内"曾五次大规模巡游全国各地,并乘船在内河游弋或海上航行。如秦始皇三十七年"浮江下,观籍柯,渡海渚。过丹阳,至钱塘。临浙江,水波恶,乃西百二十里从狭中渡。上会稽,祭大禹,望于南海,而立石刻颂秦德"②。

秦代船只等交通工具的出行会受到《日书》约束。睡虎地秦简《日书》甲种中有关于"不可行"的记录。如:

> 久行,毋以庚午入室。　　　　　　　　　　（九五背贰）
> □□行,毋以戌、亥入。　　　　　　　　　　（九六背贰）
> 丁卯不可船行。　　　　　　　　　　　　　　（九七背贰）
> 六壬不可船行。　　　　　　　　　　　　　　（九八背贰）
> 六庚不可以行。　　　　　　　　　　　　（九九背贰）③

其中"船行"禁忌为"丁卯不可船行,六壬不可船行"。这两句及后面"六庚不可以行"又见于简一二八背,以及睡虎地秦简《日书》乙种简四四贰。有学者指出,"《诗·小雅·四月》记载周宣王出行田猎事,有所谓'吉日维戊'、'吉日庚午'语,对照简文所见'六庚不可以行'以及'·久行,毋以庚午入室'(一二七背)等内容,可以推知大致确定庚日

---

① 《史记》卷一一二《平津侯主父列传》,第2958页。
② 《史记》卷六《秦始皇本纪》,第260页。
③ 睡虎地秦墓竹简整理小组编:《睡虎地秦墓竹简》,释文第223页。

不利出行的睡虎地秦简《日书》，其行忌所体现的数术系统，与周人礼俗的数术背景可能有所不同"①。

［原载《鲁东大学学报（哲学社会科学版）》2014 年第 1 期］

———————

① 王子今：《睡虎地秦简〈日书〉甲种疏证》，湖北教育出版社 2002 年版，第 477—479 页。

从里耶简看秦代县、乡的公文传递机制

——兼论早期中国的以女性"行书"

北京师范大学历史学院　徐　畅

引　言

公、私文书的传递，在传世及出土秦汉文献中，表述为"行书"一词，如许慎《说文解字·邑部》："邮，竟上行书舍，从邑、垂。垂，边也。"① 《后汉书·杨震传》记："弘农太守移良承樊丰等旨，遣吏于陕县留停（杨）震丧，露棺道侧，震诸子代邮行书，道路皆为陨涕。"② 睡虎地秦简《秦律十八种》、张家山汉简《二年律令》中，均有《行书律》，整理者以为《行书律》是关于传递文书的法律规定③。秦汉时的文书传递方式，据目前掌握的材料，包括"以邮行"、"以亭（燧）行""以次传行"（"亭次行"、"燧次行"、"县次传行"）、"吏马驰行"、"轻足行"、"行者走"等各种形式。最为常见的是"以邮行"，即通过邮驿系统来传递。

概括以往学界对"行书"问题的研究，主要集中在两个层面，一是借助《行书律》、尹湾汉简《集簿》、悬泉汉简等讨论邮驿设置、管

---

① （汉）许慎撰，（宋）徐铉校定：《说文解字》，中华书局 2002 年版，第 132 页。
② 《后汉书》卷四四《杨震传》，中华书局 1965 年版，第 1766 页。
③ 睡虎地秦墓竹简整理小组编：《睡虎地秦墓竹简》，文物出版社 1990 年版，释文第 61 页。

理，邮人的选拔、待遇，邮书传递规则等①；二是借助居延、敦煌汉简
中保留的发文、传行记录、函封等，复原汉代西北边塞由部、燧吏卒通
过邮、亭及与之平行的烽燧系统传递军政文书的原初图景②。这些工
作，从律令条文到实际运营、管理，展现了秦汉邮驿系统运作的立体
画面。

　　但"以邮行"仅是行书之一种方式。参照《二年律令·行书律》对
"以邮行"文书的规定：

　　　1. 诸狱辟书五百里以上，及郡县官相付受财物当校计者书，皆
以邮行。(276)
　　　令邮人行制书、急(265)书，复，勿令为它事。
　　　书不急，擅以邮行，罚金二两。(272)
　　　书不当以邮行者，为送告县道，以次传行之。……(274③)

秦汉邮传服务范围有限，邮只设在交通要道上，负责"制书""急书"等
重要公文的远距离传送④并为过往公职人员提供食宿服务。而帝国行政地

　　① 这方面的讨论如彭浩《读张家山汉简"行书律"》，《文物》2002年第9期，收入中国社会科学院简帛研究中心编《张家山汉简"二年律令"研究文集》，广西师范大学出版社2007年版，第316—324页；李均明《张家山汉简"行书律"考》，中国政法大学法律古籍整理研究所编《中国古代法律文献研究》第2辑，中国政法大学出版社2004年版，第31—42页；于振波《秦汉时期的邮人》，《简牍学研究》第4辑，甘肃人民出版社2004年版，修订本见简帛网，2005年12月27日等。
　　② 相关研究从居延汉简公布即开始涌现，代表性论著如楼祖诒《汉简邮驿资料释例》，《文史》第3辑，中华书局1963年版，第123—144页；高敏《秦汉邮传制度考略》，《历史研究》1985年第3期；陈直《居延汉简研究》，天津古籍出版社1986年版，第44—50页；李均明《汉简所见"行书"文书述略》，甘肃省文物考古研究所编《秦汉简牍论文集》，甘肃人民出版社1989年版，第113—135页；高荣《简牍所见秦汉邮书传递方式考辨》，《中国历史文物》2007年第6期等。
　　③ 张家山二四七号汉墓竹简整理小组：《张家山汉简竹简［二四七号墓］（释文修订本）》，文物出版社2001年版，第169—171页。
　　④ 据彭浩对简文的解释，交邮传递的文书有皇帝诏令、紧急公文及路程超过五百里的较重要公文，而公文包括呈报郡守及中央的奏谳文书，郡县官员管理财物的审校报告、上计文书等；高荣以为还包括军事文书，但行程未必都在五百里以上。见彭浩《读张家山汉简"行书律"》、高荣《简牍所见秦汉邮书传递方式考辨》文。

理的末梢：县（道）、乡、里之间文书的传送以及私人信件收发，大约都游离于邮传体制之外。如《二年律令·行书律》记载的情况"畏害及近边不可置邮者，令门亭卒、捕盗行之"，睡虎地秦简《秦律十八种·田律》也有相关规定："近县令轻足行其书，远县令邮行之，尽八月□□之。"① 邮路之外的行书，采取何种形式，由何人传送，速度如何，以往由于资料的缺乏，鲜有人论及。

　　2002 年湖南湘西龙山里耶古城一号井及 2005 年北护城壕 11 号坑中先后出土了 38000 余枚秦代简牍，内容主要是秦代迁陵县的官署档案，其中政府之间往来之文书（原件及副本）占了相当大的比例②。公文中保留的发文、收文时间、传送人、传送方式、启封人等信息表明，秦代迁陵县与下属诸乡、临近诸县，乃至洞庭郡之间的文书往来，除标明"以邮行"者外，大都是由发文单位派遣人员，以步递的形式直接送达收文单位，其中送出称"某人行"，由某人送来称"某人以来"。李学勤较早注意到其中"多数文书是由下级吏员、一般民众、甚至隶臣妾递送的"③，此后于振波④、陈治国⑤、陈伟⑥、藤田胜久⑦、胡平生⑧等学者从不同角度切入，讨论了秦迁陵县的公文传递与邮置系统。县内公文传递多不通过邮，递送人为临时指派，成为共识。而卜宪群指出秦汉乡里官民与上级行政联系、信息传递的手段为

---

①　睡虎地秦墓竹简整理小组编：《睡虎地秦墓竹简》，释文第 19 页。

②　参见湖南省文物考古研究所编著《里耶发掘报告》，岳麓书社 2007 年版，第 179—180、234 页；湖南省文物考古研究所编著《里耶秦简（壹）》之前言，文物出版社 2012 年版。

③　李学勤：《初读里耶秦简》，《文物》2003 年第 1 期。

④　于振波：《里耶秦简中的"除邮人"简》，《湖南大学学报》2003 年第 3 期。

⑤　陈治国：《从里耶秦简看秦的公文制度》，《中国历史文物》2007 年第 1 期。

⑥　参见陈伟《里耶秦简中公文传递记录的初步分析》，原载《历史地理学研究的新探索与新动向——庆贺朱士光教授七十华秩暨荣休论文集》，三秦出版社 2008 年版，此据简帛网文本，2008 年 5 月 20 日。

⑦　［日］藤田勝久：《里耶秦简の文書形態と情報傳達》，《愛媛大學法文學部論集·人文學科編》21，2006 年 9 月，第 63—94 頁。

⑧　胡平生：《里耶簡所見秦朝行政文書的製作與傳達》，《資料學の方法を探る——情報発信と受容の視點から》，愛媛大學"資料學"研究會，2009 年 3 月收入《胡平生簡牘文物論稿》，中西书局 2012 年版，第 137—160 页。

"告"，很有可能即秦律《内史杂》所谓"口请"①。笔者曾尝试梳理了里耶公文传递人的身份，注意到当时多有以隶臣妾等刑徒行书的情况，并将此与居延汉简中以弛刑徒传递文书例相对照②。

2012 年，《里耶秦简（壹）》出版，刊布了第五、六、八层出土的 2600 余枚简牍的图版与释文，在先行公布简牍的基础上，反映秦代迁陵地方户口、土地、物产、赋役、邮驿、祭祀、教育各方面历史信息的资料大规模地涌现。其中迁陵县上、下行的往来公文仍占大多数，除文书主体内容外，其上保留的不同时间、不同人员的传送、签收记录，为我们深入洞悉帝国邮路以外，县、乡政权的公文传递、行书效率；复原迁陵县下达乡里，上致洞庭或更远郡国的行政公务现场，提供了更丰满的素材。

另笔者曾注意到迁陵县以刑徒行书。新刊简文对迁陵县刑徒在县、乡相关机构中所从事的劳作，有更多记载。出现了定期编制并上报的《作徒簿》，罗列刑徒名目、数量及差派其进行的工作。其中不乏隶妾、小隶妾等女性刑徒，她们或在县仓、公田劳作，或从事"击舂"等工作，特别注意到她们还从事门户以外的工作——行书。借助这些信息，早期中国女性的生活场景，渐次映入眼帘。

一　秦迁陵县的公文传递方式与传递人

（一）传递方式

在秦统治下洞庭郡属的迁陵县，"以邮行"是否是主要的文书传递方式？上引《二年律令·行书律》对"以邮行"的文书种类有明确之规定，而秦《田律》"近县令轻足行其书，远县令邮行之"也提示距离较近的县级政权之间文书传递，不用邮传系统。秦汉时期地方邮路网络的设置，

---

① 参见卜宪群《从简帛看秦汉乡里的文书问题》，《文史哲》2007 年第 6 期。
② 徐畅：《简牍所见刑徒之行书工作——兼论里耶简中的女行书人》，简帛网，2010 年 12 月 10 日。

《行书律》曰:"十里置一邮。南郡江水以南,至索(?)南水,廿里一邮。(264)一邮十二室。长安广邮廿四室,敬(警)事邮十八室。"① 而尹湾汉简提供了实例,"县邑侯国卅八、县十八、侯国十八、邑二、其廿四有城(土侯)、郡官二、乡百七十□百六、里二千五百卅四、正二千五百卅二人、亭六百八十八、卒二千九百七十二人、邮卅四、人四百八、如前。"② 可知西汉晚期东海郡有 38 个县级机构,170 个乡,而邮有 34 所,似乎差不多一县能设一邮,李均明即据此认为邮当为县一级邮政机构。而多数乡无邮③。或可推测,县与县、乡级的公文往来,由于距离近,亦无条件,一般情况下不借助邮路。

揆诸秦迁陵县的情况,里耶秦简中保留有不少公文发出时的封检(或称函封、封泥匣),其中一类书写有始发地和发往地,《发掘报告》介绍到的有"迁陵以邮行洞庭"(J1(6)2)、"酉阳洞庭"(J1(9)98B)等④,第五层出土的封检还有"酉阳以邮行　洞庭"(5—34)⑤,第八层出土有更多的"迁陵以邮行洞庭"(如 8—12、8—32、8—413、8—432 等),表示洞庭郡下达至酉阳、迁陵等县的公文,通过邮路传递。

封检以外,正背书写的行政木牍保留了更多迁陵县公文传递的记录⑥,其中由邮人负责传递的,包括由迁陵县上传至洞庭太守府(8—62、J1(8)154)的两件,由洞庭太守下达至迁陵县的一件(8—1523),皆

---

① 张家山二四七号汉墓竹简整理小组:《张家山汉简竹简［二四七号墓］(释文修订本)》,第 170 页。

② 连云港市博物馆等编:《尹湾汉墓简牍》,中华书局 1997 年版,第 77 页。

③ 李均明:《汉简所见"行书"文书述略》,《秦汉简牍论文集》,第 34 页。

④ 湖南省文物考古研究所编著:《里耶发掘报告》,第 181、191 页。本文引《发掘报告》中简,仍保留其原始考古编号。

⑤ 湖南省文物考古研究所编著:《里耶秦简［壹］》,下文引《里耶秦简［壹］》之简文,仅出编号,不再一一注明页码。标点及部分释文修订参照陈伟主编《里耶秦简牍校释》第 1 卷,武汉大学出版社 2012 年版。

⑥ 学者注意到,里耶秦代公文,都写在长 23cm、宽 1.4cm—5cm 的木牍上,每牍五至七行,正反面皆有文字记录,一事一牍,木牍不仅收纳了不同官员的文告、书令,也留下了传送签收记录。吕静、王成伟称此为"行政木牍",参考所著《关于秦代公文形态与运作流程的考察——以里耶简牍的分析为基础》,《传统中国研究集刊》第 8 辑,上海人民出版社 2011 年版,第 57—77 页。

是涉及县廷与上级郡府之间的公文往来。唯8—767、8—769两件系由启陵乡上呈迁陵县：

　　2. 廿八年七月戊戌朔辛酉，启陵乡赵敢言之：令曰二月┘壹上人臣治（答）者名·问之，毋当令者。敢┘言之。（正）
　　　七月丙寅水下五刻，邮人敞以来。／敬手。　贝手（背）
　　　　　　　　　　　　　　　　　　　　　　　　　　　（8—767）

　　3. 卅五年八月丁巳朔己未，启陵乡守狐敢言之：廷下令书曰取鲛鱼与┘山今庐鱼献之，问津吏徒莫智（知）·问智（知）此鱼者具署┘物色，以书言·问之启陵乡吏、黔首、官徒，莫智（知）。敢言之。·户┘曹（正）
　　　八月□□□邮人□以来。／□发。　□手。（背）　　　（8—769）

从内容看，皆是县以令下乡，乡吏据令书要求行事，并将最终结果上报县廷，性质相对特殊。可能迁陵县境内或附近有邮一所，仅负责特殊文书（如紧急公文）或者远距离文书（侧重上行公文）的递送。

　　另据上引《尹湾汉简》，东海郡"乡百七十□百六"、"邮卅四、人四百八"（平均每邮12人，印证了《行书律》"一邮十二室"的记载）。关于邮人的选拔除授，《二年律令·行书律》没有明确的规定，但可推想，一郡之邮人，应出自郡下最基层之乡里。东海郡的邮人，若按170个乡均出，则每乡出2—3个左右邮人。从里耶简看，秦代迁陵县下各乡亦出邮人。参照J1（8）157"除邮人"简：

　　4. 卅二年正月戊寅朔甲午，启陵乡夫敢言之：成里典、启陵邮人缺，除士五（伍）成里匄、成，［成］为典，匄为邮人。谒令、尉以从事，敢言之。（正）
　　　正月戊寅朔丁酉，迁陵丞昌郤之启陵：廿七户已有一典，今有（又）除成为典何律令？（应）尉，已除成、匄为启陵邮人。其以律令。／气手。／正月戊戌日中，守府快行。正月丁酉旦食时，隶妾冉

以来。欣发。壬手。①（背）　　　　　　　　　　（J1（8）157）

明确提示到，迁陵县下的启陵乡有邮人。由于成里之里典、启陵邮人缺，启陵乡啬夫拟除成里士伍成为里典，匄为邮人，并将此事向迁陵令、尉请示。迁陵县廷经过核查，发现成里已有里典一名，不知启陵乡为何上报里典缺，迁陵县丞将不合律令情况通告启陵，并与县尉一起决定，把士伍成、匄二人同时任命为启陵邮人。可知启陵乡邮人数目应在二人以上，这与汉代东海郡的情况很相似。

　　《里耶秦简（壹）》中，出现了关于邮人的新材料。如编号8—62，由迁陵县发往洞庭太守府的公文，系由"都邮人□𤥷"传递，而8—66公文木牍，则由"都邮士五续"传递。这两例中的邮人，称"都邮人"，应属迁陵县之都乡。此可证秦汉郡县以下的乡、里，很少有邮的设置，但郡县辖境内邮传机构所需邮人，则是要逐乡逐里选拔。

　　"以邮行"外，还可见到迁陵县公文"以亭行"的记载。据简文，迁陵县下有"阎亭"、"唐亭"，亭有校长②，这些亭除为过往人员提供食宿外，自然也承担传递文书任务。如简8—649有"皆以门亭行，新武陵言书到署☒"的记载；而始皇二十七年（前220）二月二十五洞庭郡守礼发送给下辖各县，要求其传送运输任务需先遣刑徒的公文，在二十八日"水十一刻刻下九"由"求盗簪褭（袅）阳成辰以来"［J1（16）5］，据《汉书·高帝纪》："高祖为亭长，乃目竹皮为冠，令求盗之薛治。"应劭注："求盗者，亭卒。旧时亭有两卒，一为亭父，掌开闭扫除，一为求盗，掌逐捕盗贼。"③推测文书应是通过郡、县之间的亭依次传递的。

　　"以县次传"即公文以县为单位，按照一定的顺序依次传递，以往最著名的例证，当推睡虎地秦简《封诊式》中著名的"迁子爰书"：

---

　　① 录文参考湖南省文物考古研究所编著《里耶发掘报告》，第184页。对此于振波有专文研究，见所撰《里耶秦简中的"除邮人"简》。
　　② 湖南省文物考古研究所编著《里耶秦简〔壹〕》之前言。
　　③ 《汉书》卷一上《高帝纪上》，第6页。

5. 罷（迁）子爰书：某里士五（伍）甲告曰："谒鋈亲子同里
士五（伍）丙足，罷（迁）蜀边县，令终身毋得去罷（迁）所
（46），敢告。"告法（废）丘主：士五（伍）咸阳才（在）某里曰
丙，坐父甲谒鋈其足，罷（迁）蜀边县，令终身毋得（47）去罷
（迁）所论之，罷（迁）丙如甲告，以律包。今鋈丙足，令吏徒将传
及恒书一封诣令史，可受（48）代吏徒，以县次传诣成都，成都上
恒书太守处，以律食。法（废）丘已传，为报，敢告主（49）。①

士伍丙从咸阳被流放到蜀郡，所携带通行证"传"与恒书需依次经过废
丘到蜀边县之间的每个县，负责押他的吏和徒隶也需逐县更换。里耶秦
简中亦有在洞庭郡下各县、道逐次传递公文的记录：

6. ☐亥朔辛丑，琅邪叚（假）守☐敢告内史、属邦、郡守主：
琅邪尉徒治即默☐
　　琅邪守四百卅四里，卒可令县官有辟、吏卒衣用及卒有物故当
辟征逻☐
　　告琅邪尉，毋告＝琅邪守＝固留费，且辄却论吏当坐者。它如
律令。敢☐☐
　　☐一书·以苍梧尉印行事。ノ六月乙未，洞庭守礼谓县啬夫听
书从事☐
　　☐军吏在县界中者各告之。新武陵别四道，以次传。别书写上
洞庭（正）
　　尉。皆勿留。ノ葆手。
　　ノ骄手。ノ八月甲戌，迁陵守丞膻之敢告尉官主：以律令从事。
传别书
　　贰春，下卒长奢官。ノ☐手。ノ丙子旦食走邮行。
　　☐月庚午水下五刻，士五（伍）宕渠道☐邑疕以来。ノ朝手。洞
☐（背）　　　　　　　　　　　　　　　　　　（8—657）

---

① 睡虎地秦墓竹简整理小组编：《睡虎地秦墓竹简》，释文第155—156页。

简文涉及琅邪、苍梧、洞庭诸郡,对征辟吏卒的衣用管理等相关规定,在各郡间传递。消息到达洞庭郡后,郡守礼将其进一步下发至各县啬夫,采用"各告之新武陵别四道以次传"的方式。

当然,如本文第一节所指出的,里耶简反映的迁陵县的上、下行文书,以及所辖乡的上行文书,最多是由公文签发方派专人直接送到接受方,而这应该是帝国行政末梢最常见的公文传递方式。下面在前文工作基础上,将目前已公布简文中的公文收发情况,如表1所示:

表1   里耶简所见公文传递情况一览 (一)

编号	传递路径	传递方式	备注
5 – 34	洞庭郡—酉阳县	以邮行	封检上文字作"酉阳以邮行洞庭"
9 – 983	洞庭郡—酉阳县	以邮行	原文仅作"酉阳洞庭"应是酉阳以邮行洞庭的省写
6 – 2、7 – 1、7 – 4、8 – 12、8 – 32、8 – 413、8 – 432、8 – 555、8 – 1464、8 – 1684	洞庭郡—迁陵县	以邮行	皆作"迁陵以邮行洞庭"
7 – 5	*迁陵县——洞庭郡尉	以邮行	封检上文字作"洞庭太守府,尉曹发,以邮行"
8 – 90	洞庭郡—迁陵县	以邮利足行	封检上文字作"迁陵以邮利足行洞庭急"
8 – 2550	洞庭郡—迁陵县	以邮行	封检上文字作"覆曹发·洞庭"
8 – 371	洞庭郡—?	以邮行	封检上文字作"邮行洞庭"

表2　　　　　　　　　里耶简所见公文传递情况一览（二）

编号	传递方向（收/发）	传递路径	收/发时间（秦始皇？年？月？日）	传递人（身份/籍贯/名）	传递方式	备注
J1（8）133	收入	酉阳县—迁陵县	二十七年八月二十日水下四刻	走/贤	步递送达	
	发出	迁陵县守丞—本县司空	二十七年八月二十	起	步递送达	
J1（8）134	收入	迁陵县司空守—迁陵县廷	二十六年八月二十九日	走/己巳	步递送达	
	发出	迁陵县守丞—县司空	二十六年九月二日	佐/壬	步递送达	
J1（8）152、156	发出	迁陵县守丞—县少内	三十二年四月八日水十一刻刻下五	守府/快	步递送达	
	收入	县少内—迁陵县廷	三十二年四月九日日中	佐/处	步递送达	
J1（8）158	发出	迁陵县—酉阳县	三十二年四月十一日旦	守府/快	以县次传	
J1（8）154	发出	迁陵县—洞庭郡	三十三年二月一日水十一刻刻下二	邮人/得	以邮行	
J1（8）157	收入	启陵乡—迁陵县	三十二年一月二十旦食	隶妾/冉	步递送达	
	发出	迁陵县—启陵乡	三十二年一月二十一日中	守府/快	步递送达	
J1（9）981	收入	田官—迁陵县	三十年九月十五日旦	佐/壬	步递送达	
J1（9）984	收入	酉阳县—迁陵县	二十八年八月二十五日水下八刻	隶妾	步递送达	
	发出	迁陵县—都乡	二十八年八月二十七日	走/印	步递送达	
J1（16）1	收入	洞庭郡—迁陵县		守府/快	步递送达	

编号	传递方向（收/发）	传递路径	收/发时间（秦始皇？年？月？日）	传递人（身份/籍贯/名）	传递方式	备注
J1（16）5、6	收入	洞庭郡—迁陵县	二十七年二月二十八日水十一刻刻下九	求盗/簪袅/阳成/辰	以亭行	
			二十七年三月三日夕	士伍/巫/下里/闻令	步递送达	
			二十七年三月八日水下尽	□阳陵/士□/勾	步递送达	
	发出	迁陵县丞—县尉	二十七年三月五日水下□刻	走/袑	步递送达	
			二十七年三月十一日水下四刻	隶臣/尚	步递送达	
		迁陵县丞上行	二十七年三月十三日	令史/犯	步递送达	
J1（16）9	收入	启陵乡—迁陵县廷	二十六年五月二十四日水十一刻刻下者十刻	不更/成里/午	步递送达	
5-1	收入	迁陵仓守—迁陵县廷	秦二世元年七月二十四日	士五/臂	步递送达	简文仅存"元年七月庚子朔"，里耶秦简纪年由始皇
5-1	收入	迁陵仓守—迁陵县廷	秦二世元年七月二十四日	士五/臂	步递送达	二十五年到二世二年，查秦二世元年七月庚子朔

续表

编号	传递方向（收/发）	传递路径	收/发时间（秦始皇？年？月？日）	传递人（身份/籍贯/名）	传递方式	备注
8-62	发出	迁陵县丞—洞庭太守府	三十二年三月初一水十一刻刻下二	都邮人/□廛	以邮行	
8-63	收入	旬阳县丞—迁陵守丞	二十七年十月十四日旦	朐忍/◎秦士五/状	步递送达	
	发出	迁陵县守丞—迁陵县司空	二十七年十月二十三日	走/申	步递送达	
8-71	发出	*迁陵县丞—洞庭郡尉	三十一年二月二十四日水十一刻刻下八	守府/快	步递送达	
8-140	发出	迁陵县丞—迁陵县尉	三十一年九月十九日旦	守府/快	步递送达	简文无年份，仅存"九月庚戌朔丁卯"，查始皇三十一年九月相符
8-155	发出	迁陵县丞—县少内	三十二年四月初八水十一刻下五	守府/快	步递送达	简文无年份，仅存"四月丙午朔"，查始皇三十二年四月相符
8-166	发出	迁陵县丞—？	二十八年十二月十三日水下七刻	高/士五/□	步递送达	
	收入	迁陵县少内—迁陵县廷	？年？月水下八刻	□□	步递送达	
	发出	迁陵守丞—郪县丞	？年？月	佐/□	以县次传	

编号	传递方向（收/发）	传递路径	收/发时间（秦始皇？年？月？日）	传递人（身份/籍贯/名）	传递方式	备注
8-173	收入	迁陵县库一县廷	三十一年七月初二	佐/处	步递送达	
8-197	发出	*迁陵守丞一洞庭郡府	三十四年二月十五日	令佐/信	步递送达	
		迁陵守丞一别臧（藏）	三十四年一月初五旦	居赀/枳寿陵/左	步递送达	
8-645	收入	贰春乡守一迁陵县廷	二十九年九月二十日	史/邛	步递送达	
8-647	收入	酉阳县丞一迁陵县丞	时间阙	隶妾/少	步递送达	
8-651	收入	启陵乡一迁陵县廷	三十三年一月初九旦	隶妾/笞	步递送达	
8-657	收入	洞庭郡守一各县啬夫	？年？月庚午水下五刻	士五/宕渠道/平邑/疕	以县次传	
	发出	迁陵县丞一县尉（传书贰春，下卒长）	？年八月丙子旦食	走/邮	步递送达	
8-665	发出	迁陵县丞一？	？年六月庚辰水十一刻刻下六	守府/快	步递送达	
8-767	收入	启陵乡一迁陵县廷	二十八年七月二十九日水下五刻	邮人/敝	以邮行	
8-768	发出	迁陵县丞一洞庭郡府	三十三年六月六日旦	守府/即	步递送达	
8-769	收入	启陵乡一迁陵县廷	三十五年八月□□□	邮人/□	以邮行	
8-1514	收入	迁陵库守一迁陵县廷	二十九年四月十九日水下二刻	佐/圂	步递送达	

续表

编号	传递方向（收/发）	传递路径	收/发时间（秦始皇？年？月？日）	传递人（身份/籍贯/名）	传递方式	备注
8－1515	收入	贰春乡—县司空	三十年十月十一日旦	隶臣/良朱	步递送达	
8－1516	发出	迁陵县廷—？（上行）	二十六年十二月十四日水下三刻	启陵/乘城卒/秭归/□里/士五/顺	以县次传	
8－1518	收入	迁陵县仓—县廷	二十八年六月二十七日水下六刻	佐/尚	步递送达	
8－1523	收入	洞庭郡—迁陵县	三十四年九月初三旦	邮人/曼	以邮行	文书发出年份不详，月日为"七月甲子朔庚寅"，查始皇三十四年七月相符
8－1524	收入	迁陵县司空—迁陵县廷	二十九年十二月十四日水下六	隶妾/畜	步递送达	
8－1525	收入	启陵乡—迁陵县	三十四年七月十二日旦	□□□	步递送达	
8－1525	发出	迁陵县丞—仓主	三十四年七月十二日旦	守府/卬	步递送达	
8－1538	发出	迁陵守丞—？（平级或下行）	？年二月二十日	隶妾/孙	步递送达	简文有"二月丙申朔乙丑"信息，查始皇三十四年二月朔丙申，但无乙丑日。暂存疑。

编号	传递方向（收/发）	传递路径	收/发时间（秦始皇？年？月？日）	传递人（身份/籍贯/名）	传递方式	备注
8－1562	收入	启陵乡—迁陵县	二十八年七月二十二日水下八刻	□□□	步递送达	
8－1563	收入	迁陵尉—迁陵守丞	二十八年七月初六	胸忍/宜利/锜	步递送达	
8－1566	收入	＊田官守敬—迁陵县廷	三十六年六月二十二日	佐/壬	步递送达	

注：1. 公文收发时间，已将原简文中的干支纪年换算过来。时间记载不完整但可推测者，在"备注"栏中加以说明。2. 以上两表，表1采集对象为封检。表2采集对象为内容较完整、收发信息基本完全的正背书写的公文木牍，收发单位信息不完整但可作推测的，以＊标明。3. 两表所引简牍皆出自《里耶秦简［壹］》和《里耶发掘报告》，引自《发掘报告》者，录文并参照马怡《里耶秦简选校（一）、（二）、（三）》（简帛网，2005年11月14—24日）的改订。

在表1、表2所统计的迁陵县收入与发出的公文中，以邮行者11例，以邮利足行1例，以县次传者4例，以亭行者1例，而由专人步递送达者46例，是绝对之多数。

（二）传递人

李学勤较早注意到里耶公文的传递人，包括下级吏员、一般民众、隶臣妾[1]。陈治国以为递送人员是临时指派的，包括仆人（走）、政府官员（佐）、奴隶（隶臣妾）以及有爵位的普通百姓（不更）[2]。亦有其他学者论及相关问题，但都未系统做过统计工作，据本文两表提供的信息，在以迁陵县为中心的县、乡之间从事文书传递工作的有：

---

[1] 李学勤：《初读里耶秦简》，《文物》2003年第1期。
[2] 陈治国：《从里耶秦简看秦的公文制度》，《中国历史文物》2007年第1期。

邮人

仅适用于"以邮行"的传递方式，负责邮书的传递。已知有邮人得（8—154）（迁陵县邮人）、都邮人□𪊟（8—62）、都邮人士五续（8—767）、邮人敞（8—767）、邮人□（8—769）　（启陵乡邮人）、邮人曼（8—1523）、"除邮人"简中启陵乡邮人成、匄等。

走

李学勤引应劭注，认为是"仆"的意思①。其实这里的"走"，可与睡虎地秦简中之"轻足"，居延汉简中之"行者走"②，以及敦煌汉简所谓"东书符验一编□尉府九月戊子奉邮书走卒过受临街卒颜之"（1242）③ 之"走卒"对照理解，指腿脚轻便从事步递工作者。目前出现的走之名有贤、印、申、邮、𥬃等（表2）。表2之外，还有以"走"行书的其他简文，如"尉曹书三封，令印廿八年九月庚子水下二刻，走禄以来。其一诣销一丹阳一□陵"（8—453）、"问之尉，毋当令者，敢□（正）辛巳走利以来丿□手□（背）"（8—652）、"□守府·九月戊戌水下二刻，走佁以来"（8—1291）、"户曹书四封，迁陵，一咸阳、一高陵、一阴密、一竞陵廿七年五月戊辰水下五刻，走荼以来"（8—1533）等等。

守府

初刊行书简中屡屡出现"守府快行"，对其确切含义，学界观点不一。"守府"，马怡《选校》认为"应指迁陵丞昌所在之衙署"，陈治国认为县令的官署称"府"，守令的官府则被称为"守府"④。依常例，"守府"可能指（洞庭）太守府⑤。"快行"，《选释》⑥ 及《发掘报告》皆解释为"紧急递送""发送紧急文书"，于振波也认为当是文书签发方

① 李学勤：《初读里耶秦简》，《文物》2003 年第 1 期。
② 居延汉简简文涉及"行者走"者颇多，如甲渠候官行者走（21.4A）。引自谢桂华、李均明、朱国炤《居延汉简释文合校》，文物出版社 1987 年版，第 34 页。
③ 甘肃省文物考古所编：《敦煌汉简》，下册，中华书局 1991 年版，第 266 页。
④ 陈治国：《里耶秦简之"守"和"守丞"释义及其它》，《中国历史文物》2006 年第 3 期。
⑤ 秦汉时期，县级衙署多称"廷"而郡署称"府"。
⑥ 湖南省文物考古研究所、湘西土家族苗族自治州文物处：《湘西里耶秦代简牍选释》，《中国历史文物》2003 年第 1 期。

派专人以较快速度直接送达接受方①，而邢义田指出，"守府快行"犹如邮人某行，"快"乃守府之名，从上读②。王焕林也持同样看法③。

现在我们见到了更多的"守府某行"，如守府定（8—141）、守府 时（8—165）、守府即（8—768）、守府 贤（8—806）、守 府阳（8—975）、守府交（8—1477）、守府 卬（8—1525）等。可以确定"守府"后所跟为人名，则人名前所跟，不大可能是机构名，应是职称。邢义田的说法，"守府"是指洞庭太守府的守府库一类的吏，或更可取④。洞庭太守府的吏员，为太守府传递文书，有时也奔走在郡下的县、乡、里之间。

佐

佐为秦汉军政机构中的低级属吏，中央、郡、县皆有。里耶秦简之"佐"多指在县廷及其下属机构（田官、畜官、仓、库、司空等）⑤中办公的下级吏员，如简文中提及迁陵县的佐有"牢佐"、"田佐"、"令佐"（8—149）、"田官佐"（8—580）、"司空佐"、"厩佐"（8—163）、"仓佐"（8—184）、"狱佐"（8—255）、"乡佐"（8—300）、"库佐"（8—981）、"亢佐"（8—1089）、"少内佐"（8—2490）等这些名目。表2所示，有县丞之佐壬（8—134）、县少内佐处（8—152）、库佐圂（8—1514）、仓佐尚（8—1518）等。列表之外，尚有以佐行书的其他简文，如：

---

① 于振波：《里耶秦简中的"除邮人"简》，《湖南大学学报（社会科学版）》2003年第3期。

② 邢义田：《湖南龙山里耶J1（8）157和J1（9）1-12号秦牍的文书构成、笔迹和原档存放形式（一）、（二）》，简帛网，2005年11月4日、11月14日。

③ 王焕林：《里耶秦简秦简校诂》，中国文联出版社2007年版，第46页。

④ 邢义田：《湖南龙山里耶J1（8）157和J1（9）1-12号秦牍的文书构成、笔迹和原档存放形式》文，此亦得到孙闻博的提示。

⑤ 指以啬夫为长官的各个办事机构，孙闻博称为"诸官"，见所撰《秦县的列曹与诸官——从〈洪范五行传〉一则佚文说起》，简帛网，2014年9月17日。郭洪伯引《二年律令》称为"稗官"，参所撰《稗官与诸曹——秦汉基层机构的部门设置》，中国社会科学院简帛研究中心编《简帛研究二〇一三》，广西师范大学出版社2014年版，第101—127页。

7. 为校□□□ 谒 告 楚 道受责 有追☒（正）

　　六月乙亥水十一刻 = 下二，佐同以来。ノ元手☒（背）

　　　　　　　　　　　　　　　　　　　　　　　　（8—60）

8. 从事，敢言之。☒（正）

　　五月甲寅旦，佐宣行廷。☒（背）　　　　　　　（8—170）

小史

秦汉郡府吏员包括掾史、守属、书佐、循行、干、小史。小史为最低一级，而县廷与之相似，乡或亦有小史①。里耶简中有一例以"小史"行书：

9. ☒□□史有奢耐辠以上，系迁陵，未夬，毋遣殹谒报，覆☒（正）

　　☒□□刻 = 下六，小史夷吾以来。ノ朝手。☒（背）

　　　　　　　　　　　　　　　　　　　　　　　　（8—144）

史

秦汉郡县各种官啬夫下均设"史"，里耶简中出现的史应为在县廷及县下一级职能部门供职，掌文书等事的低级属史。秦迁陵县有以"史"行书的情况：

10. 廿九年九月壬辰朔辛亥，贰春乡守根敢言之：牒书水⌐ 火败亡课一牒上。敢言之。（正）

　　九月辛亥旦，史邘以来。ノ感手。　邘手。（背）（8—645）

有爵及无爵之平民

　　从表2看，迁陵县负责行书的还有士五（伍）、不更。《汉旧仪》卷下记"秦制二十爵"，其中"赐爵四级为不更，不更主一车四马"，"无

---

①　关于小史在郡、县、乡各级机构中的设置，参考李迎春《秦汉郡县属吏演变考》，博士学位论文，北京师范大学，2009年，第29、63页。

爵为士伍"①。

求盗

详上文解析，适用于以亭行的传递方式。

隶臣妾

秦汉刑徒之一种。《汉书·刑法志》记："罪人狱已决，完为城旦春，满三岁为鬼薪白粲。鬼薪白粲一岁，为隶臣妾。隶臣妾一岁，免为庶人。隶妾亦然也。隶臣妾满二岁，为司寇。司寇一岁，及作如司寇二岁，皆免为庶人。"师古曰："男子为隶臣，女子为隶妾。鬼薪白粲满一岁为隶臣，隶臣一岁免为庶人。"② 城旦春、鬼薪白粲、司寇与作如司寇主要在官府监督下，从事与刑名相应的劳动，而隶臣妾一般性劳动为"从事公"，与刑名无关。睡虎地秦简《行书律》提示，隶臣妾有从事行书工作者。里耶简中行书之隶臣妾颇多，如编号 8—1515 的木牍公文，系"十月辛丑旦隶臣良朱以来"，又有"狱东曹书一封，丞印，诣泰守府，廿八年九月己亥水下四刻，隶臣申以来"（8—1155）等。隶妾行书的情况，下文将有详述，此处不赘。

居赀

赀，刑罚名。《说文》曰"赀，小罚以财自赎也"③，此刑秦律主要有赀甲、赀盾、赀徭、赀戍等四种类别。居赀即以劳役抵偿赀的役徒。亦见睡虎地秦简之《司空律》。里耶简中有居赀传递文书一例，

11. 卅四年正月丁卯朔辛未，迁陵守丞旺敢言之：迁陵黔首☒
    佐均史佐日有泰（大）抵已备归，居吏披徭使及☒
    前后书至，今未得其代，居吏少不足以给事☒
    吏。谒报署主吏发。敢言之。
    二月丙申朔庚戌，迁陵守丞旺敢言之：写上☒
    旦，令佐信行。（正）
    报别臧。

---

① （清）孙星衍等辑，周天游点校：《汉官六种》，中华书局 1990 年版，第 84—85 页。

② 《汉书》卷二三《刑法志三》，第 1099 页。

③ （汉）许慎撰，（宋）徐铉校定：《说文解字》，第 250 页。

正月辛未旦，居赀枳寿陵左行☒（背）　　　　　　　（8—197）

迁陵守丞将消息上报郡府，同时又报别臧（藏），报别藏的工作由来自枳县寿陵里，而在迁陵服役的居赀左负责。

乘城卒

"乘城卒"，守城卒。《汉书·高帝纪》："其吏民自以为降必死，故皆坚守乘城。"李奇曰："乘，守也。"颜师古曰："乘，登也。登而守之。"①　里耶秦简中有乘城卒传书一例，

12. 廿六年十二月癸丑朔庚申，迁陵守禄敢言之：沮守瘳言课廿四年畜┘息子得钱殿沮守周主。为新地吏令县论言史（事）·问之，周不在┘迁陵。敢言之。·以荆山道丞印行。（正）

丙寅水下三刻，启陵乘城卒秭归□里士五顺行□旁。　壬手。（背）　　　　　　　　　　　　　　　（8—1516）

注意后三种行书人，都是广义上的因犯罪而服刑者，即刑徒。以往出土的秦汉简牍，对于官奴婢、刑徒所从事的劳动种类，鲜有记录。这也成为秦汉刑徒研究中的缺环。高恒、张荣芳、韩树峰等都曾试图复原秦汉刑徒的服役种类②。新刊布的里耶简为我们提供了刑徒从事多种劳动的实例，如田作、作园、捕鸟、捕羽、为席、牧畜、库工、取薪、取漆、输马、买徒衣、徒养、吏养、治传舍、治邸、行书、与吏上计、守囚、执城旦等。也展示了秦帝国郡县行政以下刑徒管理的许多细节。

仅存留在迁陵县廷，涉及刑徒管理的文书，就有《作徒簿》《仓徒最

---

① 《汉书》卷一上《高帝纪上》，第19页。

② 见张荣芳、高荣《简牍所见秦代刑徒的生活及服役范围》，秦始皇兵马俑博物馆《论丛》编委会编《秦文化论丛》第7辑，西北大学出版社1999年版，收入张荣芳《秦汉史与岭南文化论稿》，中华书局2005年版，第1—15页；高恒《秦律中"隶臣妾"问题的探讨》，《文物》1977年第7期；韩树峰《秦汉徒刑散论》，《历史研究》2005年第3期。

簿》《徒隶死亡课》《徒隶产子课》《徒隶行繇课》等①，显示刑徒被分配至县属官尉、少内，县下三乡（启陵、贰春、都乡），畜官、田官、仓、库等机构，也就是说，县署及县下各乡均有各自掌握、支配的刑徒，相关负责人要安排所管刑徒进行服役，并定期（大概每月）将他们的工作情况上报。里耶简中有库守悍（8—686）、启陵乡守逐（8—1278）、贰春乡守（8—1280）、都乡（8—1425）、田官守敬（8—1566）等所上《作徒簿》。关于刑徒管理，拟另文讨论。这里需要注意的是，对于郡县刑徒的工作安排，洞庭郡确实下发过专文，参考 J1（16）6 正面、J1（16）5 正面内容与此相似：

> 13. 廿七年二月丙子朔庚寅，洞庭守礼谓县啬夫、卒史嘉、段（假）卒史谷、属尉：令曰："传送委输，必先悉行城旦春、隶臣妾、居赀赎责（债），急事不可留，乃兴繇（徭）。"今洞庭兵输内史及巴、南郡苍梧，输甲兵当传者多，节传之，必先悉行乘城卒、隶臣妾、城旦春、鬼薪白粲、居赀赎责（债）、司寇、隐官、践更县者。田时殹（也），不欲兴黔首。嘉、谷、尉各谨案所部县卒、徒隶、居赀赎责（债）、司寇、隐官、践更县者簿，有可令传甲兵，县弗令传之而兴黔首，[兴黔首] 可省少弗省少而多兴者，辄劾移县，[县] 亟以律令具论。当坐者言名夬泰守府，嘉、谷、尉在所县上书嘉、谷、尉，令人日夜端行。它如律令。②

洞庭郡守礼通知县啬夫、卒史、假卒史、属尉等，为了减轻百姓负担，凡有传送运输的任务，各县需首先派遣城旦春、隶臣妾、居赀赎债等身份者。这里列举的应征发从事运输的对象与里耶公文书在实际传递中的传递人身份多有重合。在《作徒簿》中，我们也可以看到有刑徒被分配去做运输与传递工作如"当传酉阳""传徒酉阳"（8—145）、"三人载粟输"（8—161）等。而县廷使用刑徒传递文书，需要主管刑狱事的司空随时监督其工作情况，8—1524 是始皇二十九年（前 218）十二月十四日迁

————————

① 湖南省文物考古研究所编著：《里耶秦简（壹）》之前言。
② 湖南省文物考古研究所编著：《里耶发掘报告》，第 192—194 页。

陵县司空色向县报告隶臣某行书进度的上行文书：

> 14. 廿九年十二月丙寅朔己卯，司空色敢言之：廷令隶臣□行⏌
> 书十六封，曰传言。今已传者，敢言之。（正）
> 己卯水下六刻，隶妾畜以来。ノ絆手。邻手。（背）（8—1524）

足见迁陵县对公文传递工作的重视。

二　里耶简中的女行书人

通过上节总结，我们了解到秦统治下迁陵县及县辖三乡的行政公文，有相当一部分是通过在县、乡服役的刑徒传递的。刑徒行书，需要注意性别问题。对秦律《田律》"隶臣妾老弱及不可诚仁者勿令"，因秦律中习惯男女刑徒连称，我们并不明晰这里的"隶臣妾"是否包括女性？中国古代的传统是男主外，女主内，如《礼记·内则》说女子"十年不出"，"男不言内，女不言外。……内言不出，外言不入。男子入内，不啸不指。夜行以烛，无烛则止。女子出门，必拥蔽其面，夜行以烛，无烛则止。""礼始于谨夫妇，为宫室，辨外内。男子居外，女子居内。深宫固门，阍寺守之，男不入，女不出。"①《周易·家人》"利女贞"："象曰：家人，女正位乎内，男正位乎外，男女正，天地之大义也。"② 从上古时代开始，女子的出行便受到了礼法的限制，秦汉时代，女子也主要是在室内从事纺织等轻体力劳作。

从身体条件来讲，女子确实不如男子，社会对女子的期望是纤巧、卑弱，如班昭《女诫·卑弱》："古者生女三日，卧之床下，弄之瓦砖，而斋告焉。卧之床下，明其卑弱，主下人也。"③ 即使是被官府役使，从事重体力的刑徒，他（她）们的劳动量，也有男女之别；如《秦律十八

---

① （清）孙希旦撰，沈啸寰、王星贤点校：《礼记集解》，中华书局1989年版，第736页。

② （清）孙星衍撰：《周易集解》，上海书店出版社1988年版，第89页。

③ 《后汉书》卷八四《列女传·曹世叔妻》，第2787页。

种·工人程》:"冗隶妾二人当工一人、更隶妾四人当工［一］人、小隶臣妾可使者五人当工一人。"① 做杂活的隶妾 2—4 人的工作量才相当于工匠一人。又《仓律》:"隶臣妾其从事公、隶臣月禾二石、隶妾一石半。其不从事、勿廪。小城旦、隶臣作者、月禾一石半石、未能作者、月禾一石。小妾、舂作者、月禾一石二斗半斗、未能作者、月禾一石。婴儿之毋母者各半石、虽有母而与其母冗居公者、亦廪之、禾月半石。隶臣田者、以二月月廪二石半石、到九月尽而止其半石。舂、月一石半石。"② 隶臣妾一般性的劳役为"从事公",应指较轻的杂役,而田间劳作的主体只有隶臣与舂,与舂处于同一刑罚等级的城旦,则要从事比田作更辛苦的筑城工作;比城旦舂次一等级的隶妾,则根本不从事较重的田间劳作。高一个等级的女性刑徒舂与次一个等级的男性刑徒隶臣从事同样的劳役,这体现出了秦律对于男、女性刑徒在体力上差距的照顾③。

从这些角度,我们都有理由猜想,所谓隶臣妾行书,应偏重于指隶臣从事步行传递文书的工作。然而里耶秦简的公布,却说明了秦时确有用女子行书的情况,在已公布简牍中,共有 9 例,其中:由隶妾跨县进行传递的有两例,皆是由酉阳送至迁陵。

15. ▨▨酉阳守丞 又 敢告迁陵丞主:令史日,令佐莫邪自言上造▨
    ▨遣莫邪衣用钱五百未到。迁陵问莫邪衣用钱已到
    ▨问之,莫邪衣用钱未到。酉阳腾书沅陵。敢告主。(正)
    ▨刻,隶妾少以来。ノ朝手。彼死手。(背)   (8—647)

16. 廿八年八月戊辰朔丁丑,酉阳守丞□敢告迁陵丞:主亭里士
    五(伍)顺小妾□余有律事□□□□迁□,令史可听书从
    事,□□□。ノ八月甲午,迁陵拔谓都(正)
    乡啬夫:以律令从事。ノ朝手。即走印行都乡。八月壬辰,

---

① 睡虎地秦墓竹简整理小组编:《睡虎地秦墓竹简》,释文第 45 页。
② 同上书,释文第 32 页。
③ 相关论述参考韩树峰《秦汉徒刑散论》一文。

水下八刻，隶妾以来。朝手。□手。（背）　　　（J1（9）984）

前者是酉阳为处理一位名莫的县佐衣用钱问题移书沅陵与迁陵两县，至迁陵丞、主令史的平行公文由隶妾少传递，文书收发时间信息未保存。我们不妨看后者，酉阳县守丞告迁陵丞主的文书写于秦始皇二十八年（前219）八月初十（丁丑），八月二十五日（壬辰）下午方由隶妾送达，中间竟然经过了长达半个月的时间。陈伟解释"不知道是写成后未及时发送，还是投递途中出现了问题"[1]。我们不妨看另一例由酉阳县至迁陵县公文的传递情况，

> 17. 或杳（逮）：廿六年三月甲午，迁陵司空（得）、尉乘/卒算
> （？）簿。廿七年八月甲戌朔壬辰，酉阳具狱，〔狱〕史启
> 敢/启治所狱留□，敢言之。·封迁陵留。（正）
> 八月癸巳，迁陵守丞陟告司空主：听书从事，/起行司空。
> 八月癸巳，水下四刻，走贤以来。/行手。（背）
>
> （J1（8）133）

酉阳于二十七年（前220）八月十九日发出文书，八月二十日上午即由走贤送达迁陵，文书在两县间传递时间只有一天多。有的学者指出，酉阳县治所在今湘西永顺县王村镇，与迁陵县治里耶城的距离大约80公里[2]。则贤的行走速度大约可以达到50公里/日左右，而相比之下，由隶妾从同样路径传递的文书，用了半个月时间，除了意外情况耽搁的原因，也不能不考虑该文书是由女性传递的情况。

　　迁陵县内各机构间移书相报，亦用隶妾转送，如上文提到的迁陵县安排隶臣某"行书"，县司空将其进度上报县廷的文书（8—1524），秦始皇二十九年十二月十四日发出，当日"水下六刻"即由隶妾畜送达，当是同在县城，距离较近的缘故。又简8—1538，

---

① 参见陈伟《里耶秦简中公文传递记录的初步分析》一文。

② 钟炜：《里耶秦简所见县邑考》，《河南科技大学学报》2007年第2期。

18. 二月丙申朔乙丑，迁陵守丞旭告□☑

　　以律令从事，传书。ノ忠☑

　　丑日入，隶妾孙行。☑

　　内容已不完整，但从迁陵守丞"告"的用语，可知该文书由迁陵县发往平级或属下，由隶妾孙送出。此隶妾孙，还见于简8—610：

19. ☑诣启陵 乡 ☑

　　☑ 妾 孙行☑

推测应是将迁陵县公文送至启陵乡。县、乡之间的公文由隶妾传递的，还有两例，一例是第一节讨论的"除邮人"简，秦始皇三十二年（前215）一月十七日（甲午），启陵乡啬夫向迁陵令、尉请示，要任命里典与邮人，当天文书发出。二十日（丁酉）早上才由隶妾冉送达。中间经过了三天时间。而简8—651：

20. 启陵津船人高里士五启封当践十二月更，□廿九日□

　　正月壬申，启陵乡守饶劾。卅三年正月壬申朔＝日，启陵乡

　　守饶敢言之，上劾一牒☑（正）

　　正月庚辰旦隶妾咎以来。ノ履发。☑（背）

秦始皇三十三年（前214）启陵乡高里士伍启封应服本年十一月份之劳役（具体工作为在启陵津充当船人）而未服，次年正月一日，启陵乡守上劾一牒迁陵县，而一直到九日中午，隶妾咎才将其送达启陵乡。启陵乡是迁陵县辖乡，与县府的路程应该不会很远。不过由隶妾一人专程递送，还是花费了一定时间。

　　另有三例残断的文书收发记录，涉及隶妾行书：

21. ☑ 里 士五辟缮治，谒令尉定☑

　　☑□丞绎告尉主，听书从事，它（正）

　　☑□日入，隶妾规行。（背）　　　　　　　　　（8—69）

从残文推测，隶妾负责传递的是（迁陵）县丞致县尉的平行文书。还有

　　22. ☑妾婴臾益来
　　　　☑感手　　　　　　　　　　　　　　　　　　（8—521）

　　23. ☑□□□水下一，隶妾强☑　　　　　　　　（8—1671）

　　前面提到男女在体力方面的差异及社会对男女期望值的不同，在秦汉时代，出行对于人们来讲是一件充满困难而危险的事情。史书中行道死、行道物故的事例比比皆是，而《焦氏易林》中所说的"出门逢患"（《同人》之《临》）、"中道遇害"（《同人》之《贲》）、"道里艰难"（《噬嗑》之《师》）、"雨雪载涂"，都反映了时人对于出行艰难的体悟。汉乐府《孤儿行》："南到九江，东到齐与鲁。腊月来归，不敢自言苦。头多虮虱，面目多尘土。"《古艳歌》："行行随道，历经山陵。马啖柏叶，人啖松脂。不可常饱，聊可遏饥。"形象描绘了行旅途中饥饿、痛苦、面目封尘的痛苦状况。汉人感叹"男儿在他乡，焉得不憔悴"（《古歌》）[1]，行旅的艰辛，男子已憔悴支离，女子相对柔弱的身体素质，恐怕更难承受。

　　秦代女子出行的机会有限，且多为依附性，远嫁、随家庭中的男性（父、夫、子）迁转等，因而较少有机会独立地见识和了解全国的主要交通道路、路况。有长途交通经历和一定交通地理知识的人群，或者主要集中于从事军事、劳役、长距离物资转运等"贱业"，不得已长期奔波于室外的女子[2]。彭卫系统总结汉代女性工作类型时指出，女性可选的这种"外"之贱业已经超过了"内业"[3]。

---

　　①　以上所引乐府诗诗句，分别收入逯钦立辑《先秦汉魏晋南北朝诗·汉诗》卷一〇，中华书局 1983 年版，第 297、303 页。
　　②　可参见徐畅《空间、性别、心态——秦汉女性行旅之研究》，硕士学位论文，中国人民大学，2010 年。
　　③　参考彭卫《汉代女性的工作》，《史学月刊》2009 年第 7 期。

明了了这些背景，我们才可以体会到里耶简中的女行书人工作的艰难，跨县进行的文书传送，从酉阳到迁陵，约有 80 公里的路程，这个距离并不算太近，由一个女子单独走完，或者免不了还要走夜路，如果如王子今考虑到走水路，利用酉水水运，则情况会更为复杂①。这些都要求女子具有良好的身体、心理素质，机敏的应变能力和一定的交通地理知识。用隶妾行书，或者已经过一定的挑选和训练。但独立出行并不意味着女性的解放和社会地位的提高，而是官府所施加给女性的强制性劳役。

我们也可以从另一方面，世界妇女史与邮政史的角度考虑一下这个问题，中国是世界上邮驿制度萌发最早的国家之一。早期中国的秦汉时代已见有女子从事传递文书的活动，但同时期甚至中世纪的雅典，"姑娘们只学习纺织缝纫，至多也不过学一点读写而已。她们差不多是被幽禁起来，只能同别的妇女有所交往。妇女所住的房间是在家中的单独一部分，在楼上或者在后屋中……妇女没有女奴隶作伴就不能离家外出，她们在家里实际上受着严格的监视。"② 即使是今天，综观世界各国邮政业发展情况，女子尚未取得同等地位。③ 里耶秦简中的隶妾，确是世界历史上较早的女子从事文书、信件传递的实例。这在秦汉妇女史，乃至世界妇女史上，都应当具有非同一般的含义。

附记：本文初草于 2010 年 4 月，2012 年 6 月又据新刊《里耶秦简（壹）》有大幅改作。随着里耶简释文与研究工作的推进，2014 年冬，吸

---

① 王子今：《秦汉时期湘江洞庭水路邮驿的初步考察——以里耶秦简和张家山汉简为窗口》，《湖南社会科学》2004 年第 5 期。

② ［德］恩格斯：《家庭私有制与国家起源》，中共中央马克思恩格斯列宁斯大林著作编译局编：《马克思恩格斯全集》第 4 卷，人民出版社 1995 年版，第 61 页。

③ 据万国邮联对各国邮政行业聘用妇女员工的调查，虽然女性员工在许多国家邮政行业中占据了比较大的比重（德国 48%，美国 37%，意大利 50%，南非 40%，芬兰 45%，爱沙尼亚 83%），但传统的分拣、投递部门，用得更多的还是男子。在摩洛哥，2001 年才开始聘用首批女投递员，当她们身穿蓝制服，头戴工作帽，骑在摩托车行驶在路上时，面对的是一双双惊讶和不信任的眼神。邮联杂志评论道："实现邮政领域的真正男女平等，可能还有很长的路要走。"见于《邮政女性——邮政行业中的妇女终于冲破谚语中的玻璃天花板了吗？》，《万国邮联》2008 年第 4 期；其主要内容又以标题《不断攀登中的邮政女性》刊登于《中国邮政报》，2009 年 3 月 17 日第 4 版。

取最新成果，再订，是为三稿。

（原载蒲慕州主编《礼法与信仰——中国古代女性研究论考》，商务印书馆香港有限公司 2013 年版）

秦"封陵津印"考

——兼论风陵渡之得名

北京大学历史系　熊长云

　　秦汉津渡玺存世极少，以往所见仅有秦"宜阳津印"一种，今藏上海博物馆。新近公布的秦"封陵津印"（图1），无疑正为稀少而重要的津渡玺印补充了实物资料。

图1　秦"封陵津印"印身、印面、印蜕图

　　此印著录于日本艺文书院出版的《盛世玺印录》①。值得说明的是，此书所收玺印，是由复旦大学施谢捷逐一释文，又有裘锡圭题签，吴振武作序，经诸家审定，故其真实性值得研究者所采信。"封陵津印"为该书第21号，印面尺寸为2.33×2.26厘米，总高1.48厘米，为变形鼻钮。此书凡例中介绍了玺印分类规则，可知该印已分入秦官印类。由于此印

---

①　吴砚君：《盛世玺印录》，京都艺文书院2013年版，第13页。

与以往秦印断代特征相符，且其篆书风貌近似秦"宜阳津印"，诸家定为秦印，当是可信的。

"封陵津印"可确定为秦之津渡用印无疑，而其所指津渡之名，却与黄河著名津渡风陵渡颇有关联。

风陵渡，即风陵津①，又作风陵堆、风堆②，均指一地。风陵渡得名之由，最早见于《太平御览》引东晋戴延之《西征记》注"风陵"条："伏羲、女娲，风姓也，此当是女娲之墓。"③ 认为风陵之名出自女娲墓，此说法自唐至今犹见通行。如《新唐书》卷三五《五行志二》："天宝十一载六月，虢州阌乡黄河中女娲墓，……时号风陵堆。"④ 北宋乐史撰《太平寰宇记》卷五《河南道》："阌乡津，去县三十里，即风陵故关也"，又有"女娲之墓"⑤。南宋罗泌《路史》卷一一《女皇氏条》考"风陵堆"乃"女娲之墓"⑥。明杨慎《丹铅总录》卷一七《女娲陵墓》："时号风陵堆，盖女娲亦风姓也。"⑦ 近人刘雁翔《风陵渡女娲陵地望考》又对明清以来地方志中所载风陵渡与女娲陵之材料作出统计⑧，持此说者，更不计其数。

虽然如此，以上关于风陵渡得名于女娲陵之材料，却均属顾颉刚所谓的古史层累的结果，明显是晋以后附会的说法。看似已成定论，却由于上溯到女娲之时，基本上都是不可信的。

新发现的秦"封陵津印"，虽仅四字，却无疑确定了封陵津早在战国、秦时业已存在，为考证风陵渡得名之本源，提供了可靠的实证。

关于"封陵"，《史记》及睡虎地秦墓竹简《编年纪》均有载之，为

---

① 王子今：《秦汉交通史稿》（增订版），中国人民大学出版社 2013 年版，第 73 页。

② （北魏）郦道元注，（清）杨守敬、熊会贞疏：《水经注疏》卷四《河水四》，江苏古籍出版社 1989 年版，第 319 页。

③ （北魏）郦道元注，（清）杨守敬、熊会贞疏：《水经注疏》卷四《河水四》，第 319 页。中华书局本《太平御览》无此条，但杨守敬、熊会贞疏以及王国维校本《水经注疏》均有提到，今据杨、熊本转引。

④ 《新唐书》卷三五《五行志二》，中华书局 1975 年版，第 911 页。

⑤ （宋）乐史撰，王文楚等点校：《太平寰宇记》，中华书局 2007 年版，第 954 页。

⑥ （宋）罗泌：《路史》卷一一《后纪二》，文渊阁《四库全书》本。

⑦ （明）杨慎：《丹铅总录》卷一七《女娲陵墓条》，文渊阁《四库全书》本。

⑧ 刘雁翔：《风陵渡女娲陵地望考》，《江西科技师范大学学报》2014 年第 3 期。

魏国故地。《史记》卷五《秦本纪》："秦与韩、魏河北及封陵以和。"①
《史记》卷一五《六国年表·魏》："（魏哀王）十六（年）秦拔我蒲阪、
晋阳、封陵。"②《睡虎地秦墓竹简》中《编年纪》有秦之"攻封陵"③。
并可证封陵之存在。文献及秦简中之封陵，当即是秦印中封陵津所指。

封陵与风陵渡于文献所载的位置，实是大致重合的。《史记》卷五
《秦本纪》之《正义》："年表云：'秦与魏封陵，与韩武遂以和。'按：
河外陕、虢、曲沃等地。封陵在古蒲阪县西南河曲之中。"④ 以注称
"蒲阪县西南"的方位和"河曲之中"的描述，可知封陵在蒲阪县，且
近黄河。秦"封陵津印"之发现，证明封陵于战国及秦时是有津渡的。
则封陵津，当在此不远。而风陵津之位置，依王子今《秦汉交通史
稿》："风陵津，即今风陵渡，在陕西潼关北。"又引《元和郡县图志·
关内道二》：潼关"河之北岸则风陵津，北至蒲关六十余里"。⑤ 然而潼
关之北正为蒲阪，可知风陵津与封陵津相同，亦均属河东蒲坂县的黄河
津渡，二者位置大致重合。作为关中地区通往河东、河南的重要渡口，
封陵、风陵在同一区域前后相承，纵稍有变迁，实际上是指向同一
地的。

封陵、风陵，中古音亦可互通，可为二地地名演变提供确切证据。
"风"上古音在侵部，帮纽，"封"在东部，帮纽⑥，即是同纽，而古音
侵部字又可以跟东部字互通，可知二字古音实为可通。文献中，亦见通
假之例。《宋书》卷七七《柳元景传》："法起与槐即据潼关。虏蒲城镇
主遣伪帅何难于封陵堆列三营以拟法起"称之为"封陵堆"⑦。《魏书》
卷九七《岛夷刘裕传附子义隆传》载："蒲城镇将何难于风陵堆济河。"⑧
同件事中，则作"风陵堆"。以文献为据，亦可证二地至中古时期本可
通假。

① 《史记》卷五《秦本纪》，中华书局1959年版，第210、212页。
② 《史记》卷一五《六国年表》，第735页。
③ 睡虎地秦墓竹简整理小组编：《睡虎地秦墓竹简》，文物出版社1990年版，释文第8页。
④ 《史记》卷五《秦本纪》，第210、212页。
⑤ 王子今：《秦汉交通史稿（增订版）》，第73页。
⑥ 唐作藩：《上古音手册》，江苏人民出版社1982年版，第36页。
⑦ 《宋书》卷七七《柳元景传》，中华书局1974年版，第1985页。
⑧ 《魏书》卷九七《岛夷刘裕传附子义隆传》，中华书局1974年版，第2138页。

　　封陵之名逐渐为风陵所替代，大约经历了一个漫长的过程。秦"封陵津印"证明早期确有封陵津，而《宋书》称"封陵堆"，可知尚沿袭了早期地名。不过，封陵于风陵之转变，可能在东晋时或稍前已开始发生。至晚至东晋戴延之《西征记》时，封陵已开始易名为风陵，并附会有女娲墓。在这一时期稍后，《宋书》称"封陵堆"，《水经注》《魏书》则只有风陵而未载封陵，则其时二名已有混用。直至唐初李延寿撰写《北史》时，封陵①、风陵②并见，可知至迟到唐初时，封陵、风陵的使用仍较为混乱③。大约到中唐以后，至杜佑撰写《通典》④ 以及李吉甫撰写《元和郡县图志》⑤ 时，风陵之名方才真正确定。在这段时间内，因风陵渡屡屡传有女娲墓，在民间信仰的影响之下⑥，风陵之名益显，而封陵本名也逐渐淡出了历史舞台。在唐代之后，遍见于方志、笔记之中的，便仅有风陵了。

　　最后应提到的是，此前虽有学者讨论或标注战国、秦时风陵渡与封陵之关系，然而早期封陵是否有津渡，并没有史料支持，故而均未作详述⑦。"封陵津印"的出现，作为封陵在战国、秦时有津渡的直接证据，成为考证风陵渡来源之关键史料，无疑正印证了诸家之猜测。文物可证补历史，此印即是最好之说明。

　　若论风陵渡与女娲的关系，实属典型的层累古史，今所多见的由"风陵"其名进而论证此地有女娲墓之种种考证，断是不足为信的。而以

---

　　① 《北史》卷六《高祖神武帝纪》，中华书局 1974 年版，第 223 页。

　　② 《北史》卷五五《孙搴传》，第 1981 页。

　　③ 《北齐书》中也出现封陵与风陵的混用情况，但《北齐书·神武纪》宋时已阙，今本实据《北史》补，原文是否如此，未可遽定。封陵见于《北齐书》卷二下《神武下》，中华书局 1972 年版，第 17 页；风陵见于《北齐书》卷一七《斛律金传》，第 220 页。

　　④ 《通典》卷一七九《州郡九》，中华书局 1988 年版，第 4725 页。

　　⑤ （唐）李吉甫撰，贺次君点校：《元和郡县图志》，中华书局 1983 年版，第 326 页。

　　⑥ 关于女娲神话于地名影响的研究，可参见吴燕真《中国神话"历史化"之商榷——以"女娲"诠释史为例》，田兆元、扎格尔主编《民族民间文化论坛》第 4 辑，上海社会科学院出版社 2012 年版。

　　⑦ 如杨守敬、谭其骧等，分别见（北魏）郦道元注，（清）杨守敬、熊会贞疏：《水经注疏》，第 319 页；谭其骧主编：《中国历史地图集》第 1 册《原始社会·夏·商·西周·春秋·战国时期》，中国地图出版社 1982 年版，第 35—36 页；《睡虎地秦墓竹简》整理小组《编年记》注释，见睡虎地秦墓竹简整理小组编《睡虎地秦墓竹简》，释文第 8 页。

秦"封陵津印"为新证，并参考传世文献中"风陵"于"封陵"之演进，则风陵渡其名，最初当来自秦时已有之封陵津，远承魏国之封陵故名。

附记：本文承业师王子今先生，以及王家葵、张耐冬、曾磊、孙闻博、汪华龙、穆荷怡、李勉先生指正，特此致谢。

（原载《文博》2015 年第 2 期）

秦二世元年巡行探析

山西出版传媒集团　靳金龙

引　言

秦始皇即位后的巡行是中国文化史上的重大事件，其出行规模之大，巡行路程之远，巡行频率之高，对当时及后世影响深远，引得后人对其不断地赞叹和研究。相对于其父的巡行，秦二世胡亥的巡行却是一个很少有人接触的话题，但其巡行距离之长，时间之短，速度之快，也非常值得重视。虽然秦二世巡行并没有像其父的巡行那样对后世产生巨大影响，但对其巡行的考察，对于了解、揭示秦二世胡亥本来历史面貌仍然有所帮助。

秦二世胡亥曾于始皇三十七年（前210）跟随其父进行了一次大规模、长距离的巡行，也正是在这次巡行中，始皇在沙丘病死，胡亥在赵高、李斯的帮助下通过政变夺得了帝位。胡亥在即帝位后第一年就进行了本文所要讨论的巡行。

秦二世元年（前209）巡行史实首见于《史记·秦始皇本纪》：

> 二世与赵高谋曰："朕年少，初即位，黔首未集附。先帝巡行郡县，以示强，威服海内。今晏然不巡行，即见弱，毋以臣畜天下。"春，二世东行郡县，李斯从。到碣石，并海，南至会稽，而尽刻始皇所立刻石，石旁著大臣从者名，以章先帝成功盛德焉……遂至辽

东而还……四月，二世还至咸阳。①

《史记·封禅书》也说：

> 二世元年，东巡碣石，并海南，历泰山，至会稽，皆礼祠之，
> 而刻勒始皇所立石书旁，以章始皇之功德。其秋，诸侯畔秦。三年
> 而二世弑死。②

后世史书记载秦二世巡行事件皆源于此，或原样抄录，或较之简略，更
无比之详细者。如《汉书·郊祀志》曰：

> 二世元年，东巡碣石，并海，南历泰山，至会稽，皆礼祠之，
> 而刻勒始皇所立石书旁，以章始皇之功德。③

又《资治通鉴·秦纪》载：

> 冬，十月，戊寅，大赦。春，二世东行郡县，李斯从；到碣石，
> 并海，南至会稽；而尽刻始皇所立刻石，旁著大臣从者名，以章先
> 帝成功盛德而还。夏，四月，二世至咸阳。④

由此可知，探究秦二世元年巡行史实主要依据《史记》记载是可行的。研
究秦二世的专著有刘敏、倪金荣著《宫闱腥风——秦二世》⑤，书中搜集大
量资料，对秦二世及其时代做了细致而深入的研究。此外，王子今《秦二
世元年东巡史事考略》⑥ 对秦二世巡行尤其是巡行速度做了详细的考证。

---

① 《史记》卷六《秦始皇本纪》，中华书局 1959 年版，第 267、268 页。
② 《史记》卷二八《封禅书》，第 1370 页。
③ 《汉书》卷二五《郊祀志》，中华书局 1962 年版，第 1205 页。
④ 《资治通鉴》卷七"二世皇帝元年"条，中华书局 1956 年版，第 324 页。
⑤ 刘敏、倪金荣：《宫闱腥风——秦二世》，四川人民出版社 1996 年版。
⑥ 王子今：《秦二世元年东巡史事考略》，秦始皇兵马俑博物馆《论丛》编委会编《秦文化
论丛》第 3 辑，西北大学出版社 1994 年版；第 380—385 页。

一　由"春"对秦二世巡行出发时间的推测

相关史籍对于秦二世巡行的出发时间最多只记录为"二世元年春"，而对于具体月份则没有明确记载。秦二世这次巡行的时间很短，"春"出发，"四月"返回咸阳。如此短的时间就引发了一系列问题，更有探测其确切出发时间的必要。

首先，这里的"春"对应的是哪几个月，这种对应关系在秦汉是不是确定不变的？有学者指出，四季有不同的划分标准，"天文学上是以春分、夏至、秋分、冬至来作为春夏秋冬四季的开始"，"气候学上划分四季的标准是以平均气温低于10℃为冬季，高于22℃为夏季，界于10℃和22℃之间分别为春季、秋季"。而与此不同的是，"我国古代典籍中多以四立作为四季的开端"①。"四立"指立春、立夏、立秋、立冬。《史记·天官书》也说："立春日，四时之（卒）始也。"《索隐》曰："谓立春日是去年四时之终卒，今年之始也。"② 由此可知秦汉时期，四立是作为四季的开端。

《史记·天官书》云："四始者，候之日。"《正义》解释说："谓正月旦，岁之始，时之始，日之始，月之始，故云四始。言以四始之日候岁吉凶也。"③ "正月"即为"时之始"，也就是四时的开始，而"立春日，四时之卒始也"，可知立春日在正月。《史记·历书》又载："昔自在古，历建正作于孟春。"《索隐》："按：古历者，谓黄帝《调历》以前有《上元太初历》等，皆以建寅为正，谓之孟春也。"④ 则孟春为正月⑤。

---

① 张闻玉：《古代天文历法讲座》，广西师范大学出版社2008年版，第135页。
② 《史记》卷二七《天官书》，第1340页。
③ 同上。
④ 《史记》卷二六《历书》，第1255页。
⑤ 《史记》卷六《秦始皇本纪》曰："方今水德之始，改年始，朝贺皆自十月朔。"《史记正义》："周以建子之月为正，秦以建亥之月为正，故其年始用十月而朝贺。"（第237、238页）《史记索隐》有"而秦正建亥，汉因之"（第1255页）《礼记·大传》："改正朔，易服色。"孔颖达疏："正，谓年始。朔，谓月初"，（清）孙希旦：《礼记集解》，中华书局1989年版，第906页，可知秦始皇时"秦正建亥"，只是以十月为岁首。

《史记·天官书》:"是正四时:仲春春分……仲夏夏至……仲秋秋分……仲冬冬至……"①《正义》:"晋灼曰,常以二月春分见奎、娄,五月夏至见东井,八月秋分见角、亢,十一月冬至见牵牛。"② 所以,春分日在二月,也即仲春。古代四时各按孟、仲、季划分,这样,孟春就是正月,仲春就是二月,季春就是三月。夏秋冬以此类推。

以上是对秦汉四时做了简单的考证。《史记》中也有"春三月"③"夏四月"④、"夏六月"⑤、"冬十月"⑥ 等的记载,可作为《史记》实际运用四时的例证。另外需注意的是闰月问题,即闰月是否会影响到四时的分配。秦王朝建立后,实行以十月为岁首的历法,并在汉初得到了延续,直到汉武帝太初改历才以正月为岁首。由陈垣《二十史朔闰表》可知,秦至汉初闰月都是在年终加 1 个月,即在九月后再加 1 个月,称为"后九月"⑦。这段时期凡是闰月都是"后九月",并没有打乱月份排序,也就不会影响到四时的月份对应。

秦汉时期"春"确切是指正、二、三月。然而秦二世出巡的"春"又是哪月呢?《史记·秦始皇本纪》记载始皇二十九年(前218)"登之罘,刻石,其辞曰:'维二十九年,时在中春,阳和方起。'"《正义》曰:"中音仲。古者帝王巡狩,常以中月。"⑧ 又《礼记·王制》:"天子五年一巡守。岁二月,东巡守,至于岱宗……五月南巡守……八月西巡守……十有一月北巡守。"⑨《通典·礼典》中有"巡狩之月皆用正岁之仲月者,以王者考礼正刑,当得其中,春秋分,昼夜均,冬夏至,阴阳终,欲取终平之义,故唐虞以还皆用仲月也"⑩。古帝王巡守有仲月出发的传统,秦始皇就是依据这一传统进行的。李瑞、吴宏岐《秦始皇巡行

---

① 《史记》卷二七《天官书》,第 1328 页。
② 同上书,第 1327 页。
③ 《史记》卷二八《封禅书》,第 1380 页。
④ 同上书,第 1382 页。
⑤ 同上书,第 1392 页。
⑥ 同上书,第 1381 页。
⑦ 参见陈垣《二十史朔闰表》,古籍出版社 1956 年版,第 11 页。
⑧ 《史记》卷六《秦始皇本纪》,第 249、250 页。
⑨ (清)孙希旦:《礼记集解》,中华书局 1989 年版,第 326—329 页。
⑩ 《通典》卷五四《礼十四》,中华书局 1988 年版,第 1503 页。

的时空特征及其原因分析》中说秦始皇"出巡季节安排多遵古制。秦始皇巡行的出行季节一般以仲春二月居多，唯三十七年《史记·秦始皇本纪》记载出巡时间是'十月癸丑'，颇异于古制"①。查看《史记·秦始皇本纪》，除三十七年巡行之外，只有二十九年巡行明确记载是在仲春二月出发的，其他几次巡行都未明确说明时间，不知此结论是如何得出。秦二世巡行时说："先帝巡行郡县，以示强，威服海内。今晏然不巡行，即见弱，毋以臣畜天下。"秦二世的巡行很大程度上有尊崇父政的意味（详后），那么在巡行的出发时间上也极有可能会依照父亲和既有的传统。这样说来，秦二世元年的这次巡行很有可能是仲春二月出发，四月返回的，共历时3个月，约90天。②

二　秦二世巡行的原因

秦二世元年的巡行有诸多疑点。首要问题是秦二世为什么在即位后不久（两三个月内），在国内"山雨欲来风满楼"的政治环境下，不选择继续在国都巩固统治，却执意要进行一次大规模长距离的巡行。为什么这次巡行进行得如此仓促，短短三个月时间，从咸阳到碣石，然后南下到会稽，又北上到辽东，最后返回咸阳。王子今《秦二世元年东巡史事考略》对秦二世的巡行速度做过考察，认为"秦二世春季启程，四月还至咸阳，虽然行期难以确知，但即使以历时百日计，平均日行里程亦至少达到近90公里，甚至超过100公里"③。这个速度对于当时的交通条件是否可以接受，我们还可再讨论。对比《汉书·郊祀志》记载汉武帝的一次巡行，我们可参看宋人的评价。宋代孔平仲撰写的《珩璜新论》评价汉武帝的巡行说："汉武三月出行封禅礼，并海上，北至碣

---

① 李瑞、吴宏岐：《秦始皇巡行的时空特征及其原因分析》，《中国历史地理论丛》2003年第3期。

② 王子今在《秦二世元年东巡史事考略》中考察秦二世巡行的速度是基于"历时百日"的时间跨度。

③ 王子今：《秦二世元年东巡史事考略》，《秦文化论丛》第3辑，第380—385页。

石，巡自辽西，历北边至九原，五月复归于甘泉。百日之间，周万八千里，鸣呼其荒唐甚矣！"① 汉武帝的这次巡行在时间上和秦二世相差不大，但路程却要比秦二世短得多，却已被孔平仲批评为"荒唐甚矣"，这不得不让我们对秦二世如此高速的巡行产生疑惑②。然而在没有证据证明《史记》记载失误的前提下，我们也不能断然推翻《史记》的记述。

《史记》记载秦二世巡行说："朕年少，初即位，黔首未集附。先帝巡行郡县，以示强，威服海内。今晏然不巡行，即见弱，毋以臣畜天下。"这段文字的表面意思，就是秦二世要像他父亲一样，用巡行天下来展示自己的强大，因而则可说其巡行的主要原因是"示强"。元代胡一桂《十七史纂古今通要》："高专权用事，申法令，说二世巡幸以示强。"③ 林剑鸣《秦汉史》："为了稳定局面，巩固统治，二世也想袭用秦始皇以耀武扬威来'威服海内'的办法。"④ 上述两者明显持这种看法。《剑桥中国秦汉史》说："公元前209年，即二世统治的第一年，他仿效其父，也往东作巡幸。"⑤ "仿效其父"是一个重要的切入点，我们可以从当时秦二世胡亥的心理状态来考察。

始皇三十七年，秦始皇进行了他人生中最后一次巡行。在这次巡行中，跟随始皇的重要人物有胡亥、李斯、赵高和蒙毅等。秦始皇在平原津得了重病，并在沙丘病死⑥。这时秦帝国面临的最大问题是皇位继承人问题。首先最有资本和声望的是公子扶苏，虽然被始皇贬往上郡监军，但作为始皇长子，并且拥有仁爱的声望，是继承皇位的最佳人选。始皇临死前曾"乃为玺书赐公子扶苏曰：'与丧会咸阳而葬。'"⑦ 意味着秦始皇准备将皇位传给扶苏，或者说至少让他参与确立新帝的事项。从《史

① （宋）孔平仲：《珩璜新论》卷一，商务印书馆，1939年版，第4页。

② 刘敏、倪金荣：《宫闱腥风——秦二世》，第144—149页。

③ （元）胡一桂：《十七史纂古今通要》，文渊阁《四库全书》，第688册，台湾商务印书馆1986年版，第192页。

④ 林剑鸣：《秦汉史》，上海人民出版社2003年版，第182页。

⑤ ［英］崔瑞德：《剑桥中国秦汉史》，［英］鲁惟一主编，杨品泉、张书生、陈高华、谢亮生、一山等译，中国社会科学出版社1992年版，第99页。

⑥ 《史记》卷六《秦始皇本纪》，第260—267页。

⑦ 《史记》卷六《秦始皇本纪》，第264页。

记·陈涉世家》陈胜说："吾闻二世少子也，不当立，当立者乃公子扶苏。扶苏以数谏故，上使外将兵。今或闻无罪，二世杀之。百姓多闻其贤，未知其死也。"① 则可看出扶苏在百姓中的声望。《宫闱腥风——秦二世》如此评论："秦始皇决定传位给扶苏，可能出于几种原因：第一，扶苏是长子，由他继承帝位，符合中国历史上传统的嫡长子继承父位的宗法制原则，顺理自然。第二，扶苏年龄大，阅历多，政治上比较成熟，有主见。第三，扶苏为人孝悌、仁义、宽厚，有长者风范，为皇帝后，能较好地处理兄弟、君臣、君民各种关系。第四，扶苏做事比较客观实际，不极端，不苛暴，不荒淫，具备守成君主的素质。第五，扶苏与大将军蒙恬关系好，秦王朝几十万大军握在蒙恬之手，扶苏继承大统，蒙氏会像忠于自己一样忠于扶苏。"②

除扶苏之外，对皇位构成威胁的还有"诸公子"。第一，《史记·李斯列传》说"始皇有二十余子"③。虽然不清楚这时诸公子是否都在咸阳，但一旦始皇去世的消息公布，在咸阳或咸阳附近地区的"公子"就拥有了就近占据都城的政治优势。都城是一国政治中心，一旦诸公子和朝廷大臣结合，就有了举行登基仪式控制天下大势的优厚资本。第二，《史记·秦始皇本纪》说："少子胡亥爱慕请从，上许之。"④ 虽然对"少子"一词理解有异，但不论是"最小的儿子"还是"年轻的儿子"⑤，胡亥之上肯定还有比他年长的兄弟⑥。这样，按照宗法制，要轮到胡亥也是很困难的。

《史记·李斯列传》记载胡亥与赵高的对话如下：

赵高因留所赐扶苏玺书，而谓公子胡亥曰："上崩，无诏封王诸

---

① 《史记》卷四八《陈涉世家》，第 1950 页。

② 刘敏、倪金荣：《宫闱腥风——秦二世》，第 72 页。

③ 《史记》卷八七《李斯列传》，第 2547 页。

④ 《史记》卷六《秦始皇本纪》，第 260 页。

⑤ 参见李宝通《秦二世十二岁即位说》，《西北师范大学学报》（社会科学版）2005 年第 6 期。

⑥ 《秦史》："二世皇帝者，始皇第十八子也。"（王蘧常《秦史》，上海古籍出版社 2000 年版，第 48 页）《秦集史》："二世皇帝者，始皇第十八子也。"（马非百《秦集史》，中华书局 1982 年版，第 98 页）

子而独赐长子书。长子至，即立为皇帝，而子无尺寸之地，为之奈
何?"胡亥曰:"固也。吾闻之，明君知臣，明父知子。父捐命，不
封诸子，何可言者!"赵高曰:"不然。方今天下之权，存亡在子与
高及丞相耳，愿子图之。且夫臣人与见臣于人，制人与见制于人，
岂可同日道哉!"胡亥曰:"废兄而立弟，是不义也;不奉父诏而畏
死，是不孝也;能薄而材谫，强因人之功，是不能也:三者逆德，
天下不服，身殆倾危，社稷不血食。"高曰:"臣闻汤、武杀其主，
天下称义焉，不为不忠。卫君杀其父，而卫国载其德，孔子著之，
不为不孝。夫大行不小谨，盛德不辞让，乡曲各有宜而百官不同功。
故顾小而忘大，后必有害;狐疑犹豫，后必有悔。断而敢行，鬼神
避之，后有成功。愿子遂之!"胡亥喟然叹曰:"今大行未发，丧礼
未终，岂宜以此事干丞相哉!"赵高曰:"时乎时乎，间不及谋! 赢
粮跃马，唯恐后时!"①

第一，在赵高劝说胡亥当皇帝之前，胡亥显然（或表面上）对于秦始皇
的安排是默认的。从他"父捐命，不封诸子，何可言者"等的回答中，
明显看出他对这一安排的顺从和无可奈何。对于这一顺从和无可奈何，
我们可以有两种解读:

一是胡亥的确感到自己平庸，不敢奢望真能做皇帝，对当皇帝没有
野心，或者他没有争夺皇位的强烈愿望。这并非是他不愿争取，而是自
己之前在国家统治上的无尺寸之功，使他在政治经验上没有竞争的资本。
《史记》记载秦始皇诸子的材料很少，在沙丘政变之前，除了扶苏之外，
胡亥也就是"少子胡亥爱慕请从，上许之"这样的记载，根本没有论及
其政治表现。

二是虽然胡亥也特别想做皇帝，但现在情况特殊，为安全起见，他
不得不故作推辞来对情况作一试探。他不清楚当时的情况是否对自己有
利，不知道赵高是否真心辅佐，不知道当时手握大权的丞相李斯是否会
支持他，所以他有必要谨慎行事。郭嵩焘在《史记札记》中对于赵高劝

---

① 《史记》卷八七《李斯列传》，第 2548、2549 页。

说李斯的言论曾发表感慨说："赵高之言深中胡亥、李斯之隐，而皆反覆辞却，迫不得已而后应之。盖其心甚然赵高之计，而又不欲自居其名，以有此疑难。而赵高乃因以擅其事而专其功，亦势之所趋，有必然者也。"①

不管胡亥是为了安全起见而作深谋远虑的顾虑和试探，还是出于自身条件不足引起的不自信心理使然。有一点可以肯定，胡亥明白自己在皇位争夺中的不利地位，不论他主观上是否强烈想做皇帝，客观上他都不具备争夺皇位的更多有利因素。

第二，虽然胡亥跟随赵高学习过"书及狱律令法事"②，但在这里，胡亥却表现出了绝对的儒家文化倾向。"废兄而立弟，是不义也；不奉父诏而畏死，是不孝也；能薄而材谫，强因人之功，是不能也：三者逆德，天下不服，身殆倾危，社稷不血食。"对于胡亥来说，他做皇帝首先面临着来自兄长、父命和才薄的三方面威胁。胡亥深知，如果按正常程序，皇位是无论如何也轮不到自己的，就算勉强做了皇帝，也会"天下不服"，最终导致"身殆倾危，社稷不血食"③。反过来说，如果他做了皇帝，他首先要解决的就是如何克服兄长、父命、天下民心对其皇位的威胁，从而使得他做皇帝更加顺理成章。虽然不能确定这段是否是胡亥的真实想法，但结合当时实际，发生"天下不服"的可能性是极大的。

第三，相对于赵高的欢喜，胡亥无时无刻不在担心，他不仅担心政变能不能成功，更担心自己能不能胜任这一使命。最后虽然同意了赵高的劝说，胡亥还是"喟然叹曰：'今大行未发，丧礼未终，岂宜以此事干丞相哉！'"在与扶苏及诸公子的比较中，胡亥也并不是没有一点优势。秦始皇死时只有他在身边，以及由始皇私爱而产生对其能力的肯定，都是胡亥可以充分发挥的筹码。然而胡亥在言语之中还是表现出不肯定和不自信，这种情绪将构成胡亥在将来一段时间内的心理基础，并且在从沙丘经九原回到咸阳的过程中可能会越来越严重。

---

① （清）郭嵩焘：《史记札记》，商务印书馆1957年版，第302页。
② 《史记》卷六《秦始皇本纪》，第264页。
③ 参见刘敏、倪金荣《宫闱腥风——秦二世》，第144—149页。

　　以上是对胡亥在沙丘政变中的心理分析，概括起来是：面对突如其来的皇位继承的可能性，胡亥既喜又怕，然而要想成功夺得皇位，胡亥却并没有更多的优势。直到秦二世胡亥结束巡行回到咸阳之后，胡亥仍然不安地对赵高说："大臣不服，官吏尚强，及诸公子必与我争，为之奈何？"① 《秦帝国史》也认为："秦的宗室是向胡亥争权的唯一有力的势力。"② 在这段时间里，胡亥不得不面对来自宗室、大臣官吏和天下民心对其皇位的对抗和质疑，也正因为此，他也不得不迫切考虑如何证明并加强自己与皇位密切联系的问题。

　　根据上述对胡亥心理基础的分析，就不难理解这时期秦二世胡亥为什么不仅杀扶苏和蒙恬，也残忍地杀害诸公子、公主和始皇妃嫔。他是要完全断绝任何与他争夺皇位的可能。我们可以推想，短短三四个月或者半年之内，胡亥从一名普通的秦朝公子，一跃而成为主宰大秦帝国的皇帝，其间的巨大差别是他始料未及的。这期间不停止的计谋奸诈、杀戮和作为皇帝要处理的大量事务，也使得没有任何执政经验的胡亥疲于应付而无暇真正的反省思考。他迫切需要别人对他皇帝身份的认同，以保证并巩固自己的君位。作为通过政变而当上皇帝的胡亥来说，如何向别人证明自己胜任皇帝这一使命是至关重要的，他要在一系列的措施中寻找自己作为皇帝的合理性。

　　既然之前与皇位无大联系，就只能从父皇这条线索来寻找依据。"他想起了父皇在世时，为了威慑刚刚统一的天下，曾经五次巡行天下，就连死都死在巡行的途中。"胡亥思来想去之后，可能认为只有巡行这一点与父皇相似，"他只是想效法父皇，巡行郡县，震慑天下"③。于是秦二世的很多举措都成了表现自己与秦始皇关系并从中证明自己皇位的合理性和合法性。所以在巡行中，始皇所有到过的地方，他都要去，并在始皇所刻石碑上留下自己的印记。

　　贾谊曾说："今秦二世立，天下莫不引领而观其政。夫寒者利裋褐，

　　① 《史记》卷六《秦始皇本纪》，第268页。
　　② 王云度、张文立：《秦帝国史》，陕西人民教育出版社1997年版，第233页。
　　③ 刘敏、倪金荣：《宫闱腥风——秦二世》，第144—149页。

而饥者甘糟糠。天下嚣嚣，新主之资也。"① 认为秦二世新主即位是一个改变秦暴政的好时机，百姓都是引领相望的。而从上述的分析看，秦二世是不会那么做的。胡亥不像扶苏，没有继承皇位的正统性前提。若扶苏即位，没有人怀疑其皇位合法性，因此，他可以皇帝的身份进行政策的调整。但胡亥不同，他能做皇帝，完全是一系列偶然因素的巧合。他必须为这一系列巧合后的结果寻找一种说得过去的解释，那就是继承父皇的行政风格。秦二世在建筑阿房宫时说："先帝为咸阳朝廷小，故营阿房宫为室堂。未就，会上崩，罢其作者，复土郦山。郦山事大毕，今释阿房宫弗就，则是章先帝举事过也。"② 不继续建筑阿房宫，就是"章先帝举事过"，而这个罪名是秦二世万万不敢承担的，他只能一如既往地尊法"先帝举事"。而巡行天下就是其中之一。

　　二世元年（前208）七月，陈胜、吴广起义，掀起了波澜壮阔的反秦战争。然而在这之前，虽然大乱已经在酝酿之中，但表面上并没有展现出来。夏曾佑《中国古代史》就说："考始皇晚年之世局，政府虽不知大乱之将起，而民间实已萌倾覆皇室之心。"③ 在没有多少政治经验的秦二世看来，经过父皇的强权治理，天下已经保持了基本的稳定，所以，除了诸公子对其皇位的威胁外，他并不对天下形势有过多担心。当然，他也不知道"大乱之将起"。所以当他得知陈胜造反时，不是积极镇压，而是"怒，下吏"；当别人告诉他只是小盗时，他才"悦"。"二年冬，陈涉所遣周章等将西至戏，兵数十万。二世大惊。"④ 秦二世的这一系列行为表现都说明他对天下大势缺乏起码的把握，还依然在固若金汤的颂扬

---

　　① 《新书·过秦》："今秦二世立，天下莫不引领而观其政。夫寒者利裋褐，而饥者甘糟糠。天下嚣嚣，新主之资也。此言劳民之易为仁也。向使二世有庸主之行而任忠贤，臣主一心而忧海内之患，缟素而正先帝之过；裂地分民以封功臣之后，建国立君以礼天下；虚囹圄而免刑戮，去收孥污秽之罪，使各反其乡里；发仓廪，散财币，以振孤独穷困之士；轻赋少事，以佐百姓之急；约法省刑，以持其后，使天下之人皆得自新，更节修行，各慎其身；塞万民之望，而以盛德与天下，天下息矣。即四海之内皆欢然各自安乐其处，惟恐有变。虽有狡害之民，无离上之心，则不轨之臣无以饰其智，而暴乱之奸弭矣。二世不行此术，而重以无道。"（汉）贾谊撰，阎振益、钟夏校注：《新书校注》，中华书局2000年版，第14页。
　　② 《史记》卷六《秦始皇本纪》，第268、269页。
　　③ 夏曾佑：《中国古代史》，河北教育出版社2003年版，第222页。
　　④ 《史记》卷六《秦始皇本纪》，第269、270页。

中做着美梦，还依然以为秦王朝十分强盛。这样说来，他也就没有多大必要大费周章地巡行郡县以示强。

所以，我认为秦二世巡行的主要原因就是想通过对其父行政风格的继承来证明自己皇位的合理性和正当性。唯有这样，才能既效父巡行，又不至于长久离开咸阳而致使诸公子或朝廷之中发生变动。当然，以上所述秦二世巡行原因，是侧重于其巡行的主要原因，并不排除在主要原因覆盖下的示强、游玩、敬神等次要因素。

（原载梁安和、徐卫民主编《秦汉研究》第 5 辑，陕西人民出版社 2011 年版）

秦汉"太仆"考略

河北省博物院 陈 宁

秦汉时期管理马政的主事者为太仆。《汉书·百官公卿表上》载：

> 太仆，秦官，掌舆马，有两丞。属官有大厩、未央、家马三令，各五丞一尉。又车府、路軨、骑马、骏马四令丞。又龙马、闲驹、橐泉、駵騱、承华五监长丞。又边郡六牧师菀令，各三丞。又牧橐、昆蹏令丞皆属焉。中太仆掌皇太后舆马，不常置也。武帝太初元年更名家马为挏马，初置路軨。[1]

可知，汉代太仆承自秦代。就目前学界对官制的研究状况来看，"太仆"作为九卿之一，多是附于整个中央官僚系统中加以研究，专论者较少，尤其鲜少研究涉及其名称渊源、具体职责和地位。本文拟就对秦汉时期管理马政的"太仆"一职的渊源、具体职能等进行一番探讨。

一 来源

《汉书·百官公卿表》所谓太仆一职承自秦代，秦之太仆承自哪里，却鲜有讨论。安作璋、熊铁基所著《秦汉官制史稿》中认为："太仆之名比较早，但在《周礼》当中，太仆的官职并不高，不过下大夫，只因为

---

[1] 《汉书》卷一九上《百官公卿表上》，中华书局1962年版，第729页。

他居王之左右，上传下达，所以地位相当重要。"① 两人认为秦汉的太仆
就是承自《周礼》中的太仆而来。也有持不同意见者，沈明得在其博士
论文《汉代马政研究》中认为秦汉的太仆并非承自《周礼》中的太仆而
是周官太仆正。② 早如杜佑之《通典》也曾提出:

　　周官有太仆下大夫，掌正王之服位，出入王之大命，似今太仆
之职。一云周穆王置太仆正，以伯冏为之，掌舆马。秦因之，在周
官则校人掌马，巾车掌车，及置太仆，兼其任也。③

由此，太仆之源出可能有两种不同观点:一出自《周礼》之太仆;一说
则是周官之太仆正。究竟何者为是，前杜佑所述太仆正一说，源自《汉
书·百官公卿表上》应劭注:"周穆王所置也，盖大御众仆之长，中大夫
也"④，而在《史记·周本纪》中《正义》引《尚书序》云:"穆王令伯
冏为太仆正。"⑤ 此二例中都提到是"太仆正为穆王所置"，追其根本渊
源应该是源自《尚书·冏命》:"穆王命伯冏为太仆正"。传曰:"伯冏臣
名也，太仆长，太御，中大夫。"孔颖达疏云:

　　正义曰:正训长也。《周礼》太御中大夫，太仆下大夫，孔以此
言太仆正，则官高于太仆，故以为《周礼》太御者，知非《周礼》
太仆。若是，《周礼》太仆则此云太仆是矣，何则云正乎，且此经云
命汝作大正，正于群仆。案《周礼》太驭中大夫，而下有戎仆、齐
仆、道仆、田仆、太御最为长，即称于群仆，故以为太御中大夫，
且与君同车最为亲近。⑥

---

①　安作璋、熊铁基:《秦汉官制史稿》，齐鲁书社 1984 年版，第 137 页。
②　沈明得:《汉代马政研究》，博士学位论文，台湾中兴大学，2005 年，第 25 页。
③　《通典·职官七》，中华书局 1988 年版，第 705 页。
④　《汉书》卷一九上《百官公卿表上》，第 729 页。
⑤　《史记》卷四《周本纪》，中华书局 1959 年版，第 135 页。
⑥　(汉)孔安国注，(唐)孔颖达疏:《尚书正义》，(清)阮元校刻《十三经注疏》，中华
书局 1980 年版，第 246 页。

孙诒让则认为：

> 此大仆自是侍御之官，周初建国即设之，非穆王所置也。自秦改以仆夫为大仆，则与此名同职异，应说殊误。云："大仆其长也"者，谓与小臣、祭仆、御仆、隶仆三官为长也。《书叙》云："穆王名伯冏为太仆正。"正长义同。《伪孔传》云："大仆，大御，中大夫"，则谓即后大驭，非也。①

孙氏认为，正长义同，所谓的太仆正也就是《周礼》中所说的是小臣、祭仆、御仆和隶仆三官为长的"太仆"。对《十三经注疏》中所提到的"大仆，大御，中大夫"，大仆即后面的大驭之观点，孙氏亦认为不可取。按此理解，周穆王任命伯冏为周大仆正，也就是任命其为大仆。大仆正等同于大仆，从史料来看，大仆正之说除上面所述的几个例证外，再无其他的佐证，故而大仆正之说似难以成立。

那么，《周礼》大仆一说能否成立，我们看《周礼·夏官·司马》所记之大仆具体职能：

> 大仆，下大夫二人；小臣，上士四人；祭仆，中士六人；御仆，下士十有二人，府二人，史四人，胥二人，徒二十人。（序官）
>
> 大仆掌正王之服位，出入王之大命。掌诸侯之复逆。王眡朝，则前正位而退，入亦如之。建路鼓于大寝之门外，而掌其政。以待达穷者与遽令，闻鼓声，则速逆御仆与御庶子。祭祀、宾客、丧纪，正王之服位，诏法仪，赞王牲事。王出入，则自左驭而前驱。凡军旅田役，赞王鼓。救日月亦如之。大丧，始崩，戒鼓，传达于四方，窆亦如之。县丧首服于法于宫门。掌三公孤卿之吊劳。王燕饮，则相其法。王射，则赞弓矢。王眡燕朝，则正位，章摈相。王不眡朝，则辞于三公及孤卿。
>
> 小臣掌王之小命，诏相王之小法仪。掌三公及孤卿之复逆，正王之燕服位。王之燕出入，则前驱。大祭司、朝觐，沃王盥。小祭

---

① （清）孙诒让撰，王文锦、陈玉霞点校：《周礼正义》，中华书局1987年版，第2261页。

祀、宾客、饗食、宾射掌事,如大仆之法。掌士大夫之吊劳。凡大
事,佐大仆。

祭仆掌受命于王以眂祭祀,而警戒祭祀有司,纠百官之戒具。
即祭,帅群有司而反命,以王命劳之,诛其不敬者。大丧,复于小
庙。凡祭祀,王之所不與,则赐之禽,都家亦如之。凡祭祀致福者,
展而受之。

御仆掌群吏之逆及庶民之复,與其吊劳。大祭司,相盥而登。
大丧,持翣掌王之燕令,以序守路鼓。①

大仆的主要职责是负责规正王者的衣服和位置,传奏王者的教令和群臣
的覆奏以及诸侯的告请。王者视朝、退朝都要引导王者。上达人民的呈
报。祭祀、宾客、丧纪时,亦要在王者身旁诏相礼仪,赞助王者。在王
者出入宫门国门时,需要在乘车左侧亲自驾驭前导。当王者进行军旅、
田役时,大仆也要赞助王者击鼓发令,遇有大丧,王者燕饮等事,也需
要大仆在旁协助,办理相关事宜。

仔细分析《周礼》中所记的大仆一职,似乎与秦汉时期的太仆职能
有很大的差异,《周礼》所记大仆除了"王出入,则自左驭而前驱",这
一职责略为符合秦汉太仆之掌與马之职能外,其他具体职能则与秦汉时
管理與马的太仆职能迥异,这其中的差别,古代学者也有所认识。《周礼
正义》引胡匡衷谓:

大仆、小臣皆侍从之官,与仆驭官别。《周礼》有大仆、小臣等
官,又别有大驭中大夫,与戎仆、齐仆、道仆、田仆、驭夫等皆掌
驭车。《左传》诸侯有仆人,又别有戎御等官,其职各不相通。《汉
书·百官公卿表》云:"大仆,秦官,掌與马。"注引应劭云:"周
穆王所置也,盖大御,众仆之长,中大夫也。"是秦制以大仆掌與
马,而后之言官制者,遂误合两职为一矣。②

---

① (清)孙诒让撰,王文锦、陈玉霞点校:《周礼正义》,第325—328页。
② 同上书,第2261页。

纪昀等人所著《历代职官表》中对此则云：

> 今太仆寺之官，随沿用周太仆旧名，然其执掌迥不相合。盖太仆本侍御于尊者之名，其下有祭仆、御仆、隶仆诸官，而以太仆为之长，故称太仆。所司在服正位，招法仪，常居于大寝之门内，以左右王，当如今之领侍卫内大臣及御前大臣，其出入大命，掌诸侯之复逆，则又如今之奏事处及通政使司，其左驭前驱，则又如今之銮仪位。而马政则掌于校人，诸职不关太仆。①

孙氏正义注曰：

> "仆，侍御于尊者之名，大仆其长也。"《左传》文十八年杜注云："仆，御也。"《说文》人字部："仆，给事者。"是凡侍御给事于尊者，通名为仆。此大仆、祭仆、御仆、隶仆等，并取侍御为名。御仆于王尤亲近，故又称御。《射仪》引逸诗云："御于君所"，注云："御犹侍也。"②

根据前人对"仆"的解释，仆即侍御之官，其职责是御于尊者，大为众仆之长，故而，大仆即总理众仆的人，其主要的职能就是服务于尊者，在必要的时候也为尊者驭车。相对后世秦汉时的太仆管理舆马的职能，《周礼》的大仆只占很小的比例，所承接的也只是名字而已，那么《周礼》中是否也有与秦汉时的太仆职能相符的具体职官，细察可知大驭、巾车等掌"车舆"，而"马"，即马政则应如前《历代职官表》中所述当掌于校人，以下我们撮取《周礼》中相关内容，试以分析：

> 巾车，下大夫二人、上士四人、中士八人、下士十有六人、府四人、史八人、工百人、胥五人、徒五十人。
> 巾车掌公车之政令，辨其用与其旗物而等叙之，以治其出入。

---

① （清）纪昀等撰：《历代职官表》，上海古籍出版社1989年版，第573—574页。
② （清）孙诒让撰，王文锦、陈玉霞点校：《周礼正义》，第2261页。

王之五路：一曰玉路，锡，樊缨，十有再就，建大常，十有二斿，以祀；金路，钩，樊缨九就，建大旂，以宾，同姓以封；象路，朱，樊缨七就，建大赤，以朝，异姓以封；革路，龙勒，条缨五就，建大白，以即戎，以封四卫；木路，前樊鹄缨，建大麾，以田，以封蕃国。王后之五路：重翟，锡面朱总；厌翟，勒面缋总；安车，雕面鹥总，皆有容盖；翟车，贝面，组总，有握；辇车，组挽，有翣，羽盖。王之丧车五乘：木车，蒲蔽，犬襦尾橐，疏饰，小服皆疏；素车，棼蔽，犬襦素饰，小服皆素；藻车，藻蔽，鹿浅襦，革饰；駹车，萑蔽，然襦，髤饰；漆车，藩蔽，豻襦，雀饰。服车五乘：孤乘夏篆，卿乘夏缦，大夫乘墨车，士乘栈车，庶人乘役车。凡良车、散车不在等者，其用无常。凡车之出入，岁终则会之，凡赐阙之，毁折入赍于职币。大丧，饰遣车，遂廞之，行之；及葬，执盖从车，持旌；及墓，嘑启关，陈车。小丧，共匶与其饰。岁时更续，共其币车。大祭祀，鸣铃以应鸡人。

典路，掌王及后之五路，辨其名物与其用说，若有大祭司，则出路，赞驾说，大丧，大宾客，亦如之，凡会同，军旅，吊于四方，以路从。

车仆，掌戎路之萃，广车之萃，阙车之萃，苹车之萃，轻车之萃，凡师，共革车，各以其萃，会同，亦如之，大丧，廞革车，大射，共三乏。[①]

路，"王之所乘车"[②]，郑玄注引《观礼》注云："路谓车也，凡君所乘车曰路。"[③]《释名·释车》云："天子所乘曰路，路亦车也，谓之路者，言行于道路也。"[④] 巾车，车官之长，贾公彦疏曰："与典路、车仆、司常，并掌王以下车旗礼次之官。"[⑤] 按《周礼》所述，巾车所掌王之五路分别

① （清）孙诒让撰，王文锦、陈玉霞点校：《周礼正义》，第 2141—2222 页。

② 同上书，第 1292 页。

③ 同上书，第 2144 页。

④ （汉）刘熙撰，（清）毕沅疏证，（清）王先谦补，祝敏彻、孙玉文点校：《释名疏证补》，上海古籍出版社 1984 年版，第 357 页。

⑤ （清）孙诒让撰，王文锦、陈玉霞点校：《周礼正义》，第 1291 页。

为玉路、金路、象路、革路和木路，五路所用之马匹、车乘装饰各有不同，玉路用于祭祀，金路会宾客封同姓时使用，象路则用于视朝，封异姓，革路用于军事，封四方卫服诸侯，木路用以田猎，封藩国。典路掌王与王后之五种车马。车仆所掌为兵车，亦五种也，"戎路，王在军所乘也，广车，横陈之车也，阙车，所用补阙之车也，军车，所用对敌自蔽隐之车也，轻车，所用驰敌致师之车也"①。萃，诸戎车之部队。

> 大驭掌驭玉路以祀。及犯軷，王自左驭，驭下祝，登，受辔，犯軷，遂驱之。及祭，酌仆，仆左执辔，右祭两轵，祭轨，乃饮。凡驭路，行以肆夏，趋以采荠，凡驭路仪，以鸾和为节。
>
> 戎仆掌驭戎车。掌王倅车之政，正其服。犯軷，如玉路之仪。凡巡守及兵车之会，亦如之。掌凡戎车之仪。
>
> 齐仆掌驭金路以宾。朝、觐、宗、遇、飨、食皆乘金路，其法仪各以其等为车送逆之节。
>
> 道仆掌驭象路以朝夕、燕出入，其法仪如齐车。掌贰车之政令。
>
> 田仆掌驭田路以田以鄙。掌佐车之政。设驱逆之车，令获者植旌，及献，比禽。凡田，王提马而走，诸侯晋，大夫驰。②

与巾车总掌公车之政令不同，大驭、戎仆等所掌则更为具体，其主要职责是驾驭不同之马车，大驭驾玉路，戎仆驾戎路，齐仆驾金路，道仆驾象路，田仆驾田路。所谓戎路、田路当为前文巾车条中所指之革路、木路。大驭与戎仆、齐仆、道仆、田仆负责五路驾驭。

> 校人掌王马之政。辨六马之属，种马一物，戎马一物，齐马一物，道马一物，田马一物，驽马一物。凡颁良马而养乘之。乘马一师四圉；三乘为皂，皂一趣马；三皂为系，系一驭夫；六系为厩，厩一仆夫；六厩成校，校有左右。驽马三良马之数，丽马一圉，八丽一师，八师一趣马，八趣马一驭夫。天子十有二闲，

---

① （清）孙诒让撰，王文锦、陈玉霞点校：《周礼正义》，第2185页。
② 同上书，第2584—2602页。

马有六种;邦国六闲,马四种;家四闲,马二种。凡马,特居四之一。春祭马祖,执驹。夏祭先牧,颁马攻特。秋祭马社,臧仆。冬祭马步,献马,讲驭夫。凡大祭祀、朝见、会同,毛马而颁之,饰币马,执扑而从之。凡宾客,受其币马。大丧,饰遣车之马;及葬,埋之。田猎,则帅驱逆之车。凡将事于四海、山川,则饰黄驹。凡国之使者,共其币马。凡军事,物马而颁之,等驭夫之禄,官中之稍食。

以上《周礼》所记之校人所掌内容可知,"舆马"之"马",即马匹的具体驯养当为校人负责,驯养马匹的各级职官、养殖场所都有具体规定,不同季节马匹的喂养方式也有所不同。那么从何时起,太仆也开始掌校人之职,主马政开始成为太仆的主要的职责?

> 考成六年《传》:韩献子将新中军,且为仆大夫,公揖而入,献子从公立于寝庭。杜谓献子兼太仆。盖公自路门外揖而入于路寝庭,而献子从公。以其为太仆,掌政服位,故出入必从也。然则春秋时太仆本职,犹与《周礼》相合。襄九年《传》:使皇命校正出马。《正义》:校正主马,于《周礼》为校人。成十八年《传》:弁纤御戎,校正属焉。注:校正,主马官。《正义》:校正当《周礼》校人。哀三年《传》:校人乘马。注云:校人掌马。然则春秋时主马政者,仍是《周礼》校人,未见其掌于太仆。《册府元龟》谓周穆王时,太仆掌舆马。以太仆本为王驭,故云掌舆马,未必若汉时之主五监、六厩也。其合太仆、校人为一职,则自《汉书·百官公卿表》始也。①

根据以上所引,太仆职掌校人马政之职当始自《汉书·百官公卿表》。

---

① (清)纪昀等撰:《历代职官表》,第576页。

二　职能

（一）驾车

《汉书·夏侯婴传》："以婴为太仆，常奉车"，师古曰："为沛公御车"。① 惠帝、高后时，亦以太仆事之。高后崩，"以太仆与东牟侯入清宫，废少帝，以天子法驾迎代王代邸，与大臣共立文帝，复为太仆"②。《汉书·石庆传》："庆为太仆，御出，上问车中几马？庆以策数马毕，举手曰：六马。"③ 夏侯婴、石庆作为太仆都曾为天子驾车的。宣帝时，霍光"太仆以軨猎车奉迎曾孙"④，也说明太仆有为君主驾车之职责。除了以上所举的例证外，卤簿制度的不断完善也对太仆为天子驾车制定了具体的规定。

关于"卤簿"的概念，一直未能有一个明确的定论，"或曰：卤，大盾也，以大盾领一部之人，故亦称卤簿。或曰：凡兵卫以甲盾居外，为导从捍御，其先后皆著之簿籍，故曰'卤簿'"⑤。

《汉官仪》则谓："天子车驾次第谓之卤簿，有大驾、法驾、小驾。大驾，公卿奉引，大将军参乘，太仆御，属车八十一乘，备千乘万骑，侍御史在左驾马，询问不法者。"⑥ "车驾次第，是一个比较简明的解释，皇帝外出必有许多随从，谁先谁后，各人在什么位置，此事不能乱套，全由太仆负责指挥，他是紧随皇帝左右的大臣。"⑦ 《汉官仪》对此也有记载："大驾卤簿，五营校尉在前，名曰填卫。""乘舆大驾，则御凤皇车，以金根为副。""甘泉卤簿，有道车五乘、游车九乘在舆前。"

---

① 《汉书》卷四一《夏侯婴传》，第 2077 页。

② 同上书，第 2079 页。

③ 《汉书》卷四六《石庆传》，第 2197 页。

④ 《汉书》卷六八《霍光传》，第 2847 页。

⑤ （清）孙承泽：《春明梦余录》，北京古籍出版社 1992 年版，第 109 页。

⑥ （汉）应劭撰：《汉官仪》，（清）孙星衍等辑，周天游点校：《汉官六种》，中华书局 1990 年版，第 184 页。

⑦ 安作璋、熊铁基：《秦汉官制史稿》，第 137 页。

秦时的卤簿之制还未完善，"古者诸侯贰车九乘，秦灭六国兼其车服，故大驾属车八十一乘，法驾半之"①。大驾和法驾"盖赤裹朱幡輜、戈矛弩服，尚书御史所载，最后一乘，悬豹尾以前比省中"②。可能当时还没有小驾，卤簿制度至两汉时才修改补充形成了大驾、法驾、小驾的完整制度。此三驾的区别在于"大驾祀天，法驾祀地，五郊、明堂省十三，祀宗庙省九，谓之小驾"③。各种驾次蔡邕在《独断》有着比较详细的记载：

> 天子出，车驾次第谓之卤簿。有大驾，有小驾，有法驾。大驾，则公卿奉引，大将参乘，太仆御，属车八十一乘，备千乘万骑。在长安时，出祠天于甘泉备之，百官有其仪注，名曰甘泉卤簿；中兴以来希用之。先帝时，时备大驾上原陵也，不常用。唯遭大丧乃施之。法驾，公卿不在卤簿中，唯河南尹、执金吾、洛阳令奉引，侍中参乘，奉车郎御，属车三十六乘，北郊明堂则省诸副车。小驾，祠宗庙用之，每出，太仆奉驾，上卤簿于尚书中……古者诸侯贰车九乘，秦灭九国，兼其车服，大驾属车八十一乘。④

大驾是皇帝出行的最大规模，一般使用较少，西汉时大驾一般使用于祀天和祠甘泉，东汉时则基本不再使用，独有蔡邕所记明帝曾经"大驾上原陵"，也就是祭祀光武帝时及"大丧"时使用。"千乘万骑"的大驾规模之大，可谓充分召显了皇帝的威仪。《汉官仪》云："明帝永平元年，光烈阴皇后葬，魂车，鸾辂青羽盖，驾四马，旂九斿，前有方相。凰皇车，大将军妻参乘，太仆御，女骑夹毂。"⑤ 按此说皇后大丧采用大驾，太仆也有奉御的职责，然丁孚《汉仪》记载："永平七年，阴太后崩，晏驾诏曰：柩将发于殿，群臣百官陪位，黄门鼓吹三通，鸣钟鼓，天子举哀。女侍史官三百人皆著素，引棺挽歌，下殿就车，黄门宦者引以出宫

---

① 《续汉书·舆服志上》，第3648页。

② 《通典·礼二十六》，第1842页。

③ （汉）卫宏撰：《汉旧仪》，《汉官六种》，第105页。

④ （汉）蔡邕：《独断》，中华书局1985年版，第24—26页。

⑤ （汉）应劭撰：《汉官仪》，《汉官六种》，第183页。

省。太后魂车，鸾路，青羽盖，驷马，龙旂九旒，前有方相。凤皇车，大将军妻参乘，太仆妻御，悉道。公卿百官如天子郊卤簿［仪］。后和熹邓后葬，案以为仪，自此皆降损于前事。"① 《续汉书·礼仪志上》引《汉仪》也记有："皇后出，乘鸾辂，青羽盖，驾驷马，龙旂九旒，大将军妻参乘，太仆妻御，前鸾旂车，皮轩鸞戟，洛阳令奉引，亦千乘万骑。车府令设卤簿驾，公、卿、五营校尉、司隶校尉、河南尹妻皆乘其官车，带夫本官绶，从其官属导从皇后。"② 按《汉仪》之观点，应为太仆妻御，非太仆御。孙星衍校《汉官仪》时也观察到这一点，在注中认为根据《宋书·礼志》及《通典·礼》，太仆御的仆之后脱漏"妻"字③，原文应作"太仆妻御"，而非"太仆御"，这样才与之前的"大将军妻参乘"相对应。

法驾的规模小于大驾，其公卿不在卤簿中，只有河南尹、执金吾、洛阳令奉引，侍中参乘，奉车郎御，属车三十六乘，与大仆在大驾中相对应的位置，法驾由奉车郎御，也有观点认为，法驾由"奉车都尉"充任御职，④ 那么究竟是奉车郎还是奉车都尉职掌御之职，二者关系如何。按《汉书·百官公卿表》，奉车都尉始置于汉武帝时期，"掌御乘舆车"，"秩比二千石"⑤，由于常在皇帝身边，故多担任此职，如霍光在霍去病死后，"为奉车都尉光禄大夫，出则奉车，入侍左右，出入禁闼二十余年，小心谨慎，未尝有过，甚见亲信"⑥。东汉奉车都尉属光禄勋，"奉车都尉，比二千石。本注曰：无员。掌御乘舆车"⑦。至于奉车郎，史书中未见其详细的官职隶属关系，文献中关于奉车郎的记载也多是与法驾有关，如《汉书·文帝纪》如淳曰："法驾，侍中参乘，奉车郎御，属车三十六乘。"⑧《续汉书·舆服志上》："乘舆法驾，公卿不在卤簿中，河南尹、

---

① （汉）丁孚撰：《汉仪》，《汉官六种》，第 219 页。
② 《续汉书·礼仪志上》，第 3110 页。
③ （汉）应劭撰：《汉官仪》，《汉官六种》，第 183 页。
④ （汉）卫宏撰：《汉旧仪》，《汉官六种》，第 105 页。
⑤ 《汉书》卷一九上《百官公卿表上》，第 739 页。
⑥ 《汉书》卷六八《霍光传》，第 2931 页。
⑦ 《续汉书·百官二》，3576 页。
⑧ 《汉书》卷四《文帝纪》，第 108 页。

执金吾、洛阳令奉引，奉车郎御，侍中参乘"①，《汉官解诂》中也有相同记载。② 虽然我们无从得知奉车郎的具体职官设置情况，但作为"郎"，其应隶属于专管"郎"的光禄勋似是无疑。光禄勋原名郎中令，太初元年更名为光禄勋，《汉旧仪》："殿内郎署归光禄勋"，③ 可知光禄勋为郎官的最高长官，同样是多为皇帝亲信的大臣充任，奉车郎作为皇帝近臣的郎官，自然也同样属于光禄勋的管辖范围之内。

小驾，不再由太仆奉驾。所谓"小驾，祠宗庙用之，每出，太仆奉驾，上卤簿于尚书中"。"太仆奉驾"，有的学者认为"非谓太仆为天子驭车，而是整理卤簿，并'上卤簿于尚书中'，且由侍御史在左侧'驾马'、'整车骑'"④。

（二）管理马匹

《汉书·百官公卿表》有大厩、未央、家马、车府、路轹、骑马、骏马、龙马、闲驹、橐泉、騊駼、承华、牧橐、昆蹏等马厩、马监，边郡也设有六牧师菀。这些养马机构所饲养的马匹，不仅有作为乘舆马的马匹，也牧养騊駼这样的特别马种，国家传置的马匹供应也出自太仆所辖之养马机构，如文帝二年（前162）十二月诏云"太仆见马遗财足，余皆一给传置"⑤。文帝时期，汉代经济发展刚起步，此诏即是让太仆留下刚好够用的马匹，其余的则分配到地方传置系统中使用，避免浪费。元帝初元元年（前48）九月诏曰："太仆减谷食马"⑥，即命令太仆减少马匹食用的粮食，可见太仆主管马匹最基本的饲养食料。又，《汉书·杜延年传》也提到太仆养马的具体职责：

> 霍光薨后，子禹与宗族谋反，诛。上以延年霍氏旧人，欲退之，

① 《续汉书·舆服志上》，第 3648 页。
② （汉）王隆撰，（汉）徐广注：《汉官解诂》，《汉官六种》，第 23 页。
③ （汉）卫宏撰：《汉旧仪》，《汉官六种》，第 61 页。
④ 沈明得：《汉代马政研究》，第 34 页。
⑤ 《史记》卷一〇《孝文本纪》，第 422 页。
⑥ 《汉书》卷四《文帝纪》，第 280 页。

而丞相魏相奏延年素贵用事，官职多奸。遣吏考察，但得苑马多死，官奴婢乏衣食，延年坐免官，削户两千。①

杜延年作为霍光之旧部，曾任太仆一职，魏相上奏称杜延年任太仆期间，并未用心经营，太仆管辖的苑马多死亡，甚至连饲养苑马的官奴都经常缺衣少食，杜因此被免去官职。由此也可知，太仆对于牧养牧师苑的苑马是要承担责任的。

可知，太仆不仅负责皇帝舆马，还负责传置用马及边地牧师苑所养之马，其职责也较为烦琐，如马匹喂食食料的多少也在其管辖之内。

综上，我们认为作为秦汉时期管理马政的主事者，太仆一职"掌舆马"的职能与《周礼》所记之巾车、大驭和校人的具体职能颇为相符，应当存在继承的关系。而之前有学者认为秦汉太仆源自《周礼》之太仆或《周官》之大仆正，事实上只是名称相类。作为九卿之一，太仆"掌舆马"，为皇帝近臣，兼有为王驾车的职责。

---

① 《汉书》卷六〇《杜延年传》，第 2665 页。

秦汉成卒赴边问题初探

四川省文物考古研究院　赵宠亮

秦汉时代，适龄男子在边地或新拓疆土从事屯成是很常见的。由于西北汉简的大量出土，学界对于成卒的屯成生活已经有了相当的了解。然而，对于秦汉成卒如何赴边，即从原籍到边地成所的情形怎样，学界的关注不是很多。相关成果也很有限，且多为讨论相关问题时涉及于此的简单论述。并且现有的研究成果只是就秦汉成卒赴边的某一方面的讨论，而对成卒赴边的过程缺乏整体性的探讨。然而，秦汉成卒如何赴边又是一个很重要的问题，它涉及秦汉赋役史、军事史、交通史、社会史等诸多方面。

秦汉时期，成边是国家的一项重要制度。成边主要有徭成、赀成和谪成三种形式。徭成是指适龄男子在边地为国家义务服役；赀成是以在边地服役的形式来偿还所欠国家的债务；谪成则是因为犯罪被发配到边地屯成。除了上述三种形式外，尚有个人间的取庸代成和国家的招募屯成。前者可以说是徭成的一种具体情况。[①] 这里讨论的主要是一般意义上的成卒，即需要去边地担任成边任务的平民男子。因为材料有限，我们探讨的成卒赴边问题，依据的材料涉秦汉时期，以此展现汉代成卒赴边的情况。

---

① 关于"取庸代成"的研究，参见谢桂华《汉简和汉代的取庸代成制度》，甘肃省文物考古研究所编《秦汉简牍论文集》，甘肃人民出版社 1989 年版，第 77—112 页。

一　赴边的组织形式与交通方式

　　戍卒赴边时，似乎是被统一用军事化的方式进行管理，具体可能是按部队什伍等军事单位编制的。在陈胜、吴广的例子中，带领这900人队伍的为尉两人，陈胜、吴广担任屯长。尉属于秦汉地方行政系统中的负责军事的官吏。屯长应为屯戍戍卒的类似队长的职务。①

　　秦代戍卒赴边时的具体编制不详。汉代戍卒的编制，可以从居延汉简所记来推测。我们认为戍卒似是按什伍来编制的。居延汉简里多见"车父"称谓，有学者已经有所讨论。②关于"车父"简，李均明认为：

　　　　戍卒赴役及退役时，郡、县皆需派遣一定级别的官吏接送，接送过程必有一定的组织形式，而按县逐车编组当为最适宜的结构，编组是由戍卒所在县组织的，……"车父"简所反映主要是戍卒赴役、退役时行军车辆编组的情形：车辆按戍卒原籍郡、县次第编号，每车十人，其中一人为车父，车父亦可能是十人编组中的组长。③

我们基本同意上述看法。居延汉简尚有这样的简文：

----

　　①　关于"屯长"，《商君书·境内篇》有"五人一屯长"的说法，杨宽认为应为"五十人一屯长"。见《战国史》，上海人民出版社1980年版，第233页。对此，熊铁基表示认同。并说，屯长"不过是下级军吏罢了"。见其《秦汉军事制度史》，广西人民出版社1990年版，第114页。

　　②　王子今：《居延汉简所见〈车父名籍〉》，《中国历史博物馆馆刊》总18、19期，1992年版，第117—123页；王子今：《关于居延"车父"简》，李学勤主编：《简帛研究》第2辑，法律出版社1996年版，第279—299页；李均明：《"车父"简考辨》，甘肃省文物考古研究所、西北师范大学历史系编《简牍学研究》第2辑，甘肃人民出版社1998年版，第79—82页。

　　③　李均明：《"车父"简考辨》，甘肃省文物考古研究所、西北师范大学历史系编《简牍学研究》第2辑，第81页。

戍卒□曾里石尊　第卅车五人　　　　　　　　　　(477.4①)

这里的"第卅车"为 5 人,这或为按"每车十人"编组后余下的人数,或其本来即按一车五人而形成的编制。因此,似乎可以说,戍卒赴边时是按什伍来组织的。

戍卒赴边一般为本地的地方官吏带领。陈胜、吴广等 900 人的队伍可能是由郡指派的地方官吏尉带领。秦末刘邦送徒骊山,虽然是送徒,而非送戍卒,但我们推断两者的带领者,均应为原籍的郡县官吏。

汉代的情况大致也是如此。如敦煌悬泉汉简:

1. 河平四年二月甲申朔癸卯河东大守舒谓过所邑遣皮氏佐司马带送卒敦煌郡舍传舍从者如律令　　　　　　　(IIT0215②:40)
2. 出粟二斗四升　以食河东皮氏佐司马带送卒从者一人凡二人往来积八食食三升　　　　　　　　　　　(IIT0214②:228②)

简 1 为一枚传信,河东太守"遣皮氏佐司马带送卒敦煌郡",河东郡的戍卒是由河东郡属县的皮氏佐带领到敦煌郡。

金关汉简的相关记录:

阳朔五年正月乙酉朔庚戌犁阳丞临移过所遣厨佐
间昌为郡送遣戍卒张掖居延当舍传舍从者如律令(73EJT6:23A)
犁阳丞印

① 本书所引居延汉简,凡引简简号为阿拉伯数字者,均出自谢桂华、李均明、朱国炤《居延汉简释文合校》,文物出版社 1987 年;凡简号阿拉伯数字前为 EPT、EPF 等者,均出自甘肃省文物考古研究所等编《居延新简——甲渠候官与第四燧》,文物出版社 1990 年版。所引敦煌汉简,均出自吴礽骧、李永良、马建华释校《敦煌汉简释文》,甘肃人民出版社 1991 年版。引用肩水金关汉简,出自甘肃简牍保护研究中心等编《肩水金关汉简(壹)》,中西书局 2011 年版;甘肃简牍保护研究中心等编《肩水金关汉简(贰)》,中西书局 2012 年版;甘肃简牍博物馆等编《肩水金关汉简(叁)》,中西书局 2013 年版。凡引用以上简文,若未特别注明,均出自以上六书。

② 张俊民:《悬泉汉简所见汉代复姓资料辑考——敦煌悬泉置出土汉简所见人名综述(三)》,雷依群、徐卫民主编:《秦汉研究》第 2 辑,三秦出版社 2007 年版,第 201 页。

　　/掾谭令史赏　　　　　　　　　　　　　　　（73EJT6：23B）

该简亦为一传信，犁阳即黎阳，为魏郡辖县。① 黎阳县的厨佐间昌将本郡戍卒送至张掖郡居延县。又如金关汉简：

　　　　☐忠送卒张掖居延当舍传舍从者如律令/掾咸守属德守书佐
　　　　　　　　　　　　　　　　　　　　　　　　（73EJT31：155）

该简虽残断，但与上枚简相同为一枚传信，所记亦与地方郡县官吏送卒边地有关。

　　尹湾汉简里也有类似的例子：

　　　3. 郯狱丞司马敞正月十三日送罚戍上谷
　　　4. 郯左尉［孙］严九月廿一日送罚戍上谷
　　　5. 司吾丞北宫宪十月五日送罚戍上谷②

简3—5 为地方的狱丞、左尉、丞送罚戍到上谷郡。这些官吏均为地方官吏。

　　徒也由地方官员送护目的地。如敦煌悬泉汉简：

　　　　甘露三年四月甲寅朔庚辰，金城太守贤、丞文，谓过所县、道
　　　官，遣浩亹亭长泰（漆）贺，以诏书送施刑伊循。当舍传舍，从者
　　　如律令。　　　　　　　　　　　　　　　（II0114④：338③）

又如金关汉简：

　　　　城旦五百人☐施刑诣居延……施刑☐☐淮阳郡城父幸里☐☐☐

---

① 《汉书》卷二八上《地理志上》，中华书局1962年版，第1573页。
② 连云港市博物馆等编：《尹湾汉墓简牍》，中华书局1997年版，第96—97页。
③ 胡平生、张德芳编撰：《敦煌悬泉汉简释粹》，上海古籍出版社2001年版，第39页。

　　　　日前谒移过所县邑侯国津关续食给法所当得毋留如律令敢言之
　　□□　　　　　　　　　　　　　　　　　　　　　　　（73EJT30：16）

应当也是有关郡县官吏送徒居延的历史记录。

　　卫士、保宫也由地方官员送护到京师。如尹湾汉简：

　　　　费长孙歂十月五日送卫士
　　　　建阳相唐汤十一月三日送保宫□

"徒民"也是如此，如尹湾汉简：

　　　　平曲丞胡毋〔钦〕七月七日送徒民敦（?）煌（?）①

悬泉汉简相关简文，如：

　　　　建始二年三月戊子朔乙巳，屋池长延寿移过所，遣传舍佐普就，
　　　为诏送徒民敦煌郡，乘轺车一乘，马一匹，当舍传舍，从者如律
　　　令。/掾长，令史临，佐光。·四月己亥过，西。　　（I0210①：63②）

由上可知，戍卒、卫士、保宫、百姓、刑徒等均由地方官吏将护到目的
地。③ 而承担将护任务的官吏则应为太守指定外徭的。由此似可作这样的
推测：本郡国的戍卒则先被带领到郡国治所的首县聚集，然后再由太守、
郡国相应指定的官吏带领赴边。

　　居延汉简里也有简文为带领戍田卒赴边的具体规定：

---

　　① 连云港市博物馆等编：《尹湾汉墓简牍》，第96—97页。对于简文中的"徒民"，廖伯
源认为："徒者刑徒，民者百姓。"见其《〈尹湾汉墓简牍·东海郡下辖长吏名籍〉释证》，《简
牍与制度——尹湾汉墓简牍官文书考证（增订版）》，广西师范大学出版社2005年版，第203页。
　　② 胡平生、张德芳编撰：《敦煌悬泉汉简释粹》，第42页。
　　③ 关于刑徒的输送，参见陈玲《试论汉代边塞刑徒的输送及管理》，李学勤、谢桂华主编
《简帛研究二〇〇一》，广西师范大学出版社2001年版，第369—376页。

> 6. 制曰下丞相御史臣谨案令曰发卒戍田县侯国财令史将二千石
> 官令长吏并将至戍田所罢卒还诸将罢卒不与起居免削爵☑
>
> （EPT51：15）

简 6 疑为诏书的片段。其中引用到《令》："发卒戍田，县侯国财令史将，二千石官令长吏并将至戍田所。罢卒还，诸将罢卒不与起居，免，削爵。"这里是说，发动卒去戍边、屯田，应该由县侯国级的令史带领，郡国的则派遣长吏统一指挥带领到戍田所。

　　有证据表明，戍卒的赴边是在中央政府的统一调度安排下进行的。如敦煌悬泉汉简所载：

> 7. 神爵四年十一月癸未，丞相史李尊，送获（护）神爵六年戍
> 卒河东、南阳、颖川、上党、东郡、济阴、魏郡、淮阳国诣
> 敦煌郡、酒泉郡。因迎罢卒送致河东、南阳、颖川、东郡、
> 魏郡、淮阳国并督死卒传柒（槽）。为驾一封轺传。御史大夫
> 望之谓高陵，以次为驾，当舍传舍，如律令。
>
> （I0309③：237①）

简 7 为一枚传信。丞相史李尊要"送获（护）神爵六年戍卒河东、南阳、颖川、上党、东郡、济阴、魏郡、淮阳国诣敦煌郡、酒泉郡"。这 8 个郡国的要赴敦煌郡、酒泉郡戍边的"神爵六年戍卒"，竟然是由丞相史来统一带领的。联想简 6 诏书片段中《令》的规定，由此可见政府对戍卒赴边的重视。另外，简 7 还透露出国家需要提前安排好戍卒的人员和数量，以及行军的时间。该简显示在神爵四年（前 58）十一月时中央政府就已经派员要护送未来的神爵六年戍卒到边郡。同时简中"神爵六年戍卒"的称谓，联系居延汉简的相关材料，我们可知赴边的戍卒一般被称作"年号＋某年＋戍卒"或者"郡名＋年号＋某年＋戍卒"②。其中的年当为戍卒正式入伍服役的年份。

---

①　胡平生、张德芳编撰：《敦煌悬泉汉简释粹》，第 45 页。
②　居延汉简 19.19 "·凡入七年新卒釜卅二"中的"七年新卒"似与此有关。

戍卒赴边的行军交通形式，应当是以步行为主。《汉书》卷九七下《外戚传·孝成许皇后传》记成帝报许皇后，其中说到：

> 若乃徒步豪桀，非有陈胜、项梁之群也；匈奴、夷狄，非有冒顿、郅支之伦也。①

"陈胜、项梁之群"为"徒步豪桀"，在于强调其出身一般。但联想陈胜的情况，身为戍卒的陈胜，其赴边时似是"徒步"的。

《汉书》卷七七《盖宽饶传》记载盖宽饶事迹，说到：

> 宽饶为人刚直高节，志在奉公。家贫，奉钱月数千，半以给吏民为耳目言事者。身为司隶，子常步行自戍北边，公廉如此。②

身为司隶的盖宽饶，其子赴边也是"步行"，其他戍卒的情形自然也不难想见。

戍卒赴边时还有车随行运载各种物资，戍卒在步行时还得推挽车前行。《盐铁论·褒贤》载大夫语曰：

> 文学高行，矫然若不可卷；盛节絜言，皦然若不可涅。然戍卒陈胜释挽辂，首为叛逆，自立张楚。③

《史记》卷九九《刘敬叔孙通列传》记娄敬事迹：

> 刘敬者，齐人也。汉五年，戍陇西，过洛阳，高帝在焉。娄敬脱挽辂，（《集解》："苏林曰：'一木横鹿车前，一人推之。'"《索隐》："挽者，牵也。音晚。辂者，鹿车前横木，二人前挽，一人后

---

① 《汉书》卷九七下《外戚传·孝成许皇后传》，第 3978 页。
② 《汉书》卷七七《盖宽饶传》，第 3245 页。
③ 王利器校注《盐铁论校注》（定本）卷四《褒贤》，中华书局 1992 年版，第 241 页。

推之。") 衣其羊裘, 见齐人虞将军曰: "臣愿见上言便事。"①

戍卒陈胜、刘敬都有 "释挽辂" "脱挽辂" 的举动, 则一般戍卒正常情况下可能还是要 "挽辂" 的。这可能和 "鹿车" 这种交通工具使用特点有关。西北汉简里所见的更多的则是牛车运输, 虽然主要靠畜力行进, 但在交通状况不利时, 戍卒 "前挽"、"后推" 的情形, 当不为鲜见。

关于戍卒赴边的行军速度, 应当也是有相关规定的。秦末陈胜、吴广等 900 人谪戍渔阳, 路遇大雨, 道路不通, "度已失期。失期, 法皆斩"。陈胜、吴广遂决定起事, 在对徒属进行宣传鼓动时也明确说到:

> 公等遇雨, 皆已失期, 失期当斩。②

所以, 秦时戍卒行军当有速度的具体规定, 失期者会受到严厉的惩罚。③

居延汉简中有很多关于邮书传递速度的记载, 如:

> 官去府七十里书一日一夜当行百六十里书积二日少半日乃到
> 解何　　　　　　　　　　　　　　　　　　　　　　（EPS4T2: 8A）

张家山汉简《二年律令·行书律》的规定则与此不同:

> 邮人行书, 一日一夜行二百里。④

既然邮书传递有速度的规定, 从常理上推测戍卒的行进速度不可能没有类似规定。张家山汉简《二年律令·徭律》的相关律文, 对于我们思考这个问题, 可能会有所帮助。相关简文如下:

---

① 《史记》卷九九《刘敬叔孙通列传》, 中华书局 1982 年版, 第 2715 页。
② 《史记》卷四八《陈涉世家》, 第 1950、1952 页。
③ 也有可能法律仅是有未按期到达边地的处罚条文, 而未有具体速度的规定。但这并不能排除在行军途中的有具体的行军速度。
④ 张家山二四七号汉墓竹简整理小组编:《张家山汉墓竹简［二四七号墓］》(释文修订本)》, 文物出版社 2006 年版, 第 46 页。

发传送，县官车牛不足，令大夫以下有訾（赀）者，以赀共出车牛；及益，令其毋訾（赀）者与共出牛食，约载具。吏及宦皇帝者不与给传送事。委输传送，重车、重负日行五十里，空车七十里，徒行八十里。[①]

汉代数学习题集《九章算术·均输》中的行速里程规定也说：

重车日行五十里，空车日行七十里。[②]

戍卒赴边时，会携带一定的物品，前面说到会有车辆随行以载运物品。比照《二年律令》、《九章算术》的规定，这里的车辆可算做"重车"。所以，我们可以推测戍卒赴边时的大致行进速度。[③]

二 戍卒携带物资情况

戍卒赴边时的饮食供给情况如何，我们不是很清楚。这里只能就有限史料做下推测。首先，戍卒出发时可能会有亲人相送的食物。如《史记》卷一一〇《匈奴列传》记载出使匈奴的汉使与中行说的辩论，其中说到：

汉使或言曰："匈奴俗贱老。"中行说穷汉使曰："而汉俗屯戍从军当发者，其老亲岂有不自脱温厚肥美以赍送饮食行戍乎？"汉使

① 张家山二四七号汉墓竹简整理小组编：《张家山汉墓竹简〔二四七号墓〕（释文修订本）》，第64页。简文句读采纳陈伟《〈二年律令〉、〈奏谳书〉校读》（武汉大学简帛研究中心主办：《简帛》第1辑，上海古籍出版社2006年版，第346—347页）一文的意见。

② 郭书春汇校：《汇校九章筭术》（增补版），台湾九章出版社2004年版，第241页。

③ 有学者认为："汉代军队行军，通常轻行一日五十里，重行三十里（《汉书·陈汤传》、《王吉传》、《贾捐之传》）。"见邢义田《汉代案比在县或在乡？》，《治国安邦：法制、行政与军事》，中华书局2011年版，第223页。

曰："然。"①

对于中行说所说的"屯戍从军当发者"的"老亲""自脱温厚肥美以赉送饮食行戍"，即所谓的"汉俗"，汉使表示同意。然而这些食物毕竟有限，戍卒长途赴边行戍耗费粮食当不在少数。饮食供给、饮食费用可能还是由国家来负担。

《后汉书》卷二《显宗明帝纪》记载招募戍边者事：

> （永平元年秋七月）募士卒戍陇右，赐钱人三万。②

又有"发遣边人"而赐钱的记载：

> （永平五年）发遣边人在内郡者，赐装钱人二万。③

"募士卒"、"发遣边人"，都有赐钱的举动。前者属于征募士卒戍边，后者与此不同，为将内地的边民重新遣回边郡。尤其是"赐装钱人二万"，明确说明是用于路途消费。秦时可能不会像东汉时这样，但给赴边的戍卒提供最基本的饮食或饮食费用当是没有疑问的。

上文说到戍卒赴边时可能是按什伍的编制，而按一车什伍的戍卒当是同食的。睡虎地秦简里也有"敦（屯）车食""同车食"的说法，如《法律答问》：

> 可（何）谓"逋事"及"乏繇（徭）"？律所谓者，当繇（徭），吏、典已令之，即亡弗会，为"逋事"；已阅及敦（屯）车食若行到繇（徭）所乃亡，皆为"乏繇（徭）"（164）。④

---

① 《史记》卷一一〇《匈奴列传》，第2899页。
② 《后汉书》卷二《明帝纪》，中华书局1965年版，第99页。
③ 同上书，第109页。
④ 睡虎地秦墓竹简整理小组编：《睡虎地秦墓竹简》，中华书局1990年版，释文第132页。

《秦律杂抄》:

> ·军人买(卖)禀禀(12)所及过县,赀戍二岁;同车食、敦
> (屯)长、仆射弗告,赀戍一岁;县司空、司空佐史、士吏将者弗得
> (13),赀一甲;邦司空一盾。·军人禀所、所过县百姓买其禀,赀
> 二甲,入粟公;吏部弗得,及(14)令、丞赀各一甲(15)。①

居延汉简里记载戍卒的劳作,一般也是十人一组,其中一人为"养",即
担任炊事员,如:

> 　　　　　　　其一人作卒养
> 　　　　　　　一人徐严门稍
> 己卯卒十一人　三人堨
> 　　　　　　　五人涂
> 　　　　　　　一人治传中　　　　　　　　　　　　　(EPT40:3)

所以,秦汉戍卒赴边时可能采用的也是类似上述的"同车食",十人一
组,一人为养的形式。

　　戍卒赴役途中还会携带一定的衣物。秦时的材料有限,根据睡虎地
秦简的记载,戍卒似乎是要自己承担衣物。在睡虎地4号秦墓出土的从
军的黑夫寄与家人书信中,明确提到要家人购买"可以为禅帬襦"的
"丝布"等。② 所以,秦时从军的军人应当是自己承担衣物,则戍卒的情
况也是如此。③ 推测戍卒在赴边时应当携带一定的衣物。

---

① 睡虎地秦墓竹简整理小组编:《睡虎地秦墓竹简》,释文第82页。
② 李均明、何双全编:《散见简牍合辑》,文物出版社1990年版,第83—84页。
③ 对于睡虎地这两封家信,高敏认为:"这说明秦始皇时的兵卒在服役期的衣服与个人费用,都是自备的,官府概不禀给。这种服役者自备衣物的制度,到汉代依然存在。"见其《秦汉的徭役制度》,《秦汉史探讨》,中州古籍出版社1998年版,第148页。对此,黄今言的意见正相反,认为秦汉时期士兵的衣服是由国家供给的。见其《秦汉军制史论》,第299—304页。熊铁基则认为:"这很明显,士兵是要自备衣服。……士兵是否'授衣'无法断定,不过也并不能因此就否定'授衣'的可能性就是了。"见其《秦汉军事制度史》,江西人民出版社1993年版,第289页。

　　汉代的情况是戍卒赴役时会携带一些私人衣物。如《汉书》卷四八《贾谊传》载贾谊上疏：

> 今淮南地远者或数千里，越两诸侯，而县属于汉。其吏民徭役往来长安者，自悉而补，中道衣敝，钱用诸费称此，其苦属汉而欲得王至甚，逋逃而归诸侯者已不少矣。①

　　"吏民徭役往来长安者"，虽指的是吏民之长安服役，他们"自悉而补，中道衣敝"，说明是自己负担衣服；"钱用诸费称此"，说明尚有别的费用。这样的情形，对于我们理解当时戍卒赴边的情况不无益处。

　　又如居延汉简：

> ·▣戍卒南阳郡宛邑　　　　　　　　　　　（EPT51：149）
> 　临洞里魏合众衣橐

> 戍卒河东郡安邑尊德里张常▨
> ▢衣橐封以私印　　　　　　　　　　　　　（210.26）

> ▣▢▢隧定陵岸里乐宽私衣橐　　　　　　　（EPT59：361）

> ■右南阳私衣物橐百一十　　　　　　　　　（EPT52：84）

　　但戍卒在到郡国集合时，政府似还会配给服装。如：

> 8. 陈留太守章　　　　　羊皮裘一领受▢▢
> 　　裘纨橐封以　　　▣　犬纨二两
> 　　▢▢里赵野　　　　　枲履一两
> 　　戍卒陈留郡平丘　　　革缇二两
> 　　　　　　　　　　　　枲▢二两（EPT58：115）（格式略有调整）

---

①　《汉书》卷四八《贾谊传》，第2261页。

9. ☑党郡元康三年戍卒襄

　　☑贾氏里张□军县官衣

　　☑橐　　　　　　　　　　　　　　　　　　（EPT53：79）

敦煌汉简相关简文如:

　　　　　上党郡五凤四年戍卒壶关　　　　修成里阎备
10.
　　　　　庸同县同里韩眉中　　　□　　县官衣橐　　　（1068）

简 8 中的戍卒衣橐封以陈留太守章,其中的"羊皮裘一领受□□"的文字;简 9、10 里也有"县官衣"、"县官衣橐"记录。均透露出当地政府可能在戍卒出发时会发放一定的衣物。

　　当戍卒到达戍所后,边地也会发放一定数量的衣物。如:

11. □阴安邑便里垣年

　　官裘一领

　　章衣一领　　　　　　　　　　　　　　　　（38.38）

12.　　　　阜布复绔一两

　　　　　犬皮纮二两受都内

　　韠衣橐

　　　　　革缇二两

　　　　　枭履一两　　　　　　　　　　　　（EPT59：19）

　　　　　买□三□□□□买
13. ☑　　　　　　　　　　　　官予夏衣如□☑　（EPT52：330）
　　　　　直五百六万五千一百□□

14. 裘八千四百领　　　・右六月甲辰遣□□□□□□

　　绔八千四百两　　　常韦万六千八百

　　□□□□□□　　　□□□□□□　　　　（41.17）

简 12 明确提到"犬皮练二两受都内",即来自中央。推想应该是戍卒在
边地后得到的来自中央的衣物。而这衣物当是由边地发放的,简 13 中
"官予夏衣"的记载,正说明了这一点。至于简 14 的性质,有学者认为:
"这种帐尾实际上是汇总了本部戍卒所能够领取的衣物的品名以及总量等
内容,也就是每次邮寄的本部戍卒衣物的总目。"① 其实,将其理解为来
自都内的衣物似更接近事实。

　　关于西北汉简所见戍卒服装问题,陈直认为:"戍卒的服装,由官府
发给。……另有由地方县官发给,携带之戍所者。"② 赵沛认为:"居延边
塞服役的戍卒,他们的服装主要由戍卒原籍的地方官府配给。"③ 永田英
正认为:"在边境勤务的戍卒们,除了自己携带的或者从乡里送来的物品
以外,现地官府还支给一定的兵器和衣物品。"④ 现在的研究则说明,戍
卒服装既有原籍官府发给的,也有边地配给的。

　　秦代戍卒赴边时似乎是不带兵器的。在陈胜、吴广的事迹中,我们
未见其曾携带兵刃。吴广设计,故意激怒带领这群戍卒赴边的尉:

　　　　尉果笞广。尉剑挺,广起,夺而杀尉。陈胜佐之,并杀两尉。⑤

尉拔剑,吴广乘机夺剑杀之。这也可能反映陈胜、吴广等本身就没有携
带兵器。

　　贾谊《新书·过秦论》对于陈胜大泽乡起事,曾有这样的描述和
评价:

　　　　……斩木为兵,揭干为旗,天下云合而响应,赢粮而景从,山

　　① 赵沛:《居延汉简所见边军的服装配给与买卖》,第 87 页。
　　② 陈直:《居延汉简综论》"二一　戍卒的服装",《居延汉简研究》,中华书局 2009 年版,
第 88 页。
　　③ 赵沛:《居延汉简所见边军的服装配给与买卖》,第 86 页。
　　④ [日]永田英正著:《居延汉简研究》,张学锋译,广西师范大学出版社 2007 年版,第
103 页。
　　⑤ 《史记》卷四八《陈涉世家》,第 1953 页。

东豪俊遂并起而亡秦族矣。……陈涉之位，非尊于齐、楚、燕、赵、韩、魏、宋、卫、中山之君也；鉏耰棘矜，非铦于钩戟长铩也。……然陈涉率散乱之众数百，奋臂大呼，不用弓戟之兵，鉏耰白梃，望屋而食，横行天下。①

所谓"斩木为兵，揭竿为旗"当为"不用弓戟之兵，鉏耰白梃"的具体表现。陈胜起事时非不用"弓戟之兵"，而是没有现成的兵器，只能因陋就简，"斩木为兵"、"鉏耰白梃"，使用简单加工的木棒、农具作为武器。

《汉书》卷三一《陈胜项籍传》班固赞引贾谊《过秦论》，对于"鉏耰棘矜"，颜师古解释说：

　　耰，摩田器也。棘，戟也。矜与槿同，槿谓矛鋋之杷也。钩戟，戟刃钩曲者也。铩，铍也。言往者秦销兵刃，陈涉起时但用锄耰及戈戟之槿以相攻战也。②

关于陈胜等起事时所用武器，又有与上述类似的说法。如《史记》卷一一二《平津侯主父列传》记主父偃与汉武帝所言九事，其中说到：

　　陈涉无千乘之尊，尺土之地，身非王公大人名族之后，无乡曲之誉，非有孔、墨、曾子之贤，陶朱、猗顿之富也，然起穷巷，奋棘矜，（《索隐》："下音勤。矜，今戟柄。棘，戟也。"）偏袒大呼而天下从风，此其故何也？③

《史记》卷一一八《淮南衡山列传》记淮南王欲叛乱，与武被辩论：

　　陈胜、吴广无立锥之地，千人之聚，起于大泽，奋臂大呼而天下响应，西至于戏而兵百二十万。今吾国虽小，然而胜兵者可得十

---

①　（汉）贾谊撰，阎振益、钟夏校注：《新书校注》，中华书局2000年版，第2—3、15页。
②　《汉书》卷三一《陈胜项籍传》，第1825页。
③　《史记》卷一一二《平津侯主父列传》，第2956—2957页。

余万，非直適戍之众，釟凿棘矜也，公何以言有祸无福？①

所谓"棘矜""釟凿棘矜"，与上述的"斩木为兵""鉏櫌白梃"大意一样，均表示陈胜起义时所使用武器的原始、简陋与落后。② 因此，我们似可以说秦时赴边时的戍卒是不配备兵器的。③

那么汉代的情况又如何呢？我们认为汉代和秦时的情况是一样的。西北汉简中有关边地吏卒私兵器的记载，如居延汉简：

15. ☑私剑一　　　　　　　　　　　　　　　　　（288.21）

16.

第廿五车父平陵
里辛盈川

官具弩七	绀胡一	弩幡九	承弦十四
承弩二	由庋一	兰七	私剑八
有方三	靳干十	兰冠七	
槀矢三百五十	靳幡十	服七	
槀蚩千五十			（10.37）

敦煌汉简相关简文：

17. 威严亭卒陈功房　　私刀钗各一钩一　　　　　　（1042）

18. 隧长张子孙私刀一　　　　　　　　　　　　　（1078A）

简15不明"私剑一"的所有者，不能排除戍卒所有的可能性。简16、17不清楚戍卒、亭卒的"私剑八""私刀钗各一"是由家乡带来，还是在边地购买。简18私刀的所有者为一名燧长。

---

① 《史记》卷一一八《淮南衡山列传》，第3090页。
② 《盐铁论·论勇》载文学语，也说"陈胜无土民之资，甲兵之用，鉏櫌棘櫃，以破冲隆"（王利器校注：《盐铁论校注（定本）》卷九《论勇》，第536页）。
③ 睡虎地秦简《秦律杂抄》里说到发放兵器："·禀卒兵，不完善（缮），丞、库啬夫、吏赀二甲，法（废）（15）。"（睡虎地秦墓竹简整理小组编：《睡虎地秦墓竹简》，第82页）但不清楚简文所指发放兵器的地点。

居延汉简里大量的关于戍卒被兵的记录。但戍卒在赴边出发时国家没有给他们配备兵器，而是在到达边郡后才发放。有学者认为："官兵器均由征发单位或戍所发给。"① 居延汉简下列简文显示边塞兵器的来源：

> 地节二年六月辛卯朔丁巳肩水候房谓候长光官以姑臧所移卒被兵本籍为行边兵丞相史王卿治卒被兵以校阅亭隧卒被兵皆多冒乱不相应或易处不如本籍今写所治亭别被兵籍并编移书到光以籍阅具卒兵兵即不应籍更实定此籍随即下所在亭各实弩力石射步数
>
> 令可知赍事诣官会月廿八日夕须以集为丞相史王卿治事课后不如会日者必报毋忽如律令　　　　　　　　　　　　　　　　　　　　　（7.7A）
>
> ·第十七部黄龙元年六月卒假兵姑臧名籍　　　　（EPT52：399）

由此两简可知，居延地区戍卒的兵器部分是武威郡姑臧的武库配给的。另外，也有居延县当地配给的。② 如：

> 第廿隧卒□丘定　　　有方一刃生　　　右卒兵受居延　　　（311.2）

所以，戍卒的官兵器当不是出发时配备，而是在到达边郡后才发放的。也就是说，戍卒在赴边时一般是不携带兵器的。

---

① 初师宾：《汉边塞守御器备考略》，甘肃省文物工作队、甘肃省博物馆编：《汉简研究文集》，甘肃人民出版社1984年版，第143页。

② 参见李天虹《居延汉简簿籍分类研究》，科学出版社2003年版，第93页。赵沛认为："边塞装备中相当一大部分是通过姑臧武库配给的。……从目前所见汉简看，边塞兵器的配给单位有都尉和候官。"见其《居延汉简所见〈兵簿〉、〈被兵簿〉——兼论居延边塞兵器配给》，《西北史地》1994年第4期。

三　边地的戍卒迎受

西北汉简里保存了戍卒到达边地时的文字遗存，如下列简：

> 19. 七月庚子将屯敦煌太守登敢告部都尉卒人谓县官戍①卒起
> 　　郡☒　　　　　　　　　　　　　　　　　　　　　（1368）

> 20. 受大河郡田卒卅九人　　　　　　　　　　　　　（514.38）

> 21. 新卒假牛车十五两皆毋☒　　　　　　　　　（EPT53：188）

> 22. 入二年戍卒二百五十八人　　　　　　　　　　（EPT56：3）

> 23. 入二年戍卒牛车十三两　☒　　　　　　　　（EPT56：133）

简19内容为敦煌太守发给部都尉的文书，因简残断，句意不明。疑"戍卒起郡"的文字，指戍卒要从敦煌太守治所出发到戍所的内容。所以，敦煌太守要通知部都尉。简20出土于大湾，而此地被认为是汉代一处屯田地点。赴边的一部分戍卒主要从事屯田任务，所以称作田卒。此简当属于屯田机构接收赴边田卒的记录。简21是有关"新卒"的记录，惜原简残缺，文意已不能全部明了，但其属于新到边塞的戍卒的内容大致当是正确的。简22、23为边塞接收"二年戍卒"的记载，两简原出同一探方，内容上也相关，推测可能原属于同一简册，其内容为边塞接收的人数、牛车数量等。

　　根据相关规定，边地有关官吏还需要去迎接戍卒。居延汉简相关记录有：

---

① 原排为"戌"，今改为"戍"。

24. 元康二年五月已已朔辛卯武威库令安世别缮治卒兵姑臧敢言
之酒泉大守府移丞相府书曰大守☑
迎卒受兵谨掖檠持与将卒长吏相助至署所毋令卒得擅道用弩
射禽兽斗已前□书☑
三居延不遣长吏逢迎卒今东郡遣利昌侯国相力白马司空佐梁
将戍卒☑　　　　　　　　　　　　　　　　（EPT53：63）

25. ☑辰到累胡迎受四年戍卒即日病头愿　　　（EPT58：28）

据简24"迎卒受兵"可知，边郡有迎接戍卒和给戍卒发放兵器的工作。
而戍卒兵器的发放可能是在到达太守府治所后才进行的，戍所应该派遣
官吏"谨掖檠持与将卒长吏相助至署所"，共同谨慎带领戍卒到戍所。为
的是"毋令卒得擅道用弩射禽兽斗"，以免出现意外。另外值得我们注意
的是，该简中"酒泉大守府移丞相府书曰"的说法，说明这些工作和要
求可能是中央直接命令或要求的。简25则为某人在"迎受四年戍卒"时
患病"头愿"的记录。

金关汉简的资料有：

状公乘氏池先定里年卅六岁姓乐氏故北库啬夫五凤元年八月甲
辰以功次迁为肩水士吏以与塞吏卒为职
戍卒赵国柏人希里马安汉等五百六十四人戍诣张掖署肩水部至
□□到酒泉沙头隧阅具簿□☑　　　　　　（73EJT28：63A）

乃五月丙辰戍卒赵国柏人希里马安汉戍诣张掖署肩水部行到沙
头隧阅具簿……亡若三☑
甘露二年六月己未朔庚申肩水士吏弘别迎三年戍卒……候以律
令从事□□□☑　　　　　　　　　　　　（73EJT28：63B）

该简残断，其大意是，甘露二年（前52）戍卒赵国柏人希里马安汉等
564人"戍诣张掖署肩水部"，五月丙辰"行到"、"酒泉沙头隧"。六月
庚申，肩水士吏乐弘"别迎三年戍卒"，即去迎接这些来肩水部服役的戍

卒。又如：

　　☐亭长杨渠为郡迎三年戍田卒张掖　　　　　　　（73EJT11：3）

也同样是边地官吏"为郡迎三年戍田卒"。

　　敦煌汉简相关简文，如：

　　　制诏酒泉大守敦煌郡到戍卒二千人茭酒泉郡其假☐如品司马以
　下与将卒长吏将屯要害处　属大守察地刑依阻险坚辟垒远候望毋
　　　　　　　　　　　　　　　　　　　　　　　　　　　（1780）

由"制诏酒泉大守"一词可知，该简属于诏书，内容上有缺失，当为诏
书册的一枚简。简文内容是戍卒2000人到达敦煌郡后，要去酒泉郡割茭。
诏书要求太守及各级相关军吏做好各项安全保卫等工作，即所谓"将屯
要害处"，"察地刑，依阻险，坚辟垒，远候望"等。该简的"制诏酒泉
太守"语与简24"酒泉大守府移丞相府书曰"语，均反映了中央对戍卒
事务是十分重视的。

　　下列简则为戍卒到达边地戍所，开始屯戍的记录：

　　26. 魏郡邺平禄里爵大夫年卅七今年二月中戍诣居延与☐
　　　　　　　　　　　　　　　　　　　　　　　　　　（EPT51：17）

　　27. ☐☐☐董讯元延二年戍　留☐☐☐为甲渠候☐☐☐　　（73.6）

　　28. 中为同县不审里庆☐来庸贾钱四千六百戍诣居延六月旦署乘
　　　　甲渠第　　　　　　　　　　　　　　　　　　　　（159.23）

　　29. 马长吏即有吏卒民屯士亡者具署郡县里名姓年长物色所衣服
　　　　赍操初亡年月日人数白
　　　　报与病已·谨案居延始元二年戍田卒千五百人为骍马田官穿
　　　　泾渠及正月己酉淮阳郡　　　　　　　　（303.15，513.17）

简 26 记载魏郡邺平禄里爵为大夫的某人于某年二月中"戍诣居延"，开始在居延地区守边；简 28 则记载某人以 4600 钱的价钱被人雇庸，在居延甲渠候官某燧戍守，这属于汉代的取庸代戍；简 29 中记有居延都尉府的始元二年的 1500 名戍卒和田卒"为驿马田官穿泾渠"，即从事开渠的农田水利工作。戍卒被分配到各戍田所，从而开始了自己在边塞的屯戍生活。①

居延汉简所见戍卒达到戍所、开始屯戍的具体时间并不一致，如简 26、28 中所记的时间即分别为二月和六月。推测戍卒的交代时间似乎不是一个统一时间，② 戍卒的交代也似乎没有统一的时间规定。这一问题还可再作深入探讨。

四 结语

综上所述，秦汉时期戍卒赴边时由地方官吏带领，有一定的组织形式。赴边以步行为主，有车辆随行运载物品。行军速度也有一定的规定。戍卒行军时的饮食供给或费用由国家提供。戍卒赴边途中携带一定的食物、衣物，一般不带兵器，在达到边郡后再由边郡配给。边地戍所还有迎接戍卒的工作，戍所官吏引领戍卒到达戍所。戍卒从此开始了在边地的屯戍生活。戍卒赴边时由中央统一制定规划，并具体领导、指挥以及相关令文规定，则反映了当时国家对戍卒赴边工作的重视。

（原载梁安和、徐卫民主编《秦汉研究》第 4 辑，三秦出版社 2010 年版，收入本书时有所改动）

---

① 李天虹认为居延汉简所见戍卒在刚到达边塞时有份名籍，在被分配到各烽燧时，候官又编制成新的名籍。见其《居延汉简簿籍分类研究》，第 10 页。

② 参见赵宠亮《居延汉简所见"罢卒"》，《石家庄学院学报》2010 年第 5 期。

由会稽郡在秦汉交通格局中的
地位看吴越之地的文化演变

台湾成功大学中文系　黄　旭

一　吴越之地由尚武到崇文的风习转变

《史记·货殖列传》载：

> 越、楚则有三俗。夫自淮北沛、陈、汝南、南郡，此西楚也。
> 其俗剽轻，易发怒，地薄，寡于积聚……彭城以东，东海、吴、广
> 陵，此东楚也。其俗类徐、僮。朐、缯以北，俗则齐。浙江南则越。
> 夫吴自阖庐、春申、王濞三人招致天下之喜游子弟，东有海盐之饶，
> 章山之铜，三江、五湖之利，亦江东一都会也……总之，楚越之地，
> 地广人希，饭稻羹鱼，或火耕而水耨，果隋蠃蛤，不待贾而足，地
> 埶饶食，无饥馑之患，以故呰窳偷生，无积聚而多贫。是故江淮以
> 南，无冻饿之人，亦无千金之家。①

言及吴越之地，人们往往会想到春秋时吴越两国惊心动魄、充满传奇色
彩的争霸故事，也会想到东晋南朝时代风流飘逸的文人雅士。不过百年
之间，风流改换，由尚武转而崇文，不可谓不剧烈。对这一现象发生的

---

① 《史记》卷一二九《货殖列传》，中华书局1959年版，第3267页。

原因，学界多将其定为永嘉南渡带入中原风物文明，改变了当地蛮荒、原始的以越族为主的少数民族的生活状态，然而事实是否如此，尚待后人判断。本文谨从会稽一郡于秦汉间的社会与制度发展变化入手，对其缘由进行初步探寻。

郡县之名初见于周。春秋时，秦、晋、楚、齐等国在边地设郡、县，郡低于县。春秋末年，各国又在边地设郡，郡大于县。战国时，由郡置县。秦统六国，始在全国统一推行郡县制。汉后中央集权，郡县遂成常制。魏晋以降，历朝因之。秦废封建，设郡县，将吴越两国旧地合建为会稽郡，治吴，于越国旧地置山阴县。这便揭开了会稽郡兴衰的序幕。

二 影响人口构成的历史事件与政令制度

(一) 会稽郡初置与早期徙民活动

《史记·秦始皇本纪》载：

> 二十三年，秦王复召王翦，强起之，使将击荆。取陈以南至平舆，虏荆王。秦王游至郢陈。荆将项燕立昌平君为荆王，反秦于淮南。二十四年，王翦、蒙武攻荆，破荆军，昌平君死，项燕遂自杀。
>
> 二十五年，大兴兵，使王贲将，攻燕辽东，得燕王喜。还攻代，虏代王嘉。王翦遂定荆江南地；降越君，置会稽郡。①

秦王政二十四年（前 223），秦灭楚。二十五年（前 222），秦将王翦"定荆江南地，降越君，置会稽郡"。此为会稽郡首见于史籍之记载。以吴为郡治。三十七年（前 210），始皇南巡会稽，并将其改名为山阴，《史记》中记载如下：

> 三十七年十月癸丑，始皇出游。左丞相斯从，右丞相去疾守。

---

① 《史记》卷六《秦始皇本纪》，第 234 页。

少子胡亥爱慕请从，上许之。十一月，行至云梦，望祀虞舜于九疑山。浮江下，观籍柯，渡海渚。过丹阳，至钱唐。临浙江，水波恶，乃西百二十里从狭中渡。上会稽，祭大禹，望于南海，而立石刻颂秦德。①

《越绝书》复补充了除祭祀刻石之外的政治举措，可以说此次巡行，更重要的作用是摧毁吴越两国旧有势力，以及推行强制性迁徙政策，便如《越绝书》中相关记载所言：

> 是时，徙大越民置余杭、伊攻、□故郢。因徙天下有罪适吏民，置海南故大越处，以备东海外越。乃更名大越曰山阴。②
> 乌程、余杭、黝、歙、无湖，石城县以南，皆故大越徙民也。秦始皇刻石徙之。③

事实上，通过对近年来出土材料的分析考察，可知越族辗转播迁的地区远及东南沿海和西南各地，甚至到达广东一带。

秦末汉初，据《史记·东越列传》所记载："闽越王无诸及越王海王摇者，其先皆越王句践之后也，姓邹氏。秦已并天下，皆废为君长，以其地为闽中郡。及诸侯畔秦，无诸、摇率越归鄱阳令吴芮，所谓鄱君者也，从诸侯灭秦。当是之时，项籍主命，弗王，以故不附楚。汉击项籍，无诸、摇率越人佐汉。"④汉高祖五年（前202），"复立无诸为闽越王，王闽中故地，都东冶"。孝惠三年（前194），"乃立摇为东海王，都东瓯，世俗号为东瓯王"。然而建元三年（前138）闽越发兵围东瓯，东瓯向求救，武帝遂使严助发会稽兵浮海往救，闽越罢兵，应东瓯之请，乃迁居越民于江淮间。这实际上是对越民的又一次迁徙。这两次迁移尽管对地域经济发展造成一定阻碍，但对促进民族融合、巩固秦汉统治均带

---

① 《史记》卷六《秦始皇本纪》，第260—261页。
② 《越绝书》卷八《越绝外传记吴地传》，刘晓东等点校：《二十五别史》，齐鲁书社2000年版，第49页。
③ 同上书，第11页。
④ 《史记》卷一一四《东越列传》，第2979页。

来了较好的影响。直至东汉永建三年（128），为了解决人口过度密集带来的经济与人事上的问题，自永建四年（129）始，吴、会分治，这三百余年和平安定的良好态势，与秦汉之际的两次徙民密不可分。

（二）汉武帝对于会稽郡的影响

武帝治会稽，除上文所言建元三年（前138）兴兵相助东瓯、复迁越民江淮之间之外，另有一事，由于史籍记载不详而引发了诸多争议，即《汉书》所载汉武元狩四年（前119）徙民会稽事，事见《汉书·武帝纪》：

> （元狩）四年冬，有司言关东贫民徙陇西、北地、西河、上郡、会稽，凡七十二万五千口，县官衣食振业，用度不足，请收银锡造白金及皮币以足用。[①]

通过分析材料可知，这次移民的迁入地——陇西、北地、西河、上郡四郡，都位于汉朝的西北边地，唯有会稽一郡位于东南。会稽当时地广人稀，经济、文化发展水平大大落后于中原地区，大批迁入中原移民，对于该地区的社会发展产生了重要影响。

史家较早关注这一事件，注意到徙入人口对会稽社会发展有所影响的人，乃是清代学者王鸣盛，他在《十七史商榷》卷九中著有"徙民会稽"条以叙说此事：

> 元狩四年，徙关东贫民于陇西、北地、西河、上郡、会稽，凡七十二万五千口。会稽生齿之繁，当始于此。约增十四万五千口也。[②]

尽管王氏将《汉书·武帝纪》中所记徙民会稽一事着重提出并进行了人

① 《汉书》卷六《武帝纪》，中华书局1964年版，第178页。
② （清）王鸣盛：《十七史商榷》卷九，上海书店出版社2005年版，第60页。

口数字上的详细考证，但其由此推论"会稽生齿之繁，当始于此"，却略显勉强。首先，武帝此次迁徙的"七十二万五千口"人中，迁至会稽的人口数目并没有具体的记载；另外，王氏所言"十四万五千口"目前并未发现可靠的文献依据。或以为此数目之来源，实际上应是王氏用"七十二万五千"这一总数，减去陇西等五郡迁徙数，而得出的每郡平均迁入移民数量。而以平均值作为会稽郡的实际移民数量，显然很不妥当。因此王氏所得出"会稽生齿之繁，当始于此"的结论，亦无法得到有力支持。

时至现代，一般的历史学著述，多是简单陈说《汉书·武帝纪》的记载而不加辨析，如吕思勉《秦汉史》中《人民移徙》一章的相关记载。而至葛剑雄《西汉人口地理》一书始为之一变。他列专节讨论这一问题，并经考辨分析后认为，《武帝纪》"会稽"二字应属衍文，事实上并不存在汉武帝徙民会稽一事。而稍后出版的史念海所著的《中国历史地理纲要》一书中，同样认为《汉书·武帝纪》所载"会稽"二字存误。至此，中国历史地理学界的两位权威学者否定了汉武帝徙民会稽之事，这一观点获得广大学者普遍认同。

然而近年内亦有学者对此观点抱有疑问，并进行了较为翔实的论证，如辛德勇《汉武帝徙民会稽史事证释》[①] 一文，先从史料学角度，论证《汉书》记载之可信，不存在文献讹误；继而从会稽地区的接纳条件，论述移民会稽的可行性；最后从西汉前期东南地区的边防形式，论述了朝廷移民会稽的深层动机，即徙民实边，以抵御越人的侵袭。

通过对两种观点的分析，个人较为偏向后者之观点，葛氏对于史籍文献考证略显粗率，且结论的得出仅基于否定文献材料，并不能令人信服。因此取辛氏之观点作为下文论述之基础。若将会稽郡置于武帝时期整体边疆防御体系中看，作为东南部防线建构的重要组成部分，会稽郡的人口流动与经济发展，都受到边防整体布局的极大影响，无论是秦始皇时期的罪迁至越、汉武建元年间的越民回迁，还是元狩年间远迁关东贫民，都是此种理念一以贯之的有力证据。这种复杂的、非自然的人口流动，对于民族与文化产生的变化，绝非传统观点所认为的——以永嘉

---

①　辛德勇：《汉武帝徙民会稽史事证释》，《历史研究》2005 年第 1 期。

南渡作为文化转变的开始，而是在会稽郡发展建设过程中，早已奠定基础。

（三）东汉时期的发展变化

东汉时期吴越故地的主要变化有二，一是吴、会分治，二是鉴湖的修筑完成。前者于东汉永建四年（129）实行，一改秦始皇时期对吴越旧势力的抑制，后者于东汉永和五年（140），郡守马臻主持兴建鉴湖水利工程，促使山阴县经济迅猛发展，成为一郡十三县之政治经济中心，而经济的长足发展为永嘉南渡世家大族的定居奠定基础，在一定程度上对吴越之地吸纳中原文明提供了良好的条件。下面分而述之。

1. 吴、会分治

永建四年（129），顺帝将会稽郡分为吴郡与会稽郡。最早反映吴、会分治诉求的史料当为陈桥驿援引《吕氏春秋》补注的《水经注校证》："永建中，阳羡周嘉上书，以县远，赴会至难，求得分置，遂以浙江西为吴，以东为会稽。汉高帝十二年，一吴也，后分为三，世号三吴：吴兴、吴郡，会稽其一焉。"①

吴郡治所在吴县，辖境约当苏南太湖流域，浙江长兴、吴兴、天目山以东，建德以下的钱塘江两岸。会稽郡治所在山阴，辖浙江以东之地。周嘉上书诉求分郡一事，可分析得到两方面的内容：其一表明原有的郡置不合理，如图1所示，汉代会稽郡辖地，北至今扬州，南至今厦门之地，郡下一些县距郡治甚远，如大末、回浦以及冶等地。同时分郡而治亦表明人口的增长。《汉书》为吴越地区人物立传者，仅严助、朱买臣、郑吉三人，严与朱都是太湖平原的吴人，郑吉是会稽人。《续汉书》为吴越地区人物立传者，有23人，其中，钱塘江以南有14人，主要集中在山阴、上虞、余姚一线。由此可见，时至东汉，吴越之地已不再是"无千金之家"的荒凉之所。

---

① （北魏）郦道元著，陈桥驿校证：《水经注校证》卷四〇，中华书局2007年版，第944页。

图 1　西汉会稽郡全图

资料来源：谭其骧主编：《中国历史地图集》第 2 册《秦·西汉·东汉时期》，中国地图出版社 1982 年版，第 24—25 页。

　　下面从具体的户籍与人口数目分析，以下所引，为《汉书·地理志》与《续汉书·郡国志》相关材料：

　　　会稽郡（秦置。高帝六年为荆国，十二年更名吴。景帝四年属江都。属扬州），户二十二万三千三十八，口百三万二千六百四。
　　　县二十六：吴（故国，周太伯所邑。具区泽在西，扬州薮，古文以为震泽。南江在南，东入海，扬州川），曲阿（故云阳），乌伤，毗陵（季札所居。江在北，东入海，扬州川），余暨（萧山，潘水所出。东入海），阳羡，诸暨，无锡（有历山，春申君岁祠以牛），山阴（会稽山在南。上有禹冢、禹井，扬州山。越王勾践本国。有灵文园），丹徒，馀姚，娄（有南武城，阖闾所起以候越），上虞（有仇亭。柯水东入海），海盐（故武原乡。有盐官），剡，由拳（柴辟，故就李乡，吴、越战地），大末（榖水东北至钱唐入江），乌程（有欧阳亭），句章（渠水东入海），余杭，鄞（有镇亭，有鲒埼亭。东南有天门水入海。有越天门山），钱唐（西部都尉治。武林山，武林水所出，东入海，行八百三十里），鄮，富春，冶，回浦（南部都尉治）。①

会稽郡（秦置。本治吴，立郡吴，乃移山阴。雒阳东三千八百里），十四城，户十二万三千九十，口四十八万一千一百九十六。

下辖县十四：山阴（会稽山在南，上有禹冢。有浙江），鄮，乌伤，诸暨，馀暨，太末，上虞，剡，馀姚，句章，鄞，章安（故治，闽越地，光武更名），永宁（永和三年以章安县东瓯乡为县），东部（侯国）。

吴郡（顺帝分会稽置。雒阳东三千二百里），十三城，户十六万四千一百六十四，口七十万七百八十二。

下辖县十三：吴（本国。震泽在西，后名具区泽），海盐，乌程，馀杭，毗陵（季札所居。北江在北），丹徒，曲阿，由拳，安，富春，阳羡（邑），无锡（侯国），娄。②

首先我们对户籍及人口数量进行分析。西汉至东汉，吴越地区人口有所增加，但增长幅度有限。西汉时期，会稽郡共 223038 户，1032604 人。东汉时期，会稽一分为二，其中吴郡共 164164 户，700782 人；会稽郡共 123090 户，481196 人。两郡合计共 287254 户，1181978 人。经历二百余年的发展，仅增加 64216 户，149374 人。且户的增长率为 28.3%，而人口的增长率为 14.5%。在中原地区遭受战争严重破坏、人口大量外流的情况下，相对和平的吴越地区人口仅增长 14.5%，在减去原有户口自然增长的部分之后，我们可以发现，中原外迁的户口并不多。原因大致有二：其一是中原户口

① 《汉书》卷二八上《地理志上》，第 1950—1951 页。

② 《续汉书·郡国志四》，中华书局 1965 年版，第 3488—3489 页。

大减，亟须充实，政府亦无大规模徙民政策以保证吴越之地人口的增长。其二是中原的文化向心力效应，致使避乱会稽的中原人士待故土安定之后多选择"还中土"而非落户当地。查阅东汉时期吴郡与会稽郡的名人大姓见于史传者，基本上是西汉时期或西汉以前已在吴越地区定居。《后汉书》列传所列 23 人，无一是西汉末年避难而来的。

继而从图像上进行直观的分析。根据谭其骧《中国历史地图集》对会稽郡及其辖地的描绘，可将会稽郡的演变分为三个阶段，即秦、西汉与东汉三代。变化大致有如下几点：

第一，由秦至汉，会稽郡辖地扩大范围，西汉之会稽郡包含秦时会稽、闽中两郡范围。

第二，东汉吴、会分治，大致以浙江为界，其后山阴为会稽郡治，吴县继续为吴郡郡治。

第三，秦至东汉末年，地名均无过多变动。①

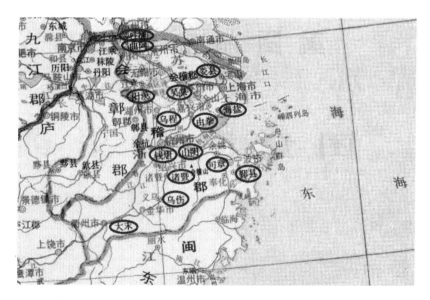

图 2　秦代会稽郡

资料来源：谭其骧主编：《中国历史地图集》第 2 册《秦·西汉·东汉时期》，中国地图出版社 1982 年版，第 11—12 页。

---

①　此种变化趋势不适用于王莽时代。

从图中亦可反映出在秦汉数百年历史过程中,吴越之地总体呈现较为稳定、缓慢发展的态势,这与文献资料中反映的吴越之地汉越之民平稳融合的特点可相互佐证。

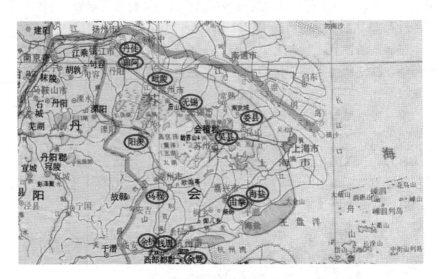

图 3 西汉会稽郡细部图之一

资料来源:谭其骧主编:《中国历史地图集》第 2 册《秦·西汉·东汉时期》,第 24—25 页。

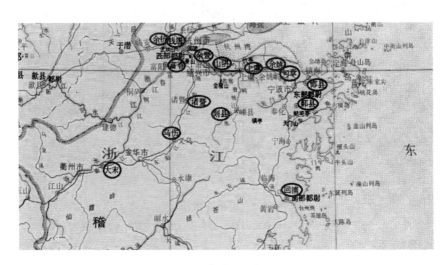

图 4 西汉会稽郡细部图之二

资料来源:谭其骧主编:《中国历史地图集》第 2 册《秦·西汉·东汉时期》,第 24—25 页。

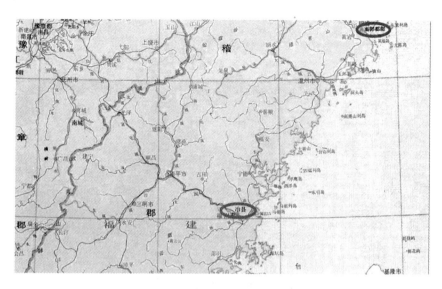

图 5　西汉会稽郡细部图之三

资料来源：谭其骧主编：《中国历史地图集》第 2 册《秦·西汉·东汉时期》，第 24—25 页。

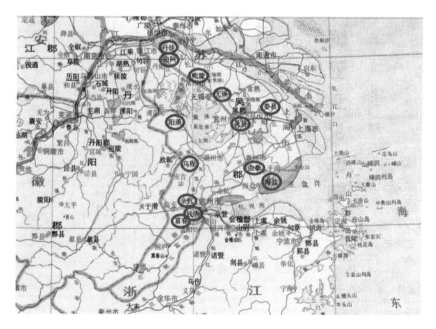

图 6　东汉吴郡

资料来源：谭其骧主编：《中国历史地图集》第 2 册《秦·西汉·东汉时期》，第 24—25 页。

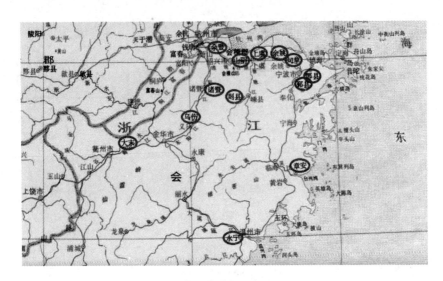

图 7　东汉会稽郡细部图之一

资料来源:谭其骧主编:《中国历史地图集》第 2 册《秦·西汉·东汉时期》,第 51—52 页。

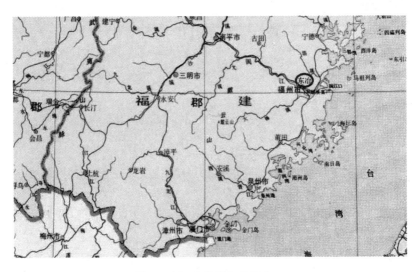

图 8　东汉会稽郡细部图之二

资料来源:谭其骧主编:《中国历史地图集》第 2 册《秦·西汉·东汉时期》,第 51—52 页。

2. 鉴湖的修筑

《宋史·河渠志七》载：

> 自汉永和五年，会稽太守马臻始筑塘，溉田九千余顷，至宋初
> 八百年间，民受其利。①

鉴湖水利工程，可谓是吴越地区人、地、水关系史上的转折点。在此之前，这一地区的水地比例一直失调，水多于地，因此人们对水地关系的调整往往是削水增田。到了汉代，在已经开垦的地区，已有水面积不足之虞，而鉴湖工程的根本目的是拒咸蓄淡，是舍田增水，改善近海的沼泽平原，增加山会平原的淡水面积，在发展农业生产的同时，保持水地之间的平衡性。经过东汉以后持续的水土改造和根治，逮至两晋时期，鉴湖的经济效益开始得以全方位体现。永嘉南渡之后，这里已是一片安宁肥沃的乐土，以王、谢为代表的世家大族纷纷南迁，他们带领部曲、私附至此，将庄园、别墅安置于会稽一带，客观上促进了会稽郡社会经济的发展。

三　结论

综上所述，可以大略厘清吴越之地受到中央政府地区制度、政策影响的大致脉络。我们可以看到，秦汉历任政府对于会稽一地的统治政策与制度，在保证当地和平安定的同时，亦为中原文化的渗透与传播奠定基础。在文章的最后，根据所能查阅到的现有史料，将会稽郡秦汉两朝会稽郡职官状况整理如下：

---

① 《宋史》卷九七《河渠志七》，中华书局1985年版，第2406页。

表 1　　　　　　　　　秦汉会稽职官名录

封号/官职	姓名	籍贯	任期	史籍根据
楚王（次年被废为淮阴侯）	韩信	淮阴	汉高祖五年正月至十一年（以秦之东海郡、会稽郡、泗水郡、薛郡、陈郡置楚国）	《史记·淮阴侯列传》
荆王	刘贾	泗水沛县	汉高帝六年正月至十一年为淮南王英布所杀（领"故东阳郡、鄣郡、吴郡五十三县"）	《史记·荆燕世家》
吴王	刘濞	泗水沛县	汉高帝十一年至景帝三年	《史记·吴王刘濞列传》
会稽太守	庄（严）助	会稽吴	武帝建元、元光之际（在职三年）	《汉书·严助传》
	朱买臣	会稽吴	元朔六年	《汉书·朱买臣传》
	鲁伯	琅琊	汉宣帝年间	《汉书·施仇传》
	周君（均）	右扶风	汉成帝年间	《浙江通志》
	黄谠	汝南	汉光武帝建武年间	《浙江通志》
	第五伦	京兆长陵	汉光武帝建武二十九年在任，汉明帝永平中去职	《后汉书·第五伦传》
	尹兴	不详	汉明帝年间，永平中去职	《浙江通志》
	左恢	曲阿	汉章帝年间	《浙江通志》
	黄兢	不详	汉章帝年间	《后汉书·许荆传》
	庆鸿	河南洛阳	汉和帝年间	《后汉书·廉范传》
	张霸	蜀郡成都	汉和帝永元间	《后汉书·张霸传》
	马棱	扶风茂陵	汉和帝永元末	《后汉书·马棱传》
	蔡君	修武	汉安帝年间	《浙江通志》
	赵牧	长安	汉和、安帝之际	《浙江通志》

续表

封号/官职	姓名	籍贯	任期	史籍根据
会稽太守	苦灼	不详	汉顺帝年间	《浙江通志》
	刘府君	不详	汉顺帝年间	《浙江通志》
	成公浮	不详	汉顺、桓帝之际	《后汉书·戴就传》
	陈重	豫章宜春	汉顺帝年间	《后汉书·陈重传》
	马臻	扶风茂陵	汉顺帝永和五年（修筑鉴湖）	《宋史·河渠书》
	梁旻	不详	约在汉顺、桓帝年间（梁旻为梁冀从弟）	《浙江通志》
	刘宠	东莱牟平	汉桓帝年间	《后汉书·刘宠传》
	韦毅	不详	汉灵帝初年	《浙江通志》
	陈莱	上虞	汉桓帝年间	《浙江通志》
	尹端	不详	汉灵帝年间，熹平二年去职	《浙江通志》
	徐珪	不详	汉灵帝年间	《浙江通志》
	唐瑁	颍川	汉灵帝末年至汉献帝初	《新唐书·宰相世系表》
	王朗	东海郯	建安元年至初平四年在任，后被孙策所逐	《三国志·王朗传》
	孙策	富春	汉献帝初平中自任，至建安五年卒于任上	《三国志·孙策传》
	詹强	不详	建安元年（自称，旋灭）	《三国志·贺齐传》
	孙权	富春	建安五年继任孙策之职	《三国志·孙权传》
	顾雍	吴	不详	《三国志·顾雍传》
	淳于式	不详	汉献帝建安末孙权所置	《三国志·陆逊传》

表 2　　　　　　　　　　基于秦汉会稽职官名录的分析

州名	扬州	司隶部	豫州	益州	青州
郡名	会稽郡: 会稽吴(3), 琅琊,曲阿, 上虞,东海郯, 富春(2); 豫章郡: 宜春	右扶风, 扶风茂陵(2); 京兆: 长安,长陵; 河南郡: 洛阳; 河内郡: 修武	汝南郡; 颍川郡	蜀郡: 成都	东莱郡: 牟平
共计	10	7	2	1	1

　　除西汉初年作为封国所下辖官吏存在的三人,于会稽收归中央政府管控之后,在籍贯可考的 21 位太守中,出身扬州会稽郡当地的太守所占比重接近半数,而司隶部屈居第二,这体现了中央政府对会稽边郡的重视;而时间越接近东汉末年,本地人成为太守的比重越大,最终以孙策自立为会稽太守为标志,会稽郡终于在百年后脱离中央政权的掌控,改由地方上的世家大族控制,这也便揭开了汉末三国直至魏晋南北朝长期地方割据分裂的序幕。

刘邦循武关道入秦原因再探[*]

云南民族大学人文学院　尤　佳

引　言

在陆路交通方面，关中与关东之间有三条要道，分别是"濒渭河南岸而东的函谷道、沿丹灞谷地趋于东南的武关道和自蒲津东渡黄河的蒲关道。函谷道通达黄河下游和江淮之间的广大地区，进而可北出辽东，南下闽越；武关道去往荆襄及岭南地区[①]；蒲关道则北向汾晋、雁代"[②]。其中的武关道[③]与蒲关道虽不如函谷道有名，但也是历史上东西往来重要的干道，充任着函谷道的南北侧翼。西汉立国后，这三条要道在东西交通上的战略意义仍十分突出，故西汉政府对这三条通道上关隘的控制也格外重视，汉初津关制度防范的主要对象是关东诸侯势力，贾谊云："所谓建武关、函谷关、临晋关者，大抵为备山东诸侯也。天下之制在陛下，

---

　　* 本文为国家民委高等教育教改研究项目"基于课程群建设的民族院校中国史学科课程体系与教学内容改革研究"（13052）的阶段性成果。

　　① 王子今认为，"武关道"称谓的正式出现可能是在汉代，参见王子今《秦汉交通史稿》，中共中央党校出版社1994年版，第28页。

　　② 辛德勇：《西汉至北周时期长安附近的陆路交通——汉唐长安交通地理研究之一》，《古代交通与地理文献研究》，中华书局1996年版，第117页。

　　③ 武关道有时也被称为武关路或蓝武道，分别参见王文楚《西安洛阳间陆路交通的历史发展》，《古代交通地理丛考》，中华书局1996年版，第90页；李健超《秦岭地区古代兽类与环境变迁》，《汉唐两京及丝绸之路历史地理论集》，三秦出版社2007年版，第580页。

今大诸侯多其力，因建关而备之，若秦时之备六国也。"① 反映汉初法律制度的张家山汉简《二年律令》中还专门设有《津关令》，里面讲到中央政府严格控制马匹、车乘、金器、铜器等禁物流入关外诸侯国，即使是地处王国中的皇太后的汤沐邑亦不例外②。汉廷严控关东诸侯购买关中重要物资的制度规定生动反映出帝国"疏山东、孽诸侯"③ 的歧视性政策。

这三条干道的通行状况各不一样，若走位于黄河北岸的蒲关道，则需要两渡黄河④，而且舟楫渡往，实属不易。刘邦在黄河南岸，所以他自然会在函谷道与武关道中进行选择。其中函谷道"是连接华北平原、江汉平原与关中平原距离最短的通道，其路线几乎是笔直的"⑤，史念海比较了三条要道的通行条件后，认为通过函谷关的道路是东西往来中最捷近易行的道路。⑥ 而武关道居函谷关道之南，连接关中平原与南阳盆地，欲走此道，需要作大范围的远程迂回。刘邦西征灭秦，为何不经由东西交通中最主要、便捷的函谷道而要舍近求远，选择武关道呢？对于其中原因，学界基本上已有定论。

第一种说法认为刘邦是为避函谷关险隘而迂回武关道的，我们可将其简称为"避险说"。此说似最早由元人方回提出，他说："怀王诸将莫利先入关，关之可畏如此，沛公不自洛阳趋二崤，而南出邓林，西攻武关，亦有以夫。"⑦ 清代学者顾祖禹在叙及陕西的地理形势时亦谓："沛公

---

① 阎振益、钟夏校注：《新书校注》，中华书局 2000 年版，第 113 页。

② 《二年律令·津关令》简 519 云："丞相上长信詹事书，请汤沐邑在诸侯，属长信詹事者，得买骑、轻车、吏乘、置传马关中，比关外县。丞相、御史以闻，·制。"参看张家山二四七号汉墓竹简整理小组编著《张家山汉墓竹简［二四七号墓］（释文修订本）》，文物出版社 2006 年版，第 87 页。

③ 陈苏镇：《汉初侯国隶属关系考》，《文史》2005 年第 1 期。

④ 胡阿祥主编：《兵家必争之地：中国历史军事地理要览》，海南出版社 2007 年版，第 175 页。

⑤ 宋杰：《秦对六国战争中的函谷关和豫西通道》，《首都师范大学学报》（社会科学版）1997 年第 3 期。

⑥ 史念海：《河山集》四集，陕西师范大学出版社 1991 年版，第 166—167 页。

⑦ （宋）魏了翁撰，（元）方回续：《古今考》，文渊阁《四库全书》，第 853 册，台湾商务印书馆 1986 年版，第 180 页。

伐秦，不从函谷入，乃引而还，袭攻武关破之，诚畏其险也。"① 现在沿袭这种说法的有李健超、胡阿祥、饶胜文等②，如李建超说："秦末刘邦进攻关中，本应由洛阳向西直攻函谷关，因畏函谷关天险有秦兵固守，所以他由洛阳向南经南阳破武关，西北直趋咸阳。"③

另一种解释认为洛阳东之役的失利是刘邦军迂回武关道的原因，此说可简称为"失利说"。它实际在《史》《汉》关于刘邦西征入关的记叙中已有一定的体现，《史记·高祖本纪》云："（沛公）战洛阳东，军不利，还至阳城，收军中马骑，与南阳守齮战犨东，破之。"④《汉书》的记叙与此相仿佛。但都是以简述战役进程的笔法一笔而过，未被明确、正式地提出。现今学者则比较明确了洛阳东战役与南下武关的紧密关系。如漆侠说："（刘邦）与秦守军激战于洛阳东，因战事不利，义军乃向南迂回，出轘辕关险途，准备取道武关进入关中。"⑤ 另外，田昌五、安作璋、孟祥才等亦是如此认识。⑥

以上两种说法便是关于刘邦为何要循武关道入秦的传统解释，其中"避险说"是自古及今的主流观点。但笔者以为，上述解释或存在可商榷之处，或还有进一步探讨的空间。

如就"避险说"而言，它主张刘邦进攻路线的改变是由于刘邦畏惧函谷关之险，或说函谷道之险，为避其险绝难攻才改行武关道的。但据笔者研究，刘邦入关的历程可分为前后两个阶段，划分的标志是洛阳东之役。第一阶段刘邦实际所行，其实也是他执意要走的都是函谷道，后一阶段才真正踏上了迂回武关之途。关于刘邦西进入关前后两个阶段的划分及具体内容，后文有比较详细的叙述，于此不赘。如若刘邦西征真

① （清）顾祖禹撰，贺次君、施和金点校：《读史方舆纪要》，中华书局 2005 年版，第 2488 页。

② 参见李健超《函谷关与潼关》，《汉唐两京及丝绸之路历史地理论集》，第 601 页；胡阿祥主编《兵家必争之地：中国历史军事地理要览》，第 175 页；饶胜文《布局天下：中国古代军事地理大势》，解放军出版社 2001 年版，第 23、25 页。

③ 李健超：《函谷关与潼关》，《汉唐两京及丝绸之路历史地理论集》，第 601 页。

④ 《史记》卷八《高祖本纪》，中华书局 1982 年版，第 359 页。

⑤ 漆侠等：《秦汉农民战争史》，生活·读书·新知三联书店 1962 年版，第 39 页。

⑥ 参见田昌五、安作璋主编《秦汉史》，人民出版社 2008 年版，第 83 页；安作璋、孟祥才《汉高帝大传》，中华书局 2006 年版，第 95 页。

的想避险，那么在前一阶段即可径行武关道，或在较早时期自函谷道撤离，无须迟至洛阳东失利后才移兵南下。若从出发时算起，到此时已过去约七个月，占去刘邦整个西征用时的一半还多。且刘邦年轻时曾服役到过咸阳①，对函谷道的艰险有切身的体验，不是等到受阻于洛阳才意识到，所以准确地说，"避险说"只宜于说明刘邦第二阶段的西征进程，对于西征前期刘邦为何行至洛阳才实现这种战略方针转变的解释似不明畅周密。

就"失利说"来论，它可以说是造成刘邦进攻路线转变的直接原因，各家围绕"失利说"的阐述也基本沿袭了《史》《汉》简约的叙述风格②，但对于为什么攻取洛阳不得就无法再沿函谷道西进还缺乏比较细致的阐释。这或许是由于各家论述的主旨不在于此，所以叙之省略，或是对刘邦作战部署改变的真实原因还不甚明了，故而回避了对相关问题的探讨。

而且上述这两项原因似乎均不是主要原因，除他们外，还尚有若干更为深层、更能解释西征全程的原因，如在入关问题上，刘、项二人间存在激烈竞争，项羽步步紧逼的军事行动会成为刘邦进行战略战术设计时所要着重考虑的参考因素；刘邦自身实力弱小，与函谷道秦军力量差距很大，不得不迂回秦军守御力量较弱、反秦基础较好的武关道沿线扩充兵力、扭转劣势等，而这些因素可能才是刘邦南赴武关道的主因所在。刘邦入关灭秦是秦汉史中的一件大事，为明晰这段重要史实的真相，为能对刘邦西征自始至终战略决策的演变过程以及刘邦在灭秦大业中的地位与作用能有更深入、全面、公允的认识，笔者以为还是很有必要在前人研究的基础上对其中的主要原因再做探讨，下面谨据相关历史资料，略抒管见，以作商榷。

---

　　① 刘邦年轻时曾服役到过咸阳，《史记》卷八《高祖本纪》载："高祖常繇咸阳，纵观，观秦皇帝，喟然太息曰：'嗟乎，大丈夫当如此也！'"（第 344 页）秦末在咸阳及其临近的骊山曾兴发两次大规模的徭役，前一次在始皇二十七年（前 220），后一次在三十五年（前 212）。《史记》此处所记刘邦以服役者身份来至咸阳应是第一次，此时刘邦年二十八。而到后一次事，刘邦已三十六岁，身份也变为了秦帝国的一名亭长，为县廷押送囚徒至骊山修皇陵。

　　② 其中唯有史念海的解释稍详，他认为洛阳为函谷关东的重要城池，若洛阳城未能攻下，那么更为艰险的函谷关也不一定就能得手。详参史念海《河山集》四集，第 179 页。

一　关于"失利说"的再阐发

（一）刘邦的入关历程

刘邦于秦二世二年（前208）九月出发至汉元年（前206）十月入咸阳这段时期的行军历程可以以秦二世二年夏四月的洛阳东之役为标志区分为两个阶段。前一阶段刘邦军主要行经：成阳、杠里、成武、粟、昌邑、高阳、陈留、荥阳、开封、白马、曲遇东、颖阳、平阴、洛阳东等，历时约七个月。这一阶段刘邦军主要活动于黄河南岸的砀郡、东郡和三川郡，函谷关道的东段是其主要的作战方向。三年（前207）四月，刘邦与秦军激战于洛阳东。由于洛阳为三川郡治所、函谷关道东段的军事重镇与交通中心，拿下洛阳对于能否沿函谷关道继续西进意义重大。故此役前，刘邦精心策动了一系列富有针对性的外围战，遣曹参、周勃、樊哙、灌婴等攻曲遇，战阳武，下轘辕、缑氏、尸乡等，以策应洛阳之战，切断周边秦军对洛阳的支援。上述诸地均位于函谷关道的东段，尤其是尸乡和缑氏，分居洛阳南北，呈拱卫之势。这些军事行动反映出刘邦欲攻下洛阳并由此西进的决心和战略企图，但战争的进程往往是复杂多变的，刘邦军最终惨败。这一阶段西征军虽不避重险坚城，但在一些重要城邑如昌邑、开封、洛阳等与秦军交战，均告失利。此阶段刘邦的作战方针是打通函关道，抢先入关，还尚无南叩武关的计划。

另外，从秦二世二年四月至汉元年十月，刘邦主要的行军地点有阳城、犨、宛、丹水、胡阳、析、郦、武关、峣关（亦称蓝田关）① 等。刘邦由于诸多原因不得不放弃继续东进函谷道的计划，南趋武关道。

---

① "蓝田关在（蓝田）县东南九十八里，即秦峣关也……后周明帝武成元年，徙青泥故城侧，改曰青泥关。武帝建德三年，改曰蓝田关，因县为名。"［（宋）宋敏求：《长安志》，第3册，中华书局1991年版，第218—219页］

（二）对"失利说"的追问

刘邦受阻于洛阳，遂回辕南征，为何洛阳不下，就很难再由函谷道继续西进呢？洛阳在函谷道上、在中原腹地特殊而重要的地理形势恐怕是其中的主要原因。

洛阳地处黄河中游的伊洛盆地，这里"北有太行之险，南有宛、葉之饶，东压江、淮食湖海之利，西驰崤、渑据关、河之胜"①，适扼东西南北交通要冲，位置优越，形势险要。还因"有武库、敖仓、当关口"，而被汉武帝称作"天下咽喉"②。班固评曰："崤、函有帝王之宅，河、洛为王者之里。"③ 还有人称："雍州之险在华岳与黄河，交会在于潼关，然必东南有宛、洛，东北有晋、绛，而后可以为固。无宛、洛则武关、崤、函之险可入；无晋、绛则临晋之阻可入。"④ 可见，宛、洛、晋、绛诸地对于确保关中的战略安全意义重大。具体言之，洛阳对于崤函之险（或说函谷道），宛邑对武关（或说武关道）皆充当着门户屏障之任，只有保证宛、洛外围的安全，才能更好地保障武关道、函谷道的稳固。所以西征前一阶段刘邦汲汲于攻打洛阳，希望能打通函谷道。后一阶段南攻宛邑，刘邦不愿纠缠于此、贻误战机，欲过宛而西，被张良谏止。明人黄淳耀就此事评曰："刘辰翁曰：'自项梁以来，攻定陶不下，攻外黄未下，而通行无忌，殆欲汲汲赴争害捣虚邑耳。'此最兵家要妙，令人不及掩耳，得敌去为幸，何暇追袭，此横行之道也。若每邑顿兵，得寸失尺，畏首畏尾，声实皆丧。故高祖攻昌邑未拔，过高阳，攻开封未拔，攻颍川，盖深喻此。独宛强大，追敌近，复过而西，则前后相应，非他邑比也。故子房忧之，云云须溪，此言可谓深得楚汉用兵之略矣。"⑤ 黄氏所言可谓切中肯綮，宛城非他邑可比，是武关道上几乎无法回避的重镇。与此相仿佛，洛阳亦为非他城能比的通都大邑，也几乎是函谷道上

① （清）顾祖禹撰，贺次君、施和金点校：《读史方舆纪要》，第 2216 页。
② 《史记》卷一二六《滑稽列传》，第 3209 页。
③ （清）顾祖禹撰，贺次君、施和金点校：《读史方舆纪要》，第 2214 页。
④ 同上书，第 2507 页。
⑤ （宋）黄淳耀：《陶庵全集》，文渊阁《四库全书》，第 1297 册，第 682 页。

无法避绕的咽喉要地，其重要性更甚于宛邑。所以通常情况下，尤其在进攻方实力较弱的情形下，攻取洛阳几乎成为继续西进的前提。若能拿下洛阳，循函谷道西进的可能性就增大了很多。即使前方尚有诸多险阻，但进攻方解除了洛阳这一重大威胁，可专意西进，若进攻不利，尚可后撤回旋，保全自我。清末人魏源就取得洛阳对由函谷道入攻关中的重要性有过精辟的论析，"崤函纵攻不入，尚有洛阳可为退步"。反之，若未取下洛阳，侥幸绕过而沿函谷道西进，前有函谷之扼，后有强洛之阻，攻方处境将十分被动而危险，即使两端守军不聚拢夹击，但行坚壁清野之策，攻方"进不得进，退不得退，灵宝弹丸之地，无粮可征，不出旬月，三军饥困，不战成擒"①。

建武元年（公元25），赤眉军欲西攻长安时，由于洛阳屯驻了号称三十万的更始军，为避免攻坚，赤眉军放弃了攻取洛阳，遂也就暂时放弃了沿函谷道西进的计划，而兵分两路，改由陆浑关、武关而入。再如，永嘉四年（310），刘聪攻取洛阳，时任西晋豫州刺史的阎鼎欲奉秦王司马业至长安，因洛阳失陷，行函谷道"惧有抄截"，遂选择"南自武关向长安"②。可以说刘邦攻洛阳未果遂移兵武关道，既是一种被动的策略选择，也是一种理性的战略转变，之后的经历证明这种决策改变是成功的，它成为影响全局的转折点③，保证了刘邦入关灭秦任务的顺利完成。

二　刘邦与项羽的关系与西征军进攻路径的改易

秦二世二年（前208）九月，定陶一役中项梁兵败被杀，秦军遂北渡河击赵，围赵军主力于巨鹿，在此十分艰难的情势下，楚怀王熊心做出了一项大胆的战略部署：命宋义、项羽率楚军主力北上救赵，同时遣刘

---

① （清）魏源：《古微堂外集》，谭其骧主编《清人文集地理类汇编》，第2册，浙江人民出版社1986年版，第204页。

② 《晋书》卷六〇《阎鼎传》，中华书局1976年版，第1647页。

③ 王子今认为，刘邦由洛阳至南阳，军势由弱而强，成为其军事生涯中的重要转折点。详参王子今《秦汉交通史稿》，第283页。

邦西行入关。这两支部队虽主要活动于黄河两岸，并无携手并举的联合行动，但双方的军事举措却密切关联，一方的作战进程对另一方有相当程度的影响。刘邦西征作战方略的改变也是如此，我们不宜孤立地从刘邦集团自身与黄河南岸的战事发展去寻找原因，还应当结合项羽等诸侯军以及整个反秦战局去观察和分析，而关于后者的思考在我们以往的研究中没有得到应有的重视。

（一）刘、项间的配合

总体来说，刘邦与项羽是一种即相互配合又激烈竞争的关系。巨鹿之战是灭秦的决定性战役，很多研究成果都肯定了此役为刘邦的入关灭秦创造了极有利的条件。但同时我们还当注意到的是刘邦在黄河南岸发动的一系列战役也为巨鹿大捷的取得发挥了积极的作用：牵制黄河两岸秦军、扰动秦的后方与策应北上楚军等。

从秦二世二年后九月宋义、项羽率楚军主力自彭城出发，至三年十二月全歼王离军的这段时间，刘邦率部与黄河南岸秦军进行了多次交锋，"击王离军成阳南，复返之杠里，大破之"[1]，后又"攻破东郡尉于成武"。十二月，编并刚武侯军，与"魏将皇欣、武满军合攻秦军，破之"等等。是月，项羽"大破秦军巨鹿下，虏王离，走章邯"[2]。其间，刘邦先后与数支秦军交战，身份明确的有王离军[3]东郡尉军等。王离本人虽在巨鹿城下，但仍留下一部分军队屯驻于黄河南岸，用以严防以楚军为主的诸侯义军北上，确保巨鹿外围的战略安全，此外，应当还担负有翦除楚军残余的任务。

刘邦在黄河南岸的军事行动，牵制并消灭了部分秦军，使得秦之精

---

① 《史记》卷五四《曹相国世家》，第 2023 页。

② 《汉书》卷一上《高帝纪上》，中华书局 1962 年版，第 17—18 页。

③ 关于屯驻于杠里的秦军归于何人统领的问题学界存在争议：《史记》卷八《高祖本纪》记为河间守所率，梁玉绳则认为可能是三川守军。辛德勇则认为是王离属下的一部分军队，因为"涉""河"字形略近，"河间"应为"涉间"的讹误，涉间为王离裨将，故杠里秦军当为王离所统北边防军之一部。参见辛德勇《巨鹿之战地理新解》，《历史的空间与空间的历史》，北京师范大学出版社 2005 年版，第 70 页。

锐未能悉数辐凑于巨鹿城下，对巨鹿大捷的取得是有较大贡献的。此外，巨鹿战后项羽与章邯长期陷于相持态势，迟至二世三年七月，章邯才降附项羽。这半年内，刘邦军转战河南各地，北攻昌邑，西袭陈留，进攻开封，会战白马。洛阳受阻后，南行攻轘，下宛，西降丹水，进攻胡阳、析、郦，尤其是南取宛城后，取得了一系列的大捷，这些胜利大大鼓舞了义军士气，有力支援了河北战场，也加速了章邯的投降与秦朝的灭亡。诚如张传玺所言："如无刘邦长期转战河南，并大批消灭、招降秦军，秦将军章邯也不会很快投降项羽，秦朝也不会那样迅速的覆灭。"①

同样，项羽在黄河北侧的一系列军事胜利亦为刘邦的西征起到了积极的助推作用。秦二世三年七月，刘邦占据宛城，之后的西进比较顺利。而在此前，尤其是六月攻轘前，刘邦西进并不顺利，所战多遭败绩。清人章邦元《读通鉴纲目札记》卷三"沛公入武关"条分析曰："沛公去冬奉命入关至此始至，何迟迟也？是时，秦地完全，秦兵尚强，章邯引兵围赵，其锋甚锐，若径欲攻关，则前有坚城，后有劲敌，沛公孤军必不能支，俟邯降楚而后直入，攻关其势必举。"② 所论入理。七月，也正是章邯于殷墟举兵降项羽之时，虽然项羽也意在关中，但其所领导的北方战场的胜利不论在牵制秦主力还是挫敌士气等方面确实在客观上便利和加速了刘邦的入关。

（二）刘、项间的竞争

但同时，我们还要注意到的是刘、项之间还存在着激烈的竞争关系——两人均热切地谋求率先入关，抢夺灭秦头功，进而为夺天下做准备。有学者已意识到刘、项在灭秦过程中的这种竞争关系。辛德勇在谈到灭秦后刘邦兵出汉中、抢据三秦时说："事实上，对于关中的争夺，远在秦朝尚未灭亡，项羽与刘邦间的矛盾还没有表面化时就已经开始；刘

---

① 张传玺：《秦汉问题研究》，北京大学出版社 1995 年版，第 380 页。
② 章邦元：《读通鉴纲目札记》卷三，四库未收书辑刊编纂委员会编：《四库未收书辑刊》，第 3 辑，第 12 册，北京出版社 2000 年版，第 466 页。

邦兵出汉中，据有三秦，不过是为此画上一个句号而已。"[①] 还有学者认为对关中的竞争不独存在于刘、项两人间[②]，其他灭秦武装，尤其是一些旧贵族复辟势力，如赵、燕等诸侯军也同样是矛头直指关中，威胁秦社稷。[③] 秦二世三年夏四月，赵将司马卬欲渡河入关的举动就很明显的体现了这一点。抢先入关是刘邦西征首要的战略目标，面对这种情况，刘邦岂能畀竞争者以良机，自贻祸患，遂急率主力北上，攻占平阴，切断黄河津渡，阻止包括赵在内的其他诸侯军南下。不过司马卬的军事行动也向刘邦发出了一个值得警惕的信号，项羽所率的诸侯联军将很快会彻底结束河北战事渡河入关。而且司马卬入关选择由平阴津渡河也颇值得思考。当时章邯军退守于棘原（今河北巨鹿南），河北战场已基本被诸侯联军所掌控，可选择的黄河津渡很多，除平阴津外，还有孟津、小平津、五社津、成皋津等[④]，且不少渡口较平阴津更接近联军驻地，为何司马卬渡河会选择平阴津呢？平阴津优越的地理位置与便捷的交通条件恐怕是一个主要原因。平阴津，《括地志》谓："在洛州洛阳县东北五十里。"[⑤] 相比于孟津、小平津等，它距洛阳最近，渡河后，即直达洛阳北郊，再由此西经函谷道入关，甚为捷近，所以平阴津在秦汉时也常简称为"河津"，"成为当时黄河最主要的南北渡口"[⑥]。司马卬选择由平阴津渡河几乎就意味着此后的动作是抢占洛阳，继而沿函谷道西进。

在进攻洛阳失利后，刘邦不得不面临这样的选择，是继续循函谷道西进，还是另择他途。若仍沿函谷道行进，则需要先取得洛阳。刘邦的实力与秦军相差很大，顿兵洛阳坚城之下，若周边城邑屯驻的秦军收缩聚拢，与洛阳守军夹攻，刘邦恐有全军覆没之虞，若攻下再进，又有贻误战机的可能。假使能保持自己不被削弱、消灭，且侥幸拿下洛阳，以

---

　　① 辛德勇：《巨鹿之战地理新解》，《历史的空间与空间的历史》，第95页。

　　② 虽然楚怀王在任命刘邦为西征统帅后，"与诸将约，先入定关中者王之"，但适用的对象是"诸将"，台湾三军大学所主编的《中国历代战争史》认为此约乃怀王与所有反秦势力所订立，参见台湾三军大学编《中国历代战争史》，第3册，军事译文出版社1983年版，第3页。所以参与竞争入关的势力集团是比较多的。

　　③ 张传玺：《秦汉问题研究》，第91页。

　　④ 王子今：《秦汉黄河津渡考》，《中国历史地理论丛》1989年第3期。

　　⑤ 贺次君辑校：《括地志辑校》，中华书局1980年版，第169页。

　　⑥ 王子今：《秦汉交通史稿》，第73页。

这样一支疲弱之军走险绝的函谷道，迟早会被项羽大军赶上，自己实际充任了项羽的先头部队。以项羽兵势之盛，威望之高，自己也只能成为联军中同于其他诸侯的一员，而无法掌握义军的主导权，入关灭秦后，焉能实现夺天下的目标。所以，避免与项羽相遇被编并，保持并扩充自身实力，选择他道尽快入关乃是刘邦此时所急需考虑的大事。后来至刘邦踏上武关道，亦十分警惕于项羽入关的军事举措，在其强大的竞争压力下，甚至还欲绕宛城西进，张良谏曰："沛公虽欲急入关，秦兵尚强，距险。今不下宛，宛从后击，强秦在前，此危道也。"① 后约降南阳守后方继续西行。待攻至峣关，刘邦又用张良计，使郦食其、陆贾往说秦将，以利诱降，待其松懈，偷袭得手。章邦元《读通鉴纲目札记》卷三"沛公击峣关"条评张良诈取峣关事曰："兵不厌诈，何留侯而亦如此？是时沛公已入武关，则峣关破在旦夕，良之所以汲汲者，正以项羽将至，故急欲定秦以王关中耳，观后之守函谷关以拒羽可知矣。"② 可见，项羽的作战部署会对刘邦的战略决策产生深切的联动影响，而且越到战争后期，双方的竞争就越激烈，项羽集团的行军方略自然就成为刘邦在制定战略战术时所不得不着重考虑的因素。为明了两人间这种既配合又竞争的关系，笔者将刘邦自秦二世二年后九月出征伊始至汉元年十二月项羽破关屯驻鸿门这段时间内双方主要的行经与战斗地点列表如下，以佐参考：

表1　　　　　　　　　刘邦、项羽进军关中所经地点简表

序号	时间	刘邦军路经和作战的地点	项羽军路经和作战的地点	资料来源及说明
1	秦二世二年（前208）后九月	砀（今安徽砀山南）、成阳（今山东菏泽东北）、杠里（邻近成阳）	彭城（今江苏徐州）	《史记·高祖本纪》《汉书·高帝纪上》《史记·项羽本纪》《汉书·陈胜项籍传》

---

① 《史记》卷八《高祖本纪》，第359页。
② 章邦元：《读通鉴纲目札记》卷三，四库未收书辑刊编纂委员会编：《四库未收书辑刊》，第3辑，第12册，第466页。

续表

序号	时间	刘邦军路经和作战的地点	项羽军路经和作战的地点	资料来源及说明
2	秦二世三年（前207）十月	成武（今山东成武）南	沛县（今江苏沛县）、胡陵（今山东鱼台东南）、亢父、安阳（今山东无盐南或西南、巨野泽以东）①、平原	《史记·高祖本纪》《汉书·高帝纪上》《历史的空间与空间的历史》②
3	十二月	栗（今河南夏邑）	巨鹿（今河北平乡西南）	《史记·高祖本纪》《汉书·高帝纪上》《史记·项羽本纪》《汉书·陈胜项籍传》
4	二月	昌邑（今山东金乡县西）、高阳（今河南杞县西）、陈留（今河南开封东南）	漳南（今河北邯郸市东，漳水南岸）	同上
5	三月	开封（今河南开封南）、白马（今河南濮阳西南）、曲遇（今河南中牟东）	漳南	同上
6	四月	颍阳（今河南禹县南）、平阴（今河南孟津北）、洛阳（今河南洛阳东）、鞮辕（今河南登封西北）、阳城（今河南登封东）	漳南	同上

---

①　关于安阳的所在，自古及今众说纷纭，目前还没有一个可信的结论。关于各种说法及辛德勇对安阳地望所做的考证、推断，详参辛德勇《巨鹿之战地理新解》，《历史的空间与空间的历史》，第72—79页。

②　辛德勇:《巨鹿之战地理新解》，《历史的空间与空间的历史》，第79页。

续表

序号	时间	刘邦军路经和作战的地点	项羽军路经和作战的地点	资料来源及说明
7	六月	犨（今河南叶县）东、宛（今河南南阳）	漳南	《史记·高祖本纪》《汉书·高帝纪上》《史记·项羽本纪》《汉书·陈胜项籍传》
8	七月	丹水（今河南淅川西南）、胡阳（今河南新野东南）、析（今河南西峡）、郦（今河南南阳北）	殷墟（今河南安阳西）	同上
9	八月	武关（今陕西商南东南）		同上
10	九月	峣关（今陕西蓝田东南）、蓝田北（今陕西蓝田北，灞河东）①		《史记·高祖本纪》《汉书·高帝纪上》《古代交通与地理文献研究》
11	汉元年（前206）十月	霸上（今陕西西安东南）、咸阳（今陕西咸阳东）	平阴、洛阳等河南地	《史记·高祖本纪》《汉书·高帝纪上》《汉高帝大传》②《中国古代教学参考地图集》③

----

① 《史》、《汉》关于刘邦在蓝田附近与秦军交战的记载驳杂混乱，时人及后世学者很多都得出了刘邦曾军至蓝田的论断。辛德勇否定了此说，认为刘邦军只先后在蓝田南、蓝田北与秦军有过交锋，其中的蓝田南之战即为攻破峣关之役。详参辛德勇《论霸上的位置及其交通地位》，《古代交通与地理文献研究》，中华书局1996年版，第47—48页。

② 安作璋、孟祥才：《汉高帝大传》，第1页。

③ 张传玺、杨济兵：《中国古代教学参考地图集》，北京大学出版社1984年版，第9页。

续表

序号	时间	刘邦军路经和作战的地点	项羽军路经和作战的地点	资料来源及说明
12	十一月	霸上	新安（今河南渑池西）、渑池（今河南渑池西）	《史记·秦楚之际月表》《汉高帝大传》《中国古代教学参考地图集》
13	十二月	霸上	鸿门（今陕西临潼东北）	《史记·高祖本纪》《汉书·高帝纪上》《史记·项羽本纪》《汉书·陈胜项籍传》

（三）　刘、项竞争关系的形成原因

刘邦与项羽的竞争关系是在他们出征前就已形成，其外部驱动力便是楚怀王的"先入定关中者王之"诏。前文提到项梁死后，怀王做出了两个重要部署：一面以宋义为上将，统领项羽将楚军主力北上救赵；同时委任刘邦挂帅西征。有学者以为这种安排实际上是怀王为扼制项羽所做的双重设计。表面上看，选派谁西征似乎是出于怀王诸老将群商的结果，因为刘邦是"宽大长者"，不似项羽"剽悍猾贼"①。事实上，真正的缘由是怀王信任或者说是不太防范刘邦并用他来牵制项羽。② 出征伊始，刘邦就被安置在了项羽的对立面。而且为了能有效地实现这一目标，怀王还定下盟约，希望刘邦凭借"先入定关中"之功受封于此地，利用灭秦首功的威望，加上关中优越的地理形势，牵制住项羽或宋义。元人方回还进一步考证认为怀王立约还曾庄重地书以文契，"楚怀王与诸将不特口为之约，又必立为文契，要曰：'先定关中者王之。'似如今预给公据之类，诸将各执其一，以为异日之契，取赏之具也"③。设若如此，则

---

① 《史记》卷八《高祖本纪》，第356—357页。
② 辛德勇：《巨鹿之战地理新解》，《历史的空间与空间的历史》，第99页。
③ （宋）魏了翁撰，（元）方回续：《古今考》，文渊阁《四库全书》，第853册，第178页。

更能反映出怀王制驭项羽的用心之深，惜灭秦之后，项羽作为事实上的霸主，改立率先入关的刘邦为汉王，令其"王巴、蜀、汉中，都南郑"①，公然背弃成约，使得怀王一系列的设计未能发挥出作用。

　　此外，刘、项二人均怀有一匡天下的强烈意愿，相同的目标也使双方处在了角逐争衡的位置上。楚怀王议定西征主帅时，诸将皆畏惧秦军兵盛不愿承担入关任务，"独项羽怨秦破项梁军，奋，愿与沛公西入关"②。项羽欲入关至少可拿急于想为叔父报仇来解释，那么驱使刘邦争先入关的动机是什么呢？有学者认为，"刘邦是想通过据有关中的地理优势而为其取得天下奠定基础"③，"刘邦一直是将关中作为最后的进击目标"④，对于咸阳更是志在必得，争天下的野心在此时已初露端倪。而项羽也未尝不做此想，项氏叔侄起兵较早，不多时便发展为最强大的反秦武装之一，立熊心为怀王只是为增强号召力，以吸引更多人加入，争衡天下才一直是叔侄俩的目标。清人冯班曾云："自秦亡后，天下之权在项羽，故作本纪。班孟坚《汉书》项羽与陈胜同传，与太史公不同。按，当时项羽实主约，汉封巴蜀，羽为之也，故太史公用共工之例，列于本纪。"⑤ 实际，天下之权早在秦亡前，盖已为项羽所主。如救赵途中，项羽于安阳擅杀宋义，自任"假上将军"⑥，怀王不得已予以承认。接受章邯投降后，即擅封其为雍王，后又委任司马欣、董翳为上将，灭秦后，也将此二人立为王，与章邯三分秦地，后背约王沛公于汉中。以上杀伐封拜皆未报请怀王，反映出项羽已经以义军主宰者的身份自居，夺天下的野心较刘邦更明显。

　　由于刘邦西征路线的选择原因及刘、项关系是本文主要的研究对象，所以就刘邦集团希望争关中、王天下的战略企图笔者准备稍作展开，藉此亦可反观项羽意"专主天下"的心理。

　　当刘邦将抵武关时，曾遣魏人宁昌使秦，赵高杀二世后，"亦使人

---

① 《史记》卷八《高祖本纪》，第365页。
② 同上书，第356页。
③ 辛德勇：《巨鹿之战地理新解》，《历史的空间与空间的历史》，第100页。
④ 安作璋、孟祥才：《汉高帝大传》，第97页。
⑤ （清）何焯著，崔高维点校：《义门读书记》，中华书局1994年版，第201页。
⑥ 《史记》卷七《项羽本纪》，第305页。

来，欲约分王关中，沛公以为诈，乃用张良计"袭破武关、峣关，进逼咸阳。刘邦非不欲王关中，乃是疑其有诈，策非万全，不若以武力攻取。入咸阳后，即告秦父老豪杰曰："吾与诸侯约，先入关者王之，吾当王关中。"① 待项羽王刘邦于巴蜀，刘邦通过张良"厚遗项伯，使请汉中地"②，终如愿以偿。可此时，刘邦却惺惺作态③，"怒，欲谋攻项羽"。萧何劝曰："虽王汉中之恶，不犹愈于死乎？""愿大王王汉中，养其民以至贤人，收用巴蜀，还定三秦，天下可图也。"④ 刘邦以为善，遂就国。此时，张良归韩，临行前说刘邦烧绝所过栈道，示天下无东归意。刘邦就国后遂设王都于汉中的南郑（今陕西汉中），逼临关中。萧何追得韩信后语刘邦："王必欲长王汉中，无所事信，必欲争天下，非信无所与计耳，顾王策安所决耳。"刘邦对曰："吾亦欲东耳，安能郁郁久居此乎？"遂拜信为大将，韩信谏言："今大王举而东，三秦可传檄而定也"⑤，再"决策东向，争权天下"⑥。刘邦闻后大喜，以为得信晚。综合刘邦自入关前、居咸阳、就国后这段时间刘邦君臣一系列的言行策略来看，刘邦早就怀有先据关中、再夺天下的战略企图。他与项羽对关中、天下的竞争存在了较长的时间，经历着从隐性、公开直至尖锐冲突这样一个由里及表的过程。

综上，刘、项二人在灭秦大业中既是相互配合的友军，但更是激烈竞争的对手，伴随着最终胜利的逐渐到来，二人对形势的洞察更为深入，竞争也更趋激烈。受阻于洛阳，处于抢夺胜利果实的紧要关头，心怀野心但实力不济的刘邦不甘心迟滞函谷道坐待项羽，被编并合军。选择南循武关道，保证队伍的独立性，并伺机壮大实力，乘隙蹈暇，才有望实现抢先入关的战略目标。

---

① 《史记》卷八《高祖本纪》，第361—362页。

② 《史记》卷五五《留侯世家》，第2038页。

③ 辛德勇分析，汉中乃刘邦花钱求得，怎会有不愿忍一时之忿就王汉中的道理？刘邦此举不过是为激使诸将决意收取关中，故作姿态而已。详参辛德勇《论刘邦进出汉中的地理意义及其行军路线》，《历史的空间与空间的历史》，第100页。

④ 《汉书》卷三九《萧何传》，第2006—2007页。

⑤ 《史记》卷九二《淮阴侯列传》，第2611—2612页。

⑥ 《史记》卷八《高祖本纪》，第367页。

三　敌我实力的差距与南趋武关道

刘邦行军策略的改变还和西征军与秦军实力的差距有密切关系，具体反映在秦军的兵力情况与刘邦军的兵力变化上。秦在黄河以南武装力量的部署与部队的性质类型与刘邦军的行进速度、顺利与否息息相关，深刻影响了其战略进攻方向的选择。就西征军而言，刘邦也越来越明显感受到自身力量的弱小，尤其在秦军防守力量较强的函谷道一线。至攻洛失败，刘邦已深刻体会到实力的缺欠已大大迟滞了行军的速度，有碍西征军继续循函谷道行进，不得不对原有作战计划进行重大调整。所以，欲全面、深刻地理解刘邦行军路线的转变还需要先从对手的情况——秦军的兵力分布与类型谈起。

（一）秦军兵力分布

秦军主力分布于黄河以北，由章邯、王离所率，属秦军精锐，但屯驻于黄河南岸的秦军也有不少，相对于出发不满万人的西征军，显然占有绝对优势。[①] 具体而言，黄河南岸的秦军很可能主要部署于函谷道一线，以抵御义军由此西进。方回曾批评章邯的用兵策略："章邯者，亦愚夫也，必南击楚怀，西护荥阳、成皋以西，俾天下不敢窥函谷武关为第

---

① 黄河南岸的秦军虽非主力，但力量也很强大。朱绍侯认为戍守长城的三十万秦边防军被悉数内调，辛德勇赞同此说，并进一步认为这支大军在定陶战役后分成了两部，主力二十余万人北上赵地，担负着围城、攻城的任务，余下的约十万人就留在了黄河南岸。分别参看朱绍侯《关于秦末三十万戍守北边国防军的下落问题》，《史学月刊》1958 年第 4 期；辛德勇《巨鹿之战地理新解》，《历史的空间与空间的历史》，第 80 页。刘邦在成阳、杠里、成武等地交锋的秦军就包括了这支部队，此时刘邦所部不满万人，仅定陶周边的秦军就已远胜之。但关于王离所部是否悉数调入内地与黄河南岸是否驻扎有王离军的别部，也有学者持不同意见。如张传玺就认为王离属下的三十万边防军没有全部内调，南下的部分王离军只部署在巨鹿城外围，最终被歼灭的兵员在十几万到二十几万之间。详参张传玺《秦汉问题研究》，第 360 页。今据《史记》卷八《高祖本纪》记载，黄河南岸的确有王离军别部的存在，所以关于这个问题笔者从辛德勇之说。

一义。"① 从此语中可以看出秦廷是将荥阳、成皋作为迎击农民军的前沿阵地，希望通过稳固对二地的防守来确保其西部，尤其是关中地区的战略安全。荥阳、成皋在函谷道东段的战略意义重大，宋人王应麟《通鉴地理通释》卷七《名臣议论考》"荥阳"条引吕祖谦曰："荥阳、成皋自春秋以来常为天下重地，由秦而上，晋、楚于此而争霸；由秦而下，楚、汉于此而分雌雄。天下既定，七国、淮南、衡山之变，犹睥睨此地而决成败焉。"② 尤其是荥阳，其北有秦汉时期"规模最大最重要的国家粮仓"③ ——敖仓，因"荥阳、成皋控南北之冲，故秦积粟于此"④。这里囤积有巨额粮食，战略地位十分重要，有学者认为荥阳超轶诸多等级城邑，地位甚至高于所在郡治洛阳之上。⑤

所以仅为保障敖仓及军粮馈运的安全，秦廷也会置重兵守护；同时这些巨额粮食借助黄河漕运可以很方便地补给两岸秦军，便于驻军长期据守，战略意义重大，所以有理由相信荥阳、洛阳所在的秦三川郡应当是秦军防守的重点。辛德勇在谈到汉代河南郡的战略前沿地位时说："汉朝在河南郡常年驻有重兵……秦末陈胜揭竿反秦时，吴广率军西向关中，一路势如破竹，却在荥阳城下受到三川郡守李由的顽强抵抗，久攻未下，说明当地守军的实力非同寻常。秦三川郡即西汉河南郡的前身。据此可知，这一地区作为关中战略前沿的地位，早在秦朝即是如此。"⑥ 在吴广、周文等强攻，并越之而攻入关中的战略要地，秦廷在击灭陈胜后，不会不在此布置重兵。刘邦对开封、荥阳、洛阳等重镇的进攻均告失败，也从一个侧面反映出秦对函谷道较大城邑的防守力量相当坚强。在洛阳东失利后，刘邦急速移兵南阳，途中得到了张良所率韩国军队的补充，但

---

① （宋）魏了翁撰，（元）方回续：《古今考》，文渊阁《四库全书》，第853册，第169页。

② 张保见校注：《通鉴地理通释校注》，四川大学出版社2009年版，第231页。

③ 王子今：《秦汉交通史稿》，第232页。

④ 张保见校注：《通鉴地理通释校注》，第235页。

⑤ 辛德勇认为，洛阳地区所谓"天下咽喉"的功效更多的是体现在荥阳城上，而荥阳城的重要地位相当大程度是基于对敖仓军粮的控制作用。详参辛德勇《论细柳仓与澂邑仓》，《陕西师范大学学报（哲学社会科学版）》2010年第2期。

⑥ 辛德勇：《秦汉政区与边界地理研究》，中华书局2009年版，第281页。

同时还命令韩王成留守阳翟，一来镇抚颍川，二来可以"牵制河南秦军"①。可见刘邦决意南叩武关后，仍对驻守于洛阳、荥阳、开封等函谷道重镇的秦军颇存顾忌。

相较于函谷道，武关道兵力不多②，军心不稳，且战备警惕性不高。《历代名贤确论》卷三二《始皇》"战守"条引宋人何去非语曰："沛公之众扬袖而入空关，虽二世之乱足以覆宗，天下之势足以夷秦，而其亡遂至于如此之亟者，用兵之罪也。"③ 文中"空关"指的便是武关，何氏评断虽辞有夸饰，但也从一个侧面反映出秦廷在武关道部署的兵力确实较少。故刘邦约降了南阳守后，在南阳盆地行军顺利，"引兵西，无不下者。至丹水，高武侯鳃、襄侯王陵降西陵。还攻胡阳，遇番君别将梅鋗，与皆，降析、郦"④，基本未遇到大的战斗。"一路势如破竹直抵武关，乘秦守将不备，突袭而攻克武关。"⑤ 此后不久，秦廷也发生了大的变故，"子婴诛灭赵高，遣将将兵距峣关"⑥。子婴急速派军据守峣关，证明此前峣关守军不多。这主要源于秦统治者与将帅在进行防御部署时未料到刘邦的部队会选择武关道作为行军的主攻方向，故布置在此线的防守力量较弱。

（二）秦军的类型

镇压农民大起义的秦军依性质大致可分为三类：关中秦军、北方边防军和关外的地方郡县武装。关中秦军即《史记》卷七《项羽本纪》中所说的"秦中吏卒"⑦，指的是来自函谷关以西秦国旧地的兵士，主要由章邯统领。北方边防军的兵员构成可能并非单一，明确可考的相当大一

---

① 项立岭、罗义俊：《刘邦》，人民出版社 1976 年版，第 26 页。
② 史念海探讨函谷关和潼关附近的迂回战时讲到刘邦南叩武关进攻没有遇到很大抵抗，认为可能是由于秦兵防守函谷关，遂使这里变得空虚。参看史念海《河山集》四集，第 179 页。
③ 佚名撰：《历代名贤确论》，文渊阁《四库全书》，第 853 册，第 231 页。
④ 《史记》卷八《高祖本纪》，第 360 页。
⑤ 田昌五、安作璋：《秦汉史》，第 84 页。
⑥ 《汉书》卷一上《高帝纪上》，第 22 页。
⑦ 《史记》卷八《高祖本纪》裴骃《集解》引如淳语谓："时山东人谓关中为秦中。"（第383 页）

部分应是被"谪发"的士卒①,此外,似乎还应有来源于边郡与关中的吏卒。关外郡县部队,顾名思义即关东各郡县长吏所统率的地方武装,成员主要为本郡县可征发的兵丁。

在这里,还需要附带说明的是章邯所率兵士的构成存在一个变化的过程。我们知道,章邯最初进击周文、陈胜等所统部队是由"骊山徒"和"人奴产子"组成,有众二十万。但此处笔者所论章邯统领的主要为"秦中吏卒",二者间似乎存在矛盾。其实这主要是由于秦廷从关中几次向章邯大规模发兵增援,致使其部队的兵员构成迅速发生了转变。② 我们不禁会问当初那些囚徒与奴隶的归宿又到哪里了呢? 朱绍侯认为,这批人并不可靠,在战斗中大量逃亡,使得在章邯军中的比重急速下降。③ 辛德勇认为这些骊山刑徒或战死、或逃亡,还有些留驻于朝廷所收复的各个据点,逐渐已基本不再随章邯的队伍行动。④ 凡此种种使得秦中"吏卒"最终成为了章邯军的骨干成分。

通观整体战局,在黄河北岸与项羽交锋的主要是前两类秦军,南岸与刘邦作战的主要是第三类秦军——地方郡县部队,当然也有北边国防军的一部分。黄河北岸秦军不光是久经战阵的劲旅,战斗力强,而且还拥有统一的领导⑤,章邯是其总帅,统一协调北方战事部署。而与此成鲜明对比的是南岸秦军,他们主要由郡县守令所统领,中央未选派统一指挥南方军事行动的的主帅,这使得各地秦军力量难以形成相互的配合与支援,从而使战斗力未能得到充分的发挥,而且越到战争后期,这类分

---

① 王离是继蒙恬接掌这支边防军的,主要任务是防御匈奴。《史记》卷一一○《匈奴列传》载蒙恬北击匈奴时,"因河为塞","徙谪戍以充之"(第2886页),所述即为这类人。

② 张传玺认为,在镇压陈胜、吴广起义时,关中其实还是有兵可发的,其所以先发"刑徒、人奴产子"迎敌,是仓促应变之策,后来在东方作战,秦一再补给章邯的,都是"关中卒"及新征"秦人",参见张传玺《秦汉问题研究》,第358页。关于派兵增援章邯的具体情况可参见辛德勇《巨鹿之战地理新解》,《历史的空间与空间的历史》,第68、89页。

③ 朱绍侯:《关于秦末三十万戍守北边国防军的下落问题》,《史学月刊》1958年第4期。

④ 辛德勇:《巨鹿之战地理新解》,《历史的空间与空间的历史》,第89页。

⑤ 关于黄河北岸的秦军是否有统一的领导,学界存在争议,争论的焦点在于章邯与王离两军的关系,本文此处采用的是辛德勇的观点,认为王离军亦归于章邯指挥,北岸秦军是有统一领导的。但张传玺认为北岸秦军是由章邯、王离分别受命统领,他们直接听命于中央,各自为战,互不隶属,所以北岸秦军并无统一领导。请分别参看辛德勇《巨鹿之战地理新解》,《历史的空间与空间的历史》,第90页;张传玺《秦汉问题研究》,第357页。

散于各地的秦军愈加军心涣散、士无斗志，客观上便利于西征军游击在这些孤立的据点间，各个分化、击破，刘邦在武关道沿线一连串的进攻得手就很好的印证了这一点。

（三）西征军的实力情况与南趋武关道

能否由函谷道攻入关中，攻守双方的力量对比是一个关键因素。[①] 在西征前半段，刘邦一直谋求打通函谷道，但终未能实现。西征军实力弱小，与函谷道秦守军兵力相比，差距很大，这恐怕是一个主要原因。西征军攻打函谷道重要城邑时连战连败的经历已将它的实力缺欠暴露得很清楚，翦伯赞曾评价刘邦军在函谷道的作战是"遇城不攻，攻亦不拔；逢敌不战，战亦不胜"[②]。在这一连串的失利中，开封、洛阳之败影响很大，尤其是后者，它成为了刘邦西征进程中的转折，直接导致了刘邦作战部署与进攻方向的改变。

实际上，刘邦洛阳东战败，败非败在险阻上，而在于实力不济。洛阳战略地位重要，但本身并无险，其险阻地利实凭借四方之险[③]，若进攻部队已绕过诸险，则洛阳所持就唯有城坚兵强了。当时刘邦攻打洛阳，实未至城下攻坚，而是在洛阳东面的旷野与秦军展开了一场比拼实力的阵地战，与之交锋的秦军应当是洛阳城守军一部或主力而非全部兵力，仅以兵力相抗，刘邦就已惨败，反映出刘邦此时的实力单与洛阳守军相比就已处于劣势。且洛阳不同于函谷道上的其他城邑，它是东西交通的咽喉，几乎无法避绕，宋人李格非称洛阳"处天下之中，挟崤、渑之阻，当秦、陇之襟喉，而赵、魏之走集，盖四方必争之地也。天下常无事则

---

① 史念海在对周文、项羽成功入关的原因分析时认为，进攻力量的强大、守关力量不强是函谷关被攻破的主要原因，语详史念海《河山集》四集，第392—393页。

② 翦伯赞：《秦汉史》，北京大学出版社1999年版，第113页。

③ 如李久昌说："洛阳号为天下之中，其形势之重却在其外围，其要点又在于对洛阳四境形势的控制，洛阳四境为洛阳与其外围四方联系的通道，控制四境即可控制洛阳与其他地域的联系，洛阳便易成为孤城一座。……无力长期构成独立自雄的防守体系，易受到攻击而处在被动之中。"（李久昌：《国家、空间与社会：古代洛阳都城空间演变研究》，三秦出版社2007年版，第147页）

已,有事则洛阳必先受兵"①。即使洛阳周围有间道可侥幸绕过,那么前有函谷关重兵扼守,后有洛阳强兵追袭,刘邦残部的处境也将十分被动、危险。对刘邦而言,较短时间内重整旗鼓,再次发动攻击、以至拿下洛阳已经变得很不现实,而且还随时会有被反攻、围歼的可能。这时刘邦应当更深切地体会到了实力不济之憾。于此情势下,保存剩余兵力,并伺机壮大,以争取抢先入关恐怕已成为他需要考虑解决的第一要务。而函谷道之南的南阳、颍川等地,固中原之地而楚、韩旧壤,反秦基础好,拥有多支起义部队。且相较于函谷道,这里的守御力量较弱,军心浮动,于补充兵员便,于招降纳叛便,于通行入关便。所以迂回南线不失为一个明智、务实的选择,可获避实击虚之效,还有望实现率先入关的战略目标。

　　而此后的战争进程也充分证明了这项决策的正确。洛阳东失利后,刘邦急速经轘辕险道南抵阳城,"收军中马骑"②,攻南阳、围宛城,约降南阳郡守,得到了急需的兵员、积粟后,循武关道西行,沿途收编了多支部队,在短时间内使自身实力得到了明显的恢复与增强,至攻入咸阳,已有十万之众。兵员增幅十分惊人,将此时的兵力与出发时相比,已壮大了十倍以上。其实,刘邦出征后一直比较重视扩充兵员和补给军资,但在洛阳战前,兵力的增长很缓慢,至攻洛时似还不足两万人,增幅仅一万余,所补兵员也主要是陈胜、项梁残部、友军偏师及小股的起义部队。而在洛阳战后,尤其在取得宛城后,军力壮大十分迅速,所增兵员也主要转变为降附的秦军。西征军实力的快速提升主要源于刘邦在攻洛失败后更加重视于自身队伍的壮大,同时也要得益于他在扩充军力的手段上机动灵活的策略方针。刘邦交互运用军事手段和政治手段,或分化瓦解,或严厉打击、或诱降联合,这样既不会过多损耗已有兵力,还能大大提升行军速度,争取到了时间,取得了理想的战果。为清眉目,笔者将刘邦自秦二世元年七月起兵至汉元年十月入驻咸阳这段时间兵员增加的情况见表2。

---

① (宋)李格非:《洛阳名园记》,文渊阁《四库全书》,第587册,第247页。
② 《史记》卷八《高祖本纪》,第359页。

表2　　　　　　　　　　　刘邦军兵员增加情况

序号	时间	地点	兵员增加情况	资料来源及说明
1	秦二世元年（前209）秋七月	沛县	二三千人	此处采用了《史记·高祖本纪》的说法，《汉书·高帝纪上》谓"三千人"
2	秦二世二年（前208）二月	砀	五六千人	此处采用了《史记·高祖本纪》的说法，《汉书·高帝纪上》谓"六千人"
3	二年四月	薛	五千人	《史记·高祖本纪》《汉书·高帝纪上》
4	二年九月	自彭城始西征沿途	收陈胜、项梁散卒	同上
5	三年（前207）十二月	栗	夺刚武侯军四千余人，似又编并了魏将皇欣、武满（一作武蒲）军	同上
6	三年二月	岐	郦商所领四千人	《史记·樊郦滕灌列传》《史记·郦生陆贾列传》《汉书·郦商传》
7	二月	陈留	陈留令降，得其所部	《史记·高祖本纪》《汉书·高帝纪上》
8	六月	宛	南阳守降，得其所部	同上
9	七月	丹水、西陵、胡阳、析、郦	收编上述各地之秦守军、高武侯鳃、襄侯王陵所部及番君别将梅鋗之军	同上

结　语

　　刘邦入关灭秦是秦汉史中的一件大事，关于他循武关道入秦的原因，前人已做过不少研究，但已有的解释或存在可商榷之处，或还有进一步探讨的空间。"避险说"是自古及今的主流观点，但准确地说，它只宜于解释刘邦第二阶段的西征进程,而对前半期刘邦明知函谷道险峻还依然涉险履艰的行为无法解释得通,或说二者间存在明显矛盾。"失利说"是造成刘邦进攻路线转变的直接原因,但各家围绕"失利说"的阐述也基本沿袭了《史》、《汉》简约的叙述风格,对于为什么攻取洛阳不得就无法再沿函谷道西进还缺乏比较细致的阐释。而且这两项原因似乎均不是主要原因,除他们外,尚有若干更为深层、更能解释西征全程的原因,如在入关问题上,刘、项两人间存在激烈竞争,项羽步步紧逼的军事行动会成为刘邦进行战略战术设计时所要着重考虑的参考因素;刘邦自身实力弱小,与函谷道秦军力量差距很大,不得不迂回秦军守御力量较弱、反秦基础较好的武关道沿线扩充兵力、扭转劣势等,而这些因素可能才是刘邦南赴武关道的主因所在。

刘邦西征先后行经了函谷道与武关道,这种自北向南的转变也是刘邦自身实力迅速壮大的过程,此消彼长的变化随之带来的是战略全局的重大改观。函谷道虽然险仄,但往来捷近,武关道稍较坦易,但路途迂远。综合捷近程度、行军险易、战局发展、给养运输、自身状况、对手实力及兵力分布等各方因素来看,刘邦在不同的时期选择了不同的进攻线路,最终决定由武关道入秦应当说是个正确的选择,它使得刘邦能以较少兵力、较短时间抢先入关,取得灭秦头功,为之后统一天下、成就帝业奠定了坚实的基础。

附识:本文在写作和修改过程中,得到了王子今师的悉心指导和诸多帮助,在此致以诚挚的谢忱。

[原载《河南大学学报》(社会科学版)2010年第6期,收入本书时有所改动]

汉初南郡的前进据点与郡国关系

西南大学历史学院　　［韩］琴载元

作为楚故都所在地，长江中游江汉平原是春秋战国时期的楚中心地区，到秦昭襄王二十九年（前278）被秦占领而置为南郡后，其政治、文化发生了转折性的变化。此地在秦郡县制统治之下经过了五十余年的时间，到秦统一全国时已经转换成"秦地"。笔者已在另一文章里指出过，战国秦至汉初的南郡同时反映出"亡秦必楚"的局限性和"汉承秦制"的扩张性，具有很重要的象征意义。① 本文将"汉承秦制"方面的重要因素之一，作为关注的主题。汉中央继承秦郡县制，在江汉平原一带再次设置南郡，主要原因之一是军事战略上的问题。汉初郡国并行局面，是战国末秦与六国对峙局面的延长，于是战国末期南郡作为边境的特点，到汉初仍然持续下去。特别是，直接面对诸侯国的边沿地带，实际上成为汉中央郡县区域的前进据点，需要进一步探讨与此相关的问题。本文旨在通过考察南郡边沿地带的演变，了解汉初南郡在军事战略上的作用，在此基础上探讨西汉郡国关系的动态。

一　作为军事交通要地的南郡

在汉初郡国并行局面下，汉中央直辖区域中关东郡县的军事作用尤

---

① ［韩］琴载元：《秦통치시기"楚地"의形勢와南郡의지역성》，《中國古中世史硏究》第31辑，2014年，第167—215页。

其重要。汉中央政权建立后在关东设置郡县，主要为了在军事战略上掌握交通路线。比如，韩地"……北近巩、洛，南迫宛、叶，东有淮阳，皆天下劲兵处"①，由此将韩王信徙封在太原地区并设置颍川郡。对于南郡的设置，也应考虑到这种因素。江汉平原曾经是楚都的所在地，从此地可以通达所有的楚地。东边与江淮连接，南下可达长沙及湘西地区，而且楚在顶峰时期，从此地去占领武关扩张到汉中地区。秦于昭襄王二十九年（前278）"白起拔郢"之后，立即在此地设置郡县，表明秦朝很重视其在交通地理方面的优势。秦统一全国后，秦始皇巡行楚地时每次都经过南郡，因为此地是贯通楚地的重要据点，如："过彭城，斋戒祷祠，欲出周鼎泗水。使千人没水求之，弗得。乃西南渡淮水，之衡山、南郡。浮江，至湘山祠。"提到从衡山去湘山的中间经过南郡。然后，他回去关中的时候"上自南郡由武关归"，又一次经过南郡。② 由此可见，秦代在从彭城到江南及从江南到武关的交通路线中，就将南郡作为交叉点。因而，汉为了抵制在楚地割据的诸侯国势力，并扩张郡县地区，必须把南郡置于汉直辖的领域之中。

汉设置南郡后得到的战略上的优势，可以从汉征讨楚地异姓诸侯的过程中看到。诸如，首先要提及，刘邦听到楚王韩信准备叛乱的传闻，作出征伐楚国的决定。但是，在军事力量不足的情况下，不能直接发动兵力，于是采取陈平的计策，以巡行南郡云梦泽为名命诸侯王会合于陈，趁此机会逮捕韩信。③ 对刘邦的欺瞒策略，韩信没做任何防备，因为南郡是已公认的汉中央领地，去那里巡行是很正当的行为。对于以这种名义下达的会合命令，没有可以拒绝的理由。

其次，淮南王黥布的事例更具体一些。在黥布叛乱的时候，曾经为楚令尹的薛公向刘邦指出，黥布所能采取的上、中、下计。其内容如下：

上乃召见问薛公。薛公对曰："布反不足怪也。使布出于上计，

① 《史记》卷九三《韩信卢绾列传》，中华书局1959年版，第2633页。

② 《史记》卷六《秦始皇本纪》，第248页。

③ 《史记》卷八《高祖本纪》："十二月，人有上变事告楚王信谋反，上问左右，左右争欲击之。用陈平计，乃伪游云梦，会诸侯于陈，楚王信迎，即因执之。"（第382页）

山东非汉之有也；出于中计，胜败之数未可知也；出于下计，陛下安枕而卧矣。"上曰："何谓上计？"令尹对曰："东取吴，西取楚，并齐取鲁，传檄燕、赵，固守其所，山东非汉之有也。""何谓中计？""东取吴，西取楚，并韩取魏，据敖庚之粟，塞成皋之口，胜败之数未可知也。""何谓下计？""东取吴，西取下蔡，归重于越，身归长沙，陛下安枕而卧，汉无事矣。"上曰："是计将安出？"令尹对曰："出下计。"上曰："何谓废上中计而出下计？"令尹曰："布故丽山之徒也，自致万乘之主，此皆为身，不顾后为百姓万世虑者也，故曰出下计。"上曰："善。"封薛公千户。迺立皇子长为淮南王。上遂发兵自将东击布。①

　　对薛公所预测的三种战略简单说明一下。首先，"上计"是占领楚地及齐、鲁后，同燕、赵联合巩固势力。如果黥布选择这种战略，或许所有的诸侯国领域将脱离汉中央，并归附于黥布。"中计"是掌握楚地后，攻略韩、魏并迎击汉军，就类似于项羽所取的战略。这样的话还不能预测以后的胜败。最后，"下计"是以东边的吴和西边的下蔡为界，同长沙及越联合。这意味着只要据守楚地，就不会发展成更大的威胁。实际上黥布所采取的战略是"下计"，因而汉比较容易讨伐黥布军。在上面所述的战略中还要注意的是，这些都以诸侯国领域为限而设想。薛公并没有考虑过黥布攻占郡县地区或作出与郡县联合的可能性。有可能因为当时所有的郡县都属于秦故地，从此地发动叛乱是不太现实的方策。因此，黥布所要攻略的楚地中南郡被排除在外，在战争实际过程当中可以看到，黥布攻占吴及淮北地区，但并没有试图向南郡扩张。

　　黥布将楚地作为自己的权力基础，并没有对汉中央进行打击。他期待长沙国的协助，但遭欺瞒导致悲惨下场。② 虽然黥布的叛乱记录中没有涉及南郡，但是还要关注在其失败的背后，隐藏着南郡不包括在楚地，

---

　　① 《史记》卷九一《黥布列传》，第2604—2605页。
　　② 《史记》卷九一《黥布列传》："布军败走，渡淮，数止战，不利，与百余人走江南。布故与番君婚，以故长沙哀王使人绐布，伪与亡，诱走越，故信而随之番阳。番阳人杀布兹乡民田舍，遂灭黥布。"（第2606页）

而是属于郡县地区的事实。如果南郡尚为诸侯国的领地,叛乱的局面也许会不同。假如诸侯国势力从南郡北上进攻南阳郡,汉中央就不一定能保障武关周围地区的安全。而且,以南郡为基础发展,就可以构筑在江南与江淮之间的联合战线,那样企图与整个楚地联合的战略再也不是"下计",会成为能够使得汉中央陷入危机的妙计。反过来说,汉中央由于先占领南郡,可以提前抵制江淮和江南的联系,而成功地分散并牵制楚势力。进而汉中央以南郡为据点,开始向江南和江淮地区扩张郡县。以下根据出土考古资料探讨相关事例。

二 在长江以南的前进据点

位于南郡以南的长沙国,自衡山王吴芮徙封以来,到文帝后元七年(前157)维持吴姓王世系。长沙王被汉评价为"长沙王忠,其定著令"①,可见吴姓长沙国与汉中央之间的友好关系。但是,汉中央并没有一直保留长沙国所拥有的领土及权力。通过几批简牍资料可以看到,汉代南郡疆域向长江以南扩张,就反映出汉一直以来对长沙国的牵制,同时为把这一地区转换成郡县,采取了一系列初步措施。经过不断的努力,最终成功设置武陵郡。

曾经位于今天湖南湘西一带的武陵郡,《汉书·地理志》记载为高祖年间设,② 但如既往研究所指出的那样,与《汉书·地理志》所说的不同,该地是在汉初尚未设置郡县的地区之一。王国维早就在《汉郡考》里提出这一问题,说:"长沙与南越之间,汉不得置郡。且长沙在文帝时不过二万五千户,势不能分置三郡,则武陵、桂阳二郡非高帝所置。"③ 即到文帝时期,武陵郡地区还属于长沙国,他所提出的证据就是《汉书·南粤传》中的史料。这里将文帝送给南越王赵佗的书信摘录如下:

---

① 《汉书》卷三四《吴芮传》,中华书局1962年版,第1894页。
② 《汉书》卷二八上《地理志上》:"武陵郡,高帝置。"(第1594页)
③ 王国维:《汉郡考》,《观堂集林》,第2册,中华书局1959年版,第547页。

前日闻王发兵于边，为寇灾不止。当其时长沙苦之，南郡尤甚，虽王之国，庸独利乎！必多杀士卒，伤良将吏，寡人之妻，孤人之子，独人父母，得一亡十，朕不忍为也。朕欲定地犬牙相入者，以问吏，吏曰"高皇帝所以介长沙土也"，朕不得擅变焉。①

按照这一书信的内容，只提到由于南越王发兵而长沙国受害，但没涉及武陵郡。而且，文帝尽管想要征伐南越，但是不能侵犯长沙国固有的领土，所以不敢发动战争。由此可见，与南越邻接的武陵郡地区，此时还属于长沙国。周振鹤的意见与王国维稍微不同，认为武陵郡在汉初早已被设置，但不属于汉郡县而处在长沙国的统治之下。他还指出史料所提到的南郡不是汉郡县，而是指称"南边郡"的，从此判断其应指武陵郡。根据他的意见，武陵郡到文帝后元七年（前157）吴姓长沙国结束，并设置长沙、桂阳、武陵三郡时才归属于汉直辖地。②

按照《二年律令·秩律》所见的各县令秩禄项目而言，武陵郡的大多数属县不包括在其项目内，就证明了汉初未设武陵郡这一看法还是妥当的。然而，《汉书·地理志》里既然出现了属于武陵郡的几个县名，所以还要明确说明这些地区为何包括在汉中央直辖的区域内。在《秩律》所见的县名中，可以确定为南郡属县的有"巫、秭归、夷道、夷陵、醴陵、孱陵、州陵、沙羡、安陆、宜成（城）、临沮、江陵、竟陵、西陵、下隽、销"等总共十七个县。在此加上还存在异说的"索"，达到18个县。③其中，"孱陵"和"索"及"醴陵"（或"醴阳"），就与武陵郡有关。这些地区虽然后来都编入武陵郡，但是在吕后二年（前186）时，有可能都是南郡所管辖的区域。

对于"孱陵"和"索"，在《汉书·地理志》里提到都属于武陵郡。④

---

① 《汉书》卷九五《南粤传》，第3849—3850页。

② 周振鹤：《西汉政区地理》，人民出版社1987年版，第128页。

③ 彭浩、陈伟、[日]工藤元男主编《二年律令与奏谳书——张家山二四七号汉墓出土法律文献释读》，上海古籍出版社2007年版，第264—270页。

④ 《汉书》卷二八上《地理志上》："索，渐水东入沅。孱陵，莽曰孱陆。"（第1594页）

其中，"索"整理者说："武陵郡有索县，河内郡有索邑，此当为后者"①，倾向于其在河内郡的可能性，但是从《二年律令·行书令》可见"十里置一邮。南郡江水以南，至索南界，廿里一邮"② 这一句，据此应该首先考虑，此地位于长江以南的可能性。况且，在里耶秦简J1（16）—52号木牍里记载，"……江陵到孱陵百一十里，孱陵到索二百九十五里，索到临沅六十里……"③ 可见"孱陵"和"索"在秦代早已被设置，在汉初郡县基本都继承秦制的背景下，《二年律令》所见的县名，从秦代沿用的可能性极大。所以，周振鹤及《二年律令与奏谳书》注释纠正整理者的意见，认为"索"应当属于南郡，④ 此说可信。那么，跟着就可以确定"孱陵"和"索"的位置。即，"孱陵"应该在今湖北省公安县附近，而"索"位于今湖南省常德市鼎城区附近。

"醴陵"在《汉书·地理志》里无记载，不知道其明确的地望。周振鹤认为它是侯国名，吕后将长沙国相越封在此地。⑤《二年律令与奏谳书》反而注释"醴陵"应是"醴阳"的错字。⑥ 关于"醴阳"，香港中文大学文物馆藏西汉《河隄简》222号里提到，"醴阳江隄卅九里二十□步"⑦，而且在《奏谳书》15案例所说"（高帝）七年八月己未江陵忠言：醴阳令恢盗县官米二百六十三石八斗"⑧ 等，从此可以看到醴阳在汉初确实已

---

　　① 张家山二四七号汉墓竹简整理小组编：《张家山汉墓竹简［二四七号墓］（释文修订本）》，文物出版社2006年版，第77页。

　　② 彭浩、陈伟、［日］工藤元男主编：《二年律令与奏谳书——张家山二四七号汉墓出土法律文献释读》，第198页。

　　③ 湖南省文物考古研究所编著：《里耶发掘报告》，岳麓书社2006年版，第199页。

　　④ 周振鹤：《〈二年律令·秩律〉的历史地理意义（修订）》，中国社会科学院简帛研究中心编：《张家山汉简〈二年律令〉研究文集》，广西师范大学出版社2007年版，第358页；彭浩、陈伟、［日］工藤元男主编：《二年律令与奏谳书——张家山二四七号汉墓出土法律文献释读》，第283页。

　　⑤ 周振鹤：《〈二年律令·秩律〉的历史地理意义（修订）》，《张家山汉简〈二年律令〉研究文集》，第360页。

　　⑥ 彭浩、陈伟、［日］工藤元男主编：《二年律令与奏谳书——张家山二四七号汉墓出土法律文献释读》，第277页。

　　⑦ 陈松长编著：《香港中文大学文物馆藏简牍》，香港中文大学文物馆2001年版，第91页；彭浩：《〈河隄简〉校读》，《考古》2005年第11期。

　　⑧ 彭浩、陈伟、［日］工藤元男主编：《二年律令与奏谳书——张家山二四七号汉墓出土法律文献释读》，第352页。

存在。如果醴阳到吕后二年，还持续处于南郡属县的地位，应当包括在县令秩禄的项目内。尤其，纪南城松柏35号汉墓木牍记录中，涉及武帝初年南郡属县及侯国名，这里又提到醴阳，[①] 因此"醴阳"有可能从高祖到武帝时期一直作为南郡属县。即使听从周振鹤的意见，将其看成是侯国名，但是其分封时期在于吕后四年，《二年律令》成书时，其尚未成为侯国而还是南郡属县。[②] 醴阳大致的位置，如既往学者所说的，按照"醴"与澧水的"澧"有密切相关，可以推测其在于澧水沿岸。与此同时，根据《河隄简》所说"醴阳江隄"，它有可能离长江不远。总的说来，醴阳大概在于长江以南和澧水北岸。

在吕后二年左右"孱陵"和"索""醴阳"（或"醴陵"）都是南郡属县，为武陵郡和长沙国地理沿革研究提供了很重要的线索。尤其，根据《汉书·地理志》"索"后来作为武陵郡的首县，[③] 意味着汉中央在设置武陵郡之前，早已掌握了湘西水路交通的要地。通过分析里耶秦简J1（16）—52号简，可以复原一下从江陵至迁陵县的交通路线，即江陵—孱陵—索—临沅—迁陵，是一条路线。[④] 其中，索—临沅—迁陵都是沿着沅水和酉水连接水路的交通要地。"索"（今常德市鼎城区）位于沅水的河流经过湘西后进去洞庭湖的入口，可以说是沅水—酉水间水路交通的起点。汉中央掌握该县，长沙国内连接洞庭湖—沅水—酉水的一条路线必然被断绝。而且，在《二年律令·秩律》里除"索"以外，还能看到"下隽"，这也应属于汉中央的属县。对于"下隽"，《水经注·沅水》曰："又东至长沙下隽县西，北入于江。"注曰："沅水下注洞庭湖，方会于江。"[⑤] 由此可以推测，"下隽"位于洞庭湖东边与长江连接的地点附

---

① 湖北省荆州博物馆：《湖北荆州纪南松柏汉墓发掘简报》，《文物》2008年第4期。

② 马孟龙：《张家山二四七号汉墓〈二年律令·秩律〉抄写年代研究——以汉初侯国建置为中心》，《江汉考古》2013年第2期。该研究指出，在《二年律令·秩律》所见的六百石以上的地名都是县，至于侯国名，认为是有的在以前废置，而另有的在后来被分封的，这些又在于县的数目之内。他进而在判别侯国的建置和废置的基础上，还指出《二年律令·秩律》的抄写时期应该在吕后元年五月前后。马孟龙这一系列的研究，可以成为一种有力的说法。

③ 《汉书》卷二八上《地理志上》，第1594页。

④ 湖南省文物考古研究所编著《里耶发掘报告》："……江陵到孱陵百一十里，孱陵到索二百九十五里，索到临沅六十里，临沅到迁陵九百十里。"（第199页）

⑤ 陈桥驿校证：《水经注校证》卷三七《沅水》，中华书局2007年版，第871页。

近。总的说来，汉中央此时随着占领"索"和"下隽"并把它作为南郡属县，已完成了对洞庭湖水道的控制。对长沙国而言，为了保持湘水沿岸与沅水、酉水一带的联系，需要拿出替代方案。于是，他们可能以长沙—益阳—临沅间的陆路交通来取代洞庭湖水道。[①] 在《二年律令·津关令》里说，"相国上长沙丞相书言，长沙地卑湿，不宜马，置缺不备一驷，未有传马，请得买马十，给置传，以为恒"[②]。可以看出在高祖、惠帝年间，长沙国向汉中央提请购买传马的事实。如文书所提到的那样，长沙国内湿地比较多，运行车马很不方便，所以根本没有设置传及马匹的条件。即使如此，长沙国仍要建立常备的置传来运行传马，有可能因为此时已丧失了洞庭湖水道，而需要建设陆路交通。尽管长沙国得到皇帝的允许，可以开通陆路交通，但在长江以南交通以水路为主的情境下，它只是退而求其次的方法。长沙国不能顺利地使用水路交通，必然会引起其国人力及经济力量的分散。

按照以上的状况来看，汉中央肯定为了牵制长沙国，并扩张郡县地区，有意地控制并直辖"孱陵"和"索"。在纪南松柏汉墓 35 号木牍所见的南郡属县及侯名中，没有包括"索"，而"孱陵"依然出现。[③] 那么，到武帝初年"索"再也不是南郡属县，有可能在文景年间已成为武陵郡的治所。随后，从成帝年间所编撰的《汉书·地理志》里可以看到，"孱陵"已在武陵郡的属县之中。[④] 总的说来，武陵郡的设置及经营，按照复原从江陵经过"孱陵"至沅水、酉水间交通的长期计划来进行。通过汉初"孱陵"和"索"属于南郡这一事实，可以了解在湘西一带汉郡县扩张的基本环节。

---

① 钟炜：《试探洞庭兵输内史及公文传递之路线》，《长江大学学报》2007 年第 1 期。按照其研究，秦代存在过迁陵—（酉阳）—零阳（今慈利县一带）—临沅（或索）—益阳的官道。长沙国可能为了常备置传而复原该路线，至少可以横穿湘水—资水—沅水的陆路，才能联系到湘中和湘西地区。

② 彭浩、陈伟、[日] 工藤元男主编：《二年律令与奏谳书——张家山二四七号汉墓出土法律文献释读》，第 321 页。

③ 湖北省荆州博物馆：《湖北荆州纪南松柏汉墓发掘简报》，《文物》2008 年第 4 期。

④ 《汉书》卷二八上《地理志上》，第 1594 页。

三　从安陆城的事例来看郡国对峙局面的变化

　　根据文献资料，西汉时期南郡的行政编制大概有两次大变动。第一，南郡暂时被废置，景帝二年刘阏于、景帝四年故太子刘荣都被封为临江王。但是，阏于即位不到一年死亡后嗣断绝，而刘荣也在即位的不久，由于被怀疑叛乱而自杀，因而南郡再次恢复原来的郡县体制。[①] 其间，南郡的疆域可能几乎没有变化。第二，随着江夏郡的设置，以安陆为中心的汉水以东地区，开始被划归于江夏郡的领域内。这次变动反映了南郡的军事作用，乃至郡国对峙局面开始发生关键性的转换，对此需要进一步探讨。

　　江夏郡与武陵郡一样，据《汉书·地理志》说于高祖年间设置，[②] 但既往学者都承认，其应该于武帝元狩二年（前121）才首次设置。[③] 在纪南松柏汉墓35号木牍中罗列了南郡属县及侯国名，如："武、秭归、夷道、夷陵、醴阳、孱陵、州陵、沙羡、安陆、宜城、临沮、显陵、江陵、襄平侯中庐、邔侯、便侯、轪侯。"[④] 其中，"沙羡""安陆""轪"在《汉书·地理志》里就属于江夏郡的领域内。特别是，安陆作为汉水以东地区的都会，仍是南郡属县，表明此时尚未设置江夏郡。江夏郡肯定在衡山国废除以后，其一部分县同南郡东边地区合并而构成。[⑤]

　　那么，江夏郡设置前后时期，南郡东边的形势发生什么样的变化？对此可以通过对安陆城邑遗址的分析找出线索。安陆城位于今湖北云梦县城东，民间称之为楚王城，因而学界将其通称为楚王城遗址。城址总面积为1.9平方公里，城墙的总长约9700米、东西1900米、南北1000

---

①　《史记》卷五九《五宗世家》，第2904页。

②　《汉书》卷二八上《地理志上》："江夏郡，高帝置。"（第1597页）

③　王国维：《汉郡考》，《观堂集林》第2册，第543—544页。

④　湖北省荆州博物馆：《湖北荆州纪南松柏汉墓发掘简报》，《文物》2008年第4期。

⑤　对于江夏郡的最新研究，参见苏卫国《西汉江夏郡沿革考——从纪南松柏汉墓简牍说起》，《学术交流》2010年第5期。

米，可以说是大型县城。① 据考察，城址建筑年代在战国中期至晚期之间，至于城址的中垣的建筑比其他的城墙还晚，可能在西汉初期以后。以中垣修筑的时间为准，楚王城的规模从大到小转换，中垣西侧的城郭继续沿用，而东侧居然被废置。即楚王城从战国楚一直沿用到西汉初，通过城址周围所发掘的睡虎地、龙岗秦墓及大坟头、木匠坟西汉墓等，又能证明该城址秦汉代之间继承的事实。② 我们还可以对此提出两种问题。第一，在战国楚时所建的"大城"，为何以同样的规模一直沿用到秦汉时期。第二，这样一直维持同样规模的县城，为何到西汉某一时期缩小了。

图 1　云梦楚王城遗址平面图③

安陆城的总面积达 1.9 平方公里，与秦汉县城一般面积为 10 万平方米（0.1 平方公里）未满相比，其规模相当大。比方说，小型县城里耶古

---

① 湖北省文物考古研究所、孝感地区博物馆、云梦县博物馆:《'92 云梦楚王城发掘简报》,《文物》1994 年第 4 期。

② 中国社会科学院考古研究所编著:《中国考古学·秦汉卷》,中国社会科学出版社 2010 年版,第 265 页。

③ 梁柱:《湖北云梦楚王城遗址 1988 与 1989 年发掘报告》,《考古学报》2012 年第 1 期。

城，即迁陵县城的总面积才 2 万平方米，[①] 安陆城跟它比较起来可以归类
于大型县城。与安陆城可以直接比对的实例，是同样位于南郡境内的湖
北宜城楚皇城遗址。这两种城址有很多共同点。首先，可以认为两座都
是战国楚时修筑的城邑。楚皇城遗址应该是楚鄢城，文献记载于秦昭襄
王二十八年（前 279）被白起攻陷。其次，从规模来看，楚皇城的总面积
为 2.2 平方公里，城垣的总长达到 6440 米，大概与安陆城的规模相当。[②]
还有一个共同点，在城内有缩小城垣的痕迹，从另一方面来说这反而是
区分两座城址的关键。

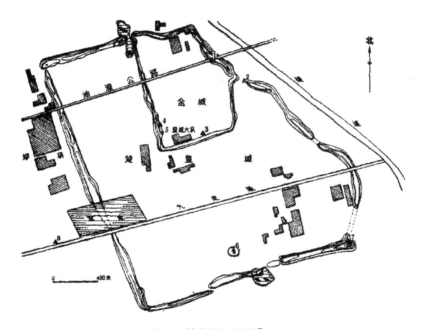

图 2　楚皇城平面图[③]

　　宜城楚皇城"大城"的废弃时期比安陆城还早。到秦汉的时候在大
城内部重新修筑鄢城（惠帝三年改名为宜城），所谓"金城"的小城就是

①　湖南省文物考古研究所编著：《里耶发掘报告》，第 12 页。
②　楚皇城考古发掘队：《湖北宜城楚皇城勘查简报》，《考古》1980 年第 2 期。
③　同上。

秦汉县城的遗址。据发掘报告，小城的总面积为 3.2 万平方米，在大城废置以后修筑，并非同时代的遗存。小城表层出土的遗物多半是两汉时期的，因而其城墙的建筑时期应在秦代或西汉初。① 大城废弃时间可能在秦昭襄王二十八年（前 279）白起攻陷该城。白起攻略鄢城时，采取引河水灌城的战术，② 在城墙东南端存在六十余米大小的缺口，这应该是白起在城内引水的出水口。③ 而且，大城的表层里全无秦汉代遗物出土，表明大城从秦统治时期以后再也没使用过。与此相反，安陆城的大城沿用到西汉初期，对此可以从中城垣和南城垣地表考察找出证据。中垣的地层压到南垣的地层，在中垣下南垣上的第五文化层里发现西汉初期的盆。因此，发掘报告确定中垣的建筑年代为西汉初期，由此可见，安陆的大城至少沿用到西汉初的某一时间。④

安陆与宜城不同，到西汉初维持面积这么大的县城，是很有趣的现象。事实上，安陆并不可能是人口比宜城多的县邑。根据《二年律令·秩律》所见的秩禄，宜城县令的秩禄在全县令等级当中排在第二等级（八百石），安陆县令反而排在第三等级（六百石）。⑤ 这就是说，即使安陆县城的规模明显大，但县令秩禄却比宜城低。《汉书·百官公卿表》里提到县令的秩级，"万户以上为令，秩千石至六百石。减万户为长，秩五百石至三百石"⑥，区分秩禄的主要标准是户口数。虽然它不会是一个绝对的标准，但由此至少可以说县城的规模并非等于户口的多少。

在安陆一带维持大型城邑应该出于军事的需求。秦在设置南郡以后，为防御楚国需要在东边地区构筑前进阵地，安陆城可能担当这种任务。这样的局面在汉初郡国并行制下仍然持续，《二年律令·贼律》里说：

① 中国社会科学院考古研究所编著：《中国考古学·秦汉卷》，第 266—267 页。

② 《水经注校证》卷二八《沔水》："又南过宜城县东，夷水出自房陵，东流注之。"注曰："昔白起攻楚，引西山长谷水，即是水也……水溃城东北角，百姓随水流，死于城东者数十万，城东皆臭，因名其陂为臭池。"（第 667—668 页）

③ 楚皇城考古发掘队：《湖北宜城楚皇城勘查简报》，第 109 页。

④ 湖北省文物考古研究所、孝感地区博物馆、云梦县博物馆：《'92 云梦楚王城发掘简报》。

⑤ 彭浩、陈伟、[日] 工藤元男主编：《二年律令与奏谳书——张家山二四七号汉墓出土法律文献释读》，第 264—270 页。

⑥ 《汉书》卷一九上《百官公卿表上》，第 742 页。

"以城邑亭障反，降诸侯，及守乘城亭障，诸侯人来攻盗，不坚守而弃去
之，若降之，及谋反者，皆要（腰）斩。其父母、妻子、同产，无少长
皆弃市。其坐谋反者，能偏（徧）捕，若先告吏，皆除坐者罪。"① 可以
看到此时在郡县与诸侯国之间，已形成了严密的军事边界。在安陆一带
可能集中配备城邑亭障等防御设施，堵截诸侯国军师的侵入。

安陆城作为军事要地承担着重要的功能，而后来缩小，意味着此地
开始发生军事方面的变化。据发掘报告，安陆城中垣的建筑年代在西汉
初期，但是按《二年律令》所记载的相关法律来看，到吕后年间还很牢
固地维持郡县与诸侯国之间的军事边界。在郡国对峙局面不变的情况下，
汉中央不大可能缩小安陆城的规模，致使周围地区军事实力下降。以自
文景时期以来发生的主要变革为依据，对于安陆县城缩小的原因，可以
补充三种假设。第一，景帝时期，两次分封临江王的时候缩小县城的可
能性。因为如果诸侯王保有这么大规模的县城，会成为军事上的危险因
素。第二，随着设置江夏郡而产生的可能性。淮南国位于南郡东侧，该
地在分为庐江国及衡山国以后仍然成为诸侯国领地。然而，到武帝元狩
二年（前121），该地除分封六安国以外，都被转换为郡县地区。② 因此，
汉中央从此不再需要以安陆城为据点警戒诸侯国势力。于是，汉中央将
南郡汉水以东地区与衡山国的一部分县结合设置江夏郡，这一过程中或
许伴随对城邑编制的调整。第三，在后来调整江夏郡治所的过程中，缩
小城邑的可能性。按照《汉书·地理志》所说，江夏郡的首县是西陵，
其应为治所。但是，有些学者提出安陆曾经为江夏郡的治所。③ 如果真的
是那样，有可能江夏郡的治所从安陆迁到西陵后，为了调整江夏郡内县
城等级，缩小了安陆城的规模。

上面所说的只是假设，还不能找到正确的答案，唯有等待新资料的

---

① 彭浩、陈伟、［日］工藤元男主编：《二年律令与奏谳书——张家山二四七号汉墓出土
法律文献释读》，第88页。

② 周振鹤：《西汉政区地理》，第53页。

③ 黄盛璋主张安陆东边城是在作为江夏郡治所的时候扩大的（黄盛璋：《云梦秦墓两封家
信中有关历史地理的问题》，《文物》1980年第8期）。但是，根据城垣的发掘结果可以确定，东
边和西边的大城一起沿用到汉初，而从修建中垣的那时，东边城被废置，正好与黄盛璋所说的相
反。如果安陆城确实曾经作为郡治所，可能沿用旧城，到治所迁到西陵后才缩小城垣。

出现。尽管如此,通过安陆城的事例能充分发现,秦至汉初南郡汉水以东地区在军事战略上的重要性。因为西汉郡国对峙局面长期持续,由此安陆城应成为南郡对诸侯国防御或进攻的前沿据点。到诸侯国势力相当萎缩的武帝初年还是不变。当时淮南王企图叛乱,伍被曰:"南收衡山以击庐江,有寻阳之船,守下雉之城,结九江之浦,绝豫章之口,强弩临江而守,以禁南郡之下。"① 即要图谋以南郡为境界,掌握诸侯国领域。据此可知,安陆一带到武帝时期,为防御诸侯国仍然是需要集中配备军事力量的地区。安陆城的军事功能应该从江夏郡设置以后,开始有了根本性的变化。安陆城不管沿用到何时或缩小,其演变都反映出从汉初至武帝之间郡国对峙局面变动的一个环节。

---

① 《史记》卷一一八《淮南衡山列传》,第3092页。

巫蛊之祸作战路线考

北京师范大学历史学院　曲柄睿

汉武帝征和二年（公元前91），太子刘据不满江充将巫蛊案牵涉至皇后及自身，因而捕杀江充，大战长安城中，最后被迫自杀身亡。此事被学者称为巫蛊之祸。论者多探讨巫蛊之祸的发生原因、对政治的影响及其文化意涵，言之甚详[①]；然而关于太子发兵的具体步骤、进军路线和战场空间，并没有太过清晰的考察。实则此次战役，是以长安城为战场的一次空前作战，对于战役具体情况的考察，有助于明晰长安城中驻军情况，甚至对于参与此事的各种政治势力的博弈过程，亦能有进一步的了解。

一　巫蛊之祸中太子与刘屈氂 兵力调动初步分析

戾太子发兵经过可见《汉书·武帝纪》、《汉书·江充传》、《汉书·

[①]　田余庆：《论轮台诏》第三节"巫蛊之狱的政治意义"，《秦汉魏晋史探微（重订本）》，中华书局1993年版，第37—44页；蒲慕州：《巫蛊之祸的政治意义》，《"中研院"历史语言研究所集刊论文类编》，中华书局2009年版，第2063—2089页；王子今：《晚年汉武帝与"巫蛊之祸"》，《固原师专学报》（社会科学版）1998年第5期；陈苏镇：《〈春秋〉与"汉道"——两汉政治与政治文化研究》，中华书局2011年版，第282—289页；[美]蔡亮：《重塑统治集团：西汉巫蛊案的再解读》，陈建明主编：《湖南省博物馆馆刊》第7辑，岳麓书社2011年版，第535—559页。学术史的整理详见张小锋《西汉中后期政局演变探微》，天津古籍出版社2007年版，第9—12页。

武五子传》及《汉书·刘屈氂传》。结合史料，可以归纳出戾太子和刘屈氂兵力调动的过程。

（一）针对江充党羽的行动

据《汉书·武五子传·戾太子传》载：

> 征和二年七月壬午，乃使客为使者收捕充等。按道侯说疑使者有（诏）[诈]，不肯受诏，客格杀说。御史章赣被创突亡，自归甘泉。太子使舍人无且持节夜入未央宫殿长秋门，因长御倚华具白皇后，发中厩车载射士，出武库兵，发长乐宫卫，告令百官曰江充反。乃斩充以徇，炙胡巫上林中。遂部宾客为将率，与丞相刘屈氂等战。长安中扰乱，言太子反，以故众不肯附。太子兵败，亡，不得。①

在收捕江充及其党羽过程中，御史章赣出逃甘泉宫。太子的行动面临暴露给武帝的危险。

（二）针对江充本人的行动

事见《汉书·江充传》与《汉书·武五子传》。《汉书·江充传》载：

> 是时，上春秋高，疑左右皆为蛊祝诅，有与亡，莫敢讼其冤者。充既知上意，因言宫中有蛊气，先治后宫希幸夫人，以次及皇后，遂掘蛊于太子宫，得桐木人。太子惧，不能自明，收充，自临斩之。骂曰："赵虏！乱乃国王父子不足邪！乃复乱吾父子也！"太子繇是遂败。语在《戾园传》。后武帝知充有诈，夷充三族。②

---

① 《汉书》卷六三《武五子传》，中华书局1962年版，第2743—2744页。
② 《汉书》卷四五《江充传》，第2179页。

此事疑与捕捉江充党羽的行动同时进行。估计因江充势大，故太子加大
发兵力度。太子所发主要为长乐宫卫，同时发皇后中厩车及长安武库兵
器加以装备。为师出有名，太子告令百官江充谋反，斩杀江充。值得注
意的是，太子"炙胡巫上林中"，为可知掌守上林苑屯兵的步兵校尉，并
没有警觉太子的行为。

（三）斩杀江充以后，太子进攻丞相府，丞相刘屈氂出逃，
令丞相长史乘疾置往甘泉告变

《汉书·刘屈氂传》载：

> 其秋，戾太子为江充所谮，杀充，发兵入丞相府，屈氂挺身逃，
> 亡其印绶。是时上避暑在甘泉官，丞相长史乘疾置以闻。上问："丞
> 相何为？"对曰："丞相秘之，未敢发兵。"上怒曰："事籍籍如此，
> 何谓秘也？丞相无周公之风矣。周公不诛管蔡乎？"乃赐丞相玺书
> 曰："捕斩反者，自有赏罚。以牛车为橹，毋接短兵，多杀伤士众。
> 坚闭城门，毋令反者得出。"①

此时武帝发出第一次诏令，命令丞相刘屈氂反击。"以牛车为橹，毋接短
兵，多杀伤士众。坚闭城门，毋令反者得出"，目的在于将太子所将完全
围困在长安城中。城门至此关闭，则知如侯发长水、宣曲胡骑事发生在
此事以前。如此，太子早已做出动员大量兵力与丞相持续作战的打算。
但是，丞相并未掌握长安城内的兵力。

长乐宫卫在太子手中，所能掌控者，疑有城北池阳的胡骑校尉所领
兵。同传载：

> 太子既诛充发兵，宣言帝在甘泉病困，疑有变，奸臣欲作乱。
> 上于是从甘泉来，幸城西建章官，诏发三辅近县兵，部中二千石以

---

① 《汉书》卷六六《刘屈氂传》，第2880页。

下，丞相兼将。太子亦遣使者挢制赦长安中都官囚徒，发武库兵，命少傅石德及宾客张光等分将，使长安囚如侯持节发长水及宣曲胡骑，皆以装会。侍郎莽通使长安，因追捕如侯，告胡人曰："节有诈，勿听也。"遂斩如侯，引骑入长安，又发辑濯士，以予大鸿胪商丘成。初，汉节纯赤，以太子持赤节，故更为黄旄加上以相别。太子召监北军使者任安发北军兵，安受节已，闭军门不肯应太子。[1]

因此行动已经超出斩杀"反者"江充的范围，形同公开反叛。为险中求胜，太子发长安中都官囚徒，为将者是少傅石德与宾客张光等人。此外，派遣如侯发长水及宣曲胡骑。又试图争取北军，未果。太子宣言"帝在甘泉病困，疑有变，奸臣欲作乱"，导致武帝亲自前往长安城西建章宫指挥。

太子已决心一战，故作此言，以混淆视听，又为动员人心计。因丞相所部兵少，武帝发出第二条诏令，"发三辅近县兵，部中二千石以下，丞相兼将"。加之莽通所截获的长水、宣曲胡骑，以及辑濯士，丞相的兵力增加。太子征发北军，是武帝关闭长安城门后的必然反应，而监军使者任安不应。

（四）太子驱赶四市人加入队伍作战，与丞相战于长乐西阙，战败，从覆盎城门逃亡

《汉书·刘屈氂传》载：

> 太子引兵去，驱四市人凡数万众，至长乐西阙下，逢丞相军，合战五日，死者数万人，血流入沟中。丞相附兵浸多，太子军败，南犇覆盎城门，得出……以太子在外，始置屯兵长安诸城门。后二十余日，太子得于湖。[2]

---

[1] 《汉书》卷六六《刘屈氂传》，第 2881 页。
[2] 同上书，第 2881—2882 页。

戾太子发兵收捕江充起于征和二年七月壬午，败亡于七月庚寅。查《廿二史朔闰表》，征和二年七月为甲戌朔，则壬午为初九日，庚寅为十七日，相差9日。太子与丞相在长乐西阙下合战5日，则是十三日丙戌开始，结束于庚寅日。初九壬午日至十二乙酉日共有4日，其间发生第1、2、3项事件。

太子收捕江充的一个重要原因是"且上疾在甘泉，皇后及家吏请问皆不报，上存亡未可知"，按《后汉书·班彪传》："又旧制，太子食汤沐十县，设周卫交戟，五日一朝，因坐东箱，省视膳食，其非朝日，使仆、中允旦旦请问而已……"① 太子须每五日朝见皇帝一次，此外须日日派人询问皇帝起居。此五日一朝，应理解为逢五而朝。太子发兵于七月初九日，继初一、初五两次朝见之后，将迎来初十的第三次朝见。估计自初六日以来，太子和皇后的请问皆不曾得到回信，因而引起太子的警觉。

武帝发出第一次诏令前，除收到御史章赣的报警外，另有黄门苏文。《资治通鉴》记载：

> 苏文进走，得亡归甘泉，说太子无状。上曰："太子必惧，又忿充等，故有此变。"乃使使召太子。使者不敢进，归报云："太子反已成，欲斩臣，臣逃归。"上大怒。②

武帝最初似乎并不希望将矛盾激化，由此迁延了些时日。根据学者调查，甘泉宫遗址位于今陕西省淳化县铁王乡梁武帝村一带③，其地理坐标为东经108.32°，北纬34.58°。④ 若以安门作为西汉长安城的基准点，其地理

① 《后汉书》卷四〇上《班彪传上》，中华书局1965年版，第1328页。
② 《资治通鉴》卷二二，中华书局1956年版，第730页。
③ 郑洪春、姚生民：《汉甘泉宫遗址调查》，《人文杂志》1980年第1期；姚生民：《西汉甘泉宫在甘泉山》，梁安和、徐卫民主编：《秦汉研究》第6辑，陕西人民出版社2012年版，第66—70页。
④ 张颖、王琼、刘晖：《大遗址保护与生态旅游开发探讨——以汉甘泉宫遗址为例》，《陕西师范大学学报》（自然科学版）2009年第S1期。

坐标为东经 108.87°，北纬 34.28°。[1] 两地直线距离约为 70 公里，实际的
道路距离应该更长。据王子今的研究，特殊情况下皇帝乘舆较高速应为
日行 60 公里左右；而从"昌邑王刘贺日中至晡时行百三十五里的记载
看，汉代乘车的车速可以达到每小时 45 至 67.5 里"[2]。昌邑王刘贺的行
车速度，亦没有超过日行 100 公里。如此，自壬午日章赣逃脱至甘泉宫报
信，而后武帝得知太子起兵并返回建章宫，虽历时 4 日，在当时的交通
条件下，却是争分夺秒，紧迫异常。

据《汉书·刘屈氂传》，太子斩杀江充后就对丞相府发动进攻。丞相
刘屈氂遭到攻击，太子的举动已经成为公开反叛。太子为何攻击丞相府，
其理由将在下文展开论述。

二　太子宫与丞相府的位置及双方作战路线

太子宫的具体位置，史籍中没有明确记载。若以"东宫"而论，在
西汉则指长乐宫，太后所居。《东观汉记》有"显宗之在东宫，尤见幸"
云云[3]，知东汉东宫亦可谓太子宫。而就西汉而言，太子宫位置不详。今
本《三辅黄图·北宫》载："太子宫甲观画堂。太子宫有甲观画堂……画
堂，谓宫殿中彩画之堂。"[4]《玉海·宫室·汉甲观画堂》注引《三辅黄
图》言"宫殿中彩画之堂在北宫"[5]。《汉书·成帝纪》如淳注云："画
堂，堂名。《三辅黄图》云太子宫有甲观。"[6] 何清谷据此以为太子宫有
可能在北宫[7]。此说另有旁证。《汉书·成帝纪》载："帝为太子。壮好
经书，宽博谨慎。初居桂宫，上尝急召，太子出龙楼门，不敢绝驰道，

　　① 秦建明、张在明、杨政：《陕西发现以汉长安城为中心的西汉南北向超长建筑基线》，
《文物》1995 年第 3 期。
　　② 王子今：《秦汉交通史稿（增订版）》，中国人民大学出版社 2013 年版，第 109—110 页。
　　③ （汉）刘珍等撰，吴树平校注：《东观汉记校注》卷七《北海敬王睦传》，中华书局
2008 年版，第 227 页。
　　④ 何清谷校注：《三辅黄图校注》，三秦出版社 2006 年版，第 220 页。
　　⑤ （宋）王应麟：《玉海》，上海书店出版社、江苏古籍出版社 1990 年版，第 2959 页。
　　⑥ 《汉书》卷一〇《成帝纪》，第 301 页。
　　⑦ 何清谷校注：《三辅黄图校注》，第 221 页。

西至直城门，得绝乃度，还入作室门。"所谓不敢绝驰道，即不敢横穿驰道。师古注桂宫云："《三辅黄图》桂宫在城中，近北宫，非太子宫。"①今本《三辅黄图》作"北宫，在长安城中，近桂宫"②，与师古所言正相应，恰说明师古对北宫与桂宫情况颇为了解，度其文意，正以北宫为太子宫所在。

西汉丞相府在长安中的位置并无明确记载，宋杰以为应在未央宫东阙以东，并以西门为正门③。所据以孙星衍辑蔡质《汉官典职仪式选用》云："司徒本丞相官，哀帝改为大司徒，主司徒众，驯五品。府与苍龙阙对，厌于尊者，不敢称府也。"④今考此句原出于《太平御览》卷二〇七《职官部》⑤。《续汉书·百官志》注引所记为："司徒府与苍龙阙对，厌于尊者，不敢号府。"其后有应劭辨云："此不然。丞相旧位在长安时，府有四出门，随时听事，明帝本欲依之，迫于太尉、司空，但为东西门耳。"⑥应即应劭所作《汉官仪》之文字⑦。应劭所辨，已明所谓丞相府西门为正门并不确实。又所谓苍龙阙，《三辅黄图》《续汉书·百官志》都有出现，似两汉通行东阙之美名。《史记·高祖本纪》、《集解》引《关中记》言未央宫"东有苍龙阙，北有玄武阙"，则西汉未央宫东阙也称为苍龙阙。蔡质所云，祖溯西汉哀帝，若细读文意，则西汉司徒府在未央宫东阙以东而已；两汉都城营建，宫室与官府相对位置不变，亦并非无理。

另有其他证据可推知西汉丞相府的位置。《史记·叔孙通列传》："孝惠帝为东朝长乐宫，及间往，数跸烦人，乃作复道，方筑武库南。叔孙生奏事，因请间曰：'陛下何自筑复道高寝，衣冠月出游高庙？高庙，汉太祖，奈何令后世子孙乘宗庙道上行哉？'"⑧武库的位置，在未央宫与长乐宫之中；复道自武库以南经过，凌于高庙之上，则高庙在武库之南，两宫之

① 《汉书》卷一〇《成帝纪》，第301页。
② 何清谷校注：《三辅黄图校注》，第161页。
③ 宋杰：《西汉长安的丞相府》，《中国史研究》2010年第3期。
④ （清）孙星衍等辑，周天游点校：《汉官六种》，中华书局1990年版，第201—202页。
⑤ （宋）李昉等撰：《太平御览》卷二〇七《职官部》，中华书局1960年版，第996页。
⑥ 《续汉书·百官志》，第3560页。
⑦ （清）孙星衍等辑，周天游点校：《汉官六种》，第123页。
⑧ 《史记》卷九九《刘敬叔孙通列传》，中华书局1959年版，第2725页。

间。《后汉书·董卓传》："初，长安遭赤眉之乱，宫室营寺焚灭无余，是时唯有高庙、京兆府舍，遂便时幸焉。"[1] 则高庙似与京兆府舍临近。《汉书·循吏传·黄霸传》载黄霸为丞相："时京兆尹张敞舍鹖雀飞集丞相府，霸以为神雀，议欲以闻。"张敞随之上奏云："臣敞舍有鹖雀飞止丞相府屋上……丞相图议上奏……后知从臣敞舍来，乃止。"[2] 鸟飞踪迹可寻，可见两府距离不远。《汉书·百官公卿表》师古注引《三辅黄图》云"京兆在尚冠前街东入，故中尉府"[3]，而尚冠前街疑即尚冠里附近之街道。《汉书·宣帝纪》载宣帝微时，"时会朝请，舍长安尚冠里"[4]。而未央宫东阙正是"所以朝诸侯之门也"[5]，宣帝居于尚冠里便于朝会，极其合理，据此知京兆府亦在未央宫东阙以东。又据王社教考证，尚冠前街即连接未央宫东阙与章台街之街道，其说是[6]。而章台，正是秦樗里子所葬之处，即汉武库所在，《汉书·张敞传》载"然敞无威仪，时罢朝会，过走马章台街"[7]，张敞散朝后即由此街回到位于尚冠前街的京兆府[8]。《汉书·百官公卿表》载征和二年"京兆尹于己衍坐大逆诛"[9]，疑即太子进攻丞相府时裹胁京兆尹。综上，京兆府、丞相府均位于未央宫以东，二者相近，同在武库以南。

太子居北宫，在武库北；丞相刘屈氂居丞相府，在武库南。丞相府与武库的位置如此接近，或许即有借丞相以守兵之考虑。太子若取武库兵，则很难不惊动丞相府中的丞相。由于地理空间的限定，戾太子进攻丞相府，实出于军事上的必然。

知晓了丞相府与武库关系后，可以还原戾太子与丞相作战的路线。征和二年七月壬午，太子决定收捕江充。其后打开武库，加以武装，此时亦进攻丞相府。丞相刘屈氂出逃，距离丞相府最近之城门为安门，刘

---

① 《后汉书》卷七二《董卓传》，第 2327 页。

② 《汉书》卷八九《循吏传》，第 3633 页。

③ 《汉书》卷一九上《百官公卿表上》，第 736 页。

④ 《汉书》卷八《宣帝纪》，第 238 页。

⑤ 《汉书》卷二七上《五行志上》，第 1331 页。

⑥ 王社教：《汉长安城八街九陌》，《文博》1999 年第 1 期。

⑦ 《汉书》卷七六《张敞传》，第 3222 页。

⑧ 王社教：《汉长安城八街九陌》，《文博》1999 年第 1 期。

⑨ 《汉书》卷一九下《百官公卿表下》，第 788 页。

屈氂极有可能从此门逃出长安城，而后派遣一长史向正在甘泉宫的武帝报告，并在此等候消息。

　　武帝得知太子兵变，于是命令丞相组织抵抗，并亲自前往长安城西的建章宫指挥作战。与此同时，太子发中都官囚徒，授以武器，并派遣如侯调动位于长安城南的长水、宣曲胡骑。莽通即可能赴城南与丞相联络，于是击杀如侯，夺取对长水、宣曲胡骑的指挥权；并征发位于长安城西南上林苑昆明池中的辑濯士，授予商丘成指挥。丞相所帅即此两支部队，另有三辅近县兵与之汇合。丞相进攻路线，应即从长安城南向北推进，极有可能沿安门大街向北。一方面抢夺武库，另一方面寻找太子所部主力决战。

　　以军事力量来看，太子所部无法与丞相对抗。故太子前往北军寻求支持。据郭茵考证，北军营垒即未央宫北门所对处①。太子争取北军未果，即驱四市人向南与丞相交战。两军于长乐宫西阙相遇，激战五天，太子不敌，故从长乐宫附近覆盎门逃出长安城外。

结　语

　　经由上文讨论，巫蛊之祸中戾太子与丞相刘屈氂的军事部署和作战路线已经清晰。丞相府设置在武库附近，有着监护武库兵的意义。戾太子若取武库兵，则不得不与丞相发生冲突。

　　戾太子攻击丞相刘屈氂，血战长安城中，不光是出于上述军事部署的考虑，也有政治上的考虑。刘屈氂作为李氏外戚集团的代表，受武帝命以监视戾太子，因而引发戾太子的不满②。李氏与卫氏之争由来已久，

---

　　①　郭茵：《漢初の南北軍——諸呂の亂を手がかりに》，《東洋學報》第八十二卷第四号，东京，2001 年。

　　②　王夫之《读通鉴论》已揭："而必出于死战，此其心欲为昌邑王地耳。太子诛，而王以次受天下，路人知之矣。其要结李广利，徇姻亚而树庶孽，屈氂之慝，非一日之积矣。"［（清）王夫之撰，舒士彦点校：《读通鉴论》，中华书局 1975 年版，第 71 页］方诗铭亦指出巫蛊之祸实际上是卫氏集团与李氏集团的斗争（方诗铭：《西汉武帝晚期的"巫蛊之祸"及其前后——兼论玉门汉简〈汉武帝遗诏〉》，上海博物馆集刊编辑委员会编：《上海博物馆集刊——建馆三十五周年特辑》，上海古籍出版社 1987 年版，第 357—369 页）。

终于在巫蛊之祸中总爆发。

　　了解巫蛊之祸战役的具体情况可知，戾太子追求的不仅仅是收捕江充等人以自明，而是希冀通过此举铲除储位的其余竞争者。由于巫蛊之祸，卫氏和李氏两支外戚集团先后被击败，间接为日后汉昭帝的即位扫清障碍。

（原载《史原》复刊第 5 期，2014 年）

天文信仰与王莽迁都洛阳

重庆大学人文社会科学高等研究院　董　涛

　　洛阳本就是西汉建立之时都城的首选，其原因首先是刘邦君臣都是"山东人"，出于"故地人和"的理念都倾向于选择洛阳作为都城①。再者，如果选择洛阳作为都城，也可以标榜对周文化的继承②，这一思想在西汉建立之初，乃至西汉中后期都不断有人提出。尤其是汉元帝以后的儒生试图改制时这一问题又被提及，如翼奉就对都城位于长安不满，他认为汉元帝如果想要实现"中兴"的大业，就应当把都城迁回洛阳："臣愿陛下徙都于成周，左据成皋，右阻黾池，前乡嵩高，后介大河，建荥阳，扶河东，南北千里以为关，而入敖仓；地方百里者八九，足以自娱；东厌诸侯之权，西远羌胡之难，陛下共己亡为，按成周之居，兼盘庚之德，万岁之后，长为高宗。"③ 其实迁都以模仿周代的制度也正是王莽在诏书中明确提到的。然而沈刚注意到王莽虽然屡次提及两都制，但更多地是想倚重东都洛阳，以洛阳为新朝的真正首都④。另外，建都应于"天下之中"的理念，也对王莽营建东都的想法造成影响⑤，诚然，长安作为

---

　　① 参见王子今《西汉末年洛阳的地位与王莽的东都规划》，《河洛史志》1995 年第 4 期；侯甬坚《中国古都选址的基本原则》，《历史地理学探索》，中国社会科学出版社 2004 年版，第65 页。

　　② 孙家洲、贾希良：《不为都畿亦为重地——论洛阳在战国、秦、西汉时期的特殊地位》，《历史教学》1995 年第 3 期。

　　③ 《汉书》卷七五《翼奉传》，中华书局 1962 年版，第 3176 页。

　　④ 沈刚：《王莽营建东都问题探讨》，《中国历史地理论丛》2005 年第 3 期。

　　⑤ 参见李久昌《"天下之中"与列朝都洛》，《河南社会科学》2007 年第 4 期；《周公"天下之中"建都理论研究》，《史学月刊》2007 年第 9 期。

统一帝国的都城确实是偏西了一些①，对于统一大帝国的行政运行多少会带来不便，但王莽偏爱方位"中"的原因似不仅于此，详见下文。

从总体上来看，中国历史上经济中心转移的大方向是东移南迁，两汉之际都城由长安转到洛阳符合这一根本趋势②。而且关中地区日益增长的人口和粮食产量之间的矛盾，也是王莽试图放弃关中，选择洛阳作为首都的重要经济上的原因，廖伯源就曾推测，关中生产的粮食不能满足帝国首都的需要，所以需要从山东转运粮食到关中③。到王莽统治时期，长安作为都城已近两百年，由于人口大规模增长，长安附近人口密度增加④，再加上豪强的侵夺，京畿地区人地关系日益紧张。基于这样的形势王莽打算把都城迁往洛阳，也是可以理解的⑤。而且长安长期作为首都，奢靡腐败之风气甚嚣尘上，王莽试图通过迁都改变这种风气的想法想来也是有的。再者，到西汉中后期周边军事形势也发生了转变，西汉初年君臣担忧防范的"山东"诸侯王势力被削弱，而且经过历年战争，匈奴国力也大大削弱，西北边的军事压力减小。也就是说，军事环境的宽松也允许王莽做出迁都洛阳的打算⑥。

也有学者认为谶纬或者符命之言是王莽迁都洛阳的原因，证据是王莽曾提到玄龙石文曰："定帝德，国洛阳。"⑦ 谶纬和符命对两汉之际人们的思想确实造成过巨大的影响，但玄龙石文未始不是王莽为迁都而刻意

① 参见梁万斌《东汉建都洛阳始末》，《中华文史论丛》2013 年第 1 期。

② 有关都城迁移之大势，可参见谭其骧《中国历史上的七大首都》，《长水集续编》，人民出版社 1994 年版；史念海《中国古都和文化》，中华书局 1998 年版；朱士光《中国古都学的研究历程》，中国社会科学出版社 2008 年版；周振鹤《东西徘徊与南北往复——中国历史上五大都城定位的政治地理因素》，《华东师范大学学报》（哲学社会科学版）2009 年第 1 期。

③ 廖伯源：《论东汉定都洛阳及其影响》，《史学集刊》2010 年第 3 期。钱穆先生似先主此说，他在《战后新首都问题》一文中提到"关中虽称沃野，然实不足供养一首都"（钱穆：《政学私言》下卷，九州出版社 2010 年版，166 页）。然关中粮食问题在西汉时期，尤其是王莽时期并不十分明显，这种因素对王莽迁都想法的影响有多大实难遽定。

④ 葛剑雄：《西汉人口地理》，人民出版社 1985 年版，第 103 页。

⑤ 沈刚：《王莽营建东都问题探讨》，《中国历史地理论丛》2005 年第 3 期。

⑥ 参见朱士光《汉唐长安地区的宏观地理形势与微观地理特征》，中国古都学会编《中国古都研究》第 2 辑，浙江人民出版社 1986 年版，第 83 页。

⑦ 廖伯源：《论东汉定都洛阳及其影响》，《史学集刊》2010 年第 3 期；吴从祥：《谶纬与汉代迁都思潮之关系》，《长安大学学报》（社会科学版）2011 年第 2 期。

制造或者利用的舆论，径以之作为迁都的原因，似乎有本末倒置之嫌。

应当认为，历史事件的发生都不是由某一种单纯的因素决定的，前面提到王莽营建东都洛阳的诸多原因均有存在的可能性，但本文更为关心的是什么样的因素对王莽心理的影响更大，或者说，排除诸多实际情况的考虑，有没有信仰上的因素在影响王莽做出迁都洛阳的决定？为此，不妨重新梳理一下史料记载中王莽营建东都洛阳以备迁都的大致过程。

新朝建立之初，王莽就声称新朝要模拟周代的制度，设立两都制，根据他自己在始建国四年（公元 12 年）二月的说法："昔周二后受命，故有东都、西都之居。予之受命，盖亦如之。其以洛阳为新室东都，常安为新室西都。"① 也就是说，王莽试图以长安和洛阳作为新朝的西都和东都，模仿自周制。但正如前文引述沈刚的观点，王莽真正的意图是以洛阳作为帝国唯一的首都。之所以先搬出两都制的说法，应当是为了试探民意。这年年底，王莽志气方盛，开始打算巡狩：

予之受命即真，到于建国五年，已五载矣。阳九之厄既度，百六之会已过。岁在寿星，填在明堂，仓龙癸酉，德在中宫。观晋掌岁，龟策告从，其以此年二月建寅之节东巡狩，具礼仪调度。②

虽然王莽在诏书中只是说要模仿舜巡守四方，但从后文可以看出，他巡狩的真正目的是迁都。随后王莽下诏明确表示迁都洛阳，并将迁都的时间定在始建国八年：

玄龙石文曰"定帝德，国雒阳"。符命著明，敢不钦奉！以始建国八年，岁缠星纪，在雒阳之都。其谨缮修常安之都，勿令坏败。敢有犯者，辄以名闻，请其罪。③

---

① 《汉书》卷九九中《王莽传中》，第 4128 页。
② 同上书，第 4131 页。
③ 同上书，第 4132 页。

在这则诏书中，王莽根据符命说明迁都的合理性，但延迟迁都的时间，可以说是稳定民心的极为有效的政治手段。而王莽给出的迁都理由是谶纬之说，玄龙石是王莽即真的十二"符应"之一，谶纬之说是为了向民众说明，既然玄龙石上明确了新朝的首都应该是洛阳，那迁都就应是再无疑义的事了。前文已经提到，谶纬说是为了说服民众迁都、稳定民心的理由，而不一定是王莽自己决定迁都的原因，这一点是应当留意的。

随后王莽改元天凤，始建国八年其实不存在。天凤元年正月，王莽刻意忽略了推迟到始建国八年（也就是天凤三年）再迁都的打算，突然下诏一个月后就要开始巡狩迁都的计划：

> 予以二月建寅之节行巡狩之礼，太官赍糒干肉，内者行张坐卧，所过毋得有所给。予之东巡，必躬载耒，每县则耕，以劝东作。予之南巡，必躬载耨，每县则薅，以劝南伪。予之西巡，必躬载铚，每县则获，以劝西成。予之北巡，必躬载拂，每县则粟，以劝盖藏。毕北巡狩之礼，即于土中居雒阳之都焉。敢有趋讙犯法，辄以军法从事。①

但如此仓促的举动受到了大臣们的普遍反对，王莽无奈只好再次把迁都的日期推迟到天凤七年：

> 更以天凤七年，岁在大梁，仓龙庚辰，行巡狩之礼。厥明年，岁在实沈，仓龙辛巳，即土之中雒阳之都。②

此时王莽迁都的决心依然十分强烈，发布诏书之后立即派遣太傅平晏和大司空王邑到洛阳去"营相宅兆，图起宗庙、社稷、郊兆云"，为迁都洛阳做好打算。然而天凤元年恰是新朝统治的分水岭，此后外患内忧接踵而至，史料中已无迁都的记载。天凤六年王莽改元地皇以厌胜天下盗贼，所以天凤七年也是不存在的。地皇元年（公元20年，也就是理想中的天凤七年），

---

① 《汉书》卷九九中《王莽传中》，第4133页。
② 同上书，第4134页。

王莽在长安营建九庙，下定决心以长安为都城，不再考虑迁都的问题。

从始建国四年到天凤元年，其实不过短短三年，而有关迁都的时间一再更改，毫无定数，也是新朝政治的特殊气象。也有的学者认为王莽迁都的打算根本就不现实，例如《汉书补注》引何焯曰："莽至明堂犹横搜五日，况肯出行万里耶？皆虚为此文，以示坠典无所不举，又借臣下之言辍行，仍言天凤七年当出。上下相蒙，益彰奸伪，而乃有愚鄙之甚，私喜其术者，此南北五代所以多故也。"① 这种怀疑并非全然没有道理。抛弃经营近两百年的长安而迁都洛阳，其困难是可以想象的，生活在长安的大臣和民众恐怕是难以逾越的阻力。所以可以说王莽一直在做理念上的努力，即迁都可能并不实际可行，但出于某种信仰和理念的需要，又不得不摆出迁都的姿态。那么这种理念和信仰到底是什么呢？

应注意到，王莽在决定迁都所发布的几条诏书中，几乎每条都有与天文相关的内容。如始建国四年说："岁在寿星，填在明堂，仓龙癸酉，德在中宫。"再如始建国五年说"以始建国八年，岁缠星纪，在雒阳之都"。再如天凤元年："更以天凤七年，岁在大梁，仓龙庚辰""厥明年，岁在实沈，仓龙辛巳，即土之中雒阳之都"。这些其实都是王莽为迁都洛阳选择的年份，是用以纪年的星次②。在汉代，有关出行、迁徙的择日都是极为重要也极为慎重的。而且王莽本人也十分相信择日术，他即真的日子是"戊辰直定"，其实就是以建除学选择的吉利日子，类似的例子在王莽时代还有许多，不一一赘述。所以说王莽选择的这些迁都的年份都不是随意的，这其中究竟有着什么样的奥秘呢？

事实上，"寿星"与"星纪""大梁""实沈"一样，都属于十二星次，使用星次纪年有较为久远的历史，春秋战国时期许多重要事件中都可以见到使用星次纪年的记载；而星次也是一种重要的天文现象，古人常用以占卜人事。如晋灼就引用《国语》中晋文公的故事来解释王莽为

---

　　① （清）王先谦：《汉书补注》，上海古籍出版社 2008 年版，第 6145 页。

　　② 相关研究参见刘坦《论岁星纪年》，科学出版社 1955 年版，第 29—39 页；陈久金《关于岁星纪年的若干问题》，《学术研究》1980 年第 6 期；聂鸿音、黄振华《岁星纪年十二星次名义考》，《中国历史文物》2003 年第 4 期；李维宝、陈久金《论中国十二星次的含义和来历》，《天文研究与技术》2009 年第 1 期；陈久金《中国十二星次、二十八宿星名含义的系统解释》，《自然科学史研究》2012 年第 4 期。

什么选择"岁次寿星"出巡:"晋文公以卯出酉入,过五鹿得土,岁在寿星,其日戊申。莽欲法之,以为吉祥。正以二月建寅之节东巡狩者,取万物生之始也。视晋识太岁所在,宿度所合,卜筮皆吉,故法之。"① 晋灼认为王莽择日参考了晋文公得土的成功范例,这是可能的②。而且不仅如此,"实沈"恰是晋文公重耳到秦国的时间,《汉书·律历志》说:"后八岁,厘之二十四年也,岁在实沉,秦伯纳之。故传曰董因云'君以辰出,而以参入,必获诸侯'"③,这位董因是晋国的史官,他所说的"以参入"的"参"指的是参神,也就是十二星次的"实沈",参星正是晋人十分关注的一个星宿④。而"必获诸侯"这样的吉利结果无疑是十分诱人的,所以王莽最后一次提到迁都的年份就是"实沉"。沿着这一思路也可以明白王莽选择"大梁"的原因,《汉书·五行志》提到:"说曰:颛顼以水王,陈其族也。今兹岁在星纪,后五年在大梁,大梁,卯也。金为水宗,得其宗而昌,故曰'五年陈将复封'"⑤,颛顼被王莽认作是先祖,而陈是同族,王莽选择曾经给同族先祖带来吉祥的星次作为迁都时间,应当也是可以理解的。

　　相比较而言,始建国五年的天象对王莽是最为有利的,因为这一年填星刚好位于明堂的位置。《史记索隐》引《春秋说题辞》:"房、心为明堂,天王布政之宫"⑥,也就是说明堂是天上的最高统治者发布政令的地方,而王莽自认为得土德,填星在明堂无疑是极为有利的天象,所以

---

① 《汉书》卷九九中《王莽传中》,第4132页。

② 晋文公过五鹿乞食的故事见于《国语·晋语四》:"过五鹿,乞食于野人。野人举块以与之,公子怒,将鞭之。子犯曰:'天赐也。民以土服,又何求焉!天事必象,十有二年,必获此土。二三子志之。岁在寿星及鹑尾,其有此土乎!天以命矣,复于寿星,必获诸侯。天之道也,由是始之。有此,其以戊申乎!所以申土也。'"(徐元诰:《国语集解》卷一〇,中华书局2002年版,第321页)

③ 《汉书》卷二一下《律历志下》,第1019页。

④ 根据《左传》昭公元年子产的说法:"昔高辛氏有二子,伯曰阏伯,季曰实沈,居于旷林,不相能也。日寻干戈,以相征讨。后帝不臧,迁阏伯于商丘,主辰。商人是因,故辰为商星。迁实沈于大夏,主参。唐人是因,以服事夏、商",是为"参商不相见"〔(晋)杜预注,(唐)孔颖达疏:《春秋左传正义》,(清)阮元校刻《十三经注疏》,中华书局1980年版,第2023页〕,也知晋国人对参星的观测由来久矣。

⑤ 《汉书》卷二七上《五行志上》,第1327—1328页。

⑥ 《史记》卷二七《天官书》,中华书局1959年版,第1295页。

晋灼说："寿星，角、亢也。东宫仓龙，房、心也。心为明堂，填星所在，其国昌。莽自谓土也，土行主填星。癸德在中宫，宫又土也。"① 得土德是新莽王朝"代汉而兴"的政治宣传的重点②，而天文现象恰好预示着土德的吉祥兴盛，这无疑是令王莽感到振奋的吉祥预兆！其实，王莽应当就是以填星的位置自居的，例如他曾将太师、太傅、国师和国将比拟为东方岁星、南方荧惑、西方太白、北方辰星，《汉书·王莽传》说：

> 岁星司肃，东岳太师典致时雨，青炜登平，考景以晷。荧惑司恋，南岳太傅典致时奥，赤炜颂平，考声以律。太白司艾，西岳国师典致时阳，白炜象平，考量以铨。辰星司谋，北岳国将典致时寒，玄炜和平，考星以漏。③

既然四方星都有了，那么剩下的中央填星就是王莽自己了。再加上始建国五年的数字"五"也是五行土之数，同样可以对应新朝的德运，所以王莽对于这一年迁都的选择非常重视。

在晋灼那段话的后半部分，提到了王莽对于天象中央的位置有着十分浓厚的兴趣。"德在中宫"的"德"应是刑德，而《史记·天官书》将星空分为五宫，分别是中宫、东宫、南宫、西宫、北宫，其中"中宫天极星，其一明者，太一常居也；旁三星三公，或曰子属。后句四星，末大星正妃，余三星后宫之属也。环之匡卫十二星，藩臣。皆曰紫宫"④，中宫也被称为"紫宫""紫微宫"，也就是所谓的"紫微垣"，是至上神太一的居所。而除太一之外，"中宫"内居住的应当还有一个重要的神灵，就是黄帝，例如《淮南子·天文》说："中央，土也，其帝黄帝，其佐后土，执绳而制四方；其神为镇星，其兽黄龙，其音宫，其日戊己。"⑤《白虎通德论·五行》也说："土为中宫。其日戊己，戊者茂也；己抑屈

① 《汉书》卷九九中《王莽传中》，第4131—4132页。
② 参见顾颉刚《五德终始说下的政治和历史》，《清华学报》1930年第1期；另见汪高鑫《论刘歆的新五德终始历史学说》，《中国文化研究》2002年夏之卷。
③ 《汉书》卷九九中《王莽传中》，第4101页。
④ 《史记》卷二七《天官书》，第1289页。
⑤ 何宁：《淮南子集释》，中华书局1998年版，第187页。

起。其音宫，宫者，中也。其帝黄帝，其神后土。"① 同样的说法也见于《礼记·月令》《吕氏春秋·季夏纪》，以及蔡邕《独断》等文献，可知中央方位于五行为土、五帝为黄帝、五音为宫、十天干为戊己，是战国秦汉以来完整的阴阳五行理论体系的一部分②。

而无论黄帝还是太一，都极为王莽所尊崇，例如前文提到始建国元年秋，王莽曾经派遣五威将出使四方："将持节，称太一之使；帅持幢，称五帝之使。"③ 五威将其实是王莽自己派遣出去的，而称太一之使，那王莽俨然就是以太一自居了。而王莽还在一则诏书中提到厌胜天下盗贼的方法："《紫阁图》曰'太一、黄帝皆仙上天，张乐昆仑虔山之上。后世圣主得瑞者，当张乐秦终南山之上'"④。"紫阁图"大概是王莽时代的一种谶纬图书，而所谓"紫阁"应当就是前文提到的"紫宫""紫微"，也就是传说中太一、黄帝在天上的宫阙。另外，王莽认为黄帝是他的"皇初祖考"，例如哀章在王莽居摄以后制作的两个铜匮中，其中一个就写作"赤帝行玺某传予黄帝金策书"⑤，据说这个"某"就是高祖刘邦的名讳，显然，"黄帝"指代的就是王莽了。而且王莽在成仙上也极力模仿黄帝，除了前引模仿太一和黄帝在终南山上奏乐外，《王莽传》还提到："郎阳成修献符命，言继立民母，又曰：'黄帝以百二十女致神仙。'"⑥也就是说，王莽出于对太一和黄帝的信仰，也尽量模仿神灵的行为方式，如太一和黄帝都居于中央，那王莽新朝的首都也应当位于中央，而不是偏居西部的长安。这或许是王莽执意迁都洛阳的信仰方面的一个重要原因吧！

在巫术思维中，天文是可以和地理对应的，因此也有了所谓的"分野"说。在当时的宇宙图式中，天干戊己位于中央的位置，其他四组天干甲乙、

① 陈立:《白虎通疏证》，中华书局1994年版，第181页。
② 这一体系在《吕氏春秋》、《礼记·月令》中被演绎成一整套涵盖天地万物古今之事的基本框架，包含天象、物候、农事、政事、人事等系统，综合各种思想、知识与技术，形成了一个日常思想与行为的秩序。详见葛兆光《中国思想史》，复旦大学出版社2004年版，第217页。
③ 《汉书》卷九九中《王莽传中》，第4115页。
④ 《汉书》卷九九下《王莽传下》，第4154页。
⑤ 《汉书》卷九九上《王莽传上》，第4095页。
⑥ 《汉书》卷九九下《王莽传下》，第4168页。很显然，在王莽以前的时代流传有两种不同的"黄帝"信仰，一种是传说中的上古帝王，另一种是仙人，然而这两种信仰在王莽时代融合，是不能不引起注意的问题。

丙丁、庚辛、壬癸分列东、南、西、北四方，所以说"其日戊己"指的是戊己两天干位于中央的位置。另外《史记·天官书》说："甲乙，海外，日月不占。丙丁，江、淮、海、岱。戊己，中州河、济。庚辛，华山以西。壬癸，常山以北。"① 而《汉书·天文志》给出了另外一种解释："甲齐，乙东夷，丙楚，丁南夷，戊魏，己韩，庚秦，辛西夷，壬燕、赵，癸北夷。"② 所谓"中州河、济"，和"戊魏，己韩"，都是以居于中央的天干戊己表示洛阳所在的区域。天文图像就是通过这样的方式，又和人间地理联系在一起。正如葛兆光所言：天是汉代人理解和判断一切的基本依据，仿效"天"的构造，模拟"天"的运行，遵循"天"的规则，就可以获得思想与行为上的合理性；而且凡是仿效"天"，就可以得到"天"的神秘与权威③。王莽一直致力于"制作地理"④，恐怕也正是出于使天文和地理对应的原因。然当时的都城长安位置明显偏西了一些，所以尽管困难重重，王莽执意要将都城迁往位于"天下之中"的洛阳的原因，也就可以理解了。

而将都城与天文对应更是汉代巫术思维的体现。有关长安"斗城"的说法在学者之间引起了长久的争论⑤。可以认为，长安城以及附近的礼制建筑都有模拟天文的可能，正如《三辅黄图》所说："端门四达，以则

① 《史记》卷二七《天官书》，第1333页。
② 《汉书》卷二六《天文志》，第1288页。
③ 葛兆光：《中国思想史》，第208页。
④ 《汉书》卷九九下《王莽传下》，第4149页。
⑤ 史料中最早称长安为"斗城"的是《三辅黄图》："城南为南斗形，北为北斗形，至今人呼汉京城为斗城也。"（何清谷《三辅黄图校注》，三秦出版社1998年版，第58页）但这显然已经是汉代以后人的称呼了。元代学者李好文经过实地勘查后对汉长安为斗城的说法提出质疑，这一说法受到一些学者的支持，参见［日］佐原康夫《汉代都市机构的研究》，东京汲古书院2002年版，第72页；马正林《汉长安城总体布局的地理特征》，《陕西师范大学学报》（哲学社会科学版）第23卷第4期，1994年12月；史念海《汉代长安城的营建规模——谨以此恭贺白寿彝教授九十大寿》，《中国历史地理论丛》1998年第2期。当然，也有的学者明确支持"斗城"说，如 Paul Wheatley, *The Pivot of the FourQuarters*, Edinburgh: University of Edinburgh Press, 1971, pp. 441—444. ［日］中野美代子：《北斗之城》，《仙界とポルノグラフィー》，东京青土社1989年版，第95—111页；李小波：《从天文到人文——汉唐长安城规划思想的演变》，《北京大学学报》（哲学社会科学版）2000年第2期；于希贤：《中国古代都城规划的文化透视》，《中国历史地理论丛》1999年第2期；黄晓芬：《论西汉帝都长安的形制规划与都城理念》，中国地理学会历史地理专业委员会《历史地理》编辑委员会：《历史地理》第25辑，上海人民出版社2011年版，第189页。大体来说，支持和反对长安城为斗城的学者都有一定的道理。

紫宫，象帝居。渭水贯都，以象天汉；横桥南渡，以法牵牛”[1]，完全将长安城与天上的"紫宫"对应起来。王莽当然也会受这种思想的影响，所以在他看来，真正理想的都城应当是可以与天上的"紫宫"对应的洛阳城，而非偏西的长安。

以上可以说是王莽迁都的信仰背景。

最后，再来看与迁都同时进行的巡狩活动，可以说王莽其实是在模拟运动着的天文景象。前文提到王莽预计出巡的时间分别是始建国五年二月和天凤元年二月，为什么一定选择二月呢？这是因为王莽用丑正，是以斗杓所指的丑为正月，那么二月就是斗杓指向寅的这一月，所以说"二月建寅"。而之所以选择二月，应当模仿自天子"五载一巡狩"的古礼，根据《史记·封禅书》引《尚书》的说法：

> 岁二月，东巡狩，至于岱宗……五月，巡狩至南岳。南岳，衡山也。八月，巡狩至西岳。西岳，华山也。十一月，巡狩至北岳。北岳，恒山也。皆如岱宗之礼。中岳，嵩高也。五载一巡狩。[2]

二月在东方，五月在南方，八月在西方，十一月在北方，然后回到中央定都洛阳，这是王莽规划好的巡狩和迁都路线。虽然说王莽迁都的路线和行进方位都遵循古礼，有遵照星辰运行方面的考量，但事实上古礼也极有可能就来自对星辰运行的认知和模拟。古人经过观察，已经注意到北斗斗柄的指向和方位有关，例如《夏小正》载有"正月初昏参中，斗柄悬于下，六月初昏，斗柄正在上"[3]，《鹖冠子·环流》也说："斗柄东指，天下皆春，斗柄南指，天下皆夏，斗柄西指，天下皆秋，斗柄北指，

---

[1]　何清谷：《三辅黄图校注》，第22页。另外，刘庆柱特别指出"崇方"和"择中"，实际上与建筑学上对天地的一种理解和模拟分不开（刘庆柱《长安城的考古发现及相关问题研究》，《考古》1996年第10期）。

[2]　《史记》卷二八《封禅书》，第1355页。

[3]　黄怀信主撰，孔德立，周海生撰：《大戴礼记汇校集注》，三秦出版社2005年版，第179页。

天下皆冬。斗柄运于上，事立于下，斗柄指一方，四塞俱成。"① 而王莽巡狩模拟北斗的运行，以人事模拟天文，用意也就是前文提到的，期望获得天的神秘与权威，而这一点在王莽统治的后期表现得尤为明显，据《汉书·王莽传》：

> 天文郎按栻于前，日时加某，莽旋席随斗柄而坐，曰："天生德于予，汉兵其如予何！"②

这里所说的"栻"就是式盘，由天盘和地盘两部分组成，天盘上书写绘制二十八宿和北斗七星等文字和图案。王莽的做法是，由天文郎随着时间旋转天盘，而王莽随着斗柄的指向改变所坐的方位，期望这样的方式获得天的神秘和权威。其实这样的做法和他根据斗柄指向的方位巡狩用意相同。

从整体上思考王莽试图迁都洛阳的原因，政治、经济、文化乃至军事等倾向于"理性"的思考可以说占主要地位，然而如果忽略信仰方面"感性"的思考，也是不应当的。而考察相关文献，可以发现王莽对洛阳的喜爱是因为这里对应的是星空上的"紫宫"，而作为太一和黄帝的居所，"紫宫"在王莽的信仰中占有举足轻重的地位。王莽曾一度认为"制定则天下自平"③，所以对"制作地理"表现出浓厚的兴趣，其背后之信仰背景恐怕也在于试图将人间之地理对应天文，构建一个可以自行运转的极为合理的宇宙模式。而在这个模式中，人间的皇帝需要居于中央的位置，以对应天上上帝的居所，并通过这样的方式获得天命的力量和权威。

如果进一步思考，可以认为王莽整合天下四方，其实是试图在人间建立一套模拟天体运转的体系。就像天上日月星辰的自然运转一样，如果人间的这一体系也同样的整齐划一，那么皇帝只需垂拱，天

---

① 黄怀信：《鹖冠子汇校集注》，中华书局 2004 年版，第 76 页。另可参见陈久金《北斗星斗柄指向考》，《自然科学史研究》1994 年第 3 期。

② 《汉书》卷九九下《王莽传下》，第 4190 页。

③ 《汉书》卷九九中《王莽传中》，第 4140 页。

下自然大治。如此，王莽制作"地里"的信仰基础也就容易了解了。总的来说，这些信仰得以实现的根源就是在汉代人头脑中根深蒂固的巫术思维。

说"甲渠河南道"

中国人民大学国学院　孙兆华

郑州大学历史学院　田家溧

一 "甲渠河南道"名称缘由

"甲渠河南道"名称出自 1974 年居延破城子出土的"塞上烽火品约"册（EPF16：1—17）[①]。其中 EPF16：3 提到：

> ·匈奴人昼入甲渠河南道上塞，举二蘢、坞上大表一，燔一积＝薪；夜入，燔一积薪，举堠上二苣火，毋绝至明，殄北、三十井塞＝上和如品。

简文所见"甲渠河南道上塞"，其中"甲渠"即甲渠候官塞，是汉代张掖郡居延都尉下属的候官塞防之一。"河"，古弱水，今额济纳河。汉代流经居延都尉部界的弱水下游比今天的河道（伊肯河）还要偏南一些，略呈东西向，[②] 故有"河南"之称。从地理位置上，甲渠塞可分为"甲渠

---

① 对本文中简号的说明：形式如 EPF16：1，引自马怡、张荣强主编《居延新简释校》，天津古籍出版社 2013 年版。形式如 49.22，引自谢桂华、李均明、朱国炤《居延汉简释文合校》，文物出版社 1987 年版。

② 《额济纳河流域障隧述要》："古代的弱水在布肯托尼附近的布都布鲁克 Butu-burukh 东北，从黑城西南绕过黑城东北流向居延泽。"其脚注①："为了方便见，将额济纳河分为三段：下游从布肯托尼以北的一段称伊肯河……"（中国社会科学院考古研究所编：《居延汉简甲乙编》，下册，中华书局 1980 年版，第 299 页。

河南道上塞"和"甲渠河北塞"（后者见 EPF16：2、EPT50：134A）[①]，为把"甲渠河南道上塞"的部隧所经过的这段道路叙述清楚，才截取了"甲渠河南道"这个名称。

二　"甲渠河南道"的存在时间

"甲渠河南道"仅见于"塞上烽火品约"册。而"塞上烽火品约"册所述内容的时间，学者认为是新莽或东汉初。[②] 虽然"甲渠河南道"的名称目前仅见于这个时期，但并不能坐实它只存在于此时。理由如下：

首先，"甲渠河南道"所在的汉代居延边塞大规模屯戍活动至迟在武帝后期即开始。

陈梦家曾结合文献和简牍材料指出：

> 据《史记·匈奴传》，太初三年（前102）"使徐自为出五原塞""筑城障列亭"的同时，"使强弩都尉路博德筑居延泽上"，《汉书·武帝纪》同，作"筑居延"，当指额济纳河两岸的边塞及其亭障。路博德屯居延在太初元年至天汉四年（前104—前97），筑居延当在此期间之内。这一带如破城子、博罗松治、大湾、地湾（居延都尉、甲渠候官、卅井候官、肩水都尉、肩水候官）所出简，俱属于西汉

---

① 关于甲渠塞障隧的布局，陈梦家认为甲渠塞仅位于伊肯河西岸，实际上甲渠塞分布在伊肯河东西两岸。李均明对此有详细辨析，参见其《甲渠候官规模考（下）》，《文史》第35辑，中华书局1992年版，第87—89页。徐乐尧也曾有同样看法，参见其《居延汉简所见的边亭》，甘肃省文物工作队、甘肃省博物馆编《汉简研究文集》，甘肃人民出版社1984年版，第310—311页。吉村昌之认为并无证据表明"甲渠河北塞"和"甲渠河南道上塞"的所属部隧，并自拟两塞名为"甲渠西部塞"、"甲渠东部塞"。我们认为，虽然没有这样的证据，但是既然汉简中有这样的名称，而且甲渠各部隧实际的位置与这两塞的说法大致符合，不应再另取名。此外，曾担任A8甲渠候官、P1第四隧发掘工作的初师宾也曾把甲渠塞分河北、河南塞，惜不见全文。参见初师宾《甲渠部隧建置考略（提要）》，"中国简牍学国际学术研讨会"，1991年7月；〔日〕吉村昌之著，杨振红译《居延甲渠塞的部隧设置》，李学勤、谢桂华主编《简帛研究二〇〇一》下册，广西师范大学出版社2001年版，第710—711页。

② 薛英群：《居延〈塞上烽火品约〉册》，《考古》1979年第4期。

昭帝至王莽或东汉光武建武时之间的，则居延边塞之筑至迟在公元前 86 年以前，即武帝后期。①

陈氏所谓"太初元年"史事，即《史记·大宛列传》所记"益发戍甲卒十八万酒泉、张掖北，置居延、休屠以卫酒泉"②。既然整个居延地区的屯戍活动开始颇早，那么属于居延边塞重要道路的"甲渠河南道"不会晚到新莽或东汉初才出现。

其次，居延汉简所见甲渠候官常见的十个部的存在时间大致为西汉宣帝末年到东汉建武八年，常见十部中的四部属于"甲渠河南道上塞"，与之紧密相关的"甲渠河南道"存在时间也应与之相近。

李均明通过分析与甲渠候官各部有关的年号简，认为"常见 10 部的形成不晚于汉宣帝末年"，"居延一带连续性的屯戍活动可能于建武八年后不久便停止"，"但至东汉中晚期，甲渠候官所属障隧尚有零星的活动"。③ 李氏所说"常见 10 部"即万岁（第三）、第四（第三）、第十、第十七（第十桼）、第廿三（第二十三）、鉼庭、临木（推木）、诚北（城北）④、吞远、不侵。前六部的烽隧因多属序数隧，可以进行推定，学者对其所在位置已经进行了较深入研究⑤，虽然分歧犹在，但它们大体均属"甲渠河北塞"，这一点当无疑义。后四部，临木、诚

---

① 陈梦家：《汉简考述》，《汉简缀述》，中华书局 1980 年版，第 5 页。按：引文中的居延都尉府不在破城子，详见 [日] 永田英正著，张学锋译《居延汉简研究》下册，第 II 部第五章《评陈梦家"破城子为居延都尉府"说》，广西师范大学出版社 2007 年版，第 354—370 页。

② 《史记》卷一二三《大宛列传》，中华书局 1982 年版，第 3176 页。

③ 李均明：《甲渠候官规模考（上）》，《文史》第 34 辑，第 35—36 页。

④ 简文中也有"城北"的写法，如 EPT4：52 等。吉村昌之认为："城北见于绥和二年（前 7）以后，诚北则集中出现在此之前。"（[日] 吉村昌之著，杨振红译《居延甲渠塞的部隧设置》，《简帛研究二〇〇一》，下册，第 717 页）我们认为这样的看法不够确切，李均明曾指出 EPF22：175—180 是新莽时期的一份简册，其中有"诚北部"的写法。参见李均明《甲渠候官规模考（上）》，《文史》第 34 辑，第 35 页。

⑤ 初师宾、宋会群、李振宏、吉村昌之、邢义田都对河北塞诸隧进行过比定，参见邢义田《全球定位系统（GPS）、3D 卫星影像导览系统（Google Earth）与古代边塞遗址研究》附录《汉代居延甲渠河北塞烽隧配置的再考察》，《地不爱宝：汉代的简牍》，中华书局 2011 年版，第 248—257 页。

北、吞远、不侵，宋会群、李振宏明确将它们列入"甲渠河南道上塞"①。

即便说"甲渠河南道上塞"的说法到新莽或东汉初才出现，然而因为"甲渠河南道上塞"的实体——四个部的烽隧存在时间很长，探讨"甲渠河南道"仍然是有意义的。

三 "甲渠河南道"的路线和里程

（一）"甲渠河南道"的路线

从大的方面看，"甲渠河南道"属于张掖郡治觻得北通居延地区的道路的北段，而张掖郡的这条南北道路又可看作是长安通河西地区东西主干道的支线。②

具体到"甲渠河南道"，如何得知其路线？我们需要知道"甲渠河南道上塞"常见各部隧的名称和位置。因为不是所有烽隧都是邮站③，所以要再从中确定邮站名称和位置。通过邮书在各站的传递路线，应可得"甲渠河南道"的主要路线。

关于"甲渠河南道上塞"常见各部隧的名称和位置，李均明《甲渠

---

① 宋会群、李振宏：《汉代居延甲渠候官部燧考》，《史学月刊》1994 年第 3 期。

② 参何双全《汉代西北驿道与传置——甲渠候官、悬泉汉简〈传置道里簿〉考述》，《中国历史博物馆馆刊》1998 年第 1 期；吴礽骧《河西汉代驿道与沿线古城小考》，李学勤、谢桂华主编《简帛研究二〇〇一》上册，广西师范大学出版社 2001 年版，第 336—357 页；初世宾《汉简长安至河西的驿道》，卜宪群、杨振红主编《简帛研究二〇〇五》，广西师范大学出版社 2008 年版，第 88—115 页。

③ 关于汉塞邮路与邮站的关系，王国维曾提出"汉时邮递之制，也寓于亭燧之中"的看法（王国维：《观堂集林》卷一七《敦煌汉简跋十一》，河北教育出版社 2001 年版，第 423 页），贺昌群赞成此说（贺昌群《烽燧考》，《贺昌群文集》第 1 卷，商务印书馆 2003 年版，第 114 页）。随着居延新简的发现，学者开始质疑，如徐乐尧认为："甲渠河南道上塞"才是居延北部的主干邮路（徐乐尧《居延汉简所见的边亭》，甘肃省文物工作队、甘肃省博物馆编《汉简研究文集》，甘肃人民出版社 1984 年版，第 310 页）。后来多数学者持"甲渠河南道上塞"邮站并非全部烽隧的观点，认为有些隧不在邮路上。

候官规模考》（以下简称《规模考》）①，宋会群、李振宏《汉代居延甲渠
候官部燧考》（以下简称《部燧考》）②，吉村昌之《居延甲渠塞的部隧设
置》（以下简称《部隧设置》）③ 等是这方面很好的研究，据之可知：（各
部由南到北依次如下，不同时期隧数和隶属关系有所变化，以下四行所
列不含隧的位置）：

> 临木部：临木、木中、武贤、终古、望虏、穷虏、毋伤
>
> 诚北部：诚北、武强、俱起、俱南、执胡、惊虏、□虏
>
> 吞远部：吞远、次吞、吞北、万年、执胡、惊虏、制虏、平虏、逆胡
>
> 不侵部：不侵、当曲、止害、止北、驷望、察微、伐胡

这里略作说明。临木部的毋伤隧，《规模考》未列入，据《部燧考》、
《部隧设置》加，相关简为 101.26、EPT27：1、EPT40：6A、EPT51：
409。诚北部和吞远部有两隧重合，即执胡、惊虏，《规模考》《部燧考》
都认为可能存在隶属关系变动的情况。因为不能判断其隶属时间，故分
列入两部中。诚北部曾包括烽隧八所，EPT5：93 提到"诚北部主隧八
所"，但有一所不知名，故不列入；《部燧考》漏惊虏隧；《部隧设置》
将"□虏"释为"收虏"，证据似乎不充分。吞远部的逆胡隧，《规模
考》未列入，据《部燧考》《部隧设置》加，相关简为 EPT52：205。《部
隧设置》未把执胡、惊虏列入吞远部，也未作出解释。

　　其实，单从邮书刺和邮书课看，执胡隧隶属吞远部。涉及执胡隧的
邮书如下：

---

　　① 李均明：《甲渠候官规模考（上）（下）》，《文史》第 34、35 辑，第 25—46、81—92
页。《规模考》、《部燧考》、《部隧设置》这方面研究的视角可以用李均明的话概括："关于部隧
的隶属关系，较可靠的依据是候长、候史日迹簿和发放俸禄的账簿。候长、候史通常在自己所在
部的范围内巡视天田（即日迹），经过的烽隧都是属于本部的。发放俸禄通常以部为单位进行。
所以从这些文书上出现的隧名与部名，便可知它们的隶属关系。以序数命名的部隧，从日迹簿中
较易看出它们的隶属关系。从发放俸禄的账簿中则较易看出实名部隧的隶属关系。当然，还有其
他资料可以表明部隧的隶属关系。"见其《甲渠候官规模考（下）》，《文史》第 35 辑，第 84 页。
　　② 宋会群、李振宏：《汉代居延甲渠候官部燧考》。
　　③ ［日］吉村昌之著，杨振红译：《居延甲渠塞的部隧设置》，《简帛研究二〇〇一》，下
册，第 709—723 页。

1. 南书二封,皆都尉章丿诣张掖大守府丿甲校 （第一栏）
   六月戊申夜大半三分,执胡卒常受不侵卒乐
   己酉平旦一分,付诚北卒良。　　　　　　　（第二栏）

   　　　　　　　　　　　　　　　　　　　（49.22 + 185.3①）

2. ☑□月丁未日中四分时,诚北卒□受执胡卒□;日下餔☑分
   时,付临木卒楚。界中十七里,中程。　　　　（EPT51:504）

李均明认为:"汉简所见,对居延邮路是采取逐级分段管理的办法。""驿站是邮路上的最小单位,负责具体的传递任务。""第二级是诸部。""第三级是候官。"② 以上两简分别是吞远部、诚北部的过境邮书记录,简文显示分段传递的情形非常明确,执胡隧在这种分段传递中隶属吞远部。简1即邮书分段传递到吞远部的邮书刺。这份记录显示"南书"途经吞远部:由吞远部执胡隧卒接收自北边的不侵部不侵隧卒,再转送给诚北部的诚北隧卒。简2则显然是"南书"途经诚北部:由诚北部诚北隧卒接收自北边的吞远部执胡隧卒,再转送给临木部的临木隧卒。

　　根据《规模考》、《部燧考》、《部隧设置》的研究,我们还可知某些隧的方位。临木部中临木隧为最南隧,南接卅井候官诚势北隧界;武贤隧为最北隧,北接诚北部诚北隧界。诚北部中诚北隧为最南隧,南接临木部武贤隧界。吞远部中吞远隧、次吞隧在部南界,南接诚北部界;万年隧在部北界,北接不侵部不侵隧界。不侵部中不侵隧为最南隧,南接吞远部万年隧界;当曲隧为最北隧,北接居延收降亭界。

　　另外,关于临木部木中隧的位置,吴昌廉通过对烽隧候望次序进行探讨,认为:"木中隧之位置必不在城北—武贤—临木此条南北交通之干道上,而是位在城北隧之西南,在武贤隧之西方。"③ 关于执胡隧、惊虏

---

①　释文参考了简牍整理小组编:《居延汉简（壹）》,"中研院"史语所2014年版,第159页。

②　李均明:《汉简所见"行书"文书述略》,甘肃省文物考古研究所编:《秦汉简牍论文集》,甘肃人民出版社1989年版,第132—133页。

③　吴昌廉:《关于木中隧与城北隧相候望问题之讨论》,陈文豪主编《简帛研究汇刊》第1辑,台北中国文化大学史学系、简帛学文教基金会筹备处2003年版,第64页。

隧的位置，李均明推测执胡隧、惊虏隧可能位于吞远部、诚北部的交界处。① 通过隧名也可推测一些隧的相对位置，如诚北部俱南隧当在俱起隧之南；吞远部吞北隧当在吞远隧之北，次吞隧当临近吞远隧②；不侵部止北隧当在止害隧之北。

利用前人研究，我们知道："部有候长、候史。每部统辖5—8座亭燧，其中一、二座充当驿站。充当驿站者多为候长、候史所在亭隧，以甲渠诸部为例：临木、城北、吞远、不侵诸隧为同名部治所；……执胡燧为候史所在。"③ 此外，不侵部当曲隧、吞远部万年隧、临木部武贤隧也是候史治所。④ 大体候长、候史的治所分别位于部的南、北端，多为邮站。简文还可见不侵部止害隧又称"止害驿"（EPT43：109），"止害隧长焦永行檄"（EPF22：189）；有所谓诚北部"武强驿"（EPT49：11B）；有临木部木中隧传檄记录（EPF22：125—150，EPF22：151A、B、C、D，EPF22：324）。所以，"甲渠河南道上塞"邮站由南到北依次有：临木部临木隧、木中隧、武贤隧，诚北部诚北隧、武强隧，吞远部吞远隧、执胡隧、万年隧，不侵部不侵隧、当曲隧、止害隧。进而可以这样认为，"甲渠河南道"北起甲渠候官不侵部当曲隧北界，南达临木部临木隧南界。

根据邮书记录来推断邮路，即"甲渠河南道"的主要路线，陈梦家较早使用这样的思路，列有邮站表，但由于释文的原因，加之居延新简的发现，陈氏的观点目前看来存在偏颇。⑤ 新的研究取得了新的成果，但仍然有分歧。

李均明得出了这样的路线：

甲：居延收降—当曲—不侵—吞远……城北—武贤……临木—卅井诚勢北……（略去与本文无关处）

① 李均明：《甲渠候官规模考（下）》，《文史》第35辑，第87页。

② 吉村昌之认为次吞隧在吞北隧之北，有待商榷。参见［日］吉村昌之著，杨振红译《居延甲渠塞的部隧设置》，《简帛研究二〇〇一》下册，第716页。

③ 李均明：《汉简所见"行书"文书述略》，《秦汉简牍论文集》，第132—133页。

④ 初师宾：《甲渠部隧建置考略（提要）》，"中国简牍学国际学术研讨会"，1991年7月；［日］吉村昌之著，杨振红译《居延甲渠塞的部隧设置》，《简帛研究二〇〇一》下册，第710页。

⑤ 陈梦家：《汉简考述》，《汉简缀述》，第12—25页。

　　　　乙：不侵—执胡—城北

他认为乙路线与甲路线重合，"所见邮站在同一条邮路上，只是汉简尚缺有关执胡与吞远间位置关系的资料"①。

　　与李均明不同，宋会群、李振宏、吴昌廉认为"甲渠河南道"有几条不同的邮路。

　　宋会群、李振宏认为有三条：

　　　　［一］　收降—当曲—不侵—吞远—城北—临木
　　　　［二］　收降—当曲—不侵—执胡—城北—临木—卅井
　　　　［三］　收降—当曲—不侵—万年—武强……甲渠候官

他们指出："在不侵以北和城北以南，基本上单程直线邮道，而不侵与城北之间，则有三条线路。若以南书说，邮书在当曲到不侵之后，可以向西南至万年，或东南至执胡，或正南至吞远，而从吞远或执胡则都可以到达城北，并继续南下经临木到卅井，进入从居延到肩水的主要通道。"②

　　吴昌廉也认为有三条邮路，其路线的不同也表现在不侵与诚北之间。他与宋会群、李振宏的不同在于上述三条邮路中的第二、三条。他还作了"甲渠河南道"邮站的路线示意图，但其后文说到吞远隧距离居延百卅里，甲渠候官距离居延都尉府、居延县城分别是七十里、九十里，此图明显不符。③ 吴昌廉提出三条邮路与"甲渠河南道"三个不同的里程密切相关，有助于我们研究"甲渠河南道"的路线。

　　①　李均明：《汉简所见"行书"文书述略》，《秦汉简牍论文集》，第 131 页。
　　②　宋会群、李振宏：《汉代居延地区邮驿方位考》，《河南大学学报》1993 年第 1 期。
　　③　吴昌廉：《甲渠"当曲隧"至"临木隧"里程重考》，《简牍学报》2006 年第 19 期，第492 页。对于吞远距离居延百卅里，定行十三时，吉村昌之的解释恐不确。参见［日］吉村昌之著，杨振红译《居延甲渠塞的部隧设置》，《简帛研究二〇〇一》下册，第 717 页。

（二）"甲渠河南道"的里程

居延汉简所见涉及"甲渠河南道"邮路的有"八十里"、"九十五里"与"九十八里"三种里程，前人分别从南行、北行里程不同以及途中路线不同两种角度进行过解释。

"界中八十里"有5例（简3—7），皆出自破城子A8甲渠候官，其中4例（简3，简5—7）为"南书"，即往南传递的邮书，1例（简4）不明传递方向，尚未见"北书"的例子。如下：

3. 临木卒戎付诚勢北隧卒则，界中八十里，书定行九时，留迟二
一时，解何？ （133.23）

4. 界中八十里，书定行十时，留迟二时，解何？ （231.2）

5.　　五月己丑餔时，当曲卒驿受
☑夜半，临木卒周付卅井卒元。
　　定行六时，不及行二时。 （EPT51：351）

6. ☑诣橐它候官 （第一栏）
正月戊申食时，当曲卒王受收降卒敝；日入
临木卒仆付卅井卒得。界中八十里，定行五时，不
及行三时。（第二栏）
（EPT51：357）

7. ☑☑☑诣靡谷守候、居延左尉 （第一栏）
正月丁酉夜大半，当曲卒辅受收降卒☑；☑
付卅井卒常。界中八十里，定行七时☑☑☑ （第二栏）
（EPT52：215）

由以上简文可知，当曲隧往南到卅井诚勢北隧所谓的"界中"里程是八十里。居延行书的规定是一时行十里，所以八十里应行八时。"定行"是实际行书的时间，"留迟"是与规定行书时间相较耽搁的时间，"不及行"是与规定行书时间相较提前的时间。简5虽然没有明言八十里，但"定行六时，不及行二时"反映的正是这个里程数。

"界中九十五里"有 4 例（简 8—11），皆出自破城子 A8 甲渠候官，均为"北书"，即往北传递的邮书，尚未见"南书"的例子。如下：

8. 北书三封，合檄、板檄各一　　　　　　　　　　（第一栏）
　　其三封，板檄，张掖大守章，诣府。
　　合檄，牛骏印，诣张掖大守府牛掾在所。　　　（第二栏）
　　九月庚午下餔七分，临木卒副受卅井卒弘；鸡鸣时，当曲
　　卒昌付收降卒福。界中九十五里，定行八时三分，□行一时
　　二分。　　　　　　　　　　　　　（第三栏）（157.14）

9. ☒诣居延都尉府
　　五月壬戌下餔，临木卒护受卅井城势北燧卒则；
　　癸亥蚤食五分，当曲卒汤付□□卒□执胡□□收降卒□□。
　　定行九时五分，中程。　　　　　　　　　　　　（229.4）

10. 八月庚戌夜少半，临木卒午受卅井☒
　　 禺中五分，当曲卒同付居延收降卒□。☒
　　 ☒五里，定行□时□分，中程。　　　　　　　（270.2）

11. ☒临木卒意受诚势北燧卒欣；夜半
　　 ☒付收降卒忠。界中九十五里，定行　　（EPT51：609）

由以上简文可知，临木隧往北到居延收降亭所谓的"界中"里程是九十五里。

此外，还有不明里程的例子。"北书"（简 12）、"南书"（简 13—16）均出自破城子 A8 甲渠候官。

12. 其一封，诣居延骑千人；
　　 北书二封　　一封章破，诣□□赵卿治所。　　（第一栏）
　　 五月戊寅下餔，推木队卒胜有受三十井诚
　　 势队卒樊隆；己卯蚤食五分，当曲燧
　　 卒蔡崇付居延收降亭卒尹□□　　（第二栏）（EPT59：156）
13. ☒诣张掖大守府
　　 正月戊午食时，当曲卒汤受居延收降卒襃；下餔，

临木卒护付诚劈北隧卒则。当曲□□劈北⊠时，中程。

(56.37①)

14. ⊠校临木邮书一封

张掖居延都尉　　　　　　　　　　　　　　　（第一栏）

十一月己未夜半，当曲卒同受收降卒严；下餔，临木卒禄=

付诚劈北隧卒则。　　　　　　　　　　（第二栏）(203.2)

15. ⊠己未蚤食，当曲隧卒威受收降卒严；夜少半四分，临木=

卒⊠　　　　　　　　　　　　　　　　（224.23＋188.3）

16. 南书一封，居延都尉章。　诣张掖大守府。　（第一栏）

十一月甲子夜大半，当曲卒昌受收降卒辅；辛丑蚤食一分，

临木

卒□付卅井卒弘。界中廿八里，定行……□程二时二分。

（第二栏）(317.27②)

---

① 吴昌廉认为此简为"界中八十里"，参见其《甲渠"当曲隧"至"临木隧"里程重考》，《简牍学报》2006年第19期，第493页。此简是"界中八十里"或"界中九十八里"，不确定，所记食时到下餔，比之简6的食时到日入，依十六时称，还少一时，即四时。"界中八十里"更接近。

② "……"，从李均明释文（参见其《秦汉简牍文书分类辑解》，文物出版社2009年版，第426页），表示若干字不可释读，《合校》作断简符号"⊠"。本简是"南书"，从居延收降亭传递到卅井诚劈北隧，从上文的简例看，该是"界中八十里"或"界中九十八里"。"界中九十五里"不可能，因"北书"才有这个里程数。"界中廿八里"当是误释。但图版不清楚，无法辨认。是"界中八十里"吗？"卅井卒弘"，在157.14中亦见。157.14是"北书"，"界中九十五里"。如果满足两个条件：一、两简中的"卅井卒弘"是同一人，二、两简年代相近，那么本简应是"界中八十里"，但不确定。吴昌廉曾确认此简是"界中八十里"，是据劳榦《居延汉简图版之部》第2册（"中央"研究院历史语言研究所1977年版，第328页）另作的释文，参见吴昌廉《甲渠"当曲隧"至"临木隧"里程重考》，《简牍学报》2006年第19期，第491页。而在下文中我们认为传递时间等释文难解，增加了这种不确定性。是"界中九十五里"么？"定行……□程二时二分"，类似简18"定行十二时，过程二时二分"。简18是"北书"，"界中九十八里"。因"界中九十八里"南、北书皆然，所以有可能。假如我们把本简释为"定行十二时，过程二时二分"，仍是有难解处。"甲子"与"辛丑"间相隔36天，不可能，似乎可认为"甲子"为误释，当是"庚子"，"庚子"次日即"辛丑"。日期有误，而主要的还是具体时间无法相合。"界中九十八里"当行九时八分，有时十时也算中程。"夜大半"到"蚤食一分"无论如何也凑不出"定行十二时，过程二时二分"。我们怀疑释文有误，所以难以解释"界中九十八里"。总之，本简释文多有误，引用需谨慎。

"南书"当曲隧到卅井诚劈北隧"界中八十里","北书"临木隧到居延收降亭"界中九十五里",一南一北为何相差十多里?李均明运用直观的计算,对此作出了令人信服的解释。① 大意是南行八十里是从当曲隧到卅井候官诚劈北隧,北行九十五里是从临木隧到居延收降隧,这两种行程都有共同的当曲隧—临木隧一段,其里程为七十六里。不同的是,前者的临木隧到卅井候官诚劈北隧里程是四里,后者的当曲隧到居延收降亭是十九里。

但是简文又有"南书""北书"均为"界中九十八里"的例子。"南书"有简17,"北书"有简18—19,均出自破城子A8。

> 17. 书一封,居延都尉章。诣大守府。　　　　　　　(第一栏)
> 三月癸卯鸡鸣时,当曲卒便受收降卒文;甲辰下餔时,临木卒得付卅井城劈北卒参。界中九十八里,定行十时,中程。
> 　　　　　　　　　　　　　　　　　　　(第二栏)(EPW:1)
> 18. ☑正月戊午夜半,临木卒赏受城劈卒胜;己未日入,当曲＝卒☐
> ☑付收降卒海。界中九十八里,定行十二时,过程二时二分。
> 　　　　　　　　　　　　　　　　　　　　　　(EPC:26)
> 19. ☑收降卒海。界中九十八里,定行十时,中程。　(EPC:37)

对于以上例子,李均明没有引用加以解释。而宋会群、李振宏的解释也不能令人满意。② 他们利用邮书交接的时称、中程情况来倒推各段邮路的里程,因为居延边塞曾实行十六时的时制,一昼夜十六时,一时分为十分,邮书传递一时行十里,他们假设邮书记录时间段均"中程",那么各段邮路的里程就可以推算出来。这样做有几个因素造成数据不准确。一、十六时的时称不能确定③,因此推测的"行书"时间段不准确。二、不能

---

① 李均明:《汉简所见"行书"文书述略》,《秦汉简牍论文集》,第133—134页。吉村昌之对这个解释提出了自己的质疑,但他质疑的根据却差强人意。参见〔日〕吉村昌之著,杨振红译《居延甲渠塞的部隧设置》,《简帛研究二○○一》,下册,第719页。
② 宋会群、李振宏:《汉代居延地区邮驿方位考》。
③ 任杰:《秦汉时制探析》,《自然科学史研究》2009年第4期。

保证有时间记录的情况都为"中程","中程"的情况中"不及行"造成里程数减小,"不中程"的情况则造成里程数增大。所以只能得到大致的数据。由于他们误认为存在"卅井"隧、"卅井诚勢北"隧之别(在相关邮书中"卅井"当是"卅井诚勢北"的省称,如简3"诚勢北"、简5"卅井"都指的是"卅井诚勢北"隧),最终导致其对三种里程解释的失败。

假如我们同意李均明对"南书""界中八十里"、"北书"、"界中九十五里"的解释,那么"南书"、"北书"均为"界中九十八里"的解释也应该依照这一思路进行。但李均明单一邮路的说法不能说明为何出现另一种里程"九十八里"。当然不排除邮路在某段时期延长的情况。在这种情况之外,我们认为多种邮路的看法应该是解释"界中九十八里"的理想途径。由于"甲渠河南道"中间一些邮站的具体位置不确定,还有待更多新材料的发现来促进我们进一步的研究。如果按照本文前面的设定:"甲渠河南道"北起甲渠候官不侵部当曲隧北界,南达临木部临木隧南界,这里再把当曲隧、临木隧视作两个点,忽略掉其向北、向南的部分界域,那么上述李均明认为的当曲隧到临木隧里程七十六里,或可看作"甲渠河南道"主要路线的里程。

四　邮路"行书"通畅的保障:"助吏"助"行书"与"道上行书不省"

居延汉简所见"甲渠河南道"更多体现了其作为汉代军事邮路的价值,那么保障邮路"行书"通畅的举措是必不可少的。

居延汉简所见"助吏"[①]中不少人是去"甲渠河南道上塞"帮助行书或其他工作。如"城北助吏李同"(EPT65:30)、"城北隧助吏李丹"

---

① 参见赵宠亮《居延汉简所见"助吏"》,《南都学坛》2009年第4期。李均明认为:"'助吏'为建武年间新设隧级官职,未见于西汉及新莽简。"参见其《居延汉简编年——居延编》,新文丰出版公司2004年版,第256页。虽然如此,但赵宠亮的文章中提示我们,在敦煌悬泉汉简中早在西汉神爵年间有"助府佐"的称谓,值得注意。

（其事见 EPT68：81—102）、吞远隧"助吏时尚"（原次吞隧长，其事见
EPT6：76、EPT65：99、EPF22：328 + 332 + 329 + 330 + 331 + 694 +
556）①、"城北助隧长王明"、"吞远助隧长董习"（两者之事见 EPF22：
125—150，EPF22：151A、B、C、D，EPF22：324）②。

类似"助吏"，"省卒"或"省吏"即抽调人员去其他部门短期工
作，也是居延边塞常见的一种人员调度的手段。虽然"甲渠河南道上塞"
的吏卒可能被拉去充当省吏、卒（如 127.27 说到诚北部主吏 7 人，卒 18
人，省作的就有 11 人），但按常规"道上行书不省"，如：

20. 第十六隧卒二百□□   （第一栏）

□月……当曲隧以南尽临木道上行书不省。

·右部隧十八所，卒六十三人不省。

列隧□□及承隧五十八所，所三人，今省所一人，为五十=
八人，赍衣装作，

旦诣珍北，发郫、除僵落沙，会八月旦。   （第二栏）

（99ES17SH1：7③）

在一定程度上，"助吏"助"行书"与"道上行书不省"的举措缓解了
边塞邮驿人员短缺的困难，保障了"甲渠河南道"上"行书"的通畅。

---

① 简册编联参见谢桂华《新、旧居延汉简册书复原举隅》，中国秦汉史研究会编《秦汉史
论丛》第 5 辑，法律出版社 1992 年版，第 271—272 页。

② 参见李均明《居延汉简编年——居延编》，第 229—232 页。

③ 孙家洲主编：《额济纳释文校本》，文物出版社 2007 年版，第 20 页。

读居延汉简邮传文书札记二则[*]

西北师范大学历史文化学院　李迎春

　　秦汉大一统帝国的维系、运转需要以通达的交通设施和快捷有效的邮书传递方式作为保障。故交通、邮驿史研究历来是秦汉史研究的重点。然而受传世文献性质所限，正史中关于这方面的记载，并不多见。但20世纪30年代和70年代居延汉简，尤其是其中大量与交通、邮驿有关的史料，如《传置道里簿》《邮书刺》《邮书课》及大量文书函封和奏封、启封记录的出土，为我们重新审视和深刻理解汉代的邮书传递制度提供了丰富的史料。这些邮书传递材料出土后，引起了学界的关注，如李均明《汉简所见文书"行书"制度述略》，宋会群、李振宏《汉代居延地区邮驿方位考》，张俊民《居延汉简中的邮书档案》，高荣《简牍所见秦汉邮书传递方式考辨》《汉代甲渠候官邮程考》等文都对汉代居延地区的邮驿机构、邮传文书和行书制度予以研究，取得了较大成果。① 然而，尽管如此，今天学界对居延汉简邮传文书个别用语的理解上仍存在较大分歧意见，一些邮传文书用语似仍有继续讨论的必要，故笔者拟略述陋见，供

　　* 本文为中国博士后科学基金第55批面上资助"肩水金关汉简编年辑证"（2014M552511）和2014年度甘肃省高等学校科研项目"肩水金关汉简编年及相关问题研究"（1312）的阶段性成果。

　　① 李均明：《汉简所见"行书"文书述略》，甘肃文物考古研究所编《秦汉简牍论文集》，甘肃人民出版社1989年版，第113—135页，收入《简牍法制论稿》，广西师范大学出版社2011年版，第200—219页；宋会群、李振宏：《汉代居延地区邮驿方位考》，《河南大学学报》1993年第1期；张俊民：《居延汉简中的邮书档案》，《档案》1997年第3期；高荣：《简牍所见秦汉邮书传递方式考辨》，《中国历史文物》2007年第6期；高荣：《汉代甲渠候官邮程考》，《史学论丛》2000年第9期。

方家批评指正。

一　故行

居延汉简有"故行"一词,主要见于函封之上,写于收件机构或收件人下,如"甲渠候官故行"(EPT20:1)等,与其他函封检如"甲渠官行者走""甲渠官隧次行""甲渠候官以亭行""甲渠候官以邮行""甲渠候官马驰行""甲渠候官行者走"者内容、形制类似。其中"甲渠候官"是收信机构,"故行"则应该与"行者走""隧次行""以邮行""以亭行""马驰行"用法一致,当是指邮件的传递方式。[①]

与其他函封简一样,一些传递方式为"故行"的函封上也留有收件人所书收文记录,如:

> 居延令印
> 甲渠候官故行
> □月□□□□□□以来　　　　　　　　　　　(EPT51:144)

> ☑延都尉章
> ☑渠鄣候故行　　　　　　　　　　　　　　(EPT59:450)

两简上皆有收件人所书发件机构印文和邮件传达的时间、传递人姓名等信息。

除函封外,一些官"记"文书中也书有"故行",居延汉简 EPT56:88 号简载:

---

　① 函封上"行者走""隧次行""以邮行""以亭行""马驰行"等词,是指邮件的传递方式,学界基本没有疑义。如李均明称:"燧次行,当指逐燧传递。以亭行、亭次走行,当指逐亭传递。以邮行,通过主干邮路传递。"(李均明《汉简所见文书"行书"述略》,《简牍法制论稿》,第 210 页)

官告候长辅上记　　　到辅上驰诣官

会倩时辅上行　　　　与廿一卒满之　　　　　（EPT56：88A）

诣官欲有所验　　　　毋以它为解

第十七候长辅上　　　故行　　　　　　　　　（EPT56：88B）

该简正反面书写，保存完整、字迹清晰，左右两侧有刻齿，从内容看是甲渠候官通知第十七部候长辅上携属下第廿一隧卒满之诣官的记。敦煌汉简中也有类似文书：

十二月甲辰官告千秋隧长记到　　　转车过车

令载十束苇为期有教　　　　　　　　　　　（1236A）

千秋隧长故行①　　　　　　　　　　　　　　（1236B）

该简正反面书写，内容是候官通知千秋隧长载苇的记，与居延 EPT56：88号简性质相似。只是该简左右无刻齿，"千秋隧长故行"这一指示收件人与传递方式的内容单独书于背面，与前简有别。

居延 EPT56：88号简和敦煌 1236号简，是候官通知下属候部及烽燧从事某项公务的官文书"记"。由于在本机构内运行，又不须封缄保密，故格式从简，没有函封，仅在文书背面书写收件人和传递方式。两简虽与前述函封检形制不同，但在传递邮件和指示传递信息方面基本性质还是相同的，故其"故行"当与函封检之"故行"一样，皆指文书传递方式。

燧次行，指逐燧传递。以亭行、亭次走行，指逐亭传递。以邮行，是通过主干邮路传递。马驰行，与前述以人步行传递诸方式不同，特别强调用马传递。与这些传递方式都较容易理解不同，"故行"究竟指何种

---

① 释文据甘肃省文物考古研究所编：《敦煌汉简》，中华书局 1991 年版。《中国简牍集成》释"期"为"刻"，释"故"为"頡"（中国简牍集成编委会《中国简牍集成》第 3 册，敦煌文艺出版社 2001 年版，第 163 页），据图版以"故"为是。

传递方式则有一定难度。李均明认为函封"莫府吏马驰行以急为故"
(259.5A)中的"故"有"事"之意,"以急为故"指当作为紧急事情办
理,^① 但对"故行"这一传递方式并未予以解释。日本学者大庭脩曾关注
"故行",除推测"故行"有"急行之解"外,更据《经传释词》"固,
尤必也。或作故"的解释,推测"故行"之"故"可通"固",意为
"务必无差错送达",并以今日挂号邮件之"特别传送"之意比照理解。^②
《中国简牍集成》为"故行"一词作注,认为是汉代邮书传递方式之一,
称:"甲渠候官,故行,表示该文书是发往甲渠候官者"^③,似认为"故"
在此处起指示目的地的作用。高荣基本同意大庭脩的观点,并认为汉简
中注明"故行"者皆下行文书,未见相关上呈文书,故应是"上级对下
级下达的必须立即执行的命令。因其重要而紧急,故需特别强调",认为
"故行"文书强调投递结果,对运行过程并无特别要求。^④

　　大庭脩"特别传送""无差错送达"的观点虽有一定道理,但边塞屯
戍文书关系重大,不会仅标注"故行"者需"无差错送达"。而"急行"
的解释虽符合"马驰行"中"以急为故"的要求,但将"故行"之
"故"训为"急"则无据。至于高荣"故行"文书皆下行文书,表示
"立即执行"的命令的观点,也非的论。且不说有些"故行"函封检看不
出发件单位,仅以能见发件者"居延令"的 EPT51:144 号简来看,居延
县与甲渠候官同为县级单位,一属民政系统,一属军事候望系统,两者
显然不是上下级关系。且"以亭行""隧次行""以邮行"皆标注的是传
递方式,没理由仅"故行"不标注运行过程和传递方式,而标注"特别"
"无差错"等投递结果。综合考虑,对"故行"的理解似仍当以传递者、
传递方式、传递过程为主。

　　赵宠亮也曾关注过居延邮书传递中的"故行"问题,并指出裴骃
《史记集解》引"如淳曰"、司马贞《史记索隐》中曾以"雇行"解释
"故行"的现象。但遗憾的是,赵宠亮认为"简文中所见的'故行'应

---

　　① 参见李均明《汉简所见文书"行书"制度述略》,《简牍法制论稿》,第 210 页。

　　② 大庭脩著:《再论"检"》,徐世虹译,李学勤主编:《简帛研究》第 1 辑,法律出版社
1993 年版,第 131 页。

　　③ 中国简牍集成编委会:《中国简牍集成》第 6 册,敦煌文艺出版社 2001 年版,第 256 页。

　　④ 高荣:《简牍所见秦汉邮书传递方式考辨》,《中国历史文物》2007 年第 6 期。

为一种传递方式，看不出是雇佣传递，所以'故行'的含义尚有待讨论"，① 放弃了魏晋隋唐学者在解释"故行"方面的观点。其实，雇佣传递也是一种传递方式，将"故行"之"故"理解为"雇佣"之"雇"非但并无不妥，可能恰恰是抓住了"故行"这一邮书传递方式的根本特点。

《说文·攴部》："故，使为之也。"② 故，为"雇"之本字，有使人做某事，叫人替自己做某事之意。朱骏声《说文通训定声·豫部》："故，叚借为雇。"③ 不仅汉代字书支持"故""雇"互通，汉魏传世文献中且有"故行"同"雇行"的直接证明。《史记》卷一〇二《张释之冯唐列传》："夫士卒尽家人子，起田中从军，安知尺籍伍符。"刘宋裴骃《集解》引魏人如淳曰："《汉军法》曰吏卒斩首，以尺籍书下县移郡，令人故行，不行夺劳二岁。五符亦什伍之符，约节度也。"司马贞《索隐》注"故行不行"，称："谓故命人行而身不自行，夺劳二岁也。'故'与'雇'同"，明确指出，"故"同于"雇"，"故行"有"命人行而身不自行"之意。④ 章炳麟《小学答问》称："《说文》'故，使为之也。'顾、雇、扈，皆叚耤"，并据如淳所引汉律指出"汉律尚用本字"⑤。南朝梁顾野王《玉篇·隹部》："雇，今以为雇儌字。"⑥ 也可看出，汉时作"雇佣"解之字，可写作"故""顾""雇"，并没有统一，至南朝时方统一为"雇"字。如此，居延汉简之"故行"应可理解为"雇行"。

居延汉简虽与如淳引《汉律》语境不完全一致，但意思则相通，指使本不应承担传递邮书任务之人临时传递邮书，即雇用人传递邮书，可称"故行"。至于此雇用是否给临时传递邮书之人以钱财或其他补偿方式则尚不可知。

汉代边塞有邮、亭等邮书传递机构，也有邮卒等邮书传递人员，但在特殊情况下，如邮卒已另有任务、邮件不方便亭次传递、事情紧急来不及正常传递时，另寻他人（或其他戍卒，或与屯戍无关之人）以"故

---

① 赵宠亮：《行役戍备——河西汉塞吏卒的屯戍生活》，科学出版社 2012 年版，第 88 页。
② （汉）许慎：《说文解字》，中华书局 2013 年版，第 62 页上。
③ （清）朱骏声：《说文通训定声》，中华书局 1984 年版，第 417 页下。
④ 《史记》卷一〇二《张释之冯唐列传》，中华书局 1982 年版，第 2759—2760 页。
⑤ 章太炎：《小学答问》，浙江图书馆校刊《章氏丛书》本，第 11—12 页。
⑥ 顾野王：《大广益会玉篇》，中华书局 1987 年版，第 115 页上左。

行"的方式传递文书也可理解。

　　前述居延 EPT56：88 号简和敦煌 1236 号简之候官下达之"记"，由于是在候官内部运行，从方便、快捷计，可能也不须以"邮"、"亭"、"驿马"传递，而采取使人——可能是承担其他任务之卒——临时"故行"传递官记的方式也很正常。当然由于目前所见简牍材料有限，关于"故行"的报酬、组织方式还有待继续研究，但其作为雇人临时传递邮书的传递方式，既有传世文献依据，又符合简牍材料语言环境，应无大的问题。

二　不及程

　　居延汉简 EPT51：351 和 EPT51：357 号简是邮书课残文。

　　　　五月己丑餔时当曲卒辤受□
　　☑夜半临木卒付卅井卒元□
　　　　定行六时不及行二时　　　　　　　　　　　　（EPT51：351）

　　　　正月戊申食时当曲卒王受收降卒敞日入
　　☑诣橐它候官　临木卒仆付卅井卒得界中八十里定行五时不
　　　　　　　　　　　　及行三时　　　（EPT51：357①）

关于邮书课这种文书的运行及"行书"用语，李均明、高恒等学者都曾予以关注。② 李均明认为"定行某时某分"指"传行实际耗费的时间"，"当行某时某分"指"事先规定的邮书传行所需时间"，如果"定行"

　　①　两简释文皆据甘肃省文物考古研究所等编《居延新简——甲渠候官》，中华书局 1994 年版；甘肃省文物考古研究所等编《居延新简——甲渠候官与第四燧》，文物出版社 1990 年版；中国简牍集成编委会编《中国简牍集成》，敦煌文艺出版社 2001 年版等著作释文与此相同。
　　②　参见李均明《汉简所见一日十八时、一时十分记时制》，《文史》第 22 辑，第 21—27 页；《汉简所见"行书"文书述略》，甘肃省文物考古研究所编《秦汉简牍论文集》，第 113—135 页；《秦汉简牍文书分类辑解》，文物出版社 2009 年版；高恒《汉简牍中所见令文辑考》，中国社会科学院简帛研究中心编《简帛研究》第 3 辑，广西教育出版社 1997 年版，第 382—427 页，收入《秦汉简牍中法制文书辑考》，社会科学文献出版社 2008 年版，第 163—215 页。

时间符合"当行"时间,是为"中程",如"定行"超过程限,即迟到,则为"过程",反之如果提前到达,则为"不及行"。并分析EPT51:357号简,"'按界中八十里'计,此邮书当行八时,则知'不及行三时'乃指提前三时送达目的地"①。高恒对"定行""当行""过程"的理解同于李均明,然对于"不及行"则另有看法,认为"不及行"指"未将文书送达指定地点",并称EPT51:357号简所载情况是"八十里路程,只走了五十里,还有三十里的路没走,就停止了,就为'不及行'"②。从对简牍文意的理解来看,李均明对"不及行"的解释显然更为科学,而高恒"未将文书送达指定地点"的解释牵强无据,难以令人信服。

从李均明的解释看,"定行""当行"指文书运行时间,"中程""过程""不及行"则是邮书课中对邮书传递成绩的评定。程,有期限、标准之意。《说文·禾部》:"程,品也。"③《广韵·清韵》:"程,期也。"④《左传·宣公十一年》:"称畚筑,程土物",杜预注:"程,为作程限。"⑤中程是符合期限(或标准),不中程是不符合期限(或标准),过程是超过期限(或标准),都可作为考课用语。《汉书》卷五三《景十三王传·江都易王刘非》载:"或𩓾钳以铅杆舂,不中程,辄掠",颜师古注曰:"程者,作之课也。"⑥"不中程"作考课用语,与简牍中的用法相同。然而,"行"在古汉语中并无"期限"或"标准"之意,"不及行"为什么能与"中程""过程"等词构成一组评定用语,则不易理解,也许正是由于这一缘故,高恒才对"不及行"另作解释。

"不及行"在居延汉简中仅出现两次,即前述EPT51:351和EPT51:357号简。两简字迹皆不太清晰,检之《居延新简》一书图版,并不能断定"不及行"之"行"字一定正确。两简中都同时有两个"行"字,比

---

① 李均明:《秦汉简牍文书分类辑解》,文物出版社2009年版,第427—428页。

② 高恒:《秦汉简牍中法制文书辑考》,《简帛研究》第3辑,第188—189页。

③ (汉)许慎:《说文解字》,第142页下。

④ (宋)陈彭年:《宋本广韵》,江苏教育出版社2008年版,第55页上。

⑤ (晋)杜预注,(唐)孔颖达疏:《春秋左传正义》,(清)阮元校刻:《十三经注疏》,中华书局1980年版,第1875页。

⑥ 《汉书》卷五三《景十三王传·江都易王刘非》,中华书局1962年版,第2416页。

较后可以发现每简中，"不及行"之"行"字，皆与另一"行"字有别。EPT51：351号简"定行"之"行"和"不及行"之"行"字，分别写作：

两者差别明显，"不及行"之"行"字从字形上来说，不类"行"，却有"程"字的可能。且"不及程"有不到规定期限、程限之意，可译为提前到达，作为考课用语恰与"中程""过程"匹配。EPT51：357号简"定行"之"行"和"不及行"之"行"字，分别写作：

两者写法也不相同。对于这种字形差异，谢桂华"经过仔细审视图版"，曾提出"两简中之'不及行'三字，均应改作'不及程'"的观点。[①] 然而由于图版字迹漫漶、模糊，不能准确辨认，谢桂华的观点未能得到学界的足够重视和普遍认可。

承甘肃简牍博物馆张德芳师惠赐，笔者得览居延新简新拍摄之红外线照片，核对 EPT51：351 和 EPT51：357 号简，发现两简"不及行"之"行"字，分别写作：

与两简"定行"之"行"字：

有较大差别，且 EPT51：351 号简"不及行"之"行"字，左侧"禾"旁非常清晰，右侧与 EPT51：357 号简"不及行"之"行"字一样，似"呈"字字形，尤其是右下方"王"字波磔清楚。从红外照片来看，两字确当改释为"程"无疑。故谢桂华的推测，今天看来完全正确，居延出土邮书课中，作为考课用语的"不及行"实为"不及程"，其与"中程"

---

① 谢桂华：《汉简所见律令拾遗》，王子今、白建钢、彭卫主编：《纪念林剑鸣教授史学论文集》，中国社会科学出版社2002年版，第260页。

"过程" 等用语匹配使用，有邮书提前传递到达之意。

（本文作为《读居延汉简札记六则》中的两部分，原载田澍、张德芳主编《简牍学研究》第5辑，甘肃人民出版社2014年版，收入本书时有所改动）

居延汉简"车祭"简所见出行占色[*]

中国社会科学院历史研究所
出土文献与中国古代文明研究协同创新中心　　曾　磊

居延汉简中有若干汉代《日书》残篇，已有学者进行了深入的研究[①]。然而由于简文残泐，个别简牍的含义尚未明确。简 EPT40：38（以下简称"车祭"简）即是一例。本文尝试以文献资料为依据，发掘该简蕴含的历史文化信息，以就教于方家。

简文如下：

> 车祭者占牛马毛物黄白青聊以取妇嫁女祠祀远行入官迁徙初疾☒
>
> （EPT40：38[②]）

该简"以……"的句式在《日书》中较为常见。如睡虎地秦简《日书》

---

    * 本文为中国博士后科学基金第 51 批面上资助"文化史视角下的秦汉颜色研究"（2012M511649）的阶段性成果。

    ① 参见陈槃《汉晋遗简识小七种》，"中央"研究院历史语言研究所 1975 年版；陈梦家《汉简年历表叙》，《汉简缀述》，中华书局 1980 年版，第 229—274 页；胡文辉《居延新简中的〈日书〉残文》，《文物》1995 年第 4 期；何双全《汉简〈日书〉丛释》，甘肃省文物考古研究所、西北师范大学历史系编《简牍学研究》第 2 辑，甘肃人民出版社 1998 年版，第 45—51 页；刘昭瑞《居延新出汉简所见方术考释》，《文史》第 43 辑，第 49—59 页；魏德胜《居延新简、敦煌汉简中的"日书"残简》，《中国文化研究》2000 年第 1 期；罗帅《河陇秦汉日书初探》，简帛网，2006 年 8 月 2 日。

    ② 本文所引居延汉简均出自谢桂华、李均明、朱国炤《居延汉简释文合校》，文物出版社 1987 年版；甘肃省文物考古研究所、甘肃省博物馆、文化部古文献研究室、中国社会科学院历史研究所编《居延新简：甲渠候官与第四燧》，文物出版社 1990 年版。以下不再注出。

甲种：

> 结日，作事，不成。以祭，闉（客）。……以寄人，寄人必夺主室。
>
> （二正贰①）

可见，"车祭"简也当是"以……＋预测结果"的句式，只不过后文残断。何双全将该简归入"占"类《日书》②。魏德胜认为该简"与择日宜忌有关，但由于残缺较多，语义已不易明了"③。李振宏认为，此简"通过对马牛毛物颜色进行占卜，以预断吉凶"④。以上说法大体不误，但尚有剩义可述。

古代占卜和祭祀活动对颜色的重视是超乎今人想象的。汪涛指出，"商代的占卜和祭祀活动中，某一种颜色常常出现在某种特定的占卜和祭祀场合"⑤。郭静云认为，先秦时代"表示颜色的字汇皆与祭祀信仰有关，尤其这些字汇均出现在选择牺牲的卜辞里，显然具有特定、神秘的象征意义"。"颜色对于殷人而言，不仅是视觉感的表达，同时也显示出祭礼中神秘的象征系统。"⑥ 这种对颜色格外重视的态度，一直延续到秦汉时代。秦汉卜者对颜色的占卜，很少引起学者的注意。颜色占卜大体可以分为两类：

一是根据事物的颜色预测事态的发展。星占学家对星色有细致的观测，认为天上星色变化是地上人事变更的征兆，如《史记·天官书》载："五星色白圜，为丧旱；赤圜，则中不平，为兵；青圜，为忧水；黑圜，为疾，多死；黄圜，则吉。赤角犯我城，黄角地之争，白角哭泣之声，青角有兵忧，黑角则水。意，行穷兵之所终。五星同色，天下偃兵，百

---

① 本文所引睡虎地秦简均出自睡虎地秦墓竹简整理小组编《睡虎地秦墓竹简》，文物出版社 1990 年版。以下不再注出。

② 何双全：《汉简〈日书〉丛释》，《简牍学研究》第 2 辑，第 48 页。

③ 魏德胜：《居延新简、敦煌汉简中的"日书"残简》。

④ 李振宏：《居延汉简与汉代社会》，中华书局 2003 年版，第 128 页。

⑤ ［英］汪涛：《甲骨文中的颜色词及其分类》，陈胜长主编《第二届国际中国古文字学研讨会论文集续编：香港中文大学三十周年校庆》，香港中文大学中国语言及文学系，1995 年，第 173 页。

⑥ 郭静云：《"幽玄之谜"：商周时期表达青色的字汇及其意义》，《历史研究》2010 年第 2 期。

姓宁昌。春风秋雨，冬寒夏暑，动摇常以此。"① 与以星色变化预测吉凶相类似，云气虹霓的颜色变化也会昭示事态的进展。《周礼·春官·保章氏》载："以五云之物辨吉凶。"郑玄注："物，色也。视日旁云气之色降下也。知水旱所下之国。"又引郑司农曰："以二至二分观云色，青为虫，白为丧，赤为兵荒，黑为水，黄为丰。"② 五色云气各有兆示，体现了古人对云气变化的格外重视。

二是猜占事物的颜色。《后汉书·方术传上·杨由》载，杨由少习《易》，并七政、元气、风云占候。"有风吹削哺，太守以问由。由对曰：'方当有荐木实者，其色黄赤。'顷之，五官掾献橘数包。"③ 杨由是熟悉占卜的术士。他"方当有荐木实者，其色黄赤"的预言是通过对"风吹削哺"的占卜而得出的。在这一占卜中，就涉及对事物颜色的推断。"其色黄赤"的"木实"，正是五官掾所献之橘。至于其具体占卜方法，可惜史书中并未提及。④

"车祭"简所反映的，正是根据事物的颜色预测事态发展的实例。现对简文内容作更细化的讨论。

车祭

关于秦汉时期的行道禁忌和行道祭祀，学者多有研究⑤，但对出行工

---

① 《史记》卷二七《天官书》，中华书局 1959 年版，第 1322 页。

② （汉）郑玄注，（唐）贾公彦疏：《周礼注疏》卷二六《保章氏》，（清）阮元校刻《十三经注疏》，中华书局 1980 年版，第 819 页。

③ 《后汉书》卷八二上《方术传上·杨由传》，中华书局 1965 年版，第 2716 页。

④ 关于颜色占卜的进一步讨论，参见曾磊《秦汉人色彩观念中的神秘象征》第五章《五色占卜》，博士学位论文，北京师范大学，2011 年。

⑤ 参见王子今《睡虎地秦简〈日书〉所见行归宜忌》，《江汉考古》1994 年第 2 期；《睡虎地秦简〈日书〉秦楚行忌比较》，秦始皇兵马俑博物馆《论丛》编委会编《秦文化论丛》第 2 辑，西北大学出版社 1993 年版，第 317—325 页；贺润坤《云梦秦简〈日书〉"行"及有关秦人社会活动考》，《江汉考古》1996 年第 1 期；刘乐贤《睡虎地秦简〈日书〉中的"往亡"与"归忌"》，李学勤主编《简帛研究》第 2 辑，法律出版社 1996 年版，第 118—125 页；［日］工藤元男著，［日］广濑薰雄、曹峰译《睡虎地秦简所见秦代国家与社会》，上海古籍出版社 2010 年版，第 188—237、239—242、280—284 页；刘增贵《秦简〈日书〉中的出行礼俗与信仰》，《"中央"研究院历史语言研究所集刊》第 72 本第 3 分，第 503—541 页；李立《论祖饯诗三题》，《学术研究》2001 年第 11 期；戴燕《祖饯诗的由来》，《南京师范大学文学院学报》2003 年第 4 期；邹浚智《秦汉以前行道信仰及其相关仪俗试探》，《台湾科技大学人文社会学报》2008 年第 4 期。

具的祭祀则鲜有论及。在行道祭祀活动中，"軷祭"与"车祭"的关系最为密切。"軷"，《说文》："出将有事于道，必先告其神，立坛四通，树茅以依神为軷。既祭軷，轹于牲而行为范軷。"①《周礼·夏官·大驭》说：

> 大驭掌驭玉路以祀。及犯軷，王自左驭，驭下祝，登受辔，犯軷，遂驱之。及祭，酌仆，仆左执辔，右祭两轵，祭軓，乃饮。

郑注："行山曰軷。犯之者，封土为山象，以菩刍棘柏为神主。既祭之，以车轹之而去。喻无险难也。"贾公彦疏："'及祭，酌仆'者，即上文将犯軷之时，当祭左右毂末及轵前，乃犯軷而去。'酌仆'者，使人酌酒与仆，仆即大驭也。大驭则左执辔，右手祭两轵，并祭軓之轼前三处讫，乃饮。'饮'者，若祭未饮福酒。乃始轹軷而去。"② 可见，"軷祭"是祭祀行神的仪式。除了碾压象征性的土山和神主外，还需要驭者用酒祭车之两轵和车軓，这一行为正是对车辆的祭祀。然而这里的"祭两轵，祭軓"从属于"軷祭"，是整个行道祭祀仪式的一部分。

占牛马毛物

牛马为秦汉时期牵引车辆的主要畜力，故占牛马毛物以预测出行吉凶当在情理之中。周家台秦简《日书》"二十八宿占"有"占物"的说法，与"占牛马毛物"相关，值得注意③。以角宿简文为例：

> 角：斗乘角，门有客，所言者急事也。狱讼，不吉；约结，成；逐盗、追亡人，得；占病者，已；占行者，未发；占来者，未至；占［市旅］者，不吉；占物，黄白；战斲（斗），不合。

(187—188)

① （汉）许慎著，（清）段玉裁注：《说文解字注》，上海古籍出版社1988年版，第727页。
② （汉）郑玄注，（唐）贾公彦疏：《周礼注疏》卷三二《大驭》，《十三经注疏》，第857页。
③ 参见曾磊《荆州周家台〈日书〉"占物"臆解》，《四川文物》2013年第2期。

"物"，整理者引《周礼·春官·保章氏》："以五云之物辨吉凶"，郑注："物，色也。"① 将"物"解释为颜色。"物"作为颜色的含义，在文献中还有其他例证。《国语·楚语下》："毛以示物，血以告杀"，韦昭注："物，色也。"② 可见，物与牲畜毛色有关。《周礼·春官·小宗伯》："毛六牲，辨其名物"，贾公彦疏："物，色也。"③《鸡人》："鸡人掌共鸡牲，辨其物。"郑注："物谓毛色也。"④ 正如孙诒让所说："凡物各有形色，故天之云色，地之土色，牲之毛色，通谓之物。"⑤ 朱骏声又指出："疑物字本训牛色，转注为凡色，凡有形者皆有色。"⑥ "车祭"简中的"毛物"释为"毛色"当无疑义⑦。

　　"占牛马毛物"的方式值得注意。前引周家台《日书》"二十八宿占"前绘有一早期式盘模型图。该图列有十天干、十二地支、二十八宿、二十八时分、五行四方等内容⑧。式占是秦汉时期常见的占卜方式⑨，周

---

　　① （汉）郑玄注、（唐）贾公彦疏：《周礼注疏》卷二六《保章氏》，《十三经注疏》第819页；湖北省荆州市周梁玉桥遗址博物馆：《关沮秦汉墓简牍》，中华书局2001年版，第111页。

　　② 徐元诰撰，王树民、沈长云点校：《国语集解》，中华书局2002年版，第517页。

　　③ （汉）郑玄注、（唐）贾公彦疏：《周礼注疏》卷一九《小宗伯》，《十三经注疏》，第766页。

　　④ （汉）郑玄注、（唐）贾公彦疏：《周礼注疏》卷一九《鸡人》，《十三经注疏》，第773页。

　　⑤ 孙诒让撰，王文锦、陈玉霞点校：《周礼正义》卷五一《春官·保章氏》第8册，中华书局1987年版，第2124页。

　　⑥ 朱骏声编著：《说文通训定声》，中华书局1984年版，第632页。

　　⑦ 陆平也认为"毛物"即"毛色"。参见陆平《散见汉日书零简辑证》，硕士学位论文，南京师范大学，2009年，后发表于简帛网，2010年12月17日。还有学者对"物色"一词的含义作了考述，参见王灿龙《词汇化二例——兼谈词汇化和语法化的关系》，《当代语言文学》2005年第3期；黄芬香《说"物色"——兼论合成词的两可结构方式》，《河南师范大学学报》2006年第5期；真大成《动词"物色"的来源和发展初探》，《汉语史研究中心简报》2008年第3期。

　　⑧ 湖北省荆州市周梁玉桥遗址博物馆：《关沮秦汉墓简牍》，第110页。关于此图的研究，参见彭锦华、刘国胜《沙市周家台秦墓出土线描图初探》，李学勤、谢桂华主编《简帛研究二○○一》上册，广西师范大学出版社2001年版，第241—250页。

　　⑨ 关于式占的研究，参见严敦杰《关于西汉初期的式盘和占盘》，《考古》1978年第5期；《式盘综述》，《考古学报》1985年第4期；李勇《对中国古代恒星分野和分野式盘研究》，《自然科学史研究》1992年第1期；李零《式与中国古代的宇宙模式》，《中国方术考》（修订本），东方出版社2001年版，第89—176页；王育武《汉代术与堪舆》，《华中建筑》2007年第7期；孙基然《西汉汝阴侯墓所出太一九宫式盘相关问题的研究》，《考古》2009年第6期。

家台《日书》“二十八宿占”就是式占的解释条文。“占物”自然也是利用式盘进行的。“占牛马毛物”与“占物”一样，都是对颜色的占卜，可能也采用了式占的方式。

黄白青駠

“黄白青駠”与“牛马毛物”有关，是占卜的结果。秦汉时期牛马的毛色可以称为“黄白青駠”，其例不胜枚举。敦煌汉简有“赵候骑黄骓牡□□马言小史”（2249A）[①]。《三国志·魏书·武帝纪》裴松之注引袁暐《献帝春秋》有“乘黄马走者”[②]。居延新简《侯粟君所责寇恩事》简册中提到“黄牛”（EPF22：8）。《史记·匈奴列传》：“匈奴骑，其西方尽白马，东方尽青駹马，北方尽乌骊马，南方尽骍马。”[③] 居延简有“马一匹駠牡齿九高六尺”（506.3），“駠”当为“騂”的异体，也可作“骝”。《说文》：“赤马黑毛尾也。”[④]《急就篇》卷三：“骍騩骓驳骊騂驴”，颜师古注：“赤马黑髦曰騂。”[⑤]《史记·秦本纪》造父为周缪王驾车，其马有“骅騂”，《集解》引郭璞曰：“色如华而赤……騂，马赤也。”[⑥] 可见所谓“駠”的毛色未必全赤，大体为赤色即可。周家台秦简有“骊牛子母”（327），有学者认为是黑色母牛[⑦]。敦煌汉简有“驴一匹骓”（536）[⑧]。“骊”“骓”本是形容马的毛色，可以用来指代牛、驴的毛色。因而推之，“駠”，应也可以指代牛的毛色。

长沙子弹库帛书残片有按照五行配色的内容，其中有“乘某色车”的说法[⑨]。《史记·封禅书》说武帝“作画云气车，及各以胜日驾车辟恶鬼”。《索隐》引乐产云：“谓画青车以甲乙，画赤车丙丁，画玄车壬

---

① 甘肃省文物考古研究所编：《敦煌汉简》，中华书局1991年版，第307页。

② 《三国志》卷一《魏书·武帝纪》，中华书局1959年版，第12页。

③ 《史记》卷一一〇《匈奴列传》，第2894页。

④ （汉）许慎著，（清）段玉裁注：《说文解字注》，第461页。

⑤ （汉）史游撰，（唐）颜师古注，（宋）王应麟补注，（清）钱保塘补音：《急就篇》，《丛书集成初编》本，中华书局1985年版，第245页。

⑥ 《史记》卷五《秦本纪》，第175—176页。

⑦ 王贵元：《周家台秦墓简牍释读补正》，《考古》2009年第2期。

⑧ 甘肃省文物考古研究所编：《敦煌汉简》，第240页。

⑨ 李零：《读几种出土发现的选择类古书》，《中国方术续考》，东方出版社2001年版，第323页。

癸，画白车庚辛，画黄车戊己。将有水事则乘黄车，故下云'驾车辟恶鬼'是也。"① 《晋书·艺术传·严卿》载，有名为魏序者欲东行，术士严卿建议他"索西郭外独母家白雄狗系著船前"以避灾祸，但魏序"求索止得駮狗，无白者"。后来，此狗暴毙于路，魏序家白鹅也无故自死，"而序家无恙"②。严卿建议魏序携"白雄狗"同路，当是利用白色和雄狗的双重魔力厌胜。以上几例均与出行的颜色选择有关，其目的都是除恶辟邪。

以牛马颜色占卜的习俗，在后代仍有遗存。宋仁宗景祐元年（1034）颁布的《土牛经》中，规定了迎春礼俗中土牛的颜色。迎春的土牛按照当年立春日的干支和纳音，来决定土牛涂饰的颜色。③ 后人又以土牛的颜色占卜一年稼穑吉凶。如明正德《建昌府志》卷三"新春"条载："观土牛，以牛首红白等色占水火等灾，以勾芒鞋帽占寒燠晴雨。"④ 占卜结果的决定因素之一，便是土牛首的颜色。这一民俗直至清代仍然流行。⑤ "车祭"简"占牛马毛物"的目的则是确定出行使用牛马的毛色。⑥ 甘肃地方也有与此类似的出行礼俗。"远行时最好使用纯红色牛马，忌用白色马匹。或者白马额头有红色毛、黑色毛，亦可。红马如果额头带白或肩胛背部带白，是为冲喜，不用。出门人受条件所限无法选择时，便在白马、黑马头上系上红丝绸，或在马尾上系上彩色布条，用以辟邪防煞。"⑦ 这一习俗也强调了出行对动物皮毛颜色的重视，并增添了以红色或彩色布条厌胜辟邪的内容。至于"车祭"简中使用"黄白青駠"色的牛马是吉是凶，因简文残断，不好判断。

以取妇、嫁女、祠祀、远行、入官、迁徙，初疾
居延汉简有：

---

① 《史记》卷二八《封禅书》，第 1388 页。
② 《晋书》卷九五《艺术传·严卿》，中华书局 1974 年版，第 2480 页。
③ 李焘：《续资治通鉴长编》卷一一五，中华书局 2004 年版，第 2704 页。
④ 《建昌府志》，《天一阁藏明代方志选刊》，上海古籍出版社影印本，1964 年。
⑤ 参见夏日新《长江流域立春日的劝耕习俗》，《江汉论坛》2001 年第 12 期。
⑥ 此点已由陆平指出，参见陆平《散见汉日书零简辑证》。
⑦ 武文主编：《中国民俗大系·甘肃民俗》，甘肃人民出版社 2004 年版，第 142 页。

　　　☑……祠祀远行入官迁徙☑　　　　　（EPT43：175①）

　　其内容与"车祭"简部分条目相同。《论衡·辩祟》说："世俗信祸祟，以为人之疾病死亡，及更患被罪，戮辱欢笑，皆有所犯。起功、移徙、祭祀、丧葬、行作、入官、嫁娶，不择吉日，不避岁月，触鬼逢神，忌时相害。"② 其中，"移徙"、"祭祀"、"入官"、"嫁娶"与本简"取妇、嫁女、祠祀、远行、入官、迁徙"的说法相似。它们也是《日书》中常见的内容。关于它们和出行用车的关系，需要略作阐述。

　　"远行""迁徙"都是较长距离的出行活动，与出行用车的关系自不待言。"取妇、嫁女"需要使用车辆。《潜夫论·浮侈》："富贵嫁娶，车軿各十，骑奴侍僮，夹毂节引。"③《后汉书·列女传·皇甫规妻》说董卓为娶皇甫规妻，"娉以軿辎百乘"④。《古诗为焦仲卿妻作》说太守为其子准备婚礼，有"婀娜随风转，金车玉作轮。踯躅青骢马，流苏金镂鞍"⑤。"祠祀"与"车祭"的关系不易明了。睡虎地《日书》乙种有"行祠"（一四四）、"行行祠"（一四六）等标题，其内容都与出行祭祀有关。"车祭"简中的祠祀，应专指和出行有关的祠祀活动。"入官"的"官"有官府、官舍的意思。《汉书·贾谊传》"所学之官"，颜师古注："官谓官舍。"⑥ 吴小强就将"入官"释为"进入官府"⑦。可见，"入官"也是一种出行活动，可能会用到车辆。至于"初疾"则令人费解。因简

---

　　① 原释文作："☑……祠社所行人□迁徙☑"。此据谢桂华《西北汉简所见祠社稷考补》（卜宪群、杨振红主编《简帛研究二〇〇四》，广西师范大学出版社2006年版，第258—271页）一文改定。此简与简EPT43：174、197材质相同，笔迹相似，当属同类。上述两简都涉及"客在门，所为来者言"，与前引周家台《日书》"二十八宿占"中"门有客，所言者某事"可能有关。

　　② （汉）王充著，黄晖校释：《论衡校释（附刘盼遂集解）》卷二二《订鬼》，中华书局1990年版，第1008页。

　　③ （汉）王符著，汪继培笺，彭铎校正：《潜夫论笺校正》卷六《相列》，中华书局1985年版，第130页。

　　④ 《后汉书》卷八四《列女传·皇甫规妻》，第2798页。

　　⑤ 徐陵编，穆克宏点校：《玉台新咏》卷一，中华书局1985年版，第50页。

　　⑥ 《汉书》卷四八《贾谊传》，中华书局1962年版，第2248—2249页。

　　⑦ 吴小强：《秦简日书集释》，岳麓书社2000年版，第117页。

文残断，只能存疑。

　　"车祭"简告诉我们汉代人如何按照占卜结果对出行活动的风险加以预判和规避。"车祭"和"占牛马毛物"是某种祭祀、占卜仪式，占卜结果是"黄白青骊"。汉代人通过对"牛马毛物"的占卜，来预判"取妇、嫁女、祠祀、远行、入官、迁徙"等活动的吉凶，并使用相应毛色的牛马作为牵引动力以规避风险。这种祭祀、占卜活动其实是一种出行择吉术。

　　　　（原载《中国史研究》2013 年第 2 期，收入本书时有所改动）

《焦氏易林》所见汉代交通行旅生活[*]

西北大学历史学院　刘志平

　　《焦氏易林》作为一部大致成书于西汉中晚期至东汉初期的特殊文化典籍[①]，蕴含着丰富的历史文化信息，其中透露的交通史信息就值得我们关注。笔者拟结合传世文献和简帛资料对《焦氏易林》蕴含的交通行旅生活信息进行深入的剖析，以加深学界对其史学价值的认识。

一　步行

　　《焦氏易林》对当时人们的"步行"这种行旅方式有生动的描述，如：

　　　　《屯·贲》："路多枳棘，步刺我足。不利旅客，为心作毒。"（卷一）[②]

　　　　《蒙·涣》："震慄恐惧，多所畏恶。行道留难，不可以步。"（卷

---

　　[*] 本文为西北大学科研基金项目"经济史和社会生活史视野中的《焦氏易林》"（09NW61）的阶段性成果。

　　[①] 关于《焦氏易林》的作者和成书年代，笔者已进行过相关阐述，详见刘志平《〈焦氏易林〉所见西汉农业自然灾害及牛耕和粮食亩产量》，《咸阳师范学院学报》2013 年第 5 期。

　　[②] 卷一《履·通》，卷三《遁·艮》、《家人·艮》、《损·损》同。关于《焦氏易林》的版本及笔者所引《焦氏易林》林辞的来源，笔者亦已进行过相关阐述，亦见刘志平《〈焦氏易林〉所见西汉农业自然灾害及牛耕和粮食亩产量》。

一）

《井·蒙》:"跛躄难步,迟不及舍。露宿泽陂,亡其襦袴。"（卷四）

《革·履》:"两目失明,日暮无光。胫足跛曳,不可以行,顿于丘傍。"（卷四）

关于"徒步行旅",王子今教授曾有过初步探讨,认为"即使在行旅方式发生重大变革,体现出历史性的显著进步之后,徒步行旅仍然在相当长的时间内继续作为社会行旅的主体形式显示出重要的历史作用。甚至在比较先进的行旅方式显然已经相当普及之后,某些社会阶层仍旧只能徒步行旅"①,注意到了先秦秦汉时期"徒行阶层"与"非徒行阶层"的社会等级差别。② 而在有关秦汉历史的正史中,"步行"的形式往往受到特别的注意,有的是"家贫"的直接反映,如《汉书·蔡义传》说"以明经给事大将军莫府"的蔡义因"家贫,常步行",后有人凑钱给他买了一辆牛车,让他乘坐③;又如《三国志·魏书·崔林传》也说,崔林被曹操任命为邬县地方行政长官时,"贫无车马,单步之官"④。有的是对美好品行的褒扬,如《汉书·盖宽饶传》说汉宣帝时盖宽饶身居司隶校尉之要职,而其"子常步行自戍北边,公廉如此"⑤;又如《后汉书·杨震列传》记载,杨震任涿郡太守时,"性公廉,不受私谒。子孙常蔬食步行"⑥;再如《后汉书·李固列传》记载,李固少年时"好学,常步行寻师,不远千里"⑦。这些都体现了社会下层和社会上层行旅方式的差别,尤其是将社会上层的"步行"视为美德来褒扬,往往体现了社会上层对社会下层的道德优越性,也更能体现社会下层和社会上层在行旅方式上的差异。而从"田民"鲍出于建安五年（200）从南阳背母经武关道步行

---

① 王子今:《中国古代行旅生活》,商务印书馆国际有限公司1996年版,第39页。

② 同上书,第39—41页。

③ 《汉书》卷六六《蔡义传》,中华书局1962年版,第2898页。

④ 《三国志》卷二四《魏书·崔林传》,中华书局1982年版,第679页。

⑤ 《汉书》卷七七《盖宽饶传》,第3245页。

⑥ 《后汉书》卷五四《杨震列传》,中华书局1965年版,第1760页。

⑦ 《后汉书》卷六三《李固列传》,第2073页。

至关中乡里的孝烈故事①，我们也可看到"步行"是社会下层人士的主要行旅方式。西汉名臣韦玄成"出遇知识步行，辄下从者，与载送之，以为常"②的事例也能说明社会下层和社会上层行旅方式的差别。此外，又有有关社会上层人士在紧急情况下"步行"的记载，如《史记·袁盎晁错列传》记载，吴楚七国之乱期间，袁盎以太常身份出使吴国，吴王刘濞扣留袁盎并欲杀之，袁盎得故旧属下之帮助，连夜逃脱，途中挂杖"步行七八里"，直到天亮，"见梁骑，骑驰去"③；又如汉献帝兴平二年（195），汉献帝及其随从人员遭到李傕、郭汜等追击，连夜北渡黄河奔逃，"失辎重，步行"④。而在西汉时期初步开通的南洋交通线上，除主要的"船行"方式之外，也有"步行"的方式，当时从"谌离国"至"夫甘都卢国"有十多天的步行里程⑤，其所处区域大概相当于今缅甸南部半岛。

关于"徒行"（"步行"），汉代简帛也多有记载，如：

　　塞上吏苦亡马若西出塞尉吏士吏候长候史隧⑥长小吏毋马步予＝
卒步行塞不斋食　　　　　　　　　　　　　　　　（EPT65：291⑦）

又如敦煌悬泉汉帛书《元致子方书》（Ⅱ0114③：611）⑧有"买沓（鞜）一两"，"沓（鞜）欲得其厚、可以步行者"的记载。而张家山汉简《二年律令·徭律》412 简⑨有关于徒行速度的记载，即日行"八十里"，比

---

① 《三国志》卷一八《魏书·阎温传附张恭、恭子就传》裴松之注引《魏略勇侠传》，第553 页。

② 《汉书》卷七三《韦贤传附子玄成传》，第3108 页。

③ 《史记》卷一〇一《袁盎晁错列传》，中华书局1982 年版，第2743 页。

④ 《三国志》卷六《魏书·董卓传附李傕、郭汜传》，第186 页。

⑤ 《汉书》卷二八下《地理志下》，第1671 页。

⑥ 汉简中，"隧"字有多种写法，本文统一释作"隧"。

⑦ 本文所引居延汉简均出自谢桂华、李均明、朱国炤《居延汉简释文合校》，文物出版社1987 年版；甘肃省文物考古研究所、甘肃省博物馆、文化部古文献研究室、中国社会科学院历史研究所编《居延新简：甲渠候官与第四燧》，文物出版社1990 年版。以下不再注出。

⑧ 本文所引悬泉汉简均出自胡平生、张德芳撰《敦煌悬泉汉简释粹》，上海古籍出版社2001 年版。以下不再注出。

⑨ 张家山二四七号汉墓竹简整理小组编著《张家山汉墓竹简［二四七号墓］（释文修订本）》，文物出版社2006 年版，第64 页。

牛车空车日行"七十里"的速度要快，而牛车"重负日行五十里"，速度
更慢。王子今教授在考察中国古代行旅速度时，注意到了《九章算术》
中的资料，他说："汉代的算术书《九章算术》中，有体现当时行车速度
的资料。如卷六《均输》章关于'均赋粟'的算题说，'重车日行五十
里，空车日行七十里'。在关于'程传委输'的算题中，也说到'车
程'，也就是行车里程的日定额，同样也是：'空车日行七十里，重车日
行五十里。'"①《九章算术》记载的车行速度和张家山汉简记载的一样，
也应为牛车的速度。王子今对《九章算术》的交通史价值又有集中考察，
其中有"当时步行'善行者'每日行程至少为 100 里"的见解②。而居
延新简又有"书一日一夜当行百六十里"（EPS4T2：8A）的记载，此当
指步行速度，与张家山汉简《二年律令·徭律》412 简所载步行速度相
同③。可见，汉代"徒行"（"步行"）的一般速度为日行"八十里"，要
比牛车的一般速度快。而当时"善行者"确实可日行一百里以上，甚至
有日行二三百里的善行者，如虞翻曾对孙策自称"能步行，日可二百
里"，并能疏步随跃马。④ 而《太平御览》卷三九四又引作"日可三百
里"，这与当时一般的骑马行进速度（马可休息）相当。⑤ 又如孙斌曾
"步从"骑马的第五种一起逃跑，"一日一夜行四百余里"，也是"善
行者"⑥。

　　《焦氏易林》为我们了解汉代的"步行"提供了进一步的信息，使我

---

　　①　王子今：《中国古代行旅生活》，第 97 页。

　　②　王子今：《〈九章算术〉汉代交通史料研究》，《南都学坛》1994 年第 2 期。张家山汉简
《二年律令·行书律》273 简有"邮人行书，一日一行二百里"的记载（张家山二四七号汉墓竹
简整理小组编著《张家山汉墓竹简［二四七号墓］（释文修订本）》，第 46 页），也是较快的步
行速度。

　　③　日行八十里，一日一夜即为一百六十里。

　　④　《三国志》卷五七《吴书·虞翻传》裴松之注引《吴书》，第 1318 页。

　　⑤　从《九章算术·均输》题［一六］中可知在能休息的情况下，"马日行三百里"，而
"马不休，日行可七百八十里"（郭书春汇校《九章算术新校》，中国科学技术大学出版社 2014
年版，第 232 页）。

　　⑥　《后汉书》卷四一《第五伦列传附曾孙种列传》，第 1404 页。而《三国志·蜀书·先主
传》说到曹操"释辎重，轻军到襄阳"，"闻先主已过"，"将精骑五千急追之，一日一夜行三百
余里"。（《三国志》卷三二，第 878 页）又可见同在紧急情况下，拥有较多骑兵的骑兵队伍的行
进速度要慢于单骑的行进速度。

们认识到当时在"步行"这种行旅方式中,"伤刺"、"确实是威胁行旅安全的常见的险情"①,而眼足之伤病也时常困扰着徒步行旅之人。

二　车行交通事故与独轮车

"乘车行旅"在《焦氏易林》中也多有记载,如:

《需·革》:"昧旦乘车,履危蹈沟。亡失裙襦,摧折两轴。"(卷一)

《履·坎》:"山险难行,涧中多石。车驰轊击,重载折轴。担负差踬,跌蹂右足。"(卷一)

《大畜·明夷》:"山险难登,涧中多石。车驰轊击,重载伤轴。担负差踬,跌蹂右足。"(卷二)②

《大过·家人》:"推辇上山,高仰重难。终日至暮,不见阜颠。"(卷二)③

《坎·晋》:"道途多石,伤车折轴。"(卷二)

《大壮·困》:"道湿为坑,轮陷踬僵。南国作讳,使我多畏。"(卷三)

《暌·履》:"昧暮乘车,履危蹈沟。亡失群物,摧折两轴。"(卷三)

《蹇·归妹》:"路险道难,水遏我前。进往不利,回车复还。"(卷三)

《鼎·比》:"车行千里,涂污尔轮,亦为我患。"(卷四)

《既济·小过》:"两轮日转,南上大阪。四马共辕,无有险难,与禹笑言。"(卷四)

---

① 王子今:《中国古代行旅生活》,第135页。
② 卷三《姤·涣》同。
③ 卷二《观·节》写作"推车上山,高仰重难。终日至暮,惟见阜颠",略异。

以上对时人"乘车行旅"的记载，除了《既济·小过》描述了较为顺畅愉悦的行旅生活外，其他林辞都是对艰难险恶的行旅生活的反映，其中多为因道路条件恶劣致使车辆损毁，从而导致行旅中断的情形。可见，行旅交通事故是当时人们行旅生活中常见的险情。关于汉代车行交通事故，王子今曾结合传世文献和考古文物资料做过初步探讨。① 在其研究基础上，我们梳理汉简资料，可看到大量"车辆折伤（破伤）简"，如：

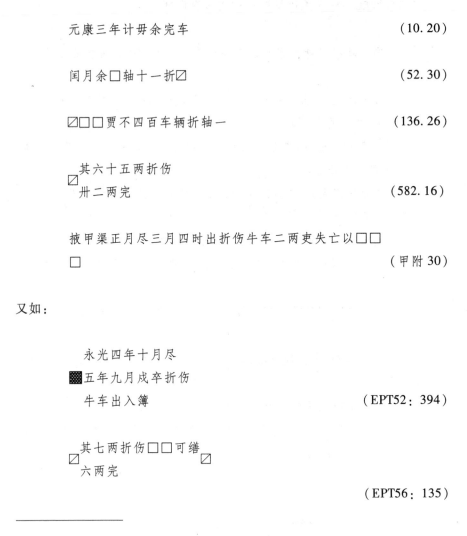

元康三年计毋余完车 　　　　　　　　　　　　　　　　　　（10. 20）

闰月余□轴十一折▨ 　　　　　　　　　　　　　　　　　　（52. 30）

▨□□贾不四百车辆折轴一 　　　　　　　　　　　　　　　（136. 26）

其六十五两折伤
▨
卅二两完 　　　　　　　　　　　　　　　　　　　　　　　（582. 16）

掖甲渠正月尽三月四时出折伤牛车二两吏失亡以□□
□ 　　　　　　　　　　　　　　　　　　　　　　　　　　（甲附 30）

又如：

永光四年十月尽
▨五年九月戍卒折伤
牛车出入簿 　　　　　　　　　　　　　　　　　　　　　（EPT52：394）

其七两折伤□□可缮
▨　　　　　　　　　　　　　　　▨
六两完

　　　　　　　　　　　　　　　　　　　　　　　　　　（EPT56：135）

---

① 　参见王子今《中国古代行旅生活》，第 125—126 页；《秦汉交通史稿》（增订版），中国人民大学出版社 2013 年版，第 112—113 页。

　　☑伤牛车出入簿　　　　　　　　　　（EPT56：315）

　　·甘露元年十一月所假都尉库折伤承车轴刺（EPT65：459）
又如：

受五月余破伤车　　　　　　　　　　　（73EJT6：188①）

　　　　　　其一
☑□乘皆破伤　　　　☑
　　　一乘　　　　　　　　　　　　　　（73EJT10：244）

☑见折伤牛车簿　　　　　　　　　　　（73EJT21：304）

敦煌悬泉汉简《传车亶（甀）靬簿》简册（Ⅰ0208②：1—10）之第五
至第九简也有相关记载：

　　第五传车一乘，靬完，轮鞣敝尽，会福（辐）四折伤，不可
用。……
　　第六传车一乘，靬左轴折，轮鞣敝尽不可用……
　　亶（甀）靬一，左轴折。
　　亶（甀）靬一，左轴折。
　　亶（甀）靬一，左轴折。

敦煌悬泉汉简还有相关记载，如：

　　……送使渠犁校尉莫（幕）府，掾迁会大风，折伤盖□十五枚，

_____

　　① 本文所引肩水金关汉简均出自甘肃简牍保护研究中心、甘肃省文物考古研究所、甘肃省
博物馆、中国文化遗产研究院古文献研究室、中国社会科学院简帛研究中心编《肩水金关汉简
（壹）》《肩水金关汉简（贰）》，中西书局2011、2012年版。以下不再注出。

　　御赵定伤……　　　　　　　　　　　　　　　（Ⅱ0215④：36）

　　从《焦氏易林》和汉简中的记载可知，"车具'折伤'最多的是轴和轮"①。而不好的路况易使车辆损坏的情形，又似可说明在制车业已经相当发达的汉代，车辆的使用寿命似乎并不长，正所谓"车器难就而易败，车不累期，器不终岁"②。

　　而对于《大过·家人》所载"推辇上山"之"推辇"，王子今教授认为很可能就是"推鹿车"，即"推独轮车"，并认为"由于制作简便，操纵灵活，对道路的要求也不高，独轮车在汉代社会生产和社会生活中发挥了显著的作用，其出现和普及，在交通运输史上具有重要的意义"③。《焦氏易林》在此似为我们展现了一幅时人推独轮车在山路上艰难行进的生动画面。

三　"晓行"与"夜行"

　　《需·革》"昧旦乘车"和《睽·履》"昧暮乘车"，又反映了时人"为了早日到达目的地，往往常采用延长路上行进时间的方式，常常凌晨及早启程和晚间推迟停宿"的"晓行"与"夜行"的情况。④在有关秦汉历史的传世文献中，多有"晓行"与"夜行"及"晨夜兼行"的相关记载。《史记·吕太后本纪》就言及汉惠帝刘盈"晨出射"，天快亮的时候又回来⑤。而东汉名臣李咸在告老还乡时，乘坐破旧的牛车，"晨发京师"，以至"百僚追送盈涂，不能得见"⑥。东汉著名隐士韩康在汉桓帝派使者以重礼征聘的情况下，迫不得已应允，但没有乘坐皇帝给他安排

---

　　①　王子今：《秦汉交通史稿》（增订版），第 113 页。

　　②　王利器校注：《盐铁论校注》（定本）卷五《国疾》，中华书局 1992 年版，第 334 页。

　　③　王子今：《论渠县汉阙骑乘画面》，高大伦、王本川、何本禄主编：《汉阙与秦汉文明学术研讨会论文集》，中国文史出版社 2014 年版，第 127—128 页。

　　④　王子今：《中国古代行旅生活》，第 103 页。

　　⑤　《史记》卷九《吕太后本纪》，第 397 页。

　　⑥　《后汉书》卷四四《胡广列传》李贤等注引《谢承书》，第 1511 页。

的"安车",而是乘坐简陋无装饰的牛车,从"霸陵山中"居所"冒晨先使者发"①。《史记·李将军列传》有"飞将军"李广骑马夜行而被霸陵尉呵止的记载②。《史记·梁孝王世家》说到济东王刘彭离"骄悍,无人君礼,昏暮私与其奴、亡命少年数十人行剽杀人,取财物以为好。所杀发觉者百余人,国皆知之,莫敢夜行"③。可见,若无刘彭离等人的劫杀,"夜行"也是当时济东国人的主要出行方式。而《后汉书·独行列传·刘翊》说到刘翊在"寇贼兴起,道路隔绝"的情况下,从颍川郡乘马车出发,"夜行昼伏,乃到长安",受到"迁都西京"的汉献帝的嘉奖④。这是在特殊情况下的"夜行"。建武八年(32),光武帝刘秀西征隗嚣,不料"颍川盗贼寇没属县,河东守守兵亦叛,京师骚动",于是"自上邽晨夜东驰",回到京师洛阳后,又"自征颍川盗贼"⑤。东汉名将岑彭曾率军"晨夜倍道兼行二千余里",攻下武阳,逼近成都,致使"蜀地震骇",公孙述惊叹其用兵如神⑥。

汉简中也多有"晓行"与"夜行"及"昼夜兼行"的相关记载,如:

☑五丈授　诚南以晨时付破虏卒以马　　　　　　　　　(25.13A)

☑鉼庭隧还宿第卅隧即日旦发第卅食时到治所第廿一隧
☑病不幸死宣六月癸亥取宁吏卒尽具坞上不乏人敢言之　　　　　　　　　　　　　　　　　　　　　(33.22)

南书二封皆都尉章●诣张掖大守府●甲校
六月戊申夜大半三分执胡卒常受不侵卒乐

① 《后汉书》卷八三《逸民列传·韩康》,第2771页。
② 《史记》卷一〇九《李将军列传》,第2871页。
③ 《史记》卷五八《梁孝王世家》,第2088—2089页。
④ 《后汉书》卷八一《独行列传·刘翊》,第2696页。
⑤ 《后汉书》卷一下《光武帝纪下》,第53—54页。
⑥ 《后汉书》卷一七《岑彭列传》,第662页。

　　己酉平旦一分付诚北卒良　　　　　　　　　（49.22，185.3）

清晨夜姚去复传致出关　书到□令史有田褒字少倩□
　　□　　　　　　　　　　　　　　　　　　　　（50.31）

□□府　辛丑食时遣　　　徐杜封
　　　　壬寅平旦到　　　　　　　　　　　　　　（84.12）

三月丁未人定当曲卒乐受收降卒敝夜大半付不侵卒贺
　鸡
鸣五分付吞远卒盖　　　　　　　　　　　　　（104.44）

入南书二封
　　皆居延都尉章九月十日癸亥起一诣敦煌一诣张掖府
　　邮行永元元年九月十四日夜半橡受路伯　　　（130.8）

　□夜昏时临木卒□受诚勢北隧卒通武贤
□隧以夜夜食七分时付诚北卒寿□十七里中程　（173.1）

□日平旦到临□□□□□□□□　　　　　　　（178.27B）

十一月丁卯鸡中□
戊辰平旦付□　　　　　　　　　　　　　　　　（201.4）

　校临木邮书一封
□　　　　　　　　十一月己未夜半当曲卒同受收降
　张掖居延都尉
卒严下铺临木卒禄付诚勢北隧卒则　　　　　　（203.2）

　壬辰旦遣戍卒孙聿南迹至□　　　　　　　　（214.103）

又如：

　　☑宪夜昏时付城北卒忠☑　　　　　　　　　（EPT17：19）

　　　　五月己丑铺时当曲卒骍受
　　☑夜半临木卒周付卅井卒元
　　　　定行六时不及行二时　　　　　　　　　（EPT51：351）

　　☑临木卒意受诚劈北隧卒欣夜半
　　☑付收降卒忠界中九十五里定行　　　　　　（EPT51：609）

　　　都尉章诣张掖大守府
　　☑
　　　　□令印诣诣张掖大守府
　　　　　（第一栏）
　　二月辛丑夜半时城北卒胸受吞远卒寿
　　鸡前鸣七分付临木卒常
　　　　　　　（第二栏）　　　　　　　　　　　（EPT52：52）

　　建昭四年四月辛巳朔庚戌不侵候长齐敢言之官移府所＝
　　移邮书课举曰各推辟部中牒别言会月廿七日·谨推辟案
　　过书刺正月乙亥人定七分不侵卒武受万年卒盖夜大＝
　　半三分付当曲卒山鸡鸣五分付居延收降亭卒世
　　　　　　　　　　　　　　　　　　　　　　（EPT52：83）

　　　　　　　　正月丁酉夜大半当曲卒辅受收降卒□□
　　☑□□诣靡谷守候居延左尉
　　　　　　　付卅井卒常界中八十里定行七时□□□
　　　　　　　　　　　　　　　　　　　　　　（EPT52：215）

　　☑章诣大守府　　二月戊辰夜半当　　　☑　　（EPT59：25）
　　　　　　　　　　收降卒椊

氐池檄以即日平旦时到候官谒报敢言之☐

（EPT59：126）

☐☐日山伐薪舍程横舍年让谓横何舍☐☐令夜行檄横＝
日不舍也年☐

（EPT59：543）

鉼庭月廿三日隧长日
迹符以夜半起行诣官　　　☐　　　　　　（EPT65：159）

禹令卒庞耐行书夜昏五分付遮虏置吏辛戎　（EPT65：315）

部采胡于其莫日入后欲还归邑中夜行迷河　（EPT68：37）

　　　　　　　诣张掖大守府四月丁卯夜大半……受☐☐……
入受南书一封居延都尉章

　　　　　　　界中廿五里书定行一时　（EPF22：407）

☐一封张掖大守章　　诣府　　·一封封破张尊为旁封
☐一封张掖都尉章　　诣府　　　诣居延
☐一封不可知诣居延千人彭君治所
（第一栏）

十月庚午夜大☐
元鸡前鸣付☐
（第二栏）　　　　　　　　　　　　　　　（EPC：24）

　　正月戊午夜半临木卒赏受城劵卒胜己未日入当曲卒☐
☐　付收降卒海界中九十八里定行十二时过程二时二分

　　　　　　　　　　　　　　　　　　　　（EPC：26）

肩水金关汉简也有相关记载，如：

> 轺车三乘马八匹即日平旦入关张掖大守卒史□☑   （73EJT1：34）

> 昏时出关·护渠☑   （73EJT1：144）

> 肩水候官以邮亭昼夜行   （73EJT10：202A）

> 南书一封居延都尉章诣张掖大守府十月戊子起   十月庚戌夜=
> 人定五分驿北受莫当   （73EJT21：201）

> 尉四月丙辰起二封金
> ☑诣肩水□一封昭武长印☑
> 头卒人定三分武付莫当   （73EJT23：118）

> 其二封居延都尉印……
> 南书六封   一封……   ☑
> 八月庚子日出时□□受莫当
> （73EJT23：157B）

> □大守府……诣觻得一封刑忠
> ☑府   昏四分贺受莫当卒昌   夜食贺付沙头卒放（73EJT23：624）

> ☑赏   时三月丙戌夜过半时受莫当   （73EJT23：656）

> 郑将军书二封三月丙申甲夜中过卒应行☑   （73EJT23：740A）

敦煌汉简也有相关记载，如：

　　五月丙戌东书一封都尉印诣大守府日旦出☑　　　　　（2380①）

　　☑月十二日庚辰夜大晨一分尽时万岁扬威隧长许玄受宜禾临介徒
　张均　　　　　　　　　　　　　　　　　　　　　　　　（2189②）

此外，敦煌悬泉汉简也有相关记载，如：

　　甘露二年四月庚申朔丁丑，乐官（涫）令充敢言之：诏书以骑
　马助传马，送破羌将军、穿渠校尉、使者冯夫人。军吏远者至敦煌
　郡，军吏晨夜行，吏御逐马前后不相及，马罢亟，或道弃，逐索未
　得，谨遣骑士张世等以物色逐各如牒，唯府告部、县、官、旁郡，
　有得此马者以与世等。敢言之。　　　　　　　　（V1311④：82）

　　皇帝橐书一封，赐敦煌太守。元平元年十一月癸丑夜几少半时，
　县（悬）泉驿骑传受万年骑广宗，到夜少半时付平望驿骑……（A）
　四。（B）　　　　　　　　　　　　　　　　　　　（V1612④：11）

额济纳汉简也有相关简文：

　　恐为胡虏所围守闳即夜与居延以合从王常俱还到广地胡池亭止
　虏从靡随河水草北行虏☑……☑　　　　　　（2000ES9SF3：4D③）

里耶秦简也有相关记载：

　　七月癸亥旦，士五（伍）臂以来。嘉发。Ⅱ　　　　（5—1背）④

---

　　①　吴礽骧、李永良、马建华释校：《敦煌汉简释文》，甘肃人民出版社 1991 年版，第
259 页。
　　②　同上书，第 237 页。
　　③　孙家洲主编：《额济纳汉简释文校本》，文物出版社 2007 年版，第 77—78 页。
　　④　陈伟主编：《里耶秦简牍校释》第 1 卷，武汉大学出版社 2012 年版，第 1 页。

以上汉简中有关"晓行"与"夜行"及"昼夜兼行"的记载,反映的多是汉代西北边塞吏卒的交通行旅情况,里耶秦简反映的是秦代传送文书之人自零阳县(今湖南慈利东)至迁陵县(今湖南龙山里耶)的交通行旅情况。而《焦氏易林》反映的似是汉代内郡一般民众的交通行旅状况,且言及"晓行"与"夜行"导致"履危蹈沟"和车轴"摧折"的交通事故,这或许可说明"晓行"与"夜行"时因光线不好而视野受限是造成车行交通事故的重要原因之一。

四　其他交通行旅生活信息

《焦氏易林》对当时行旅生活受天气影响的情形也有反映,如:

> 《晋·履》:"倚立相望,引衣欲装。阴云蔽日,暴雨降集。使道不通,阻我欢会。"(卷三)

有关秦汉史的传世文献中多有因雨而"道不通"的记载,如《史记·陈涉世家》:"会天大雨,道不通,度已失期。失期,法皆斩。"[①] 又如《三国志·魏书·武帝纪》:"(建安十二年)秋七月,大水,傍海道不通。"[②] 里耶秦简也多有"雨留"(即因雨滞留)的记载,如:

> 元年七月庚子朔丁未,仓守阳敢言之:狱佐辨、平、士吏贺具狱,县官Ⅰ食尽甲寅,谒告过所县乡以次续食。雨留不能投宿齎。
>
> Ⅱ　(5—1[③])
>
> ☑庚寅朔辛亥,【仓】☑Ⅰ
> ☑☑皆尽三月,迁☑☑Ⅱ

---

① 《史记》卷四八《陈涉世家》,第1950页。
② 《三国志》卷一《魏书·武帝纪》,第29页。
③ 陈伟主编:《里耶秦简牍校释》第1卷,第1页。

食如律。雨留不能投宿齎。☐Ⅲ　　　　　　（8－110＋8－669①）

　　谒告过所县，以县乡次续Ⅱ食如律。雨留不能投宿齎。当腾腾。来复传。敢言之。Ⅲ

（8—1517②）

这似可说明"由于当时多是土质路面，极易受风雨剥蚀，因此雨季出行十分困难"③。

《焦氏易林》又有反映当时"长距离行旅必须中途歇宿"④的行旅状况的林辞，如：

　　《明夷·小畜》："道远辽绝，路宿多悔。顽嚣相聚，生我畏忌。"（卷三）

　　《暌·巽》："积水不温，北陆苦寒。露宿多风，君子伤心。"（卷三）

　　《损·蛊》："乘牛逐骥，日暮不至。路宿多畏，亡其骅骝。"（卷三）

①　陈伟主编：《里耶秦简牍校释》第1卷，第64页。

②　同上书，第344页。

③　彭卫、杨振红：《中国风俗通史·秦汉卷》，上海文艺出版社2002年版，第277页。对此，王子今也有相关论述："由于秦汉道路多为土质柔性路面，雨雪之后往往车辙积水，牛蹄生涔，泥淖难以行车，有时行人也难以通过，……对于不可轻易中断的重要的交通线路，则不得不积极改善道路状况，特别注意加强其排水性能，除高筑路基，并于道路两侧开掘排水沟之外，还十分重视道路的经常性养护。中央政府要求地方各级行政管理机构都以养护维修道路，保证运输畅通作为主要责任。"（王子今《秦汉交通史稿》（定本），第66—67页）同时又说道："为增强道路的抗水性和稳定性，保证通行免受天时影响，筑路工匠们不仅将传统的夯土技术应用于道路建设，对刚性路面的追求还使得有条件的地方出现了沙质路面和石质路面。西安阁家村古建筑遗址发现沙质路面，在估计早至秦代的斜坡道上则用河砾和褐红色灰泥掺和墁成地面，'至今仍很光滑整齐'。用石片、卵石、砾石铺筑的道路遗迹有多处发现，如秦始皇陵园、汉华仓遗址、西安西郊汉代建筑遗址、西安任家坡汉代陵园、汉景帝阳陵、南阳汉代铁工厂遗址、辽阳三道壕西汉村落遗址、福建崇安城村汉城遗址等。……大致在东汉时陶质建材逐渐普及，有的道路已出现了以砖铺砌的地段。汉云陵邑遗址确实曾发现卵石路面两侧夹砌条砖的情形。"（王子今：《秦汉交通史稿》（增订版），第62—63页）

④　王子今：《中国古代行旅生活》，第81页。

《井·蒙》：“跛躄难步，迟不及舍。露宿泽陂，亡其襦袴。”（卷四）

《节·损》：“积冰不温，北陆苦寒。露宿多风，君子伤心。”（卷四）

言及“路宿”（“露宿”）。“‘露宿’，长期以来一直是社会下层行旅生活中中途休宿的一般形式之一。”①《后汉书·循吏列传·王涣》记载，王涣做温县县令后，“境内清夷，商人露宿于道”，改变了以前商人因“县多奸猾，积为人患”而不敢“露宿于道”的局面。②《明夷·小畜》和《损·蛊》也说到旅人“露宿”时的“畏忌”心理，足见“露宿”在当时治安不好的情况下是有一定危险性的。而“商贾重宝，单车露宿”的商旅场景的实现，往往体现了“道无拾遗”的良好治安环境。③《暌·巽》和《节·损》所谓“北陆苦寒，露宿多风”，说明当时在北方苦寒之地露宿，旅人要面临寒风凛冽的极端气候条件的考验。《井·蒙》言及旅人因腿脚不便而没有及时赶到“舍”，只好“露宿泽陂”，最后丢失了衣裤。可见，当时确实有供长途行旅之人中途歇宿的客舍。

《焦氏易林》对时人艰难行旅中的“恐惧”“愁苦”心理也有描述，如：

《蒙·涣》：“震慄恐惧，多所畏恶。行道留难，不可以步。”（卷一）

《观·中孚》：“大路壅塞，旅人心苦。”（卷二）

《贲·讼》：“行旅稽难，留连愁苦。”（卷二）

《暌·比》：“大涂塞壅，旅人心苦。”（卷三）

《萃·咸》：“山水暴怒，坏梁折柱。稽难行旅，留连愁苦。”（卷三）④

---

① 王子今：《中国古代行旅生活》，第 87 页。

② 《后汉书》卷七六《循吏列传·王涣》，第 2468 页。

③ （汉）刘珍等撰，吴树平校注：《东观汉记校注》卷一《光武帝纪》，中华书局 2008 年版，第 12 页。

④ 《焦氏易林》卷四《巽·井》与《未济·需》同。

而《焦氏易林》卷三《损·革》："山陵四塞，遏我径路。欲前不得，复还故处。"则是对时人由于山陵阻隔而不得不返回原地的行旅状况的记载。《焦氏易林》卷四《小过·颐》："霄冥高山，道险峻难。王孙罢极，困于阪间。"则是对时人因山林道路险峻而极度疲倦，从而在中途停止不前的行旅状况的记载。

综上所述，《焦氏易林》确实为我们了解当时人们的交通行旅生活提供了许多重要信息，值得交通史和社会生活史研究者重视。

巫术、风俗与礼仪：祖道的源流与变迁

吉林大学古籍研究所　李玥凝

祖道，或称"祖"，是对道路之神的祭祀行为。文献中有关祖道传统的记载可溯至春秋时代，如《左传·昭公七年》：

> 楚子成章华之台，愿与诸侯落之……公将往，梦襄公祖。梓慎曰："君不果行。襄公之适楚也，梦周公祖而行。今襄公实祖，君其不行。"子服惠伯曰："行！先君未尝适楚，故周公祖以道之；襄公适楚矣，而祖以道君。不行，何之？"三月，公如楚。①

至西汉时期，祖道仍是出行的重要礼俗，如《史记·五宗世家》："四年，坐侵庙壖垣为宫，上征荣。荣行，祖于江陵北门。"②

作为传统的祭祀行为之一，祖道一直被学者所关注，在经学、史学、民俗学甚至文学各领域皆有研究成果。随着出土文献的面世与解读，秦简《日书》与楚地祭祷简牍中与祖道相关的内容引起学界关注，有关研究越加深入和全面，祖道似已题无剩义。先秦祖道传统的祭神之义在历史发展中逐渐淡化，这是各学科的学者都已注意到的趋势。但是，细读不同时代、不同性质的史料，可以发现祖道始终包含着多重性质。东汉以后，先秦的祖道传统部分地留存，民间百姓的祖道行为和国家礼制中的祖道礼仪分离开来，这也是不容忽视的历史现象。

---

① 杨伯峻编著：《春秋左传注》，中华书局1981年版，第1286—1287页。
② 《史记》卷五九《五宗世家》，中华书局1959年版，第2094页。

一　祖道传统的双重面向

（一）軷祭：祖道的巫术内涵

祖道是对道路之神的祭祀，首先作为一种宗教行为出现。传世文献如"三礼"记载了祖道祭祀的仪式，出土文献则更多地提供了祖道作为个人祭祀行为的相关材料。

祖道又称軷祭。《说文解字》对"軷"的解释是"出，将有事于道，必先告其神，立坛四通，树茅以依神，为軷。既祭軷，轹于牲而行，为范軷"，则軷本身就是对道路神的祭祀仪式。《仪礼·聘礼》云"出祖，释軷，祭酒脯，乃饮酒于其侧"，郑玄注"然则軷，山行之名也。道路以险阻为难，是以委土为山，或伏牲其上，使者为軷，祭酒脯祈告也。卿大夫处者，于是饯之，饮酒于其侧。礼毕，乘车轹之，而遂行，舍于近郊矣。其牲，犬羊可也"[1]；《周礼·大驭》注云"行山曰軷。犯之者，封土为山象，以菩刍棘柏为神主，既祭之，以车轹之而去，喻无险难也"[2]。軷祭是垒起土代表山，放上蒲条等作为神主[3]，祭祀牺牲，然后乘车碾过，表示行路没有阻碍。牺牲是羊或狗，《周礼·犬人》"伏瘞亦如之"，《诗·大雅·生民》"取羝以軷，载燔载烈"皆是其证。至于軷祭的地点，是在国门之外，一般没有确定的国门，以出行方向为准[4]。軷

[1]　（汉）郑玄注，（唐）贾公彦疏：《仪礼注疏》卷二四，影印阮元校刻《十三经注疏》本，台北艺文印书馆1960年版，第283页。
[2]　（汉）郑玄注，（唐）贾公彦疏：《周礼注疏》卷三二，影印阮元校刻《十三经注疏》本，台北艺文印书馆1960年版，第489页。
[3]　工藤元男根据《礼记·月令》郑注"行在庙门外之西，为軷壤，厚二寸，广五尺，轮四尺"和前引经传设想了軷坛的形状，参考［日］工藤元男《睡虎地秦简所见秦代国家与社会》，［日］广濑薰雄、曹峰译，上海古籍出版社2010年版，第193—194页。由于祀行和軷祭是否是同一种祭祀仍存疑，这里不确定軷祭的"封土象山"可与《礼记》注所云軷坛共同讨论。但不排除坛形制相同的情况，这两种祭祀有交叉之处，详见文章第二部分。
[4]　参考睡虎地秦简《日书》甲种《直室门》、乙种《行行祠》及《史记》《汉书》相关章节。有关祖道在哪一国门进行的问题，已有学者进行了比较全面的讨论，参考［日］工藤元男著《睡虎地秦简所见秦代国家与社会》，［日］广濑薰雄、曹峰译，第190—191页，本文不赘。

祭要以车碾过假山，所以车及驾车之人在这一仪式中是有特别地位的，据《周礼·大驭》"大驭掌驭王路以祀。及犯軷，王自左驭，驭下祝，登，受辔，犯軷，遂驱之。及祭，酌仆，仆左执辔，右祭两轵，祭轵，乃饮"①，及《礼记·少仪》"酌尸之仆，如君之仆。当其为尸则尊。其在车，则左执辔，右受爵，祭左右轨、范、乃饮"②，驾车之人要左手执辔，右手拿酒杯祭祀车轼前头，再饮酒。驾车之人祭祀并饮酒这一礼仪也许在实际施行中很难完成，但是封土象山、以车碾之应该是軷祭亦即祖道的最基本内容。

与传世典籍所记载的軷祭不同，出土文献中可见另一种出行之前的祭祀仪式。睡虎地秦简《日书》乙种：

> 行祠，东行南〈南行〉，祠道左；西北行，祠道右。其謞（号）曰大常行，合三土皇，耐为四席。席叕（缀）其后，亦席三叕（缀）。其祝曰："毋（无）王事，唯福是司，勉饮食，多投福。"
>
> （145—146③）

这个仪式没有牺牲、车碾的过程，但是也有以酒祭神的环节，与传世文献的軷祭有一定相似，可能是一般百姓的祖道之法。④ 除此之外，还有关

---

① （汉）郑玄注，（唐）贾公彦疏：《周礼注疏》卷三二，影印阮元校刻《十三经注疏》本，第489页。

② （汉）郑玄注，（唐）孔颖达疏：《礼记正义》卷三五，影印阮元校刻《十三经注疏》本，台北艺文印书馆1960年版，第636页。

③ 工藤元男认为这个仪式是为出行而进行的还是定期进行的难以确定，或者二者并不冲突，也许能事先决定出行的方向，根据这个方位造軷坛，定期祭祀。（［日］工藤元男：《占い之中国古代の社会：発掘された古文献が語る》，东方书店2011年版，第169—173页）按，事先决定出行方向而定期祭祀的推断值得商榷，没有更多材料证明日常即有这一固定的仪式，这里仍认为这一仪式是出行时进行的。

④ 睡虎地秦简《日书》甲种《诘》篇有"人毋（无）故而鬼㥜（伺）其宫，不可去。是祖□游，以犬矢投之，不来矣"（49背二）。由于"祖"后面一字难以释出，并未作为祖道研究的主要材料，但也有学者指出，这里的"祖"即行神，这是对祖神的驱逐仪式（参见陈家宁《睡虎地秦墓竹简〈日书〉甲种"诘"篇鬼名补证（一）》，简帛网，2005年12月24日）。按，《日书》中未见到称行神为"祖"的其他例子，而且《诘》篇的主要内容是驱鬼的方法，行神为何需要被驱逐也是需要进一步论证的，故仅备一说。

于禹步仪式的记载,如睡虎地秦简《日书》乙种:

　　【出】邦门,可☐(102 三)行☐(103 三)禹符,左行,置,
右环(还),曰☐☐(104 三)☐☐右环(还),曰:行邦☐(105
三)令行。投符地,禹步三,曰:皋(106 三),敢告☐符,上车毋
顾,上☐　　　　　　　　　　　　　　　　　　　(107 二①)

又印台汉简:

　　即行,之邦门之困(闻),禹步三,言曰:门左、门右、中央君
子,某有行,择道。气(迄)乐☐②

这种禹步仪式是有明显巫术色彩的仪式,并未见于先秦的传世文献。出
行和旅行归家时还有其他禁忌和规定,比如通过一些特殊的步法及咒语,
完成保佑旅行顺利的巫术。③ 这一祭祀方法在后世为道教所吸收。

　　有关祖道祭祀的对象,历来存在不同说法。先秦文献中没有明确的
祭祀对象,作假山、以菩柏等为神主都属于比较原始的象征巫术,祭车
轨也是对出行相关物品的直接祭祀,没有具体的"行神"概念。工藤元
男认为先秦社会的行神是禹,禹步仪式是通过模仿圣人在治水辛劳之后
的跛行来祈求禹的保佑,后来行神祭祀被纳入五祀之中,禹的行神身份

---

　　① "出"字为整理者后来增补,其根据不详。工藤元男以为"出"字释读不可从;参考后
来的道教仪式,投符于地是为了去除经由外地携带的污秽,所以应该是归家时的仪式,而非出行
时的仪式。(参考 [日] 工藤元男著《睡虎地秦简所见秦代国家与社会》,[日] 广濑薰雄、曹
峰译,第 227—229 页)按,以投符于地为依据确定该段是归家仪式仍可商榷,从"上车毋顾"
等语,亦有可能是出行的禹步仪式。检图版,第一字确实难以确定为"出",但此处与新出印台
汉简的简文相似,故暂时仍作为出行时的仪式。睡虎地秦简《日书》甲种亦有类似仪式:"行到
邦门困(闻),禹步三,勉一步,謼(呼):'皋,敢告曰:某行毋(无)咎,先为禹除道。'即
五画地,掫其画中央土而怀之。"(111 背—112 背)该仪式也难以确定是出行仪式还是归家仪
式,暂录于此。
　　② 刘乐贤:《印台汉简〈日书〉初探》,《文物》2009 年第 10 期。
　　③ 例如睡虎地秦简《日书》甲种:"凡民将行,出其门,毋(无)敢頿(顾),毋止。直
述(术)吉,从道右吉,从左咎。少(小)頿(顾)是胃(谓)少(小)楮,咎;大頿(顾)
是胃(谓)大楮,凶(凶)。"(130 正)

也被遗忘和取代①，这一观点得到了多数学者的认同；刘增贵则以为出行时在城门进行的禹步等法术是出行者自己实施的，禹不是所告对象，而是施术者自身模拟成为禹来役使鬼神，先秦的行神应该是《日书》所载之"常行"或"大常行"，并不是禹②。汉代出现了两个行神，《风俗通》云"共工之子曰脩，好远游，舟车所至，足迹所达，靡不穷览，故祀以为祖神"③，《四民月令》则云"祖者，道神。黄帝之子曰累祖，好远游，死道路，故祀以为道神"④，后世的注解主要来自此二说。这里暂不讨论工藤氏与刘氏对先秦社会行神的判断，汉代行神的具体身份及神话的原型和流变也是另一个问题；就軷祭仪式而言，行神的具体形象比较模糊，在祭祷活动中也没有被当作明确的祭祷对象。

　　出行日期的选择也是十分重要的问题，出行的宜忌日期与五行、建除等因素都直接相关，归家的日期也是如此。有关这一问题已经有了相当深入细致的研究，本文不再赘述。⑤ 值得注意的是，祖道都是在出行启程时进行的，所以祖道本身并没有特定的时间选择，而是从属于出行日期的。行神祭祀的时间与日期则是另一个问题，本文第二部分将讨论两者的区分。

　　由传世文献和出土文献的记录，可知祖道是在出行时进行的祭祀活动，旅行前举行此仪式以祈求旅行顺利。不同社会阶层所进行的祖道仪式可能有所区别，或封土象山、以车碾之，或酒脯诵祝，或行禹步，但这几种祭祀仪式都是巫术性质的祭祷行为，巫术是祖道的内核。

---

　　① 参考［日］工藤元男著《睡虎地秦简所见秦代国家与社会》，［日］广濑薰雄、曹峰译，第六章《先秦社会的行神和禹》、第八章《禹形象的变迁与五祀》，第188—237、259—292页。

　　② 参考刘增贵《秦简〈日书〉中的出行礼俗与信仰》，《"中央"研究院历史语言研究所集刊》第72本第3分，第503—541页。

　　③ （汉）应劭撰，王利器校注：《风俗通义校注》卷八《祀典》，中华书局2010年版，第381页。

　　④ 该句不见于今本《四民月令》，见《宋书》卷一二《律历志》所引，中华书局1974年版，第260页。

　　⑤ 参考［日］工藤元男著《睡虎地秦简所见秦代国家与社会》，［日］广濑薰雄、曹峰译，第六章《先秦社会的行神和禹》，第206—229页；刘增贵《秦简〈日书〉中的出行礼俗与信仰》等文。

（二）祖饯：祖道的社会风俗意义

祖道除了前述巫术仪式以外，还包括饮酒饯行的环节，即祖饯。祖饯是临行以前的送别仪式，在早期的传世历史文献中多有出现，如《仪礼·聘礼》云"出祖，释軷，祭酒脯，乃饮酒于其侧"，注"卿大夫处者，于是饯之，饮酒于其侧"。其中"释軷，祭酒脯"即以酒肉祝祷，是巫术行为；"饮酒于其侧"是送行者与旅行者一起饮酒，为旅行者饯行，这是由巫术仪式发展出的社会行为。祖道活动中的饮酒赋诗等环节是与祭祀环节相连的，成为一种社会风俗。

祖饯送别在先秦时期即成为常见的社会风俗。《诗经》中有关公侯出行的描写大多包含祖道饮饯的过程。《邶风·泉水》"出宿于沛，饮饯于祢"，《毛诗传》云"祖而舍軷，饮酒于其侧曰饯，重始有事于道也"①，原文中更强调的并非祖道祭祀，而是饮酒送行。《大雅·韩奕》记录韩侯归国，在京师为祖道之祭，显父为之送行，准备了大量酒食："韩侯出祖，出宿于屠。显父饯之，清酒百壶。其殽维何，炰鳖鲜鱼。其蔌维何，维笋及蒲。其赠维何，乘马路车"②，从这些具体描写可见祖道活动中酒及饮食的重要性，酒食之会与祖道密切相关。

除饮酒相会以外，为祝词、歌诗也是祖道的环节之一。《诗·大雅·烝民》"仲山甫出祖，四牡业业，征夫捷捷。每怀靡及，四牡彭彭，八鸾锵锵。王命仲山甫，城彼东方"③ 一段是仲山甫出国门时的描写，其中包含"祖"的过程，这一歌诗即是尹吉甫送别仲山甫所作。春秋时代吴越争霸，据《吴越春秋》记，越王勾践入吴为奴和自吴归越两段路程启程以前，皆有祖道的环节，入吴时"群臣皆送至浙江之上，临水祖道，军

　　① （汉）郑玄注，（唐）孔颖达疏：《毛诗正义》卷二三，影印阮元校刻《十三经注疏》本，台北艺文印书馆1960年版，第101页。

　　② （汉）郑玄注，（唐）孔颖达疏：《毛诗正义》卷一八之四，影印阮元校刻《十三经注疏》本，第571页。

　　③ （汉）郑玄注，（唐）孔颖达疏：《毛诗正义》卷一八之三，影印阮元校刻《十三经注疏》本，第569页。

阵固陵"，大夫文种为祝词，预示着勾践最后的胜利①。战国后期燕国勇士荆轲刺秦王临行前，"太子及宾客知其事者，皆白衣冠以送之。至易水之上，既祖，取道，高渐离击筑，荆轲和而歌，为变徵之声，士皆垂泪涕泣。又前而为歌曰：'风萧萧兮易水寒，壮士一去兮不复还！'复为羽声忼慨，士皆瞋目，发尽上指冠。于是荆轲就车而去，终已不顾"②。太子宾客白衣相送，高渐离击筑悲歌，这一历史场面也出现在祖道活动的过程中。

在这些历史记录里，祖道并不是一种个人行为，祖道的祭祀仪式与饮酒赋诗等送别仪式相连结，更多成为一种社交性质的活动。从现有材料中很难辨别其中的祭祀仪式具体由谁执行，但祖饯是送别之人与出行之人共同参与的，不仅仅是个人性活动。公事出行之前，百官同僚甚至皇帝都会参与祖饯，其中的巫术环节只占一部分，饮酒送别则有更重要的意义，能够彰明旅行之人的身份地位，如《诗·大雅·崧高》"申伯信迈，王饯于郿"③，《左传·成公八年》"八年春，晋侯使韩穿来言汶阳之田，归之于齐。季文子饯之"④ 等。齐将军田瞷领兵打仗，诸人相送，张生劝谏大权在握而不可存僭越之心，"田瞷曰：'今日诸君皆为瞷祖道，具酒脯，而先生独教之以圣人之大道，谨闻命矣'"⑤，祖饯时人与人的交流有更重要地位。

到两汉时代，祖饯送别越加成为一种重要的社交活动。祭祀的仪式仍有保留，但宴席与送别也是祖道活动的内容之一，重要性更甚于先秦时代。官员赴任或离任启程以前祖道饯别的规模，往往成为扬名的重要依据。例如东郭先生"及其拜为二千石，佩青绶出宫门，行谢主人。故所

---

① 祝词云："皇天佑助，前沉后扬。祸为德根，忧为福堂。威人者灭，服从者昌。王虽牵致，其后无殃。众夫哀悲，莫不感伤。臣请荐脯，行酒二觞。"〔（汉）赵晔：《吴越春秋》卷七《勾践入臣外传》，《四部丛刊初编》本，上海书店出版社据上海涵芬楼景印明弘治邝璠刊本重印，1989年版，第159—160页〕

② 《史记》卷八六《刺客列传》，第2534页。

③ （汉）郑玄注，（唐）孔颖达疏：《毛诗正义》卷一八之三，影印阮元校刻《十三经注疏》本，第567页。

④ 杨伯峻编著：《春秋左传注》，第837页。

⑤ （汉）刘向撰，向宗鲁校证：《说苑校证》卷八《尊贤》，中华书局1987年版，第196—197页。

以同官待诏者，等比祖道于都门外。荣华道路，立名当世"①；疏广、疏受"公卿大夫故人邑子设祖道，供张东都门外，送者车数百两，辞决而去。及道路观者皆曰：'贤哉二大夫！'或叹息为之下泣"②；东汉东平宪王刘苍归国，有光武帝手诏赐苍，"车驾祖送，流涕而诀"③；高彪"后迁外黄令，帝敕同僚临送，祖于上东门，诏东观画彪像以劝学者"④；三国时贺齐有吴主孙权为之祖道，"及当还郡，权出祖道，作乐舞象。赐齐軿车骏马，罢坐住驾，使齐就车。齐辞不敢，权使左右扶齐上车，令导吏卒兵骑，如在郡仪"⑤。严诩离任颍川太守时，"官属数百人为设祖道，诩据地哭。掾史曰：'明府吉征，不宜若此。'诩曰：'吾哀颍川士，身岂有忧哉！我以柔弱征，必选刚猛代。代到，将有僵仆者，故相吊耳'"⑥，官员离任有数百人相送、离任者为百姓担忧，这一场景也出现在祖道的过程中。同时，祖饯也是有利于官员间增进感情、互相攀结的重要场合，比如吴祐"后举孝廉，将行，郡中为祖道，祐越坛共小史雍丘黄真欢语移时，与结友而别"⑦；或如祢衡被曹操遣与刘表，临行祖饯成为幕僚共同报复的时机，"临发，众人为之祖道，先供设于城南，乃更相戒曰：'祢衡勃虐无礼，今因其后到，咸当以不起折之也。'及衡至，众人莫肯兴，衡坐而大号。众问其故，衡曰：'坐者为冢，卧者为尸，尸冢之闲，能不悲乎！'"⑧ 另外，祖饯时还有赠与旅费的风俗。汉高祖刘邦"以吏繇咸阳，吏皆送奉钱三，何独以五"⑨；尹湾六号汉墓"赠钱名籍"是当时的"礼钱簿"，八号木牍正面左上角有"之长安"三文字，滕昭宗推测是墓主去长安外繇时东海郡的吏员所赠与的旅费。⑩ 居延汉简也出现了"祖

---

① 《史记》卷一二六《滑稽列传》，第 3208 页。

② 《汉书》卷七一《疏广传》，中华书局 1962 年版，第 3040 页。

③ 《后汉书》卷四二《光武十王列传·东平宪王仓》，中华书局 1965 年版，第 1441 页。

④ 《后汉书》卷八〇下《文苑列传下·高彪》，第 2652 页。

⑤ 《三国志》卷六〇《吴书·贺齐传》，中华书局 1964 年版，第 1379 页。

⑥ 《汉书》卷七七《何并传》，第 3267 页。

⑦ 《后汉书》卷六四《吴祐传》，第 2100 页。

⑧ 《后汉书》卷八〇下《文苑列传下·祢衡传》，第 2656 页。此事件亦见于《三国志》卷一〇《魏书·荀彧传》，第 311 页。

⑨ 《汉书》卷三九《萧何传》，第 2005 页。

⑩ 参考滕昭宗《尹湾汉墓简牍概述》，《文物》1996 年第 8 期。两牍四面共有 202 人，从人名重复来看，至少是三次的捐赠。

道钱"①，候史送候长十钱作为"祖道钱"，也许是候长外出时候的赠予。

　　在汉代，无理由的饮酒聚会是违法的，②而祖饯则是一个聚会饮酒的合理理由，所以成为汉代社交的主要场合之一。到汉末，吕布"具刺史车马童仆，发遣备妻子部曲家属于泗水上，祖道相乐"③，孙权"作乐舞象"，祖道有了娱乐性的意涵。从史籍的描述中不难发现，这一时期的祖道主要是他人为出行者所设，而不是出行者自发的祭祀仪式，这也就更强调其社交意义而非宗教意义。先秦时期参与祖道是卿大夫的特权，而经历两汉，参与人员的阶层有了明显的下降趋势，一般官员皆可以参与饮饯，边塞少吏也能够送赠祖道钱，祖饯成为全社会都可以进行的社交活动。

二　道路神祭祀的两种形态

（一）祀行：日常的行神祭祀

　　前文所讨论的祖道，都是临行时进行的，时间由出行日期决定，地点在出行方向的国门之外。这种祭祀仪式称为"祖"或"軷"。与此同时，传世典籍和出土文献中有关道路神祭祀的记载还有另外一种，祀

---

　　①　见居延汉简 104.9，145.14：

候史褒予万岁候长祖道钱　　　　出钱十付第十七候长祖道钱

☑祖道钱　　　　　　　　　　　出钱十付第廿三候长祖道钱

☑祖道钱　　　　　　　　　　　出钱十

　　　　　　　　　　　　　　　出钱☑

　　②　参考《汉书》卷四《文帝纪》，文帝即位时下诏"酺五日"注："文颖曰：'音步。汉律，三人以上无故群饮酒，罚金四两，今诏横赐得令会聚饮食五日也。'"（第110页）《汉书》卷八《宣帝纪》："（五凤二年）秋八月，诏曰：'夫婚姻之礼，人伦之大者也；酒食之会，所以行礼乐也。今郡国二千石或擅为苛禁，禁民嫁娶不得具酒食相贺召。由是废乡党之礼，令民亡所乐，非所以导民也。诗不云乎？"民之失德，乾餱以愆。"勿行苛政。'"（第265页）虽然《盐铁论》有"今宾昏酒食，接连相因，析酲什半，弃事相随，虑无乏日"（王利器校注：《盐铁论校注［定本］》卷六《散不足》，中华书局1992年版，第351页）之言，禁止群聚饮酒的实际效用可能有限，但这一禁令应该确实存在。

　　③　《三国志》卷三二《蜀书·先主传》注引《英雄记》，第874页。

"行"，如《仪礼·聘礼》：

> 厥明，宾朝服释币于祢。有司筵几于室中。祝先入，主人从入。主人在右，再拜，祝告，又再拜。释币，制玄纁束，奠于几下，出。主人立于户东。祝立于牖西，又入，取币，降，卷币，实于篚，埋于西阶东。又释币于行。遂受命。①

同样出自《仪礼·聘礼》，出祖的场合与此不同："使者既受行日，朝同位。出祖，释軷，祭酒脯，乃饮酒于其侧。"② 軷祭是在出行时进行的，而"行"则是在受命时释币而祭。郑玄和贾公彦的注疏，皆未质疑此"行"与"祖"的区别，却给出了不同解释。

贾公彦谓"凡道路之神有二，在国内，释币于行者，谓平适道路之神；出国门，释奠于軷者，谓山行道路之神"③，认为国内的祭祀与国门外的祭祀对象分别是平地道路之神和山行道路之神。"軷"确实有跋涉山川之义，"軷祭"也有封土象山的环节；但是，难以找到其他"行"为平地道路之神的证据，孔颖达疏《礼记·曾子问》谓"崔氏云'宫内之軷祭，古之行神。城外之軷祭，山川与道路之神'，义或然也"④，则二者之区别在于山行道路之神和平地道路之神的推断恐难以成立。

郑玄则指出这个"行"属于日常祭祀的系统，在冬天进行："天子、诸侯有常祀，在冬。大夫三祀，曰门，曰行，曰厉。《丧礼》有'毁宗躐行，出于大门'，则行神之位在庙门外西方，不言埋币可知也。今时民春秋祭祀有行神，古之遗礼乎？"⑤《礼记·月令》孟冬之月"其祀行，祭先肾"，是其证。这个"行"与门、户、灶等神并列，属于"五祀"祭

---

① （汉）郑玄注，（唐）贾公彦疏：《仪礼注疏》卷一九，影印阮元校刻《十三经注疏》本，第228页。

② （汉）郑玄注，（唐）贾公彦疏：《仪礼注疏》卷二四，影印阮元校刻《十三经注疏》本，第283页。

③ 同上。

④ （汉）郑玄注，（唐）孔颖达疏：《礼记正义》卷一八，影印阮元校刻《十三经注疏》本，第361页。

⑤ （汉）郑玄注，（唐）贾公彦疏：《仪礼注疏》卷一九，影印阮元校刻《十三经注疏》本，第362页。

祷系统。又《礼记·祭法》:

> 王为群姓立七祀,曰司命,曰中霤,曰国门,曰国行,曰泰厉,
> 曰户,曰灶。王自为立七祀。诸侯为国立五祀,曰司命,曰中霤,
> 曰国门,曰国行,曰公厉。诸侯自为立五祀。大夫立三祀,曰族厉,
> 曰门,曰行。适士立二祀,曰门,曰行。庶士,庶人立一祀,或定
> 居,或立灶。

按此规定,除庶士以外,士以上都要祭祀行神。[①] 汉代的"五祀"说法并不一致,郑注《月令》谓五祀为门、户、行、灶、中霤五神,《淮南子·时则》与《白虎通·五祀》则以井取代了行。考察更早的史料,包山 M2 楚简出土"五祀"神牌,是室、门、户、行、灶五神主,并有"赛祷行一白犬"(208)、"举祷宫行一白犬,酒食"(211、229)等简文;新蔡葛陵平夜君成墓楚简亦有"就祷户一羊,就祷行一犬,就祷门……"(甲三 56)等类似简文。可见,行在战国时期本属于五祀系统,楚地有对行的祭祷行为;汉代部分文献中被井取代,这或与其属冬、属水的特性相关。[②]

其他出土文献中也可见日常的行神祭祀。睡虎地秦简《日书》记载了祭祀行神日期的选择,"祠行良日,庚申是天昌,不出三岁必有大得"(甲种 79 正二),"祠行日,甲申,丙申,戊申,壬申,乙亥,吉。龙,戊、己"(乙种 37 二、38 二),"祠五祀日,丙丁灶,戊巳内中土,乙户,壬癸行、庚辛□"(乙种 40 二),"行祠:祠常行,甲辰、甲申、庚申、壬辰、壬申,吉。·毋以丙、丁、戊、壬□☑"(乙种 144)等等。[③]这些是适宜祭祀行神的日期,不与实际的出行直接相关,说明在先秦时

---

① 《礼记·曲礼下》则谓天子、诸侯、大夫皆用五祀。有关"七祀"和"五祀"的问题,已有学者专文讨论,其结论相当令人信服,参考杨华《"五祀"祭祷与楚汉文化的继承》,《江汉论坛》2004 年第 9 期。

② 见郑玄注《月令》:"冬阴盛,寒于水,祀之于行,从辟除之类。"[(汉)郑玄注,(唐)孔颖达疏:《礼记正义》卷一七,影印阮元校刻《十三经注疏》本,第 341 页]睡虎地秦简《日书》对祀行日期的选择,亦以其水的属性为基础。杨华前引文章对此亦有分析。

③ 祠行的日期选择有其背后的思想体系,有关这一问题的专门研究已有相当多的成果,可参考工藤元男、刘增贵前引文章等论著。

代可能存在固定日期的行神祭祀，与出行时进行的祖道并非同一种祭祀。

汉代除"五祀"的"行"以外，还存在"祖"祭。《风俗通义·祀典》云"汉家盛于午，故以午祖也"①，汉代以午日祖，因为汉从火德，午日火最壮。② 王莽时陈宠"父子相与归乡里，闭门不出入，犹用汉家祖腊"③；曹丕代汉，汉献帝为山阳公，"奏事不称臣，受诏不拜，以天子车服郊祀天地，宗庙、祖、腊皆如汉制"④，可知祖是国家祀典内的祭祀活动。荀彧因曹操之故饮药自尽，"帝哀惜之，祖日为之废燕乐。谥曰敬侯"⑤，则在汉末三国时代，祖日是存在燕乐等活动的。在汉代，五祀、祖腊都是国家礼制内的行神祭祀，定期进行。

（二）祖道与祀行：随时与定制

随着出行而进行的祖道与日常进行的行神祭祀都是与出行相关的礼俗，由于祭祀动机和对象的相似性，这两类信仰活动始终存在交叉与混淆。二者的界限在何处，也一直是一个模糊不清的问题。

由于汉代以降"五祀"说法纷乱，有说法以为五祀的"行"祭并非道祭。陈立《白虎通疏证》引高诱注《吕氏春秋》"行，门内地，冬守在内，故祀之。行或作井，水给人，冬水王，故祀之"为证，并云"《荀子·礼论》'郊止于天子，社止于诸侯，道及士大夫'。道为行神，士亦得与祭，五祀止及大夫，故知行非道祭也"，从五祀角度亦认为行并非道路神祭祀。⑥ 五祀中的行与水相关，通过出土文献材料，出行日期和行神祭祀日期的选择以五行生克为基础，适宜出行的日期和祭祀行神的日期

---

① 《风俗通义校注》卷八《祀典》，第381页。

② 汉代祖与腊常并称，腊在一年末尾，常用戌日。《后汉书·礼仪志·腊》："季冬之月，星回岁终，阴阳以交，劳农大享腊"，高堂隆注曰："帝王各以其行之盛而祖，以其终而腊。火生于寅，盛于午，终于戌，故火家以午祖，以戌腊。"（《后汉书》志第五《礼仪中》，第3127页）

③ 《后汉书》卷四六《陈宠传》，第1548页。

④ 《后汉书》卷九《献帝纪》，第390页。

⑤ 《后汉书》卷七〇《荀彧传》，第2290页。

⑥ （清）陈立撰，吴则虞点校：《白虎通疏证》，中华书局1994年版，第78页。

多为金日，金生水，则先秦时代行神属水也是可以确定的。所以，祀行与道路相关并无疑问。

还有观点认为二者的区别在于分属内外，祭祀地点也因此而异。刘增贵以"凡行，祠常行道右"指出，"常行"或"大常行"是出行时所祭，与"五祀"所祭之行神性质虽同，但仍有区别，"常行""大常行"是出行时的行神，"行""宫行"是家内行神。① 经学家基于《聘礼》和《月令》的记载，亦指出二者分属国外之祭与国内之祭。朱熹提出："祖道之祭，是作一堆土，置犬羊于其上，祭毕而以车碾从上过，象行者无险阻之患也，如周礼'犯軷'是也。此是门外事。门内又有行祭，乃祀中之一也。"② 孙希旦亦认为"行神所主不同。《月令》'冬祀行'、《聘礼》'释币于行'，此宫中之行神也。《聘礼记》云'出祖，释軷'，軷祭行神，此国外之行神也。行神皆主道路，但所主不同耳"③。从祖道活动的历史记录来看，祖道皆是在出行方向的国门之外；祀行则没有明确的地点，仅《月令》有"庙门外之西"的说法。二者分属内外，这一区分并无错误，但是为何要区分国内之行神与国外之行神？内外的区别，也不是这两类祭祀的根本差别。

从前面一节的分析可见，祖道是在出行时进行的祭祀，而祀行则是在固定日期较有规律地进行的祭祀。二者的根本区分，应该在于随时祭祀与定期祭祀。但是，由于性质的类似，这两类祭祀在仪式和牺牲方面有许多交叉的内容。就祭祀仪式和牺牲而言，軷祭"封土为山象，以菩刍棘柏为神主，既祭之，以车轹之而去"，牺牲是羊或狗；祀行则"埋币而祭"。但是，《礼记·月令》郑注所载祀行也有与祖道类似的軷坛："行在庙门外之西，为軷壤，厚二寸，广五尺，轮四尺。祀行之礼，北面设主于軷上，乃制肾及脾为俎，奠于主南。又设盛于俎东，祭肉、肾一，

---

① 参考刘增贵《秦简〈日书〉中的出行礼俗与信仰》。

② （宋）黎靖德编，王星贤点校：《朱子语类》卷九〇《礼七·祭》，中华书局1986年版，第2292页。

③ （清）孙希旦撰，沈啸寰、王星贤点校：《礼记集解》，台湾文史哲出版社1990年版，第486页。

脾再，其他皆如祀门之礼。"① 此軷坛也有"軷"之名，有"主"，却以肾、脾为祭品，没有草木神主和以车碾之的环节。祀行在《礼记》的注解中与祖道的軷祭出现相似的仪式，这是值得注意的现象。从出土文献看，望山 M1 楚简"享归佩玉一环，柬大王，举祷宫行一白犬，酒食"（28），"……举祷大夫之私巫，举祷行白犬"（119），包山 M2 楚简也有类似的"举祷宫行一白犬，酒食"（211、229）、"举祷行一白犬，酒食，阀（伐）于大门一白犬"（233）等简，还有前引新蔡葛陵楚简"就祷户一羊，就祷行一犬"等等。此"宫行"与"行"都以犬为牺牲，而且伴随有酒食。这些楚简的年代约在战国中期，"五祀"观念初步形成，而《月令》所谓祭以肾、脾的说法晚出得多。可见，在先秦时期，随时与定期的两类行神祭祀都是以犬、羊为牺牲的，并伴有酒食。

从战国到汉代，祖道与祀行是两种不同的祭祀活动，祖道是临行时的祭祀，祀行是平时定期的行神祭祀。但是两类祭祀存在许多共同之处，前文提及的有关行神为谁的讨论，从另一方面也反映了这两类祭祀活动的相同动机。同作为对道路神的祭祀活动，两种祀行在历史发展过程中必然有着相同的根源和缠绕的关系，能够厘清其根本差别，则可分别进行研究讨论。

三　礼仪与风俗双重面向的分流

（一）　作为风俗活动的祖道在魏晋以后的发展

祖道本来是一种巫术活动，在社会历史中兼具宗教与风俗的双重意义。不过汉代以降，祖道活动中巫术的成分逐渐减少，到东汉以后，社会风俗意义逐渐成为祖道活动的主要面向。

延续东汉时期祖道活动的情况，魏晋以后，祖道的社会意义进一步凸显。公卿上任离任、百姓远行，都可见群僚亲朋祖饯的场景。而祖道

① （汉）郑玄注，（唐）孔颖达疏：《礼记正义》卷一七，影印阮元校刻《十三经注疏》本，第 341 页。

送别的巫术仪式在魏晋以后基本消失，祭神的环节极少见于记载，送别的社交意义及情感意义成为祖饯的主要作用，"祖道魏东门，泪下沾冠缨"①。作为重要的社交场合，祖饯仍是表现行旅者身份地位的机会。馆陶令诸葛原迁新兴太守，管辂"往祖饯之，宾客并会"②；秦宓"吴遣使张温来聘，百官皆往饯焉"③；戴若思出镇寿阳，"帝亲幸其营，劳勉将士，临发祖饯，置酒赋诗"④；袁宏"自吏部郎出为东阳郡，乃祖道于冶亭。时贤皆集"⑤。反之，南朝虞玩之臧否人物，得罪王俭，以致东归时"俭不出送，朝廷无祖饯者"⑥。北朝并无不同，"延伯出师于洛阳城西张方桥，即汉之夕阳亭也。时公卿祖道，车骑成列"⑦；北齐宋世良"及代至，倾城祖道"⑧。类似史料记载不胜枚举。唐宋以后，这种风俗基本没有变化，一直延续至今，成为社会文化的一个侧面。

随着祖道活动在民间社会完全风俗化，魏晋以来，祖饯赋诗的传统随着文学的发展而发扬光大，祖饯诗赋成为文学中的一类重要题材。魏晋以后的祖饯诗赋中，也基本不见了敬神和祭祀的意义，惜别成为主要情感。为祖饯而进行的宴饮赋诗常见于史书记载，如"隐士雷次宗被征居钟山，后南还庐岳，何尚之设祖道，文义之士毕集，为连句诗，怀文所作尤美，辞高一座"⑨；"（昭明）太子美姿貌，善举止读书数行并下，过目皆忆。每游宴祖道，赋诗至十数韵"⑩；庾承先讲老子，湘东王临听，"留连月余日，乃还山。王亲祖道，并赠篇什，隐者美之"⑪。东晋南朝的文学昌盛，此类诗赋多有保存，陆机、张华等著名文人都有应诏祖道诗，

---

① （魏）曹植：《鼙舞歌五首·圣皇篇》，逯钦立辑校：《先秦汉魏晋南北朝诗》魏诗卷六，中华书局1983年版，第428页。

② 《三国志》卷二九《魏书·管辂传》，第817页。

③ 《三国志》卷三八《蜀书·秦宓传》，第976页。

④ 《晋书》卷六九《戴若思传》，中华书局1974年版，第1847页。

⑤ 《晋书》卷九二《袁宏传》，第2398页。

⑥ 《南齐书》卷三四《虞玩之传》，中华书局1972年版，第611页。

⑦ （北朝）杨衒之撰，周祖谟校释：《洛阳伽蓝记校释》卷四，中华书局1963年版，第203页。

⑧ 《北齐书》卷四六《宋世良传》，中华书局1972年版，第639页。

⑨ 《宋书》卷八二《沈怀文传》，第2102页。

⑩ 《梁书》卷八《昭明太子统传》，中华书局1973年版，第166页。

⑪ 《梁书》卷五一《庾承先传》，第753页。

潘岳《西征赋》、江淹《别赋》等名篇都是在祖道的场合出现的文学作品；隋唐以后，祖饯送别诗赋随着文学的进步继续发展，"劝君更尽一杯酒，西出阳关无故人""都门帐饮无绪，留恋处、兰舟催发"，这些名句也是祖饯情景的描写与生发。祖饯文学是文学史的一个重要课题，专门的研究成果蔚为大观，这里不再深入讨论其文学意义。

祖道作为由宗教活动引发的风俗活动，同时催生了文学产品。魏晋以后，民间的祖道活动以宴饮赋诗为重点，巫术性的祭祀退居次位甚至消失，祖道成为一项社会风俗，对今天的社会仍有重要影响。

（二）軷祭在国家礼制中的留存

祖道的传统在民间社会完全风俗化，在国家礼制中，相关的祭祀礼仪軷祭则一直保留至清代。定期的行神祭祀主要在东汉时期存在于国家礼制中，东汉以后，祖日庆典渐渐退出国家祀典，五祀中的祀行也丧失了作为行神的独立地位；然而，軷祭在帝王巡狩、军队出征时举行，始终保留在国家礼制中。

"祖"祭在魏晋南北朝时期仍保留了一段时间。曹魏受汉帝禅让，保留了多数汉代的礼制，包括祖、腊等。汉献帝为山阳王，祖腊皆如汉制；王修祖日丧母，邻家为其罢祖燕①，都是曹魏仍有祖日的证据。《宋书·律历志》：

> 崔寔《四民月令》曰：祖者，道神。黄帝之子曰累祖，好远游，死道路，故祀以为道神。嵇含《祖道赋序》曰：汉用丙午，魏用丁未，晋用孟月之酉。曰莫识祖之所由。说者云祈请道神，谓之祖有事于道者，君子行役，则列之于中路，丧者将迁，则称名于阶庭。或云，百代远祖，名谥雕灭，坟茔不复存于铭表，游魂不得托于庙

---

① （唐）虞世南编撰：《北堂书钞》卷一五五《岁时部三》："王修感慕，邻里罢祖。《魏志》云：王修年七岁遂丧母，以祖日亡。来岁邻里祖，修感念母，哀慕。其邻闻之，为罢祖燕。"（据孙忠愍侯祠堂宋本影印本，学苑出版社1998年版，第133页）今本《三国志·魏志》"祖日"作"社日"，但《北堂书钞》该段在"祖"条目下，原文当作"祖日"。"祖日"被"社日"取代，也反映了这一祭祀庆典在后世消失，民间庆典主要在社日的情况。

桃，故以初岁良辰，建华盖，扬彩旌，将以招灵爽，庶众祖之来凭云尔。①

"汉用丙午，魏用丁未，晋用孟月之酉"，"祖"的祭祀可能一直延续到晋代。但是到《宋书》的著作时代南朝，当时人的认识已经相当模糊，难以说明其来源和形式了。南北朝以后，"祖"作为独立的祭祀退出了历史舞台。至于"五祀"中的祀行，在东汉就部分地被井取代，魏晋时期多祀井；唐代行、井混用，宋代以降多作井，五祀中的祀行也消失了。而且，五祀在魏晋以后往往作为一个整体，属于小祀，"行"只作为五祀之一，不再有明确的行神的意义。

祖道的祭祀仪式是軷祭，这一巫术性的礼仪在民间的祖道活动中消失，却保留在国家礼制中，并非固定举行，一般在军队出征和帝王巡狩之前进行。这一礼制有悠久传统，能够从经典中找到根据。《周礼·戎仆》:"犯軷，如玉路之仪。凡巡守及兵车之会，亦如之"②；《礼记·曾子问》:"诸侯适天子，必告于祖，奠于祢。冕而出视朝，命祝史告于社稷宗庙山川。乃命国家五官而后行。道而出。"③ 这里的犯軷与"道"的动机也是祈求行旅者的旅途安全，与先秦到秦汉早期的民间祖道活动并无太大分别，与前文述及的社交意义上的祖饯更是难以划清界限。汉代出兵之前的祖道记录有很多，例如"贰师将军李广利将兵出击匈奴，丞相为祖道，送至渭桥"④，王莽"遣太师王匡、更始将军廉丹东，祖都门外，天大雨，沾衣止"⑤；光武帝派兵讨伐公孙述，"上幸广阳城门，设祖道，阅过诸将，以遵新破渔阳，令最在前"⑥，讨李宪，"时帝幸寿春，设坛场，祖礼遣之"⑦，等等。鄯善国王得封回国，得到了丞相百官为之祖

① 《宋书》卷一二《律历志》，第260页。

② （汉）郑玄注，（唐）贾公彦疏:《周礼注疏》卷三二，影印阮元校刻《十三经注疏》本，第490页。

③ （汉）郑玄注，（唐）孔颖达疏:《礼记正义》卷一八，影印阮元校刻《十三经注疏》本，第360页。

④ 《汉书》卷六六《刘屈氂传》，第2883页。

⑤ 《汉书》卷九九下《王莽传下》，第4175页。

⑥ 《后汉书》卷二〇《祭遵传》注引《续汉书》，第740页。

⑦ 《后汉书》卷二二《马成传》，第778页。

道的礼遇,"乃立尉屠耆为王,更名其国为鄯善,为刻印章,赐宫女为夫人,备车骑辎重,丞相将军率百官送至横门外,祖而遣之"①,这里的丞相为之祖道与出兵时的祖道类似,成为一种政治活动。

东汉以后,军队出征的祖道更常见,作为一种政治传统持续下去。这种政治意义上的祖道没有正式的礼仪规定,但是在某种程度上已经成为国家礼仪中的定制。如太和四年桓温北伐,"百官皆于南州祖道,都邑尽倾"②;唐代张嘉贞"俄拜工部尚书,为定州刺史,知北平军事,封河东侯。及行,帝赋诗,诏百官祖道上东门"③;元代脱脱"进拜荣禄大夫、江浙等处行中书省平章政事,有旨,命中书祖道都门外以饯之"④,等等。祖道时赠以财物的传统也继续保留,在国家层面,经常是皇帝赐予,如北周梁彦光"及大成当举,行宾贡之礼,又于郊外祖道,并以财物资之"⑤,唐代魏元忠"谒告上冢,诏宰相诸司长官祖道上东门,赐锦袍,给千骑四人侍,赐银千两"⑥,许景先"治行,诏宰相、诸王、御史以上祖道洛滨,盛具,奏太常乐,帛舫水嬉,命高力士赐诗,帝亲书,且给笔纸令自赋,赍绢三千遣之"⑦ 等。到清代,在国家礼制中出现了这一规定,《清史稿·礼志·命将出征》:

> 乾隆十四年,定命将仪三:一曰授敕印,经略大将军出师,皇帝临轩颁给。二曰祓社,凡出师前期,告奉先殿,礼堂子,祭纛。三曰祖道,经略启行,皇帝亲饯赐酒,命大臣送郊外,具祖帐暨燕,仪并详前。⑧

这里,祓社与祖道成为两个不同的步骤,祓社是对纛旗等的祭祀,而祖道是皇帝赐酒、群臣饮宴相送。祖道这一语汇在清代失去了宗教意义,

---

① 《汉书》卷九六上《西域传上·鄯善国》,第 3878 页。
② 《晋书》卷九八《桓温传》,第 2576 页。
③ 《新唐书》卷一二七《张嘉贞传》,中华书局 1975 年版,第 4443 页。
④ 《元史》卷一一九《脱脱传》,中华书局 1976 年版,第 2945 页。
⑤ 《北史》卷八六《梁彦光传》,中华书局 1974 年版,第 2881 页。
⑥ 《新唐书》卷一二二《魏元忠传》,第 4345 页。
⑦ 《新唐书》卷一二八《许景先传》,第 4465 页。
⑧ 《清史稿》卷九〇《礼志》,中华书局 1977 年版,第 2661 页。

仅代表宴饮环节，这也是民间的祖道完全风俗化的反映。

巫术性质的軷祭，则以"軷"为名，从隋代开始就成为巡狩、出征时使用的国家礼仪。《隋书·礼仪志》：

> 亲征及巡狩，则类上帝、宜社、造庙，还礼亦如之。将发轫，则軷祭。其礼，有司于国门外，委土为山象，设埋坎。有司刳羊，陈俎豆。驾将至，委奠币，荐脯醢，加羊于軷，西首。又奠酒解羊，并馔埋于坎。驾至，太仆祭两轵及軓前，乃饮，授爵，遂轹軷上而行。①

又《新唐书·礼乐志》：

> （皇帝亲征），其軷于国门，右校委土于国门外为軷，又为瘗埳于神位西北，太祝布神位于軷前，南向。太官令帅宰人刳羊。郊社之属设尊、罍、篚、幂于神左，俱右向；置币于尊所。皇帝将至，太祝立于罍、洗东南，西向再拜，取币进，跪奠于神。进馔者荐脯醢，加羊于軷西首。太祝盥手洗爵，酌酒进，跪奠于神，兴，少退，北向立，读祝。太祝再拜。少顷，帅斋郎奉币、爵、酒馔，宰人举羊肆解之，太祝并载，埋于埳。执尊者彻罍、篚、席，驾至，权停。太祝以爵酌酒，授太仆卿，左并辔，右受酒，祭两轵及軓前，乃饮，授爵，驾轹軷而行。②

类似的史料亦见于《通典》。从礼仪志的记录中，可发现隋、唐的礼仪规定是以《礼记》等经书的记载为基础，继承了軷祭的巫术环节。这一礼仪在各朝礼仪志中都有明确记载，如《宋史·礼志》"若车驾出京，则有軷祭，用羝羊一"③；《明史·礼志》"车驾将发，奏告天地、社

---

① 《隋书》卷八《礼仪志》，中华书局1973年版，第160页。
② 《新唐书》卷一六《礼乐志》，第385页。
③ 《宋史》卷一百二《礼志》，中华书局1985年版，第2497页。

稷、太庙、孝陵，祭大江、旗纛等神，軷祭于承天门"①，一直延续到清朝。

祖道原本是为出行安全而进行的巫术性的祭祷活动，从先秦时期开始流行。祖道活动包含巫术性的祭神祈求平安和风俗性的宴饮送别两个层面，在先秦到秦汉前期并行；东汉以后，祭神的重要性逐渐降低以至消失，送别时宴饮聚会则成为祖道活动的主要内容，祖饯诗赋也成为文学的重要题材。祖道是在旅行出发时进行的活动，除此以外，还有固定日期的行神祭祀，也流行于先秦到秦汉时期，魏晋以后逐渐消失。祖道在民间社会由巫术到风俗的转变，无疑是交通进步、人们对旅行的畏惧心理减淡的影响。然而，国家礼制保留了郊祭、巡狩、出征时的軷祭礼仪，这与儒家主导的国家宗教的成立相关；将领出征时皇帝为之设宴饯行，这也是祖道的传统在国家礼仪中的留存。魏晋以后，巫术性的祖道祭祀在民间消失，却保留在国家礼仪的规定中，这是宗教与礼制的研究中值得注意的一个现象。除此以外，道教吸收了禹步等仪式，而且存在入山镇物等说法，这也是来自先秦軷祭的传统，道教与礼制、风俗的关系也是需要继续深入研究的问题。

---

① 《明史》卷五六《礼志》，中华书局1974年版，第1411页。

略论汉代的独轮车[*]

——兼谈文献中汉代"鹿车"事迹的独特文化内涵

南开大学历史学院　党　超

　　"独轮车"之称名，虽然首见于北宋时期沈括的《梦溪笔谈》[①]，但作为一种交通运输工具，事实上其早在秦汉甚至先秦时期就已存在。不过，这一结论的得出，却是相关专家学者通过不断考证，从而将独轮车的出现时间逐步前推的结果[②]。针对这一现象，本文试图从独轮车如何"被发现"在汉代普遍存在这一独特视角，来详细讨论汉代独轮车的具体称名，并进而探讨文献中记载的有关汉代"鹿车"事迹所具有的独特文化内涵。

一　木牛流马与独轮车

　　历史上对木牛流马的记载，最早见于《三国志·蜀书》中的《诸葛

---

　　* 本文为天津市社科后期资助项目"两汉风俗观念与社会软控制研究"（TJZLHQ1404）"、中央高校基本业务费专项资金资助项目（NKZXB1230）、南开大学人文社会科学校内青年项目（NKQ08055）的阶段性成果。

　　① 《梦溪笔谈》卷九《人事一》载："柳开，少好任气，大言凌物。应举时，以文章投主司于帘前，凡千轴，载以独轮车，引试日衣襴自拥车以入，欲以此骇众取名。"《梦溪笔谈》卷二三《讥谑》还有"独轮小车"的记载："信安、沧、景之间，多蚊虻。夏月牛马皆以泥涂之。不尔多为蚊虻所毙；郊行不敢乘马，马为蚊虻所毒，则狂逸不可制。行人以独轮小车，马鞍蒙之以乘，谓之'木马'；挽车者皆衣韦袴。"〔（宋）沈括著，胡道静校证：《梦溪笔谈校证》，上海古籍出版社1987年版，第397、736页〕

　　② 详情可参见刘仙洲《我国独轮车的创始时期应上推到西汉晚年》，《文物》1963年第6期；赵宠亮《独轮车至晚在秦代已经发明》，《中国文物报》2010年7月21日。

亮传》及《后主传》,共有六次之多。其中如《诸葛亮传》载:"(建兴)九年(231),亮复出祁山,以木牛运,粮尽退军,与魏将张郃交战,射杀郃。十二年春,亮悉大众由斜谷出,以流马运……亮性长于巧思,损益连弩,木牛流马,皆出其意。"①

对木牛流马的介绍,早在陈寿所编《诸葛氏集》目录中就列有《传运第十三》,其中当有与之相关的内容。《三国志》卷三五《蜀书·诸葛亮传》中裴松之为"木牛流马"作注时,就很明确地说其注文来自《诸葛亮集》中的《作木牛流马法》一文。引文中提到,木牛"牛仰双辕,人行六尺,牛行四步。载一岁粮,日行二十里,而人不大劳",流马"后杠与等版方囊二枚","每枚受米二斛三斗",可见二者均应是蜀汉时期的交通运输工具。② 而至于木牛流马具体是什么样子,由于其形制非常复杂,虽然《作木牛流马法》有很多相关数据,但在没有实物出土,又没有可供复制的完整数据乃至图纸的情况下,要想对其有确切的了解,似乎仍然不太现实。

不过,宋代人却最早将木牛流马与独轮车联系在了一起。如《宋史》卷三〇九《杨允恭传》载,宋真宗时,杨允恭建议依照"诸葛亮木牛之制",用"小车"运军粮,"每一车四人挽之"③。陈师道《后山谈丛》卷五亦载:"蜀中有小车,独推,载八石,前如牛头;又有大车,用四人推,载十石。盖木牛流马也。"④ 高承《事物纪原》卷八"舟车帷幄部第四十·小车"条则说的更为详细:"蜀相诸葛亮之出征,始造木牛流马以运饷。盖巴蜀道阻,便于登陟故耳。木牛,即今小车之有前辕者;流马,即今独推者是,而民间谓之江州车子……疑(诸葛)亮之创始作之于江州县,当时云然,故后人以为名也。"⑤ 这里的"江州车子"即是小推车。正是依据上述记载,刘仙洲得出了"《三国志·蜀书·诸葛亮传》上的'木牛、流马'就是独轮车"和"独轮车可能

① 《三国志》卷三五《蜀书·诸葛亮传》,中华书局1982年版,第925—927页。
② 《三国志》卷三五《蜀书·诸葛亮传》裴松之注引《诸葛亮集》,第928页。
③ 《宋史》卷三〇九《杨允恭传》,中华书局1977年版,第10162页。
④ (宋)陈师道撰,李伟国点校:《后山谈丛》,上海古籍出版社1989年版,第52页。
⑤ (宋)高承撰,(明)李果订,金圆、许沛藻点校:《事物纪原》,中华书局1989年版,第404—405页。

创始于三国时期"的两个"初步推断"①。这两个"初步推断"在逻辑上有递进式的因果关系，前一个推断实际上直接决定着后一个推断能否成立。而前一个推断的确得到了大多数学者的认同，如陈从周、陆敬严《木牛流马辩疑》一文，通过大量文献考证，并结合作者亲赴川北栈道考察的情况，肯定了刘仙洲的观点，并对之做了补充和发展，提出木牛流马实为具有特殊性能及特殊外形的独轮车②。但仍有学者提出质疑，如谭良啸《木牛流马考辨》一文则认为木牛流马不是独轮车，而是一种人力木制四轮运载车③。前一个推断一定程度上的不确定性，直接影响到第二个推断的准确性。不过，随着汉代相关考古资料的发现，刘仙洲结合文献记载中的汉代"鹿车"等资料，又果断地做出了两个新的推断：其一，结合有关董永故事的记载、汉武梁祠画像石和两个汉代石阙浮雕等相关内容加以推断，可以证明"在《后汉书》及其他几种文献上所说的鹿车就是后来的独轮车"；其二，将原来两个"初步推断"中的后一个推断上推，认为"我国独轮车的创始时期至少应由三国时期上推到西汉晚年"④。实际上，这两个新的推断也存在递进式的因果关系，即汉代的鹿车是独轮车，由于鹿车在西汉晚年已经出现，因此我国独轮车的创始时期至少应上推到西汉晚年。这两个新的推断，也得到学界的普遍赞同。如孙机《"木牛流马"对汉代鹿车的改进》一文就认为：我国独轮手推车发明于汉代，这"既有文献与图像可征，又为刘仙洲、史树青等人所著文考证过"，"今日已成为定论"。而汉代的独轮车，"又名鹿车"。至于诸葛亮的木牛、流马，"均是独轮小车，二者应为大同小异的一类运输工具"，但"应不同于汉代旧制"，而是对汉代鹿车的改进⑤。可是，汉代的鹿车一定就是独轮车吗？这其实仍是一个值得探讨的问题。

---

① 刘仙洲：《我国独轮车的创始时期应上推到西汉晚年》。

② 陈从周、陆敬严：《木牛流马辩疑》，《同济大学学报》1988年第3期。

③ 谭良啸：《木牛流马考辨》，《社会科学》1984年第2期。

④ 刘仙洲：《我国独轮车的创始时期应上推到西汉晚年》。

⑤ 孙机：《"木牛流马"对汉代鹿车的改进》，《中国古舆服论丛》（增订本），上海古籍出版社2013年版，第89页。

二　鹿车与独轮车

汉代画像石、画像砖和石阙上均有汉代人使用独轮车的图像资料。汉画像石如山东嘉祥武梁祠后壁图像《董永孝亲》、山东泰安画像石《孝子赵荀》、江苏徐州画像石《杂耍宴乐图》，均有独轮车图像。画像砖中的独轮车图像相较而言则更多，且目前所发现的多集中在四川地区，如四川成都扬子山二号汉墓出土的《骈车画像砖》、1975 年成都市郊东汉墓出土《容车侍从》、彭州市升平乡出土的《羊尊酒肆》、新都县出土的《当垆》、新都县新龙乡出土的《酿酒》、1996 年广汉新平出土的《市楼沽酒》等。另外，四川渠县燕家村沈府君汉代石阙浮雕和蒲家湾汉代无铭石阙背面浮雕上亦均有独轮车的图像资料①。这些独轮车图像资料的广泛存在，表明至少在东汉时期，独轮车曾得到了普遍应用。可是，汉代传世文献中为何没有独轮车的相关记载呢？为解决这一疑问，刘仙洲又将独轮车和汉代人使用的鹿车联系了起来。

史籍中多有汉代人使用鹿车的记载。据刘仙洲搜集，《后汉书》中五次，《三国志》、应劭《风俗通义》和干宝《搜神记》中各一次②。若细加搜索，其实还有一些。如《东观汉记》卷九《邓训传》载："故吏最贫羸者举国，念训常所服药北州少乏，又知训好青泥封书，从黎阳步推鹿车于洛阳市药。"③《三国志》卷一八《魏书·庞淯传》裴松之注引皇甫谧《列女传》：庞淯之母庞娥亲为报父仇，"遂弃家事，乘鹿车伺（李）寿。至光和二年（179）二月上旬，以白日清时，于都亭之前，与寿相遇，便下车扣寿马，叱之"④。《三国志》卷四四《蜀书·费祎传》："时许靖丧子，（董）允与祎欲共会其葬所。允白父和请车，和遣开后鹿车给

---

① 以上有关汉代画像石、画像砖和石阙的具体内容可参见李立新《鹿车考析》，《民族艺术》2010 年第 3 期。

② 刘仙洲：《我国独轮车的创始时期应上推到西汉晚年》。

③ （汉）刘珍等撰，吴树平校注：《东观汉记校注》卷九《邓训传》，中华书局 2008 年版，第 298 页。

④ 《三国志》卷一八《魏书·庞淯传》裴松之注引皇甫谧《列女传》，第 549 页。

之。允有难载之色，祎便从前先上。"① 另外，还有"鹿车"写作"露车"的史例②。如《后汉书》卷八《孝灵帝纪》载："帝与陈留王协夜步逐荧光行数里，得民家露车，共乘之。"③ 此事《三国志》卷六《魏书·董卓传》裴松之注引张璠《汉纪》亦有载："时帝年十四，陈留王年九岁，兄弟独夜步行欲还宫，暗暝，逐萤火而行，数里，得民家以露车载送。"④ 当然，以上可能仍是不完全的统计。不过，通过上述材料，已能得出以下认识：鹿车是一种轻便简陋的小车，可由一人推行，在汉代应用已较广泛。但是，值得注意的是，鹿车是一轮还是两轮，以上所有相关传世文献均未提及。那么，如何证明汉代的鹿车就是独轮车呢？传世文献和考古资料均涉及的董永故事起到了至关重要的桥梁作用。

关于董永的故事，东晋干宝《搜神记》卷一载："汉董永，千乘人。少偏孤，与父居。肆力田亩，鹿车载自随。"⑤ 里面提到鹿车载父的董永是汉代人，但惜未载明材料来源，可靠性本身是存疑的。但巧合的是，汉代画像石中山东嘉祥武梁祠后壁《董永孝亲》图像的发现，证实了《搜神记》中此条的记载。该画面左侧站立手持农具者，旁有文一行曰"董永千乘人也"，画面中坐于车上手拄鸠杖的老人，旁书"永父"两字。联系图文，再结合《搜神记》所载董永故事即可判断，画面中董永父亲所坐的独轮车应即为《搜神记》中所载的汉代"鹿车"。王重民等编《敦煌变文集》卷八所收五代人句道兴《搜神记》载："昔刘向《孝子图》曰：有董永者，千乘人也。小失其母，独养老父，家贫困苦，至于农月，与辘车推父于田头树荫下，与人客作，供养不阙。"明确指明《搜神记》该条材料来源于西汉刘向的《孝子图》，并在该故事结尾标注"前汉人也"，进一步把董永确定为西汉时人。⑥ 不过，山东泰安画像石《孝

① 《三国志》卷四四《蜀书·费祎传》，第 1060 页。
② 关于这一说法，参见王子今《秦汉交通史稿》（增订版），中国人民大学出版社 2013 年版，第 117 页。
③ 《后汉书》卷八《孝灵帝纪》，中华书局 1965 年版，第 358 页。
④ 《三国志》卷六《魏书·董卓传》裴松之注引张璠《汉纪》，第 173 页。
⑤ （晋）干宝撰，马银琴译注：《搜神记》，中华书局 2012 年版，第 26 页。
⑥ 王重民等编：《敦煌变文集》，人民文学出版社 1984 年版，第 886、887 页。

子赵荀》图像与《董永孝亲》图像极其相似，其中独轮车在大小结构上也完全一致，但榜题却是"孝子赵荀"而不是董永。这一差异表明，或许董永故事即使到了东汉，其在民间的流传，仍未定型，又或者汉代民间流行的孝子故事与孝子图不止一套，孝子图在各地流传时存在着细小变化。因此，为谨慎起见，认定董永为汉代人似更稳妥一些。

通过文献记载和考古资料中董永故事的相关内容，证实了汉代人董永载父的鹿车是独轮车。而有学者在《百家讲坛》举证《搜神记》所记董永故事中"鹿车载父"时，特别提醒说：大家一定要注意，董永驾的是鹿车，不是牛拉的车，是鹿拉的车。这一说法，自然属于错误的说法①。那么，是不是说有关汉代资料中的"鹿车"就一定是独轮车呢？答案其实也是否定的。汉代的"鹿车"除手推之车，即独轮车之外，其实还真的有鹿驾之车。这种车在汉画像石中有见，如山东济宁喻屯镇出土的《单鹿驾车》、滕县西户口出土的《东王公画像石·鹿车出行图》，其画面中均有鹿驾之车，说明汉代可能确有与马车、牛车一样真实的鹿车，且不只是单鹿驾车，更有多鹿驾车的方式②。还有一类升仙转世的鹿车，如河南南阳市魏公桥汉画像石中就有乘鹿车升仙的画面③，陕西靖边东汉墓壁画中也出现用于升仙的鹿车，"由一头有翼的长角鹿牵引，车上坐一高冠红衣、抄手控辔的仙人"④。

其实，即使传世文献中记载的汉代"鹿车"，也不一定就是独轮车。对这一问题的探讨，涉及汉代"鹿车"的称名问题。关于汉代"鹿车"称名，至少有以下几种意见：

1. 鹿车。为汉代史料中所多见。《后汉书》卷二六《赵熹传》唐李贤等注引东汉应劭《风俗通》，对"鹿车"解释为："鹿车窄小，裁容一鹿也。"⑤ 对于这一说法，学者们理解各不相同。王振铎说"据应劭的解

---

① 简超：《〈百家讲坛〉错说"鹿车"》，《咬文嚼字》2009 年第 3 期。

② 参见李立新《鹿车考析》。

③ 王建中编：《中国画像石全集》第 6 卷《河南汉画像石》，河南美术出版社 2000 年版，图版第 219。

④ 陕西省考古研究院、榆林市文物研究所、靖边县文物管理办公室《陕西靖边东汉壁画墓》，《文物》2009 年第 2 期。

⑤ 《后汉书》卷二六《赵熹传》注引《风俗通》，第 913 页。

释……鹿车窄小，形制似鹿，故曰鹿车”[①]，这当是对《风俗通义》原文理解有误所造成的。史树青认为，鹿车的“鹿”字应作“辘轳”解，而应劭这一说法，“是望文生义的解释”[②]。孙机则认为《风俗通义》的意思是鹿车窄小，只能容下一鹿，并申述“所谓鹿车‘裁容一鹿’，是否纯属望文生义的敷衍之词？却也并不见得。因为四川彭县出土的东汉画像砖上之鹿车，只装载一件羊尊，可谓‘裁容一羊’。羊尊常与鹿尊为类；如若此车改装鹿尊，就和《风俗通》之说相合了”[③]。这一说法有一定的合理性。如《汉韩明府孔子庙碑》载：“君造立礼器，乐之音符。……爵鹿相（柤）梪，笾柉禁壶。”其中之“鹿”，宋赵明诚在《金石录》中说“所谓‘鹿’者，《礼图》不载，莫知为何器”，后又补述道：“余后见汶阳陈氏所藏古彝，为伏鹿之形；近岁青州获一器，亦全为鹿形，疑所谓‘鹿’者，因其形而名之耳。”清卢文弨又加案语说：“钱氏縠钞本记其上云：‘射礼有鹿，中高一尺五寸，为鹿形，背设圜（圆）筒，以纳筭（算）筹，射毕以释之器也。’”[④] 不过，简单将“裁容一鹿”比附为“裁容一羊”的做法是否妥当，还有待进一步探讨。因为从汉代考古资料和传世文献用例看，鹿车应是一种实用性很强的民间交通运输工具。或许，如果我们简单来看应劭的这一解释，应至少说明两个问题。其一，“鹿车”这一名称，在东汉末年应劭所处的时代是存在的，只是可能已经不太常见，所以应劭才对其进行解释。其二，应劭的这种解释，至少揭示了汉代鹿车的一个特点，那就是比较窄小轻便，载重量当也不大。

2. 乐车。秦汉史料中未见使用者，仅见于《太平御览》卷七七五“车部四·鹿车”条所引东汉应劭《风俗通》佚文对“鹿车”的解释：鹿车“或云乐车”，因为“乘牛马者，剉轩（斩）饮饲达曙”，而“今乘此虽为劳极，然入传舍，偃卧无忧，故曰乐车。无牛马而能行者，独一

---

① 王振铎遗著，李强整理、补著：《东汉车制复原研究》，科学出版社1997年版，第30页。

② 史树青：《有关汉代独轮车的几个问题》，《文物》1964年第6期。

③ 孙机：《“木牛流马”对汉代鹿车的改进》，《中国古舆服论丛（增订本）》，第89页。

④ （宋）赵明诚撰，金文明校证：《金石录校证》，广西师范大学出版社2005年版，第252页。

人所致耳"①。因为汉代鹿车"皆作鹿，不作乐"，王振铎推测"可能是由于鹿乐两字音近，是以谐声之字，又转为会意的"。关于"乐车"名称，王振铎也认为"应非出自应劭杜撰，当有所据而言，而文中的解释未免有些牵强"，为此他提出"乐车亦可能由于鹿车的车形和'樂'字的篆文写法形近有关"，"'樂'字在写法上和鹿车平面结构是有很多相似之处"。但他也承认这"仅是一种推测，而与鹿车的名称古训无关。如果以上推论属实，也是出自秦、汉文人望文生意（义）的解释，非民间的叫法"②。也有学者从其他角度指出，"汉字'乐'的谐音为'鹿'，既好记又形象，在汉时人们的心中，将鹿视作'仙兽'能'宜子孙'。汉画中'羽人骑鹿'和'仙鹿'图像很多，这与汉人处处求祥瑞，重进取有关……另外，鹿的温驯敏捷与小车的灵活轻便又相吻合。所以御览卷引出'乐车'一词，并非向壁虚造之词，最近汉人原意"③。这一说法，从功能、意义和作用方面来解释汉代鹿车，有一定的启发意义。当然，即使抛开这些说法，单看"乐车"名称，至少应劭又揭示出汉代鹿车的另一特点，那就是不使用畜力，靠人力推动。

3. 辘车。见于敦煌写卷句道兴《搜神记》所引西汉刘向《孝子图》。清人瞿中溶《汉武梁祠堂石刻画像考》较早认为鹿车之鹿"当是鹿卢之谓，即辘轳也"④。随后多有学者把鹿车解释为"辘车""辘轳车"。刘仙洲说："在东汉画像砖上所表现的辘轳及由汉墓出土的不少陶辘轳明器，恒由一个轻便的滑轮所代表"，"因为这种独轮车是由一个轻便的独轮向前滚动，就把它叫作（做）'辘轳车'或'鹿卢车'，并简称为'辘车'或'鹿车'是比较合理而自然的"。而且他还提到，在王重民等所编《敦煌变文集》卷八句道兴《搜神记》中，就不用"鹿车"而用"辘车"，"也可以作一个旁证"⑤。史树青也同意这种说法，并进一步论证说："关于鹿车的鹿字，有无偏旁是一样的（古人用字，偏旁常任意增减），

① （宋）李昉等撰：《太平御览》，中华书局影印本，1960 年版，第 3437 页上。
② 王振铎遗著，李强整理、补著：《东汉车制复原研究》，第 30 页。
③ 李立新：《鹿车考析》。
④ （清）瞿中溶：《汉武梁祠堂石刻画像考》，转引自王子今《秦汉交通史稿》（增订版），第 117 页。
⑤ 刘仙洲：《我国独轮车的创始时期应上推到西汉晚年》。

应作辘轳解，是轮轴类的引重器"，"传世汉代铜器中，有一种活轴铜灯，灯盌可仰可合，俗称辘辘灯，意也取此。所以辘车就是一个轮轴的车"①。

刘仙洲引用此事所依据的本子是上述所引王重民等编的《敦煌变文集》句道兴《搜神记》，其中正为"辘车"而非"鹿车"②。该书校记说，此篇底本用的是日本中村不折藏本的影印本③。有学者查证《中村不折旧藏禹域墨书集成》中的《搜神记》，原卷的确作"辘"，但却发现"辘车"仅此一处，而敦煌写卷《搜神记》的别本，"辘车"皆作"鹿车"；另外，"辘车"说法虽颇有道理，然辘轳是联绵词，模拟的是轮轴转动时与地面或轴轮间发生摩擦和震动的声音，"辘轳"读来朗朗上口，不能分开释义，故"辘轳车"省作"鹿车"，语言学的证据也嫌不足。④ 不过，"辘车"这一相对较新的提法，其实也揭示了汉代鹿车的一个特点：使用一个轮子。

4. 麤车。见于魏晋史料中。如《陈书》卷二七《姚察传》载："（姚察）遗命薄葬，务从率俭。……须松板薄棺，才可周身，土周于棺而已。葬日，止麤车，即送厝旧茔北。"⑤《南史》卷六九《姚察传》亦有类似记载："（姚察）遗命薄葬，以松板薄棺，才可容身，土周于棺而已。葬日，止麤车即送厝旧茔北。"但其校勘记说："'麤车'各本作'鹿车'，据《陈书》改。"⑥点校者仅依据《陈书》卷二七《姚察传》中的相关内容，直接将各本中原有的"鹿车"改为"麤车"，而没有说明其他理由，似有过于武断之嫌。关于"鹿"与"麤"之间的联系，清人沈涛在《铜熨斗斋随笔》卷八《鹿有麤义》条中就已提及："鹿裘乃裘之麤者，非以鹿为裘也；鹿车乃车之麤者，非以鹿驾车也。麤从三鹿，故鹿有麤义……又案《后汉书·赵熹传》注引《风俗通》曰'俗说鹿车窄小，裁

① 史树青：《有关汉代独轮车的几个问题》。
② 该书同卷《孝子传》亦有董永故事："董永，子（千）乘（乘）人也。少失其母，独养于父，家贫佣力，笃（笃）于孝养。至于农月，永以鹿车推父至于畎上，供养如故。"（王重民等编：《敦煌变文集》，第 904 页）其中使用的则是"鹿车"而非"辘车"。
③ 详情参见王重民等编《敦煌变文集》，第 889 页。
④ 以上参见杜朝晖《"鹿车"称名考》，《中国典籍与文化》2011 年第 4 期。
⑤ 《陈书》卷二七《姚察传》，中华书局 1972 年版，第 352 页。
⑥ 《南史》卷六九《姚察传》，中华书局 1975 年版，第 1691、1693 页。

容一鹿'，然则鹿裘又何说耶？知不然矣。"① 在这里，"麤"与精细相对，有粗糙、简陋之意。

对此，王振铎虽驳斥清人沈涛"关于鹿车的问题，沈涛未能举例说明……沈涛仅是注意到车辆精粗的一个方面，而忽略了车制构造类别的主要方面，从而否定了历史上鹿车的存在，其说是不能成立的"，但也承认"魏、晋之际确实有麤车之称，鹿车可能为麤车之讹"，并举例加以论证：

> 麤犊车应为一般牛车，或即魏、晋以来的牛车辎軿，如《蜀志·费祎传》（卷四十四）："时许靖丧子，允与祎欲共会其葬所。允白父和请车，和遣开后鹿车给之。允有难载之色，祎便从前先上。及至丧所，诸葛亮及诸贵人悉集，车乘甚鲜，允犹神色未泰，而祎晏然自若。持车人还，和问之，知其如此，乃谓允曰：'吾常疑汝于文伟优劣未别也，而今而后，吾意了矣。'"文中所谓"开后鹿车"，并结合"从前先上"来看，应不是独轮的鹿车；由于鹿车无篷，亦无蔽笪，当然没有开后的结构，况且只有犊车才有从车前上车的条件。据《三国志·魏志·阎温传》（卷十八）引《魏略·勇侠传》中记孙炜文中有乘犊车，"开车后户"、"闭车后户"、"下前襜"等记载，说明开后鹿车，可能就是"麤犊车"。又如《后汉书·列女·庞淯母列传》（卷八十四）记淯母为报父仇，尝乘"帷车"以候仇家。《三国志·魏志·庞淯传》（卷十八）并记所乘为"帷车"，意在备车帷以蔽形容，而《魏志》同传注引皇甫谧《列女传》，别作"鹿"车，说明文中鹿车应是属于有帷襜的麤犊车，而非独轮鹿车无疑。②

这两个例子中所载的汉代鹿车，正如王振铎所论证的那样，均"非独轮鹿车无疑"。在此基础上，有学者更是直接从"鹿"字本身入手，认为

---

① （清）沈涛撰：《铜熨斗斋随笔》，赵铁寒主编：《清人考订笔记九种》（第一辑），台北文海出版社有限公司1983年版，第281页。

② 王振铎遗著，李强整理、补著：《东汉车制复原研究》，第31页。

"鹿"是"麤"的俗字,"鹿""麤"的俗讹变化造成传世文献中两者混用不分,"鹿车"即"麤车"的错讹。之所以汉代传世文献"鹿车"多见,而"麤车"少有,是因为《后汉书》《三国志》等是魏晋六朝人所写,而这一时期正值俗字流行的高峰,当时的写本书籍及碑刻墓志,讹俗别字,连篇累牍。① 这种从"鹿"字本身入手来探讨鹿车名称的做法,有一定的合理性。而鹿车即麤车的说法,则揭示出汉代鹿车的另一特征:在制作方法上较为简单粗糙。

但是,这种说法其实忽略掉了最为关键的一个事实:东汉人应劭对鹿车"鹿车窄小,裁容一鹿"的解释即使是望文生义,但却能够证明在东汉时期鹿车这一名称确确实实是存在的。因此,简单认定"'鹿车'即'麤车'的错讹"的做法是不恰当的。但"鹿""麤"的俗讹变化造成传世文献中两者混用不分的现象的确存在,为谨慎起见,我们或许也不应绝对说文献记载中的汉代鹿车就是独轮车,而应对相关文献中的鹿车进行更仔细地分析辨别。有学者说:"手推车,汉代叫鹿车……其形制与今独轮车相仿,是劳动人民生产中常用的车辆。据《三国志·魏志·庞淯传》注引皇甫谧《列女传》所载,汉末酒泉郡女子赵娥为父报仇时曾在设有帷帐的鹿车中宿止,则这种鹿车又当是小型手推双轮车。"② 这种理解和处理方法就相对来说比较恰当。至于有学者将汉代鹿车直接归类到两轮车中,并且认为鹿车是"两轮车中制作最简易的","是不供人坐

① 杜朝晖:《"鹿车"称名考》,《中国典籍与文化》2011年第4期。
② 林剑鸣、余华青、周天游、黄留珠:《秦汉社会文明》,西北大学出版社1998年版,第250页。实际上,《三国志》卷一八《魏书·庞淯传》注引皇甫谧《列女传》中仅提到鹿车而未言及帷帐,且为父报仇的女子是庞娥亲,因此关于"汉末酒泉郡女子赵娥为父报仇时曾在设有帷帐的鹿车中宿止"的说法,其实并不能够从中直接得出,而应是著者结合《后汉书》卷八四《列女传·庞淯母》和《三国志》卷一八《魏书·庞淯传》中的相关记载得出的认识。《后汉书》卷八四《列女传·庞淯母》载:"酒泉庞淯母者,赵氏之女也,字娥。父为同县人所杀,而娥兄弟三人,时俱病物故,雠乃喜而自贺,以为莫己报也。娥阴怀感愤,乃潜备刀兵,常帷车以候雠家,十余年不能得。后遇于都亭,刺杀之。因诣县自首。曰:'父仇已报,请就刑戮。'"(第2796—2797页)《三国志》卷一八《魏书·庞淯传》载:"初,淯外祖父赵安为同县李寿所杀,淯舅兄弟三人同时病死,寿家喜。淯母娥自伤父雠不报,乃帏车袖剑,白日刺寿于都亭前,讫,徐诣县,颜色不变,曰:'父雠已报,请受戮。'"(第548页)

的"，① 这种做法和说法或许是走向了另一个极端，应该说是错误的。

通过上述分析，我们可以认识到，汉代鹿车一般指的是一种窄小轻便、制作粗陋、用人推拉的独轮车，但也有鹿驾之车、升仙鹿车以及麤犊车的存在。这需要我们在面对相关史料时具体认真分析辨别。

三　輂、一轮车与独轮车

关于"独轮车"之名，在汉代，除"鹿车"外，还有輂、一轮车的称名。说见东汉许慎《说文解字·车部》："輂，车輮规也。一曰一轮车。从车，熒省声，读若熒。"②

"车輮"，《说文》："輮，车网也。"段玉裁注："今本作车辋……辋讹为辋……车网者，轮边围绕如网然。《考工记》谓之牙。牙也者，以为固抱也。又谓之輮。"③ 据《考工记》载，车轮有毂、辐、牙，毂为轮中央的孔，可插辐条，辐为插入毂和牙的直条，牙为车轮外缘，由多块弧形木材榫卯合成的圆形，也称"辋"或"輮"④。由此可知，车輮即是车轮外圈，从整体上看就是一个轮子。"规"，段玉裁注："规者，圜之匡郭也。……谓作輮之范。"⑤ 这样来看，"曲弯木材制作车辋所用之规范，正应当是略小于车轮的规整的实体圆柱形"。而"从车"，又说的是輂为车辆系列。据此，王子今从《盐铁论》中多次提到的"椎车"入手，结合张敦仁"椎车者，但斲一木使外圆，以为车轮，不用三材也"和萧统《文选序》"椎轮为大辂之始"的说法，认为"西汉的早期独轮车，车轮制作可能和这种原始车轮相近，即直接截取原木并不进行认真加工，轮

---

① 黄盛陆：《关于我国古代的车子（三）》，《广西民族学院学报》（社会科学版）1980 年第 3 期。

② （汉）许慎撰，（清）段玉裁注：《说文解字注》，上海古籍出版社 1981 年版，第 724 页下。

③ 同上书，第 724 页上、下。

④ 相关内容参见闻人军《考工记导读》，巴蜀书社 1996 年版，第 220—222 页。

⑤ （汉）许慎撰，（清）段玉裁注：《说文解字注》，第 724 页下。

体有一定厚度，便于推行时操纵保持平衡。由于车轮浑整厚重酷似辘轳，因而得名辘车。辘车后又称鹿车"①。这种观点，从另一个全新的角度阐释"辘车"称谓，有一定的合理性。而更具有启发性的是，这一观点其实还揭示了另一种可能性：辇，作为独轮车的称名，与辘车、鹿车相较而言，当更为原始，出现的时间或许更早。

《史记》卷一二九《货殖列传》载："蜀卓氏之先，赵人也，用铁冶富。秦破赵，迁卓氏。卓氏见虏略，独夫妻推辇，行诣迁处。"② 其中提到了"夫妻推辇"的现象。但从汉画像石砖和石刻图像中所见到的辇，"都是人在前面拉"，而没有这种特殊的"人推之辇"。《说文》也说："辇，輓车也。从车扶，扶在车前（前）引之也"；"輓，引车也。从车，免声"。而段玉裁的注："引车曰輓。引申之，凡引皆曰輓。《左传》曰：'或輓之，或推之，欲无人，得乎？'"③ 更明确地将在前牵引的"輓"和在后推进的"推"相对应来说。况且，"在汉代用手推的车只有鹿车，它是一种独轮车，其形制与辇大不相同"。为解决这一矛盾，孙机参照《管子·轻重甲》中"夫妻服辇，轻至百里"的记载，认为"'推辇'也许就是'服辇'"④。但其实"服辇"的说法也体现不出辇"人在前面拉"的特点。如果我们换一种思路，从辇、辇两字字形来看，两者极其相似，很容易被混淆，再结合辇作为独轮车称名出现的时间较辘车、鹿车更早的判断，不排除这种可能性：《货殖列传》中的"推辇"是"推辇"在传抄过程中产生讹误造成的。

《史记》卷九九《刘敬传》载："刘敬者，齐人也。汉五年，戍陇西，过洛阳，高帝在焉。娄敬脱輓辂，衣其羊裘，见齐人虞将军曰：'臣愿见上言便事。'虞将军欲与之鲜衣，娄敬曰：'臣衣帛，衣帛见；衣褐，衣褐见：终不敢易衣。'于是虞将军入言上。上召入见，赐食。"其中"脱輓辂"，南朝宋裴骃《集解》注引苏林曰："一木横鹿车前，一人推之。"唐司马贞《索隐》也说："輓者，牵也。音晚。辂者，鹿车前横木，

---

① 以上内容参见王子今《秦汉交通史稿》（增订版），第117—118页。
② 《史记》卷一二九《货殖列传》，中华书局1982年版，第3277页。
③ （汉）许慎撰，（清）段玉裁注：《说文解字注》，第730页上。
④ 孙机：《汉代物质文化资料图说》（增订本），上海古籍出版社2011年版，第137页。

二人前輓，一人后推之。音胡格反。"① 两者均将娄敬所"輓"之车认定为"鹿车"，也应当引起我们的注意②。汉代鹿车在文献记载中也确实有除手推者之外，还有挽之者的情况，如《后汉书》卷八四《列女传·鲍宣妻》载，鲍宣妻"与宣共挽鹿车归乡里"③，所说的应该就是这种情景。

　　事实上，一种事物从出现到命名，再到文献中对其加以记载，其间的确可能需要很长一段时间。有学者甚至认为，"辇"作为独轮车的最早样式，并不是指汉代实用的"鹿车"，从《孔子问师》和《孔子见老子》图上都有这种小车来看，它很可能确是项橐这样的孩童们的玩具独轮车。"辇"字从"焱"得声，也直接或间接地与"焱"之本义"火""盖"发生了联系。无论是《说文》还是画像石中的相关内容，均保存着中国早期独轮车的字源和形式特征。④

　　"一轮车"当也是汉代独轮车的具体称名。《说文》将"辇"训为"车軴规"显示了辇作为独轮车称名的原始性，而训为"一轮车"则是直接点明了独轮车的核心特征。段玉裁注"今江东多用一轮车"⑤，就采用了这一称名。其实，"一曰一轮车"的说法本身也已经表明，东汉许慎是把"一轮车"作为一个称名来使用的。

　　关于"一轮车"称名，《说文》中还有一处："軖，纺车也。从车，圭声，读若狂。一曰一轮车。"⑥ 从汉画像石图像上看，纺车的主体正如同独轮车的独轮，两者外形的核心特征有很大的相似性，而軖的读音，和"圜之匡郭"的"匡"也非常相近⑦。"軖"和"一轮车"的这种联系表明，軖以前也很有可能曾是一轮车的一种称名，但在许慎所处的东汉

---

① 《史记》卷九九《刘敬叔孙通列传》，第2715页。

② 《汉书》卷四三《刘敬传》："娄敬，齐人也。汉五年，戍陇西，过洛阳，高帝在焉。敬脱挽辂，见齐人虞将军曰：'臣愿见上言便宜。'虞将军欲与鲜衣，敬曰：'臣衣帛，衣帛见，衣褐，衣褐见，不敢易衣。'虞将军入言上，上召见，赐食。"其中使用的是"脱挽辂"，唐颜师古注引苏林曰："一木横遮车前，二人挽之，一人推之。"（中华书局1962年版，第2119页）又把"一木横鹿车前"改成了"一木横遮车前"，掩盖了车的称名。

③ 《后汉书》卷八四《列女传·鲍宣妻》，第2782页。

④ 李立新：《鹿车考析》。

⑤ （汉）许慎撰，（清）段玉裁注：《说文解字注》，第724页下。

⑥ 同上。

⑦ 王子今：《秦汉交通史稿》（增订版），第118页。

时代，轩似已专指纺车而言。这样看来，段玉裁在对"轩"的注文中说"此非车也，其称车者何？其用同乎车也。其物有车名，故其字亦从车"①，就丝毫不显得奇怪了。

四　传世文献中汉代"鹿车"事迹的独特文化内涵

通过对蜀汉时期的木牛流马、两汉时期的鹿车以及东汉许慎《说文解字》中"辇"和"一轮车"的分析论述，我们已经能够清楚地认识到，由于独轮车既可载人，又可载物，甚至运送尸体，因只有一个轮子，对道路宽度以及平整程度等也均要求不高，且又具有窄小轻便、无须畜力、制作简单等优点，因此在汉代就已成为民间重要的交通运输工具，被广泛用于出行、运酒、农事等社会生产和社会生活的多个方面。如四川渠县蒲家湾汉阙石刻画像有推独轮车者的形象，旁立一人，手持农具，独轮车停置之处，应该就是田间道路，可见独轮车在当时显然是普遍应用于农田运输的车辆②。独轮车适用于各种地形，使用的地域范围也很广阔。仅以两汉常用独轮车称名鹿车为例，王振铎从文献中所记汉代鹿车来考察，就发现"鹿车在地域上，已包括了陇西、关中、华北、中原、淮北等地。以地形来看，鹿车适用于黄土高原、丘陵地带、冲积平原和滨海地区"③。因此，王子今认为："由于制作简单，操纵灵活，对道路的要求也不高，独轮车在汉代社会生产和社会生活中发挥了显著的作用，它的出现和普及，在交通运输史上具有重要的意义。"④可以说这是对汉代独轮车比较客观、准确的定位。

但事实上，不要说汉代，就是整个中国古代，统治阶层和达官贵人在一般情况下均不会乘坐这种独轮车，官府和绝大多数文人自然也不屑于对其加以记载，而"传统史家历来轻视物质生产活动，往往总是以上

---

①　（汉）许慎撰，（清）段玉裁注：《说文解字注》，第730页上。
②　王子今：《秦汉农田道路与农田运输》，《中国农史》1991年第3期。
③　王振铎遗著，李强整理、补著：《东汉车制复原研究》，第24页。
④　王子今：《秦汉交通史稿》（增订版），第120页。

层社会人物的言行作为记述重点"①，或者即使偶有人记载，也不会为当时的人们所重视，最终仍会被遗失在历史长河中而湮没无闻。所以，有关独轮车的内容，在传世文献中很难找到。如果要对独轮车进行比较深入的了解，我们更多地需要依靠一些主要反映下层民众生活的考古资料来进行。

汉代画像石、画像砖等相关内容的发现，为研究汉代的独轮车打开了一扇门。而且，通过考古资料和传世文献相结合的"二重证据法"，学者们发现了独轮车在汉代的具体称名，其中以鹿车最为常见。我们在阅读这些文献中的汉代"鹿车"事迹时，发现其中蕴含着一种和汉代独轮车密切相关的独特文化内涵。为方便论述，兹将文献中所见汉代"鹿车"事迹的相关记载摘引罗列如下：

1. 更始败，憙为赤眉兵所围，迫急，乃逾屋亡走，与所友善韩仲伯等数十人，携小弱，越山阻，径出武关。仲伯以妇色美，虑有强暴者，而己受其害，欲弃之于道。憙责怒不听，因以泥涂仲伯妇面，载以鹿车，身自推之。每道逢贼，或欲逼略，憙辄言其病状，以此得免。②

2. 建武六年，弟（杜）成物故，（隗）嚣乃听林持丧东归。既遣而悔，追令刺客杨贤于陇坻遮杀之。贤见林身推鹿车，载致弟丧，乃叹曰："当今之世，谁能行义？我虽小人，何忍杀义士！"因亡去。③

3. 勃海鲍宣妻者，桓氏之女也，字少君。宣尝就少君父学，父奇其清苦，故以女妻之，装送资贿甚盛。宣不悦，谓妻曰："少君生富骄，习美饰，而吾实贫贱，不敢当礼。"妻曰："大人以先生修德守约，故使贱妾侍执巾栉。既奉承君子，唯命是从。"宣笑曰："能如是，是吾志也。"妻乃悉归侍御服饰，更著短布裳，与宣共挽鹿车

---

① 王子今:《秦汉交通史稿》（增订版），第 105 页。
② 《后汉书》卷二六《赵憙传》，第 912—913 页。
③ 《后汉书》卷二七《杜林传》，第 936 页。又见于（汉）刘珍等撰，吴树平校注《东观汉记校注》卷一四《杜林传》，第 527—528 页。引文同。

归乡里。拜姑礼毕，提瓮出汲。修行妇道，乡邦称之。

宣，哀帝时官至司隶校尉。子永，中兴初为鲁郡太守。永子昱从容问少君曰："太夫人宁复识挽鹿车时不？"对曰："先姑有言：'存不忘亡，安不忘危。'吾焉敢忘乎！"①

4. 任末字叔本，蜀郡繁人也。少习《齐诗》，游京师，教授十余年。友人董奉德于洛阳病亡，末乃躬推鹿车，载奉德丧致其墓所，由是知名。②

5. 范冉字史云……桓帝时，以冉为莱芜长……因遁身逃命于梁沛之间，徒行敝服，卖卜于市。

遭党人禁锢，遂推鹿车，载妻子，捃拾自资，或寓息客庐，或依宿树荫，如此十余年，乃结草室而居焉。所止单陋，有时粮粒尽，穷居自若，言貌无改，闾里歌之曰："甑中生尘范史云，釜中生鱼范莱芜。"③

6. 邓训尝将黎阳营兵屯狐奴，后迁护乌桓校尉，黎阳营故吏皆恋慕，训故吏最贫羸者举国，念训常所服药北州少乏，又知训好青泥封书，从黎阳步推鹿车于洛阳市药，还过赵国易阳，并载青泥一襆（墣），至上谷遗训。其得人心如是。④

7. 汉董永，千乘人。少偏孤，与父居。肆力田亩，鹿车载自随。父亡，无以葬，乃自卖为奴，以供丧事。主人知其贤，与钱一万，遣之。⑤

据《三国志》卷一六《魏书·苏则传》裴松之注引《魏略》载："旧仪，侍中亲省起居，故俗谓之执虎子。始则同郡吉茂者，是时仕甫历县令，迁为冗散。茂见则，嘲之曰：'仕进不止执虎子。'则笑曰：'我诚不能效

---

①　《后汉书》卷八四《列女传》，第2781—2782页。

②　《后汉书》卷七九下《儒林列传下》，第2572页。

③　《后汉书》卷八一《独行列传》，第2688—2689页。又见于（汉）刘珍等撰，吴树平校注《东观汉记校注》卷一八《范丹传》，第852页。范丹即范冉，引文略有不同。

④　（汉）刘珍等撰，吴树平校注：《东观汉记校注》卷九《邓训传》，第298页。

⑤　（晋）干宝撰，马银琴译注：《搜神记》卷一，第26页。

汝蹇蹇驱鹿车驰也。'"① 从苏则反讥吉茂"我诚不能效汝蹇蹇驱鹿车驰也"可见，鹿车这种下层劳动者普遍使用的运输车辆工具，甚至成为使用者身份卑贱的标志②。但是，仔细阅读分析上述所引的有关文献可以发现，其中推鹿车者，除董永当时为比较贫穷的普通民众外③，其他人身份并不卑贱，甚至还有身为宿儒、高官和封侯将军的。王振铎在"对有关鹿车的推车人加以分析"时，就敏锐地发现了这个比较有意思的现象：

> 仅从表面看来，鹿车本身不过是一项在汉代普遍使用的车辆，然而从对有关鹿车的推车人加以分析，必然发现汉代推驾鹿车，实际上是有阶级上的区别。细审以上引文中有关历史人物的身分（份）情节，从董永来看，他是一位雇佣农民，并且为了丧父，曾卖身为奴。他在农忙季节，由于父老无从照顾，董永以鹿车载随，哺养于田间，这是反映了汉代一般贫农生活的常情。然而如任末，是一位在京师任教授的儒者；范冉是一位遭党锢遁身逃亡的宿儒命官；为邓训推车送药的，是训的黎阳故吏；赵熹是一位避赤眉逃亡的封侯将军；杜林是任割据一方，隗嚣部下的侍御史；如鲍宣妻、桓少君父，应是地方的殷富之家。

在这段论述中，王振铎虽然将汉代使用鹿车的人不太恰当地贴上了阶级的标签，但通过对"引文中有关历史人物的身分（份）"的分析，他还是得出了比较有启发意义的结论：

> 总之，以上诸人和董永有别，皆非推车的劳动人民，从而可以解释，以上推鹿车的故事，除了董永是属于正常的情况外，其他的

---

① 《三国志》卷一六《魏书·苏则传》裴松之注引《魏略》，第493页。

② 王子今：《秦汉交通史稿》（增订版），第120页。

③ 关于董永的身份，王重民等编《敦煌变文集》卷八《孝子传》所载董永故事，其结尾有"天子征永，拜为御史大夫"（王重民等编《敦煌变文集》，第904页）的记载。当然，这一说法过于夸张，本身或许并不可信，但将董永身份由原本的贫贱转为后来的尊贵，却在一定程度上透露出人们对董永鹿车载父、卖身葬父高洁品行的赞赏，也使得董永鹿车载父自随的形象更加的富有张力和感染力。

一些情况，都是非常事件中的特例，也就是事物中的必然联系和偶然联系的关系。正是由于以上的情况，使推车身份不相调协的人和鹿车联系起来，才构成了历史的佳话，为史家记载下来，从面（而）说明鹿车在汉代是劳动人民的车辆，并且是一种构造简单，便于乘人载物，为一般农民有条件制造的小型推车。①

也就是说，文献中所记载的汉代"鹿车"事迹，除董永是"属于正常的情况"外，其他"都是非常事件中的特例"。但是，正是由于这些推车人的身份和鹿车本身"不相调协"，因而才"为史家记载下来"，"构成了历史的佳话"。

在汉代社会常态中，独轮车是民间普遍使用的交通运输工具，使用者多为下层普通民众，其身份相对来说是卑贱的，一般过着比较清贫的生活，传世文献中也很难看到对普通民众使用独轮车事迹的专门记载。可是，独轮车却仍以"鹿车"的称名多次出现在汉代文献中，只不过这些使用者除董永外身份并不卑贱，且多是在文献中被认可的品行高洁人士。这一"不相调协"现象看似矛盾，但如果我们在对推车人身份认知的基础上再前进一步，就能够认识到，普通使用独轮车者的清贫形象被附加在文献中所记载的包括董永在内的汉代鹿车使用者身上，两者之间形成鲜明对应，产生极大的张力和感染力。这种张力和感染力又进一步强化了鹿车事迹中人物的高洁品行，从而形成一种独特的鹿车文化内涵。我们可将上述文献中的汉代"鹿车"事迹逐一分析来仔细体会这一认识。

史例1中赵熹在逃难过程中，为朋友妻而甘愿涉险，"载以鹿车，身自推之"的细节描写，鲜明地刻画出赵熹"有节操"的形象。史例2中刺客杨贤看见杜林"身推鹿车，载致弟丧"的情景，发出了"当今之世，谁能行义？我虽小人，何忍杀义士"的感悟，"因亡去"，最终放弃了刺杀杜林的任务。可以说，刺客杨贤身临其境地体会到了"义士"、"身推鹿车"这一叠加形象的感染力之强大。史例3中鲍宣以"贫贱"为"吾志"，而"生富骄，习美饰"的鲍宣妻甘愿"悉归侍御服饰，更著短布裳，与宣共挽鹿车归乡里"，其中"共挽鹿车"正显示出鲍宣夫妻共同甘

---

①　王振铎遗著，李强整理、补著：《东汉车制复原研究》，第25页。

于"清苦"的形象。"共挽鹿车"成为夫妻同心、同甘共苦的代名词，鲍宣夫妇"共挽鹿车"故事也成为后世美谈。史例 4 中任末"躬推鹿车"，载友人董奉德尸体至墓所，通过"鹿车"这一媒介，传达出任末守信重义的节操，"由是知名"。史例 5 中范冉虽"遭党人禁锢"，却始终保持着"穷居自若，言貌无改"的形象，"推鹿车，载妻子"使得这一形象更加鲜明。史例 6 中有关邓训的鹿车事迹比较特殊，记载的是邓训故吏最贫赢者举国，"从黎阳步推鹿车于洛阳市药……至上谷遗训"，但其目的则是为了更加突出邓训"其得人心如是"的高大形象。史例 7 中的董永本身就是普通民众，而鹿车载父自随的描述，则更加突出其虽极端贫穷，但却极具孝心的孝子形象。

　　总之，传世文献中的汉代"鹿车"事迹，正是将普通使用独轮车者的清贫形象附加在文献中所记载的汉代鹿车使用者的身上，通过两者之间产生的极大张力和感染力来强化汉代鹿车事迹中人物的高洁品行，从而形成了一种独特的鹿车文化内涵。

从长安到安邑:汉献帝东归历程中的政治角逐[*]

陕西师范大学历史文化学院　崔建华

东汉末年国都三迁,先是初平元年(190)三月从洛阳迁往长安,到建安元年(196)七月,又从长安迁回洛阳。然而,立足未稳,即于次月移驾许县。三次迁都历时七年,期间汉献帝驻跸最久的是长安,从初平元年始,至兴平二年(195)离开,长达六年。在这六年当中,东汉中央政权一直被凉州军事集团所操控,在汉献帝离开长安之前,这个局面并没有根本改观。那么,这便衍生出一系列疑问:凉州集团既然将汉献帝挟持在手,何患何惧,为什么最终会同意汉献帝离开长安呢?① 汉献帝离开长安之后,凉州集团难道缺乏政治敏感,无视天子脱离掌控对于本集团潜在的重大政治风险吗?

实际上,汉献帝能够离开长安,绝非凉州集团主动为之,而是复杂政局当中各方权力角逐与政治运作的结果。而凉州集团对此并不甘心,在汉献帝离开长安之后,其成员多次企图改变乘舆的行进路线,只是由于政治对手的谋划,终使汉献帝北渡黄河,在河东郡治安邑驻扎下来,彻底摆脱了凉州集团的追击。本文所要讨论的,即是汉献帝回迁过程中

＊ 本文为中央高校基本科研业务费专项资金资助项目"秦汉'三河'区域文化研究"(13SZYB07)的阶段性成果。

① 陈勇认为,董卓之所以决定迁都长安,目的是"以关陇为依托,实现与其凉州旧部的会合,从关中乃至凉州本土直接获得兵源"。参见陈勇《董卓进京述论》,《中国史研究》1995年第4期。

围绕长安至安邑这一阶段所发生的政治纷争。

一 凉州士人与汉献帝政权的存续

自从被凉州集团控制后,汉献帝小朝廷基本上成了傀儡。但汉献帝政权并非无所作为,为了摆脱傀儡地位,汉献帝政权在其存续的各个历史阶段,都曾经有过意图力挽狂澜的举动,东归洛阳这一事件本身即是如此,而围绕回迁旧都所做出的种种举动,更是鲜明体现了这一努力方向。

早在董卓执政期间,汉献帝曾谋划过迁回洛阳。初平二年(191),关东群雄谋立幽州牧刘虞为帝,刘虞严词拒绝,"于是选掾右北平田畴、从事鲜于银蒙险间行,奉使长安。献帝既思东归,见畴等大悦。时虞子和为侍中,因此遣和潜从武关出,告虞将兵来迎"①。由于袁术从中作梗,这个计划无果而终,但由此可见汉献帝早有回归东都的心愿,并且确实为此做出过政治动作。

初平三年(192)董卓死后,李傕、郭汜攻陷长安,杀司徒王允,更置公卿,而凉州集团的几名骨干成员分任重要军职,"李傕自为车骑将军,郭汜后将军,樊稠右将军,张济镇东将军"②。"傕、汜、稠共秉朝政。济出屯弘农"③。以军事实力为后盾,凉州集团将汉廷的实际权力牢牢攥在手中,这对汉献帝十分不利。在担任位望甚重的将军职务之外,李傕等人亦积极攫取选举权,李傕、郭汜、樊稠俱开府,"与三公合为六府,皆参选举"。为争夺用人权,三人甚至发生了冲突。"傕等各欲用其所举,若壹违之,便忿恚怒。主者患之,乃以次第用其所举,先从傕起,汜次之,稠次之。三公所举,终不见用。"④凉州集团之所以能垄断用人权,大概与他们在秩级不算太高的关键岗位安排有己方人士有关,

① 《后汉书》卷七三《刘虞传》,中华书局 1965 年版,第 2355 页。
② 《后汉书》卷九《献帝纪》,第 373 页。
③ 《后汉书》卷七二《董卓传》,第 2334 页。
④ 《后汉书》卷七二《董卓传》及李贤注引《献帝起居注》,第 2335、2336 页。

比如李傕对贾诩的安排。贾诩为武威郡人，作为凉州集团的一员，他曾经在"救命"欲望的驱使下强烈建议李傕攻长安，给汉献帝政权带来重大灾难。在凉州集团掌权后，"乃更拜诩尚书，典选举"①。虽然史称贾诩在主管人事时"多所匡济"，但这与援引凉州人士并不冲突，李傕等举荐的人可能有不少即是由贾诩来经办的。

在凉州集团大肆插手选举权之后，汉献帝身边势必出现一批该集团利益的代言人。不过，此类人员对自身的政治定位或许会有些许不易察觉的变化。他们之所以到一个被全天下视为"土梗"的落魄天子身边任职②，以常理来讲，显然不是为了拿更高的俸禄，也不是为了彻头彻尾地做一个凉州利益的发声筒。他们的领袖李傕等人，虽然犯上悖逆，但又急于获得汉中央将军的名号。这种颇有些矛盾的行事方式，耐人寻味。个中因由，或许正如有的学者所说，"虽然从理论上讲弑一个十余岁的皇帝易如反掌，但事实上甚至满朝文武惨遭杀戮之际，他也被留下了性命"，因为心存悖逆者暂时"没有能力另立新皇帝和另建新王朝"，"没有想出一套透彻的理论来支持改易王朝"③。处在这样的历史时期，傀儡天子还是很有用处的，至少他还有名器可资利用。从这个角度来说，献帝小朝廷内凉州人的仕途选择其实与他们的领袖相仿，也是贪图汉家名号所致。

凉州士人的心态在当时形势下比较微妙，一方面是以强权为背景的渗透，是在挖汉家天下的墙角，但另一方面，我们也要看到，凉州人在渗透之后又要维持汉家天下的存续。事实上，汉献帝小朝廷内的凉州人的确发挥了这样的作用。兴平二年（195）三月，李傕、郭汜矛盾激化，李傕胁迫天子，郭汜劫质公卿，双方势如水火，这对凉州集团的整体利益固然是非常有害的。但对汉献帝小朝廷来说，天子与公卿被分割在两处，代表汉家天下的政治符号被剖为两半，其所面临的危机更为紧迫。所幸献帝身边的

① 《三国志》卷一〇《魏书·贾诩传》，中华书局1982年版，第327页。
② 宋人叶适说："方汉帝在长安，王允破败，而李傕、郭泛（汜）等更相劫质，关东视人主如土梗，未有知天下大势所归者。"（叶适：《习学记言序目》，中华书局1977年版，第391页）关东人尚持如此看法，遑论凉州士人。
③ ［英］崔瑞德、鲁惟一编：《剑桥中国秦汉史》，杨品泉等译，中国社会科学出版社1992年版，第347—348页。

凉州人从中斡旋，使献帝政权在冰炭相煎的政治纷争中得以保全。

比如凉州安定郡人皇甫郦①，汉献帝派他去调停李傕、郭汜。"郦先譬汜，汜即从命。又诣傕，傕不听。"② 关于此事原委，《献帝起居注》有更详细的记载：

> 天子以谒者仆射皇甫郦凉州旧姓，有专对之才，遣令和傕、汜。郦先诣汜，汜受诏命。诣傕，傕不肯，曰："我有讨吕布之功，辅政四年，三辅清静，天下所知也。郭多，盗马虏耳，何敢乃欲与吾等邪？必欲诛之。君为凉州人，观吾方略士众，足办多不？多又劫质公卿，所为如是，而君苟欲利郭多，李傕有胆自知之。"③

皇甫郦的"凉州旧姓""凉州人"身份，是《献帝起居注》特意强调的。在汉代，"怀有共同乡土情结的人们相互容易建立友爱关系"④。李傕对皇甫郦说"君为凉州人，观吾方略士众，足办多不"，显然有引皇甫郦为知音的情感趋向。而汉献帝派一个"凉州旧姓"去劝和，显然也是想利用皇甫氏与李、郭二人之间的乡土情结，以便更有效地开展工作。

贾诩其实也发挥着类似的作用，在他"典选举"的时候，"傕等亲而惮之"⑤。所谓"亲而惮之"，正反映了凉州人加入汉献帝小朝廷的双重效应：首先，作为地域军事集团的政治代表，他们必然要为本集团的利益着想。⑥ 其次，既然具有天子近臣的身份，那就会不同程度地充当天子

---

　　① 《后汉书》卷七一《皇甫嵩传》："皇甫嵩字义真，安定朝那人"，"嵩从子郦"（第2299、2306页）。

　　② 《后汉书》卷七二《董卓传》，第2337页。

　　③ 《三国志》卷六《魏书·董卓传》裴松之注引，第184—185页。

　　④ 王子今：《秦汉社会意识研究》，商务印书馆2012年版，第344页。

　　⑤ 《三国志》卷一〇《魏书·贾诩传》，第327页。

　　⑥ 有的时候，汉献帝身边的凉州人与李傕、郭汜的政见不同，但并不代表他们就是站在了凉州集团的对立面。比如皇甫郦劝和李傕、郭汜，触怒了李傕，李傕甚至派人追杀。实际上皇甫郦劝二人终结对立状态，固然存在为皇权张目的成分，但更重要的恐怕是着眼于凉州集团的长远利益。

与凉州权臣之间的缓冲角色，为延续汉家国祚发挥自觉或不自觉的积极作用。这种双重效应在贾诩身上表现得更为明显。"郭汜、樊稠与傕互相违戾，欲斗者数矣。诩辄以道理责之，颇受诩言。"这是主要着眼于内部的团结。但另一方面，"傕等与诩议，迎天子置其营中。诩曰：'不可。胁天子，非义也。'傕不听"。这次劝阻，既要争取天子的独立性，又要使凉州集团维持在"义"的道德位置，很难说是仅仅为了某一方。此外，还有一事：

> 傕时召羌、胡数千人，先以御物缯綵与之，又许以宫人妇女，欲令攻郭汜。羌、胡数来窥省门，曰："天子在中邪！李将军许我宫人美女，今皆安在？"帝患之，使诩为之方计。诩乃密呼羌、胡大帅饮食之，许以封爵重宝，于是皆引去。傕由此衰弱。①

贾诩未必是存心翦除李傕羽翼，只是受命为天子解忧而已。而汉献帝为解除羌、胡之患而求助于贾诩，显然是因其凉州边胡的特殊文化背景。

由以上事例可见，在历史的夹缝中求生，汉献帝所依赖的政治资源并不丰富。而那些本意或许是为牵制天子而安插进小朝廷的凉州籍尚书、侍中等近臣，倒成了汉献帝在极其有限的政治空间内辗转腾挪的有益线索。这个思路不仅使献帝政权在乱局中得以存续，也对献帝成功离开长安发挥了重要作用。

二　献帝得以启程的主客观因素

《后汉书·董卓传》记载，在李傕、郭汜相持不下的时候，"张济自陕来和解二人，仍欲迁帝权幸弘农。帝亦思旧京，因遣使敦请傕求东归，十反乃许"②。由此看来，促成献帝离开长安的因素有两个：首先是张济

---

① 《三国志》卷一〇《魏书·贾诩传》裴松之注引，第328页。
② 《后汉书》卷七二《董卓传》，第2338页。

的到来。张济乃武威人①，属董卓部将，董卓被诛后，他与李傕、郭汜一同攻杀王允。随后被任命为镇东将军，出屯弘农。在李、郭二人互不相让的时刻，同一阵营内的第三方前来劝和，并提出解决办法，应当说是比较易于被接受的。另外是汉献帝锲而不舍地派人做李、郭二人的思想工作，最终发挥了效力。

然而，以情理而论，牢牢地将天子控制在手，抑或放其东归，这是性命攸关的大事，傕、汜虽粗鄙，也不可能对其中的利害毫无警觉。因此，献帝派人再三陈情，只是李傕、郭汜准许其离开长安的积极因素，而代表着凉州集团内部关系调整的张济劝和，才是献帝得以开启东归行程的更重要的因素。关键问题在于，张济出屯弘农，他为何能够到长安主持调停？

在张济促成献帝离开长安后，东行途中又反悔，汉献帝为争取他的继续支持，曾下诏曰：

> 朕惟宗庙之重，社稷之灵，乃心东都，日夜以冀。洛阳丘墟，靡所庇阴，欲幸弘农，以渐还旧。诸军不止其竞，遂成祸乱，今不为足，民在涂炭。济宿有忠亮，乃心王室，前之受命来和傕、汜，元功既建，岂不惜乎！济其廪给百官，遂究前勋。②

诏书所谓张济"前之受命来和傕、汜"，大概不是毫无根据的虚语。皇甫郦奉天子之命前去劝和时，曾对李傕说道："张济与郭多、杨定有谋，又为冠带所附。"③ 可见，张济有插手长安政局的念头，并且献帝小朝廷对此也是知晓的。然而，作为出屯弘农的在外将领，私自进京是违逆之举，也会导致李傕疑惧，在现实方面，他需要献帝的诏命。与此同时，献帝在凉州人皇甫郦劝和无果后，也需要另觅人选以调和傕、汜，而张济正是一个合适人物。

---

① 《三国志》卷八《魏书·张绣传》，第 262 页。
② （东晋）袁宏：《后汉纪》卷二八《孝献皇帝纪》，张烈点校《两汉纪》下册，中华书局 2002 年版，第 544 页。
③ 同上书，第 538 页。

我们需要特别注意的是，汉献帝应对时局的思路仍然是从凉州集团内部打开缺口，而这正是汉献帝小朝廷为渡过难关而不得已采取的策略。当然，这一策略必须在特定的历史情境下才能奏效。对于张济来说，将汉献帝迁往弘农，最符合他的利益。汉献帝最初给张济透露的意图，也是"欲幸弘农"。因此，我们可以看到，当天子在东归途中表现出"以渐还旧"的本意时，张济便反悔了，又联合催、汜攻击天子，目的正在于"留乘舆于弘农"①。那么，这里就存在一个问题：既然献帝东归最有利于张济，李催为何会听从他的劝和呢？

当然，正如前面已经提到的，同乡之谊是一个很重要的因素。不过，如果李催有充分的力量把控时局，同乡情分的影响恐怕亦很有限。实际上，当时的政治形势出现了一些不利情于李催的迹象。首先，正如皇甫郦对李催的质责："今郭多劫质公卿，将军胁至尊，谁为轻重邪？"② 胁迫天子所受到的道义指责更为集中。其次，"张济与郭多、杨定有谋，又为冠带所附"③。在凉州集团内部的力量对比上，李催有渐处劣势的趋向。再次，"催将杨奉与催军吏宋果等谋杀催，事泄，遂将兵叛催。催众叛，稍衰弱"④。在力量削弱的境况下，李催也不得不有所妥协。

在政治压力之外，李催可能还面临粮食供应的危机。《献帝纪》曰：

> 上以前移宫人及侍臣，不得以谷米自随，入门有禁防，不得出市，困乏，使就催索粳米五斛，牛骨五具，欲为食赐宫人左右。催不与米，取久牛肉牛骨给，皆已臭虫，不可啖食。⑤

---

① （东晋）袁宏：《后汉纪》卷二八《孝献皇帝纪》，《两汉纪》下册，第543页。

② 《三国志》卷六《魏书·董卓传》，第185页。

③ （东晋）袁宏：《后汉纪》卷二八《孝献皇帝纪》，《两汉纪》下册，第538页。

④ 《三国志》卷六《魏书·董卓传》，第185页。《后汉纪》卷二八《孝献皇帝纪》："六月，侍中种琦、黄门侍郎丁冲、钟繇、尚书左丞鲁充、尚书郎韩斌与催将杨奉、军吏杨帛谋共杀催，会催以他事诛帛，奉将所领归汜。"（《两汉纪》下册，第539页）方诗铭认为此次谋杀行动"出自曹操、荀彧，由丁冲、钟繇所策动，这是完全可能的"（方诗铭：《曹操与"白波贼"对东汉政权的争夺——兼论"白波"及其性质》，《历史研究》1990年第4期）。如果这个推论能够成立，则汉献帝得以离开长安，也与关东政治势力的参与有关。

⑤ 《后汉书》卷七二《董卓传》李贤注引，第2338页。

表面看来，这个记载表现了李傕对天子的怠慢，但文字的背后或许是膳食供应的客观困难，如果生活资源充分的话，李傕完全没必要行此授人以政治把柄之事。早在献帝逃离长安的前一年，即兴平元年（194），从四月到七月一直无雨，"三辅大旱"，"是时谷一斛五十万，豆麦一斛二十万，人相食啖，白骨委积"①。天灾又伴随着人祸，李傕占据关中后，"放兵劫掠，攻剽城邑，人民饥困，二年间相啖食略尽"②。进入兴平二年，关中饥困的局面仍然在恶化：

> 是时以年不丰，民食不足，诏卖厩马百余匹，御府大司农出杂缯二万匹与马直，赐公卿已下及贫民不能自存者。李傕曰："我邸阁储跱少。"乃不承诏，悉载置其营。贾诩曰："此乃上意，不可拒也。"不从。③

从李傕的悖逆行为可以推断，当时的物资供应必定十分紧张。而这一年的春夏之交，就在李傕、郭汜激烈相攻的时候，天下"大旱"④，不久便发生了汉献帝启程东归之事。由此可以感觉到，物资供应特别是粮食供应的极度匮乏，很可能是促成献帝东归的重要因素。

我们注意到，献帝离开长安时，"使太官令狐笃、绥民校尉张裁宣喻十反"⑤，方才得到肯定答复。《续汉书·百官志》："太官令一人"，"掌御饮食"⑥。让如此职掌的官员参与宣喻，其说辞中很可能有膳食难备之类的话语，从而以一时无法克服的现实困难增强说服力。

① 《后汉书》卷九《献帝纪》，第376页。
② 《三国志》卷六《魏书·董卓传》，第182页。
③ （东晋）袁宏：《后汉纪》卷二八《孝献皇帝纪》，《两汉纪》下册，第534页。此事又见于《三国志》裴松之注引《献帝纪》，第183页。但系年不明。
④ 《后汉书》卷九《献帝纪》，第378页。
⑤ （东晋）袁宏：《后汉纪》卷二八《孝献皇帝纪》，《两汉纪》下册，第539页。《后汉书》李贤注引《袁宏纪》曰："济使太官令孙笃、校尉张式宣谕十反。"（第2339页）两官员之名讳不同。
⑥ 《续汉书·百官志》，第3592页。

三　离开长安后凉州集团内部的分化

汉献帝于兴平二年七月从长安出发，同年十二月抵达弘农曹阳①。这一段行程很短，如果是在正常情况下，不过三五日的事情，然而，汉献帝一行却在路上迁延六个月。这当然是各种力量的政治、军事博弈所致，这样的博弈在汉献帝启程后一直在进行。

汉献帝得以走出长安，这一事实本身即可表明，当时的政治形势对李傕很不利。而当汉献帝成功离开长安后，李傕手中的政治筹码更是分量大减，他本人的实力也就越发走下坡路，进而导致了凉州集团内部的权力重组。汉献帝出发未久，李傕便被要求"出屯曹阳"②，同时"以张济为骠骑将军，封平阳侯，假节开府如三公。郭汜为车骑将军，假节。杨定为后将军，封列侯。董承为安集将军"③，"杨奉兴义将军"④。在权力再分配的过程中，之前地位最高、实力最强的李傕被排除在外，而产生的这批新贵之中，或多或少地都与凉州集团存在瓜葛。

张济原本就是凉州集团的骨干成员，只因其屯守在外，故而权势屈居李傕、郭汜之下。经过此次调整，他一跃成为权力榜单上最靠前的人物。郭汜由后将军迁为车骑将军、假节，单纯地看这一事实的话，他的地位显然是上升了。但权力角逐有时并非是因为个人位望的绝对升降问

---

① 关于曹阳所在，《后汉书》李贤注："涧名。在今陕州西南七里，俗谓之七里涧。"（第379页）李吉甫认为："曹阳墟，俗名七里涧，在县西南七里。献帝东迁，李傕、郭汜追战于弘农东涧，天子遂露次于曹阳之墟，谓此地也。"（李吉甫撰，贺次君点校《元和郡县图志》，中华书局1983年版，第156页）然而，郦道元的看法不同："河水又东得七里涧，涧在陕城西七里，故因名焉。其水自南山通河，亦谓之曹阳坑。……余按《汉书》，昔献帝东迁，逼以寇难，李傕、郭汜追战于弘农涧，天子遂露次曹阳，杨奉、董承，外与傕和，内引白波、李乐等破傕，乘舆于是得进。复来战，奉等大败，兵相连缀，四十余里方得达陕。以是推之，似非曹阳。"（陈桥驿：《水经注校证》，中华书局2007年版，第113页）郦道元认为陕城西南的七里涧并非汉献帝驻扎的曹阳。而杜佑更是明确地说："陕郡西四十五里有曹阳涧。"《通鉴》胡注认为"杜佑说是"。（《资治通鉴》，中华书局2011年版，第2009页）

② 《后汉书》卷七二《董卓传》，第2338页。《后汉纪》作"出屯河阳"。当以曹阳为是。

③ （东晋）袁宏：《后汉纪》卷二八《孝献皇帝纪》，《两汉纪》下册，第540页。

④ 《后汉书》卷七二《董卓传》，第2338页。

题，与他人相比较而产生的相对差距，或许是激发冲突更为有力的因素。尽管郭汜的绝对官位提升了，但李傕式微并没有使郭汜的相对地位更上一层，张济代替了李傕，郭汜仍是屈居凉州集团的二号人物，他与张济之间势必存在利益之争。

至于其他几位新贵，杨定"故卓部曲将也"①，籍贯不详。董承是董卓女婿牛辅的部曲，裴松之曰："承，灵帝母太后之侄。"② 灵帝母亲董太后乃河间人，那么，董承亦当为河间人。杨奉的经历比较特殊，他原本是"白波贼帅"，活动于河东，后来投靠李傕③，在李、郭相攻的最后阶段，他又"与傕军吏宋果等谋杀傕，事泄，遂将兵叛傕"④。

稍加对比，我们很容易看到，凉州集团并非一个无差异的政治群体，其成员地位不同、经历多样，与凉州集团的渊源深浅不一，因而也就蕴含着政治立场、利益诉求等方面的分歧，而这毫无疑问地将对汉献帝的东归进程发生影响。

张济力图诱导汉献帝到弘农去，郭汜对此比较抵触，因为他深知，如果天子真的到了弘农，张济的地位将更加难以撼动。于是，在启程后不久，郭汜便与张济等人发生了两次大的冲突。《后汉纪·孝献皇帝纪》："郭汜欲令车驾幸高陵，公卿及济以为宜幸弘农，大会议不决。"尚书郭浦曰："可且幸近县。""八月甲辰，车驾幸新丰。"郭汜先失一局。不久，郭汜又"令车驾幸郿"，当时，侍中种辑、城门校尉众在汜营，"密告后将军杨定、安集将军董承、兴义将军杨奉令会新丰，定等欲将乘舆还洛阳。郭汜自知谋泄，乃弃军入南山"。郭汜再失一局。十月戊戌，"汜党

---

① 《后汉书》卷七二《董卓传》，第 2336 页。

② 《后汉书》卷七二《董卓传》李贤注引，第 2339 页。李贤注又引《蜀志》曰："承，献帝舅也。"献帝的母亲为王美人，何以有董姓之舅？《蜀志》似不可信。

③ 杨奉为何会跟从李傕，史无明文，这里暂且做一些推测。董卓在河东原本有一些根基，在何进诛杀宦官引起洛阳大乱之前，董卓曾"驻兵河东，以观时变"（《后汉书》卷七二《董卓传》，第 2322 页）。在退守长安时，又使其女婿牛辅"屯安邑"（《后汉书》卷七二《董卓传》，第 2328 页）。杨奉投靠董卓阵营，很可能是因为董氏虽然不道，但有天子在手，毕竟代表着汉统。并且从当时实际情形来看，董卓似乎也称不上是孤家寡人，投靠者不乏其人。杨奉大概就是通过这个途径为屯驻河东的牛辅所接纳，而李傕是牛辅部将，董卓、牛辅被杀，杨奉最终跟随李傕并不是十分意外的事情。

④ 《三国志》卷六《魏书·董卓传》，第 185 页。

夏育、高硕等欲共为乱，胁乘舆西行"，"杨定、董承将兵迎天子幸杨奉营"，第三次挫败了郭汜的图谋。①

在屡次发生的坚持还是改变天子行进路线的斗争中，公卿以及张济、杨定、杨奉、董承等人持同一立场，郭汜陷入孤立，不得不重新与李傕相结。但张济、杨定等人的一致立场并没有维持多久。张济的目的是将汉献帝留在自己管辖的弘农一带，而杨定、杨奉、董承的目标则是"将乘舆还洛阳"。如果要为他们之间的矛盾进行定性的话，或许可以说，张济属于凉州集团的宿将，而杨定等人则是凉州集团内部的新锐力量，两种力量之间的矛盾决定着，他们的立场一致性只能在进入弘农地区之前得以保持。一旦张济意识到汉献帝及杨定等人的终极企图，这样的一致性势必成为过去。

除了终极目标的差异，在播迁流离的汉献帝小朝廷内，张济与杨定等人也存在现实而切近的权力纷争。《后汉纪》记载：

> 张济讽尚书征河西太守②刘玄，欲以所亲人代之。上曰："玄在郡连年，若有治理，迫迁之；若无异效，当有召罚。何缘无故征乎？"尚书皆谢罪。上既知济所讽也，诏曰："济有援车驾之功，何故无有表而私请邪？一切勿问。"济闻之免冠徒跣谢。

张济"私请"，欲以亲信任郡守。而杨定也有这样的举动，他"请侍中尹忠为长史"，遭到献帝拒绝，"侍中近侍，就非其宜，必为关东所笑"③。杨定欲以"近侍"为属官，似乎有进一步加强自己与汉献帝关系的意图，说得更为直白一些，便是为了强化对汉献帝的控制。比较杨定、张济的行为，两者强化的支持力量虽然存在外援与内助的差别，但有一个相似的目标贯穿其中，他们都在竭力巩固、扩大自己的权力基础，在此过程中难免发生利益冲突。

---

① 分别见《后汉书》卷七二《董卓传》，第 2338 页；《后汉纪》卷二八《孝献皇帝纪》，《两汉纪》下册，第 540—541 页、第 542 页。郭汜党羽在十月戊戌的行动，《后汉书》卷九《献帝纪》记作："郭汜使其将伍习夜烧所幸学舍，逼胁乘舆。"（第 378 页）

② "河西"似有误，汉代未见河西郡。

③ （东晋）袁宏：《后汉纪》卷二八《孝献皇帝纪》，《两汉纪》下册，第 540 页。

客观地讲，由于张济与汉献帝对东归的终极目标存在根本不同，汉献帝欲达成回归旧都的夙愿，最终要依靠杨定、杨奉等凉州集团新锐势力。然而，正是因为属于新锐力量，出于维护自身利益的需要，他们也将给献帝的东归进程带来不必要的麻烦。

四　凉州集团政治新贵对献帝东归的消极影响

当汉献帝一行抵达华阴时，宁辑将军段煨前来迎驾，这本是献帝增加己方政治筹码的重要机会，但由于杨定等人对段煨的敌视，导致献帝阵营错失了大好机遇。《后汉纪·孝献皇帝纪》：

> 宁辑将军段煨具服御及公卿已下资储，欲上幸其营。煨与杨定有隙，迎乘舆不敢下马。侍中种辑素与定亲，乃言段煨欲反。上曰："煨属来迎，何谓反？"对曰："迎不至界，拜不下马，其色变也，必有异心。"于是太尉杨彪、司徒赵温、侍中刘艾、尚书梁绍等曰："段煨不反，臣等敢以死保，车驾可幸其营。"董承、杨定言曰："郭汜来，在煨营。"诏曰："何以知之？"文祯、左灵曰："弘农督邮知之。"因胁督邮曰："今郭汜将七百骑来入煨营。"天子信之，遂露次于道南。丁未，杨奉、董承、杨定将攻煨，使种辑、左灵请帝为诏，上曰："王者攻伐，当上参天意，下合民心，司寇行刑，君为之不举，而欲令朕有诏邪？"不听。辑固请，至夜半，犹弗听。奉乃辄攻煨营。是夜有赤气贯紫宫。定等攻煨十余日，不下。煨供给御膳、百官，无有二意。①

从这段记载来看，段煨并没有危害天子的企图，杨定、杨奉等人何以为难于他，甚至冒着欺君罔上的危险，敢于炮制伪证，必欲坐实他的附逆罪名？"煨与杨定有隙"，固然是一种解释，然而，二人之间的恩怨又为何导致杨奉、董承在其中选边站队？尤其是在献帝以及绝大多数朝臣都

---

① （东晋）袁宏：《后汉纪》卷二八《孝献皇帝纪》，《两汉纪》下册，第542—543页。

认为段煨可以信赖的形势下，杨奉、董承却站在主流意见的对立面，一同支持杨定，这尤其令人感到难解，背后应当有更深层次的原因。笔者以为，杨定、杨奉、董承的立场很可能是出于政治新贵对潜在对手的心理戒备。

段煨出自凉州武威郡①，就职位官号而言，宁辑将军与杨奉的兴义将军、董承的安集将军都属特殊时期的杂号将军，处于同一个层次。论资历，初平二年，董卓"使东中郎将董越屯渑池，宁辑将军段猥②屯华阴，中郎将牛辅屯安邑，其余中郎将、校尉布在诸县，不可胜纪，以御山东"③。李傕、郭汜都曾是牛辅部下，而在董卓的部署中，段煨竟然与董卓女婿牛辅并列，可见，他在凉州集团中的资历是比较老的。更值得关注的是，段煨身为领兵将帅，在地方治理中亦颇有成就，"煨在华阴时，修农事，不虏略"④。这么做的效果便是为当地创造了相对和平的发展环境，同时也收拢了民心。比如弘农人董遇，"性质讷好学。兴平中，关中扰乱，与兄季中依将军段煨"⑤。而段煨的乡里故旧贾诩，在后来也曾投奔于他。对于一个拥有了上述优长的人物，如果任由其在汉献帝朝廷内活动，对杨定、杨奉、董承的地位将产生威胁，这应当就是三人极力抑制段煨的动机所在。

杨定等人排挤段煨，将潜在的盟友化为敌人，给李傕、郭汜以可乘之机，二人"闻定攻段煨，相招共救之，因欲追乘舆。杨定闻傕、汜至，欲还蓝田，为汜所遮，单骑亡走"。杨定虽走，但由他主导的对段煨的攻击很可能对张济的政治判断产生一定影响。张济与段煨同为武威人，目睹对汉献帝忠心不二的同乡尚且不为杨定所容，张济选择与杨定阵营相左的立场，实属情理中事。更何况，在进入弘农境内后，献帝在杨奉、董承的拥卫下，并无驻留之意，仍在继续向东进发。这是张济所无法容

---

① 《后汉纪》卷二八《孝献皇帝纪》："天子既免曹阳，贾诩去李傕托于段煨。"（《两汉纪》下册，第555页）而《三国志》卷一〇《魏书·贾诩传》记载："是时将军段煨屯华阴，与诩同郡，遂去傕托煨。诩素知名，为煨军所望。煨内恐其见夺，而外奉诩礼甚备，诩愈不自安。"（第327页）贾诩乃武威人，可知段煨亦武威人。

② 原文如此，当以"煨"为是。

③ （东晋）袁宏：《后汉纪》卷二八《孝献皇帝纪》，《两汉纪》下册，第506—507页。

④ 《三国志》卷一〇《魏书·贾诩传》裴松之注引《典略》，第327页。

⑤ 《三国志》卷一三《魏书·王朗传》裴松之注引《魏略》，第420页。

忍的，他遂"与催、汜合谋，欲留乘舆于弘农"①。

凉州集团的早期骨干再一次聚结，而具有较强独立性的原本可以引为助力的段煨又被排斥在外，离开长安后方才崭露头角的政治新贵不得不以自身十分有限的实力来应对前所未有的军事压力。很快，在兴平二年十二月，献帝一行大败于弘农东涧。"故白波贼帅"杨奉只得同气相求，"密遣间使至河东，招故白波帅李乐、韩暹、胡才及南匈奴右贤王去卑，并率其众数千骑来，与承、奉共击催等"②。当然，杨奉的选择并不仅仅是出于同为"故白波帅"的特殊经历，当时地缘形势也是应当考虑的重要因素。献帝一行落难时所在的弘农县，位于黄河南岸，对岸即是河东郡，向河东寻求奥援，颇为近便。

然而，河东援军到来，并没能止住献帝一行的颓势。在短暂的胜利之后，"催等复来战，奉等大败，死者甚于东涧"，"虎贲羽林行者不满百人，催等绕营叫呼，吏士失色，各有分散之意"③。显然，如果没有行之有效的对策，等待献帝的将是全军覆没的结局。

代结语　汉献帝东归路径的大转向

身后是李催、郭汜等人紧追不舍，而己方溃不成军，士气低落，在这样的情况下，继续乘车随着群臣、吏士一同前行，已是不可能的选项。李乐催促献帝："事急矣，陛下宜御马！"但献帝顾念群臣，这个轻装陆行的建议被拒绝。一计不成，李乐又"欲令车驾御船过砥柱，出孟津"。这是建议经由水路，但这段水路十分危险，诸大臣纷纷反对，如太尉杨彪曰："臣弘农人也。自此东有三十六滩，非万乘所当登也。"宗正刘艾亦曰："臣前为陕令，知其险。旧故有河师，犹有倾危，况今无师。太尉

---

① （东晋）袁宏：《后汉纪》卷二八《孝献皇帝纪》，《两汉纪》下册，第 543 页。

② 方诗铭指出："韩暹、李乐、胡才三人是所谓'故白波帅'，无疑与杨奉具有密切关系。东汉政府从长安迁回洛阳途中，当流亡河东安邑之际，他们正屯驻在河东郡，从而为杨奉招引前来。"参见《曹操与"白波贼"对东汉政权的争夺——兼论"白波"及其性质》，《历史研究》1990 年第 4 期。

③ （东晋）袁宏：《后汉纪》卷二八《孝献皇帝纪》，《两汉纪》下册，第 544 页。

所虑是也。"献帝本人也认为"千金之子,坐不垂堂",更何况自己是天子,担负社稷之重,不宜乘险履危,水路亦被否定。如此以来,只有一条路可走了,那就是北渡黄河,而这正是献帝最终的选择。① 据《后汉书·董卓传》,此行备极凶险:

> 使李乐先度具舟舡,举火为应。帝步出营,临河欲济,岸高十余丈,乃以绢缒而下。余人或匍匐岸侧,或从上自投,死亡伤残,不复相知。争赴舡者,不可禁制,董承以戈击披之,断手指于舟中者可掬。同济唯皇后、宋贵人、杨彪、董承及后父执金吾伏完等数十人。其宫女皆为催兵所掠夺,冻溺死者甚众。②

渡过黄河之后,汉献帝先落脚于大阳县。十二月乙亥③,"幸安邑"④。经历五个月惊心动魄的逃亡,汉献帝终于摆脱凉州集团的追击。但这并非献帝东归历程的终点,而是为时七个月的下一个阶段归程的开始。

---

① (东晋)袁宏:《后汉纪》卷二八《孝献皇帝纪》,《两汉纪》下册,第544页。关于汉献帝北渡黄河一事,还有其他说法。张璠《汉纪》曰:"初,天子败于曹阳,欲浮河东下。侍中太史令王立曰:'自去春太白犯镇星于牛斗,过天津,荧惑又逆行守北河,不可犯也。'由是天子遂不北渡河,将自轵关东出。"(《三国志》卷一《魏书·武帝纪》裴松之注引,第13页)关于轵关所在,卢弼曰:"《一统志》:'轵关在河南怀庆府济源县西北十五里,关当轵道之险,因曰轵关。'《述征记》:'太行八陉,第一曰轵关陉。'"(卢弼:《三国志集解》,中华书局1982年版,第18页)依此,轵关在河东郡的东境。张璠说汉献帝"遂不北渡河",既然未渡河到河东,又何谈向东进发并"自轵关东出"? 鉴于张氏之说在逻辑上有难解之处,笔者认为其说不可信。

② 《后汉纪》对此事亦有记载,比范书《董卓传》稍详。参见袁宏《后汉纪》卷二八《孝献皇帝纪》,《两汉纪》下册,第545页。

③ 《后汉纪》作"丁亥"。

④ 《后汉书》卷九《献帝纪》,第378页。

诸葛亮北伐战略与蜀汉的
交通与经济

陕西理工学院历史文化系　吕　方

蜀汉北伐战争一直是学界持续关注的热点问题。一般认为诸葛亮在北伐中的战略失误出现在军队的后勤环节，打乱整个部署，导致战事难以为继。[①] 另有一种较为普遍的意见认为，北伐失败的根本原因是蜀军的素质不高，战斗力不强。或者认为诸葛亮在北伐中存在具体的战略与战术错误，并且对手过于强大。[②] 有学者指出地理交通条件对北伐战争的重要影响。[③] 有少量学者对北伐战争与蜀汉经济之间的联系有所涉及，但缺乏深入探索。[④] 学界探讨了影响蜀汉北伐战争的诸多因素，但缺乏从经济与北伐战争之间的联系来考察北伐战争的进程，这是本文重点讨论的问题。

[①]　梁中效：《曹操与诸葛亮取用汉中战略之比较》，《成都大学学报》（社会科学版）2003 年第 2 期；薛瑞泽：《蜀汉军队的后勤供应》，《军事历史研究》2004 年第 1 期；罗民介：《诸葛亮北伐失败原因新探》，《文史知识》2009 年第 2 期。

[②]　刘隆有：《应变将略确非其长——诸葛亮军事才能漫议》，《天津师范大学学报》（社会科学版）1992 年第 1 期；雷震：《从军事上看诸葛亮北伐的失败》，《安康师专学报》2002 年第9 期。

[③]　宋杰：《汉中对三国蜀魏战争的重要影响》，《首都师范大学学报》2004 年第 1 期。

[④]　王明前：《蜀汉政权的军政体制与战时经济》，《福建师范大学福清分校学报》2011 年第 3 期；周红：《论蜀汉兴衰的财政原因》，《现代财经》2000 年第 11 期；陈金凤：《诸葛亮军事经济思想与战略论析》，《社会科学辑刊》2004 年第 2 期。

一　诸葛亮北伐战术受制于蜀汉地理交通条件

建兴六年（228），诸葛亮第一次北伐进取祁山很顺利，曹魏所属陇西三郡——南安、天水、安定很快叛曹降蜀，魏国朝野惊恐。此时，蜀军占据着明显的上风。"亮身率诸军攻祁山，戎阵整齐，赏罚肃而号令明，南安、天水、安定三郡叛魏应亮，关中响震。"① 面对如此大好战机，诸葛亮却犹疑不前。诸葛亮初出兵时行动缓慢，驻屯营寨前后交错重叠，三郡向蜀汉投降，蜀军也没有乘胜进兵决战。"诸葛亮始出陇右，南安、天水、安定三郡人反应之，若亮速进，则三郡非中国之有也，而亮徐行不进；既而官兵上陇，三郡复，亮无尺寸之功，失此机，何也？袁子曰：蜀兵轻锐，良将少，亮始出，未知中国强弱，是以疑而尝之。"② 在诸葛亮的迟疑中，魏国大军来到陇西，三郡很快被收复了，蜀汉军队失去了占领三郡的绝佳战机。《孙子兵法·谋攻篇》说："三军既惑且疑，则诸侯之难至矣，是谓乱军引胜。"③ 主帅的疑惑会造成整个军队疑虑，扰乱军心，失去胜利的机会。诸葛亮有这样的战术表现，是由于"亮始出，未知中国强弱，是以疑而尝之"。对敌情的模糊不明成为妨碍蜀军勇往直前进取胜利的致命缺陷。

蜀汉驻军的汉中地区与曹魏控制的关中（函谷关以西，长安附近地区）之间，横贯着雄壮险绝的秦岭山脉。蜀汉固然可以据险自守，然而崇山峻岭也造成交通阻隔、消息闭塞负面效应。当时刘备去世不久，蜀汉几年来没有军事动作。曹魏方面以为蜀汉争荆州大败之后，无力向东进取，便放松了对蜀的戒备，在关陇地区防守兵力不多，派遣的主将也比较平庸。裴松之注引《魏略》曰："始，国家以蜀中惟有刘备。备既死，数岁寂然无声，是以略无备预；而卒闻亮出，朝野恐惧，陇右、祁

---

① 《三国志》卷三五《蜀书·诸葛亮传》，中华书局1982年版，第922页。
② 《三国志》卷三五《蜀书·诸葛亮传》裴松之注引《袁子》，第934页。
③ 中国人民解放军军事科学院战争理论研究部《孙子》注释小组注：《孙子兵法新注》，中华书局1977年版，第21页。

山尤甚，故三郡同时应亮。"① 诸葛亮大军初出祁山，实际上对于曹魏来说是出其不意，将其打得措手不及，一下失陷三郡。但是，诸葛亮却不能探知敌情，因此不敢积极进取战斗，乘胜追击，进而控制陇右。从表面上看，是诸葛亮的战术不当导致蜀军失去了获胜的先机。然而，其根源却在于"未知中国强弱"，蜀汉军才会"疑而尝之"。而且，这一地理阻隔对蜀军造成了深远影响。行动迟疑、临机不决，基本成为诸葛亮战术的一贯表现。诸葛亮多年的敌手司马懿评价："亮虑多决少。"② 司马懿利用诸葛亮这一弱点，取得军事优势与主动权。

　　诸葛亮第一次北伐失利除了不知敌军虚实之外，还有一个重要原因是"良将少"。诸葛亮的战略选择还透露出蜀汉人才短缺的弱点。他在北伐失败后反思认为："大军在祁山、箕谷，皆多于贼，而不能破贼为贼所破者，则此病不在兵少也，在一人耳。"③ 蜀军缺乏优秀的将帅人才与曹魏英才辈出形成鲜明对比。诸葛亮以一人之智能抗衡中原地区的"英才大贤"的群体智慧④，显然是北伐失利的重要因素。人们一向忽视蜀汉的人才地理因素。所谓"蜀兵轻锐，良将少"，实际上蜀汉人才短缺也与地理因素密切相关。蜀汉政权确立前夕，天下有志之士人心未定，竞相观望，有归附刘备集团共图大业的考虑。"是时中夏人情未一，闻备在蜀，四方延颈。而备锐意欲即真，巴以为如此示天下不广，且欲缓之。"但是，刘备急于在成都称帝，拒绝了刘巴暂缓称帝的建议，"由是远人不复至矣"⑤。当时天下分为九州，而蜀汉仅仅占据一个益州（今四川盆地和汉中盆地一带），战士人民也只占天下的九分之一。虽然益州号称国富民强、物产丰富，但总体资源与中原地区相比毕竟十分有限。另外，益州地处边远的西南，距离当时的经济、文化中心河洛地区关山阻隔，交通困难。蜀汉偏安一隅的地理格局，"示天下以不广"，导致了蜀汉偏狭的政治格局。这一偏狭政治格局从两个方面限制了蜀汉政权的人才构成。一方面，地理环境限制了蜀汉政权的政治格局，缺乏对人才的吸引力。

---

① 《三国志》卷三五《蜀书·诸葛亮传》，第 922 页。
② （唐）房玄龄等：《晋书》卷一《宣帝纪》，中华书局 1974 年版，第 7 页。
③ 《三国志》卷三五《蜀书·诸葛亮传》裴松之注引《汉晋春秋》，第 923 页。
④ 《三国志》卷四《魏书·三少帝纪》，第 122 页。
⑤ 《三国志》卷三九《蜀书·刘巴传》，第 981—982 页。

所以，蜀汉政权确立后"远人不复至矣"，限制了其他广大地区人才向巴蜀流动。另一方面，政治气度的偏狭妨碍蜀汉政权对益州本土人才的任用。益州人士多对蜀汉政权不满，采取与政府不合作态度。益州名士的代表杜微"及先主定蜀"，"常称聋，闭门不出"，对诸葛亮的任命"固辞"①。成都名士杜琼在刘备入主益州后虽接受任命，但"阖门自守，不与世事"②。许多本土人士"终刘氏之世，官位不尽其才"③。有学者考察指出："蜀汉仍采用汉代察举、征辟旧官制（蜀汉的许多制度都沿用汉代旧制），即由上级官员考察、推荐、提拔、使用下级官员……大量史料表明，蜀汉各级政府的实权主要是控制在刘备从荆州带入的基本队伍中，在巴蜀内地（盆地内）职官任用上，一直是排挤和有控制地使用土著。"蜀汉政权的权力结构受地域构成影响，"无视土著豪族中的大量人才，在其统治的中、后期，后继无人，缺少人才，成为特别突出的矛盾"④。可见，"示天下以不广"不仅是蜀汉的地理特征，也成为其鲜明的政治地理风貌。"良将少"也加重了蜀军孤陋寡闻，"蜀僻陋一方"与"才少上国"内在包含着互为因果的联系。

蜀汉一向依赖四方天险屏障的地理优势与曹魏抗衡。曹操曾亲自率兵出斜谷（今陕西郿县西南秦岭），与蜀汉争夺汉中，刘备"敛众拒险"而守，曹操也无所作为，只得回师长安。曹魏大将夏侯渊在定军山中失败之后，"曹公自长安举众南征。先主遥策之曰：'曹公虽来，无能为也，我必有汉川矣。'及曹公至，先主敛众拒险，终不交锋，积月不拔，亡者日多。夏，曹公果引军还，先主遂有汉中"⑤。然而，正是在汉中争夺战之后，曹魏改变战略，将蜀汉的地理优势转化为其被动的劣势。曹操放弃汉中，将防线收缩至关中长安、陈仓（今西安、宝鸡）一带，牢牢控制住关中防线，从而对蜀汉形成严密的包围封锁与巨大震慑。为了突破曹魏的围堵，蜀汉不得不连年用兵，秦岭险阻，运粮困难的弊端就成为

---

① 《三国志》卷四二《蜀书·杜微传》，第1019页。

② 同上书，第1021页。

③ （晋）常璩著，任乃强校注：《华阳国志校补图注》卷一〇中《广汉士女》，上海古籍出版社1987年版，第584页。

④ 罗开玉：《三国蜀汉土著豪族初论》，《成都大学学报》（社会科学版）2005年第6期。

⑤ 《三国志》卷三二《蜀书·先主传》，第884页。

蜀汉欲罢不能、愈演愈烈的劣势。秦岭天险对蜀汉的意义实际上是双重的，既可以成为一道天然的御敌防线，也被曹魏用作驻防关中、围堵蜀汉的天然军事防御屏障。诸葛亮北伐苦苦纠缠在秦岭山麓南北，始终无法突破这一屏障而进驻关中地区。

不仅如此，蜀汉独特的地理位置决定了关陇地区非同寻常的意义。蜀汉偏居益州，益州西部是大雪山、大草原；南部建宁、牂柯郡处于今云贵高原，当时尚处于未开发状态；东面是巫山、大巴山，是东吴的坚固防线。蜀汉北伐，必经陇右。虽然蜀汉意识到："汉中则益州咽喉，存亡之机会，若无汉中则无蜀矣"，因而不惜全力夺回。但是被曹魏截断与陇右联系的汉中，成为孤立之地。只有依托汉中而"蚕食雍、凉，广拓境土"①。只有将汉中与陇右连接为一体，才能为北伐拓展领土发挥效力。

如果没有陇右地区的呼应，汉中的驻防则陷入孤立。曹操还邺之前，留夏侯渊守卫汉中，并以非常宽厚的政策招抚、笼络关陇各族守将。有学者指出"这些都是出于军事大势的考虑"②。关陇地区是汉中的北面屏障。欲讨伐汉中张鲁，关陇地区的韩遂、马超便不能坐视，而"谓为己举，将相扇动作逆"③。曹魏占据关陇之后，便形成窥视益州之态势。"曹公使夏侯渊、张郃屯汉中，数数犯暴巴界。"④"关陇地区归统曹魏，极大地加强了曹魏的政治、经济和军事实力，有力地阻滞了蜀汉北伐。"⑤ 我们看到，失去了陇右地区呼应的汉中，正如曹操所言，在秦岭的环绕之下，汉中被封锁为一座天然的牢狱，易守难攻固然不假，然而自身也被限制其中，无所作为，北伐多年"未能进咫尺之地"。所谓"南郑"为"天狱"，"斜谷道为五百里石穴"，⑥ 都成为蜀汉在北伐中及其不利的地理条件。

蜀汉偏狭的地理交通条件造成消息闭塞不明曹魏之虚实，以及由此衍生出偏狭的政治格局导致人才奇缺。这两个方面的因素很大程度上影

① 《三国志》卷三七《蜀书·法正传》，第 961 页。
② 张作耀：《曹操评传》，南京大学出版社 2001 年版，第 225 页。
③ 《三国志》卷二四《魏书·高柔传》，第 683 页。
④ 《三国志》卷三二《蜀书·先主传》，第 883 页。
⑤ 关治中：《论曹操平定关陇的奠基战役：潼关之战》，《西北大学学报》1992 年第 1 期。
⑥ 《三国志》卷一四《魏书·刘放传》裴松之注引《资别传》，第 457 页。

响了诸葛亮在战争中战术表现，他难以临机决断，因而常常是"虑多决少"。

二　诸葛亮"谨慎"战术受制于蜀汉经济力量

诸葛亮在北伐之前充分做了动员与准备。225 年诸葛亮率兵南征，平息了南中（今云南、贵州和四川西南）各郡的叛乱，并且在此地施行赋役制度，开发利用南中地区的经济潜力，为北伐征集了大量的军需物资。在此基础上，蜀汉整治军队，加强训练，为北伐做好准备。休整一年后，227 年，诸葛亮向蜀后主上疏，坦承北伐的战略企图："北定中原"，"兴复汉室，还于旧都"①。

曹魏负责关中防务的将领叫夏侯楙。夏侯楙是魏征西将军夏侯渊的儿子，曹操的女婿，是一位缺乏军事经验和谋略的公子哥。诸葛亮与属下讨论作战方略时，魏延认为：夏侯楙既年轻软弱，又没有谋略，这一点对我们很有利。请给我五千士兵，和五千后勤兵。我从褒中（今陕西汉中西北）出兵，沿秦岭山麓东进，从子午道向北，十天以内直袭长安。夏侯楙见我忽然到达，必定会惊慌逃走。这样长安城里只剩下御史和京兆太守。敌军仓库与百姓的散粮足够我军食用。等敌方增援人马赶到，至少需要二十多天。而你带大军从斜谷来，也一定可以赶到。这样的话，咸阳以西都在我军控制之下了。②

在秦岭之上，有几条沟通长安与汉中的横向谷道，从东向西依次是：子午道、傥骆道、褒斜道和散关道（故道）。魏延主张从汉中西北出发，沿秦岭而东，先头部队从子午道直捣长安。子午道是连结长安与汉中的一条便捷而又险峻的通道。诸葛亮认为这个路线难行，太过冒险，否定了魏延的计谋。他的方案是从汉中出发，经由祁山，先攻占陇右（今甘肃陇山以西地区），再取得关中。这样更加稳妥、有十全把握。之后，诸葛亮率领大军向西行，进攻祁山，准备攻取陇右之后，再向东夺取长安。

① 《三国志》卷三五《蜀书·诸葛亮传》，第 919—920 页。
② 《三国志》卷四○《蜀书·法正传》，第 961 页。

攻取陇右地区可以作为蜀汉西部的门户和屏障，而对关中形成包围、蚕食之势，不会有大的失败。他采取了一种步步为营，稳扎稳打的"谨慎"战术。

诸葛亮不用魏延的"子午奇谋"，表面原因是行军路线过于险要。实际上他有更深层的顾虑，导致他无法选择这样的奇谋。蜀汉国力虚弱无法支撑后续战争，无力冒险，无力支撑正面抗战。魏延所献"子午奇谋"计划通过一次出兵而基本控制长安与陇右地区，可谓是大胆独特。孙子主张用兵的原则，贵在神速进取让敌人措手不及，走敌人意料不到的道路，攻击敌人戒备不严密的地方，这样可以占领先机。魏延的策略体现了孙子关于"兵贵神速"与"出其不意"的精髓。诸葛亮最终没有采取魏延的策略，根本原因在于蜀汉国内不具有支持后续战争的潜力，即便如愿控制长安与陇右地区，然而又如何应对曹魏大军的争夺与反攻？奇正相生，出奇制胜还需要军事实力来保存和扩大这个战果。南安、天水、安定三郡叛曹降蜀之后，"三郡归降而不能有"[1]，蜀军获得三郡，却苦于无力据守。蜀军仍需要与力量数倍于己的曹魏军队进行正面交锋。蜀魏战争的本质仍然是两国的军事实力的较量。而军事实力则依赖于国家支撑战争的潜在能力。

史称刘后主在位期间，"军旅屡兴"。虽然在 224 年下令"务农殖谷，闭关息民"，然而只是战争间歇中的休整，而远远没有达到休养生息、发展农业的效果。225 年，"丞相亮南征四郡"[2]。又过了短短三年，诸葛亮就调集军队前往汉中，展开了大规模北伐的战前动员与筹备，228 年北伐正式开始。232 年，诸葛亮在黄沙（今勉县东）休整军队，发展农业，并练兵讲武。234 年，诸葛亮就发动了第五次北伐。[3] "师出历年，百姓疲弊"[4] 是蜀汉农业经济的基本状态。蜀汉土地荒芜，人民穷困，军队疲弱。诸葛亮自己也承认："今民贫国虚，决敌之资唯仰锦耳。"[5] 蜀锦是三国时期的著名手工业产品，东吴与曹魏都从蜀汉进口。但是一个国家的

---

①　《三国志》卷三五《蜀书·诸葛亮传》，第 923 页。

②　《三国志》卷三三《蜀书·后主传》，第 903、894 页。

③　《三国志》卷三五《蜀书·诸葛亮传》，第 922—925 页。

④　《后汉书》卷七四《袁绍传》，中华书局 1973 年版，第 2390 页。

⑤　《太平御览》卷八一五《布帛部》二锦条，文渊阁《四库全书》本。

军事经济完全依靠蜀锦贸易，可见，蜀军围绕军需进行屯田经济活动，对军事支持能力有限，农业经济处于非常脆弱的境地。

军事实力依赖国家持续提供战略物资的经济能力。军队长期在外作战，国家的财力就会不断消耗，如果经济基础薄弱，财力必然捉襟见肘，最后导致战争的失败。诸葛亮的战略战术选择，与蜀汉国力衰弱有不可忽视的关系。诸葛亮北伐速战取胜的努力失败后，最后一次北伐做了持久战的准备，并且终于认识到军粮运输是北伐需要优先解决的问题。在234年，诸葛亮下令"分兵屯田，为久驻之基"①。但是，此时距离曹魏最初屯田时间已经有整整 38 年了，双方在军事经济方面的实力早已不可同日而语。蜀汉的前线屯田并未能改变两军对峙背后的经济实力对比，正如王夫之所说"司马懿拒守于秦、蜀之交，诸葛屡匮而懿常裕"②。脆弱的农业经济迫使诸葛亮不得不采取步步为营的"谨慎"战术。

三　曹魏应对北伐的战略以经济为基点

蜀汉北伐前后，曹魏三代统治者（武帝曹操、文帝曹丕、明帝曹睿），大体沿用了曹操制定的战略与蜀军对峙。即以军事经济的优势取得对蜀战争的决定性胜利。魏明帝时大臣孙资对曹操的战略有过一次完整的回顾与提示："昔武皇帝征南郑，取张鲁，阳平之役，危而后济。又自往拔出夏侯渊军，数言'南郑直为天狱，中斜谷道为五百里石穴耳'，言其深险，喜出渊军之辞也。又武皇帝圣于用兵，察蜀贼栖于山岩，视吴虏窜于江湖，皆桡而避之，不责将士之力，不争一朝之忿，诚所谓见胜而战，知难而退也。今若进军就南郑讨亮，道既险阻，计用精兵又转运镇守南方四州遏御水贼，凡用十五六万人，必当复更有所发兴。天下骚动，费力广大……夫守战之力，力役参倍。但以今日见兵，分命大将据诸要险，威足以震摄强寇，镇静疆场，将士虎睡，百姓无事。数年之间，

---

① 《三国志》卷三五《蜀书·诸葛亮传》，第 925 页。
② （清）王夫之著，舒士彦点校：《读通鉴论》卷上，中华书局 1975 年版，第 247 页。

中国日盛，吴蜀二虏必自罢弊。"① 当年曹操放弃汉中，针对蜀汉的防线从汉中收缩至关陇一带，同时魏国也将"守战之力，力役参倍"的用兵之弊端和压力留给蜀汉。魏国在自己统治区保持一个相对安定的环境，坚持与民休息，积极发展农业生产。所以，"数年之间，中国日盛"，而"益州疲弊"了。这就是曹操应对蜀汉的深远策略。传统意见以为曹操放弃汉中而不入蜀是战略错误，非常值得商榷。

而且，曹魏放弃汉中时控制、转移了汉中的人口。曹操从汉中撤军时，"拔汉中民数万户以实长安及三辅"，"到汉中引出诸军，令（张）既之武都，徙氐五万余落出居扶风、天水界"②。曹魏大臣杜袭使汉中"百姓自乐出徙洛、邺者，八万余口"③。蜀汉政权虽然从曹魏手中攻取汉中，但的确是"得其地，不得其民"④ 了。何兹全研究汉魏之际社会经济变迁指出，汉末魏晋的社会经济的中心问题是人口问题。"人口、劳动力成了最重要的东西。有了人口，就有了一切，有了财富，有了武力，有了政治地位和权力。"⑤ 曹魏不仅切断了汉中与关陇地区的联系，而且几乎转移了汉中的全部人口，留给蜀汉的汉中地区实际上成为一个孤立的军事堡垒。汉中为蜀汉带来的经济与军事战略意义都大大打了折扣。

秦汉以来，人民丧失土地被迫流亡的问题一直很严重，政府基本上没有办法和措施解决。⑥ 曹魏制定策略的立足点在于双方的农业经济。曹魏不主动攻伐，而是专心务农，安置流民，保障军力，积极备战，增加了军事经济优势。值得一提的是，曹魏依托屯田制，发展军事经济的过程中开始解决秦汉以来人民流亡问题，促进了农民与土地的结合。早在196 年，曹操下令实行屯田制，曹魏的军事驻防区内基本都设置田官，积蓄粮谷。屯田制保障曹魏军队征伐中，免除了军队分兵运粮的压力，屯田制成为曹魏的一项基本国策，并依赖这个条件取得军事胜利。"募民屯田许下，得谷百万斛。于是州郡例置田官，所在积谷。征伐四方，无运

① 《三国志》卷一四《魏书·刘放传》裴松之注引《资别传》，第458 页。
② 《三国志》卷一五《魏书·张既传》，第472—473 页。
③ 《三国志》卷二三《魏书·杜袭传》，第666 页。
④ 《三国志》卷四二《蜀书·周群传》，第1020 页。
⑤ 何兹全：《汉魏之际的社会经济变化》，《社会科学战线》1979 年第4 期。
⑥ 同上。

粮之劳，遂歼灭群贼，克平天下。"① 曹魏屯田最初是为了解决军粮问题，实施过程中超出了供应军粮的范围，而是以屯田制为依托，发展农业生产，安定农民的生产、生活秩序。政府组织分配土田、耕牛、维修水利。"武皇帝特开屯田之官，专以农桑为业。建安中，天下仓廪充实，百姓殷足。"② 曹魏为社会弱势群体设立救助制度。《魏书》记载法令，国家负责养育十二岁以下的孤儿、无劳动能力者、孤寡年高者、贫寒不能养活自己的人。年纪九十岁以上的，免除劳役，一家限于一人。③ 曹魏政权以法律形式保障了最底层人民的利益，也维护了农业社会的稳定。曹魏还非常重视发展教育。建安八年（203），曹操下令在各郡建立学校，在满五百户的县设置校官，提倡文献典籍研究，提升了民众文化素质。"令郡国各修文学，县满五百户置校官，选其乡之俊造而教学之，庶几先王之道不废，而有以益于天下。"④ 这些措施都促进了农业生产的稳定与发展。

魏文帝重申了与民休息，发展农业的国策："今将休息，栖（刘）备高山。"⑤ 文帝时期继续推行屯田制，息兵安民，减免田租，减轻刑罚。

诸葛亮最后一次北伐，魏明帝针对蜀汉军事经济上的劣势，看准了蜀汉国小民穷，国家支持战争的潜在能力不足的致命弱点，重申、发展了曹操的战略："但坚壁拒守以挫其锋，彼进不得志，退无与战，久停则粮尽，虏略无所获，则必走矣。走而追之，以逸待劳，全胜之道也。"⑥

著名的"曹魏三公"之一的华歆，是参与魏蜀军事对抗历程的资深政治家，在生命的最后岁月，向魏明帝上书《谏伐蜀疏》。他深刻指出，魏蜀两国军事对抗的本质是经济力量的较量。他认为应对蜀汉北伐挑衅的最佳方案是：坐而待其毙。他如此气定神闲而又自信满满，是建立在"中国无饥寒之患"的坚实基础之上。蜀汉依仗的只有险要的地理与交通，然而曹魏的优势却是农业经济的富足与发展。"为国者以民为基，民以衣食为本。"曹魏只有保持这个优势不断上升，"使中国无饥寒之患，

① 《三国志》卷一《魏书·武帝纪》裴松之注引《魏书》，第14页。
② 《三国志》卷一二《魏书·司马芝传》，第388页。
③ 《三国志》卷一《魏书·武帝纪》裴松之注引《魏书》载王令，第51页。
④ 《三国志》卷一《魏书·武帝纪》，第24页。
⑤ 《三国志》卷一三《魏书·王朗传》裴松之注引《魏书》，第412页。
⑥ 《三国志》卷三《魏书·明帝纪》，第103页。

百姓无离土之心"，那么应对蜀汉的北伐挑衅，完全"可坐而待也"①。从华歆的分析中可以看出，蜀魏战争的进程与结果最终服从于农业经济实力。

综上所述，诸葛亮在北伐之前做过一定的战前经济准备，但与曹魏全面、深入发展、提升农业经济基础相比，蜀汉的战前经济准备显得非常仓促、不足。蜀汉经济受到军事目的的限制，始终没有突破战时经济的范围，没有真正实施与民休息，让农业生产有恢复、发展的机会。蜀汉夺取了汉中作为北伐曹魏的军事基地，然而曹魏放弃汉中之时基本转移了该地区的全部人口，并切断了它与关陇地区的连接。因此蜀汉的北伐前沿阵地成为"孤绝之地"，在曹魏依托关陇一线的严密封锁之下，汉中的战略优势所剩无几。因此，受到国内经济脆弱、地理条件的制约，诸葛亮不得不采取"谨慎"的军事战术。恩格斯指出："（军事）装备、编成、编制、战术和战略，首先依赖于当时的生产水平和交通状况。"②蜀汉的经济与地理交通条件无法支撑"北定中原，兴复汉室"的战略企图。诸葛亮北伐的战略企图大大超越了战略资源（经济与交通）条件，最终影响北伐战争的进程与结局。

（原载《文史天地》2014 年第 8 期，收入本书时有所改动）

---

① 《三国志》卷一三《魏书·华歆传》，第 405 页。
② ［德］恩格斯：《反杜林论》，中共中央马克思恩格斯列宁斯大林著作编译局编：《马克思恩格斯选集》第 3 卷，人民出版社 1972 年版，第 206 页。

孙吴的洲、渚屯戍

——兼说州中仓与三州仓

中国人民大学历史学院　　汪华龙

就基层聚落而言，从汉代的乡里制度到唐代的村坊制度，无疑是一个明显的变化。而介于其间的魏晋南北朝时期，也呈现出鲜明的特色。如侯旭东所指出的，六朝时期，南方的自然聚落呈现出多元的特点，新的纷杂的聚落称呼的出现，展现了当时居住空间的拓展。[①] 侯文指出，人口的增长，是造成新的自然聚落涌现的原因，笔者是认可的。然而，新的聚落形态的盛行，并不总是人口自然增长与迁居的结果。我们注意到，在孙吴时期，史籍中多有在长江干流上的洲渚进行军事屯戍的记载，而该区域民间聚落的记载则付之阙如。对水中、水边据点的屯戍，应当说是孙吴"限江自保"策略下的产物，这一行为，也为随后的东晋南朝所继承。

一　秦汉时期的"洲"

以洲为聚落点，或是对洲的开发利用，有着较长的渊源。《诗经》即

---

① 侯旭东：《汉魏六朝的自然聚落——兼论"邨""村"关系与"村"的通称化》第3节《六朝时期的南方聚落》，黄宽重主编《中国史新论：基层社会分册》，台北联经出版事业有限公司2009年版，第140—149页。

有"关关雎鸠，在河之洲"以及"淮有三洲"①。此外，先秦时期也将海岛称为洲，如瀛洲、夷洲等。

汉代，文献中出现了一些洲的记载，证明当时人们对洲的开发已颇具规模。当时的苑囿中，已有将洲作为园内景观的现象。《西京杂记》记梁孝王苑中有"雁池、鹤洲、凫岛"，又有引作"凫洲、雁渚"②，即将养雁、鹤、凫的洲作为园林景观。枚乘谏吴王濞称"修治上林，杂以离宫，积聚玩好，圈守禽兽，不如长洲之苑"，孟康注曰："以江水洲为苑也。"③ 汉武帝曲江苑中也有长洲④。洲中的物产，也为人们所利用。广陵的扶海洲盛产蒚草，其果实如大麦，当地民众多前往采集食用。⑤ 此外，吴王刘濞的太仓也建于广陵的长洲泽⑥。

值得注意的是《尔雅》："水中可居者曰洲，小洲曰陼，小陼曰沚，小沚曰坁。人所为为潏。"⑦ 扬雄集也有"水中可居为洲，三辅谓之淤，蜀汉谓之壁"⑧。虽然汉代的文献中较少出现可以明确断定为以洲为聚居点的，但此处的"水中可居者"提示我们，聚居洲上在汉代应当是有一些实例存在的。"人所为为潏"更显示出，除了利用自然洲渚外，此时更出现了人造洲渚。

总之，人们对洲渚的认知利用有相当长的历史。秦汉时期，虽然文献中对洲的记载不多，但可以看到，帝王园林中有较多的洲景，洲中的物产也进入人们的生产生活，将洲作为聚居点的情况也已出现。

---

① （汉）郑玄注，（唐）孔颖达疏：《毛诗正义》卷一《关雎》、卷一三《鼓钟》，（清）阮元校刻：《十三经注疏》，中华书局 1980 年版，第 273、466 页。

② 《史记》卷五八《梁孝王世家》张守节《正义》注引《西京杂记》："梁孝王苑中有落猨岩、栖龙岫、雁池、鹤洲、凫岛。"又"有落猿岩、凫洲、雁渚，连亘七十余里"（中华书局 1977 年版，第 2083 页）。

③ 《汉书》卷五一《枚乘传》，中华书局 1962 年版，第 2363 页。

④ 《史记》卷一一七《司马相如传》《集解》引《汉书音义》曰："苑中有曲江之象，泉中有长洲也。"（第 3055 页）

⑤ 《后汉书》卷一一一《郡国志三》"广陵"条注，中华书局 1965 年版，第 3460 页。

⑥ 同上。

⑦ （晋）郭璞注，（宋）邢昺疏，王世伟整理：《尔雅注疏》，上海古籍出版社 2010 年版，第 374 页。

⑧ （汉）扬雄著，华学诚汇证：《扬雄方言校释汇证》，中华书局 2006 年版，第 851 页。

二　孙吴的洲渚屯戍

到了汉末三国时期，新的现象是，史料中对洲渚的记载大量出现，其中尤以南方地域特别是孙吴境内为多。这些集中出现的洲渚，较多的作为军事屯戍地出现，相比于秦汉时期，也是明显的新现象。将洲作为军事上的据点，应当说，既受限于南方水系众多的地理特征，也是孙吴"限江自保"①策略的产物。

考察孙吴至南朝时期的洲渚，在正史之外，《水经注》提供了更为翔实的史料。而《水经注》中所记的洲渚，绝大多数集中于全书的后半段②，亦即南北方向上的江淮一线及其支流，而以长江为主；从东西方向而言，又遍布扬、荆、益三州，而以东吴控制下的荆扬为主。

史料所见南方地区孙吴至南朝的洲渚聚居，与此期其他聚落类型与数量的增长，由人口自然增长而引发的自然聚落的扩张不同，特别与南方政权的军事、政治举措相关。史料所见的南方洲渚，较多呈现出作为军事据点与政治中心的形态。

汉末的分崩战乱，是南方地区将洲渚作为军事屯戍地的直接原因。史料所见较早的洲渚屯戍，是孙策与刘繇争江东时的牛渚营：

> 策渡江攻繇牛渚营，尽得邸阁粮谷、战具，是岁兴平二年也……而樊能、于麋等复合众袭夺牛渚屯。策闻之，还攻破能等，获男女万

---

① "限江自保"，诸葛亮语，出《三国志》卷三五《诸葛亮传》注引《汉晋春秋》，中华书局1959年版，第924页。相关论述参见万绳楠《"限江自保"和"施德缓刑"》，《魏晋南北朝史论稿》，安徽教育出版社1983年版；周兆望《东吴之舟师及作战特点——兼论"限江自保"说》，《汉中师院学报》1991年第2期；《论东吴"限江自保"说》，《南昌大学学报》1993年第3期。周氏认为孙吴并非没有争天下之心，不应将"限江自保"视为其国策，而只是一种权衡时宜下的军事策略。胡阿祥将"限江自保"概括为"依托长江、守在江北"，并对孙吴沿江军事据点做了翔实的考察，见《孙吴"限江自保"述论》，《金陵职业大学学报》2003年第4期。
② （北魏）郦道元著，陈桥驿校证：《水经注校证》卷二八至卷三九，中华书局2007年版，第658—934页。

余人。复下攻融,为流矢所中,伤股,不能乘马,因自舆还牛渚营。①

牛渚,在建康西南二百里②,当涂县北四十五里大江中③,规模较大,其东即采石矶。作为长江中的中继点,牛渚大幅缩短了渡江时舟行江面的距离,因而成为渡江作战的理想地方,是历来南北兵争的军事要地。刘繇时,即在牛渚上设营,并设有囤积粮谷、战具的邸阁。孙策初起,与刘繇争江东,便选择此处过江。建安三年(198),孙策以周瑜为牛渚督,此后牛渚督常置不省,到孙权时期,史籍可考的牛渚督有孙瑜、全琮、琮子绪、孙桓、何植。

到三国时期,在孙吴控制的荆扬地方,沿长江一线,洲渚被大量的作为军事据点。洲渚屯戍,以镇守孙吴北方、西方与魏、蜀的交接地带为主。试将史籍所见的孙吴洲渚屯戍整理见表1。

表1   **史籍所见孙吴时期的洲渚屯戍④**

牛渚	庐江历阳	以瑜恩信著于庐江,出备牛渚。⑤
濡须洲	濡须	中洲者,部曲妻子所在也。⑥
半洲	寻阳	以虑宜为镇军大将军……于是假节开府,治半洲。⑦
王步	南昌	步侧有城,云是孙奋为齐王镇此城之,今谓之王步,盖齐王之渚步也。⑧

---

① 《三国志》卷四六《孙策传》注引《江表传》,中华书局1982年版,第1104页。

② 《晋书》卷四二《王濬传》,中华书局1974年版,第1211页。

③ 《旧唐书》卷四〇《地理志三》,中华书局1975年版,第1602页。

④ 排序按其地理位置,自东向西排列。

⑤ 《三国志》卷五四《周瑜传》,第1259页。

⑥ 《三国志》卷五六《朱桓传》,第1313页。

⑦ 《三国志》卷五九《孙虑传》,第1367页。

⑧ (北魏)郦道元著,陈桥驿校证:《水经注校证》卷三九《赣水注》,第922页。以下凡引此书,都简作《水经注》。关于"步",侯旭东引《述异记》"按吴楚间谓浦为步,盖语讹耳",而将步与浦等同,即步为水滨。(侯旭东:《汉魏六朝的自然聚落——兼论"邨""村"关系与"村"的通称化》,《中国史新论:基层社会分册》,第141页)然而,此处的王步,应当是水中的洲渚。本条材料出《赣水注》"又北过南昌县西"注,同条注前文在提及"度支步"时,郦道元称"步,即水渚也"(第921页),随之的"津步",文内又称为"津渚"(第921页),而此处将"王步"解释为"齐王之渚步也",则齐王城应当也是建立在渚上的。这里的步,即"渚步",也就是渚的水边,而不是习惯认知上的江边、河边。

续表

鹦鹉洲	长沙沙羡	直鹦鹉洲之下尾，江水迳曰㳷浦，是曰黄军浦。昔吴将黄盖军师所屯，故浦得其名，亦商舟之所会矣。①
百里洲	南郡	魏将夏侯尚等围南郡，分前部三万人作浮桥，渡百里洲上。②
	南郡屠陵	江水又径南平郡屠陵县之乐乡城北，吴陆抗所筑，后王浚攻之，获吴水军督陆景于此渚也。③
故城洲、郭洲	建平夷陵	故城洲，洲头曰郭洲，长二里，广一里，上有步阐故城，方圆称洲，周回略满。故城洲上，城周五里，吴西陵督步骘所筑也。④

当然，在表1之外，应当仍有因史籍失载而湮灭无闻的孙吴洲渚屯戍。仅就史料所及，综览表1，我们大致可以得到以下几点认知：

第一，史料所载的孙吴洲渚屯戍，自东向西，无一例外的，都在长江干流上。

就地理形势而言，长江干流江面宽广，其中规模较大的洲渚，为成规模的军事屯戍提供了可能。然而，在南方的其他水域，同样存在规模较大的洲渚。那么，孙吴对长江干流上洲渚的屯戍，恐怕应当视为其有意的选择，也就是其"限江自保"的军事策略。由此而论，在胡阿祥将"限江自保"概括为"依托长江，守在江北"的解释之外，长江之中的洲渚屯戍应当也是"限江自保"策略的重要一环。孙吴对洲渚屯戍的重视，在史籍中也有所体现。孙亮诏书称"诸孙兄弟作将，列在江渚"⑤，这里的江渚或许并不只是修辞上的泛称，而是对江中的洲渚有所措意的。

第二，史籍所载的孙吴时对洲渚的利用，以军事屯戍为主体，几乎没有民间聚落的记载。

---

① 《水经注》卷三五《江水注》，第805页。
② 《三国志》卷五五《潘璋传》，第1300页。
③ 《水经注》卷三五《江水注》，第801页。
④ 《水经注》卷三四《江水注》，第793—794页。
⑤ 《三国志》卷五九《孙奋传》注引《江表传》，第1375页。

不论是《三国志》还是《水经注》，提及孙吴时期的洲渚，仅两例与军事无关。一是武陵龙阳的汜洲，因为李衡种橘千株致富而闻名[1]；二是江夏洳县的芦洲，"旧吴时筑客舍于洲上，方便惟所止焉"[2]。而这两例，都与自然聚落无关。笔者同意侯旭东由《尔雅》洲渚推出东汉时洲中聚落大量存在的判断，其引及南朝的"小说"类文献中，也多有南朝时洲中聚落的记载[3]。那么，孙吴时期的洲中聚落，在史籍失载之外，是否也存在某种中断呢？答案是肯定的。宋初，何承天为刘裕上《安边论》称：

> 曹、孙之霸，才均智敌，江、淮之间，不居各数百里。魏舍合肥，退保新城，吴城江陵，移民南浃，濡须之戍，家停羡溪。及襄阳之屯，民夷散杂，晋宣王以为宜徙沔南，以实水北，曹爽不许，果亡柤中，此皆前代之殷鉴也。何者？斥候之郊，非畜牧之所。转战之地，非耕桑之邑。[4]

何氏主张"坚壁清野"，而引了四条孙曹故事为证。孙吴在江陵、濡须的两次移民，已不可考。江陵移民，应是将原本的居民向南方迁徙。濡须的移民，如表1濡须洲条所示，屯戍军士的家属居于中洲，那么迁于羡溪的，应当也是濡须原本的居民。由此或可推测，孙吴时期长江一线的洲渚屯戍，或许都是循例将原本的自然聚落迁徙到内地的。何氏所谓"不居各数百里"固然有所夸张，但仅就"江淮之间"而言，以洲渚为自然聚落点的情况，应当是产生了一定程度的中断。

第三，孙吴时期，洲渚常作为军事上的治所。

据表1，孙吴时期，常以名将领军屯戍洲渚，由之而来的，洲渚也成

---

[1] 《三国志》卷四八《孙休传》注引《襄阳记》，第1156页；又见《水经注》卷三七《浪水注》，第871页。

[2] 《水经注》卷三五《江水注》，第807页。

[3] 侯旭东：《汉魏六朝的自然聚落——兼论"邨""村"关系与"村"的通称化》，《中国史新论：基层社会分册》，第142—143页。

[4] 《宋书》卷六四《何承天传》，中华书局1974年版，第1707页。

为军事上的治所。如半洲条，孙虑为镇军大将军，假节开府，即治半洲。又《朱桓传》：

> 黄龙元年，拜桓前将军，领青州牧，假节……桓佐军进谏，刺杀佐军，遂托狂发，诣建业治病。权惜其功能，故不罪。使子异摄领部曲，令医视护，数月复遣还中洲……兼以强识，与人一面，数十年不忘，部曲万口，妻子尽识之。①

朱桓率部曲万口屯濡须，其领青州牧以后，仍驻于中洲。传称"部曲万口，妻子尽识之"，其部曲妻子是居于濡须中洲的，那么，也只有长期居屯在中洲，朱桓才有可能做到"妻子尽识之"。

此外，孙吴在濡须的防卫是有过变化的。最初似乎只依仗水军，"上岸击贼，洗足入船"，而不立坞、不守洲。② 建安十八年（213），曹操出濡须，吕蒙劝孙权夹水口立坞，在吕蒙、蒋钦、周泰督濡须时期，是以濡须坞为防御重点的。建安二十二年（217），孙权始于濡须口筑城。到黄武元年（222），朱桓为督时，才有屯于洲中的记载。那么，在洲、坞、城并存的时期，朱桓为何以洲而不是以城、坞为治所呢？我们看到，当曹仁试图进攻濡须洲时，蒋济谏道："贼据西岸，列船上流，而兵入洲中，是为自内地狱，危亡之道也。"③ 屯军洲渚，并不是以洲渚为孤立的屯戍点，而是与江边的守军与江中的舟师相互援应的。对水军不如孙吴的魏军而言，江中的洲渚也就成了地狱般的存在。这或许就是孙吴多将水中的洲渚作为军事上治所的原因。

总而言之，孙吴时期，沿着长江干流，多选择其中处于要冲的洲渚作为军事上的屯戍点，以此来实现其"限江自保"的军事策略。在

---

① 《三国志》卷五六《朱桓传》，第1314页。

② 《三国志》卷四七《吴主传》："建安十八年正月，曹公攻濡须。"注引《吴历》曰："曹公出濡须，作油船，夜渡洲上。权以水军围取，得三千余人，其没溺者亦数千人。"（第1118页）曹操夜渡洲上，而被孙权水军围攻，此时的洲，应当并未设防。《三国志》卷五四《吕蒙传》："后从权拒曹公于濡须，数进奇计，又劝权夹水口立坞，所以备御甚精。"注引《吴录》曰："权欲作坞，诸将皆曰：'上岸击贼，洗足入船，何用坞为？'吕蒙曰：'兵有利钝，战无百胜，如有邂逅，敌步骑蹙人，不暇及水，其得入船乎？'权曰：'善。'遂作之。"（第1275页）

③ 《三国志》卷一四《程昱传》，第451页。

洲渚屯戍时，往往将洲渚上原有的自然聚落迁徙到内地，这一现象，使得以洲渚作为新的自然聚落点的趋势，在孙吴时期的长江干流地区，发生了一定程度的中断。孙吴的洲渚屯戍，与其江边的屯戍与江中的舟师形成了相互援应的防御体系，洲渚也往往成为地方防御中的军事治所。

此外，还值得一提的是，以洲渚为军事屯戍点，在史籍中也存在一次中断。在西晋平吴后，到永嘉之乱前，史料中没有出现南方洲渚屯戍的记载。这一现象，或许是由于统一局面的出现，使得南北对峙中的长江防线失去其意义，而洲渚屯戍也随之衰落。而永嘉之乱以后，南北对峙的局面再度出现，孙吴的洲渚屯戍也随之为东晋、南朝所继承。而西晋时，南方的洲渚也呈现出了新的面貌，即多有被作为郡县治所的情形出现。

郦道元记丰民洲为巴子旧都，应当是采自当地传说，未必是事实，但如将其视为西晋以后，南方地区多有将郡县治所置于洲上的情形，民众习惯于此，而将丰民洲附会到巴子旧都上，或许是有可能的。

其余七例中，明确记载置治洲上时间的，是蒲圻于太康元年、沙阳于太康中、蕲阳于晋时三例。此外，河阳云平，《宋书·州郡志》载"云平长，晋武帝咸宁五年立"[1]；河阳县，任乃强以为是平吴后所立[2]，参考蒲圻、沙阳两例，云平、河阳或许也在置县之初就置治洲上。其余枝江、俞元，在汉代就已置县，其置治洲上的时间不明。由表 1 可以看到，在洲上筑城的现象，史籍中明确的记载始于孙吴时期；而置治洲上，史籍中则始于晋武帝时。由此，笔者推测，以洲渚为郡县治所的现象，或许即始于晋武帝时期。而之所以将洲渚作为郡县治所，或许是在水系较多的地方，洲渚方便交通往来的缘故。

---

[1] 《宋书》卷三八《州郡志四》，第 1187 页。
[2] （晋）常璩著，任乃强校注：《华阳国志校补图注》卷四《南中志·十二》注 17，上海古籍出版社 1987 年版，第 301 页。

表2		郡县置治洲中表
丰民洲	巴郡平都	旧巴子别都也。①
蕲阳洲/石穴洲	江夏蕲春	晋改为蕲阳县，县徙江洲，置大阳戍，后齐齐昌郡移治于此也 蕲水南对蕲阳洲，入于大江，谓之蕲口。洲上有蕲阳县徙。② 石穴洲，洲上有蕲阳县治。③
蒲圻洲	长沙蒲圻	洲头，即蒲圻县治也，晋太康元年置。④
沙阳洲	长沙沙阳	沙阳洲，沙阳县治也。县，本江夏之沙羡矣，晋太康中改曰沙阳县。⑤
	南郡枝江	江沱枝分，东入大江，县治洲上，故以枝江为称。⑥
龙池洲	建宁俞元	县治龙池洲，周四十七里。⑦
源洲	河阳河阳	郡治。在河中源洲上。⑧
	河阳云平	又有云平县，并在洲中。⑨

三　洲与仓、邸阁——兼说吴简中的三州仓与州中仓

相较于其他的运输方式，水运对人力畜力耗费较低，无疑是更经济快捷的。因此，在水文条件许可的地方，仓、邸阁往往建于滨水的地方，试举两例：

---

① 《水经注》卷三三《江水注》，第775页。
② 《水经注》卷三二《澪水注》，第746页。
③ 《水经注》卷三五《江水注》，第809页。案，石穴洲或为此洲本名，至蕲阳县治徙于洲上，于是更名为蕲阳洲。
④ 同上书，第803页。
⑤ 同上书，第804页。
⑥ 《水经注》卷三四《江水注》，第795页。
⑦ （晋）常璩著，任乃强校注：《华阳国志校补图注》卷四《南中志·九》，俞元旧作新定，任本从嘉庆廖寅刻本改作俞元，当是。又见《水经注》卷三六《温水注》，第830页。
⑧ （晋）常璩著，任乃强校注：《华阳国志校补图注》卷四《南中志·十二》，第296页。又见《水经注》卷三六《温水注》，"后立河阳郡，治河阳县，县在河源洲上"（第830页），河后疑脱一"中"字，误为"河源洲"，仍从《华阳国志》。
⑨ 《水经注》卷三六《温水注》，第830页。

六月，益、梁八郡水，杀三百余人，没邸阁别仓。①

自徐扬内附之后，仍世经略江淮，于是转运中州，以实边镇，百姓疲于道路。乃令番戍之兵，营起屯田，又收内郡兵资与民和籴，积为边备。有司又请于水运之次，随便置仓，乃于小平、石门、白马津、漳涯、黑水、济州、陈郡、大梁凡八所，各立邸阁，每军国有须，应机漕引。自此费役微省。②

在记录水灾时，特别点出"没邸阁别仓"，邸阁别仓应当就是滨水而建的。北魏因转运之烦，专门在水运之次设立八处邸阁，用于漕引转运，而能"费役微省"，应当是时人有意在滨水处设邸阁的力证。

由汉晋洲渚的史料，可以看到，洲渚经常被作为屯粮的地方，与仓、邸阁的联系较为密切。

较早的洲上或洲边设仓的记载，是《后汉书·郡国志三》："东阳故属临淮。有长洲泽，吴王濞太仓在此。"③ 清人刘宝楠详考地望，以为"有长洲泽"前脱去"海陵故属临淮"，长洲泽应在海陵而非东阳，这也与枚乘所说"转粟西乡，陆行不绝，水行满河，不如海陵之仓"④ 相合，今人赵苇航在肯定刘说的基础上，又提出了几点新的证据⑤。对刘、赵的判断，笔者是同意的。海陵，在今江苏泰州，《汉书·地理志》记"有江海会祠"，在汉代是长江入海口所在。长洲泽，应当就在江海交汇处附近，将太仓设于长洲泽，是出于方便水路航运的考量。

汉末孙吴时期，前文已引及刘繇牛渚营有邸阁，其中囷聚粮谷、战具。孙吴的洲渚屯戍，其驻军数量是很大的。周瑜屯牛渚，有"兵二千人，骑五十匹"⑥；全琮屯牛渚时，规模达到"精兵万余人"⑦。这样

---

① 《晋书》卷三《武帝纪》，第 67 页。

② 《魏书》卷一一〇《食货志》，中华书局 1974 年版，第 2858 页。

③ 《续汉书·郡国志三》，第 3460 页。

④ 《汉书》卷五一《枚乘传》，第 2363 页。

⑤ 参见赵苇航《刘宝楠〈宝应图经〉的历史地理学价值》中"关于东阳县的东境"一节，收入扬州师院学报编辑部、古籍整理研究室编《扬州学派研究》，扬州师院印刷厂，1987 年版，第 254—255 页。

⑥ 《三国志》卷五四《周瑜传》，第 1260 页。

⑦ 《三国志》卷六〇《全琮传》，第 1381 页。

的规模下，其屯戍地所设的邸阁与仓，应当是以军事物资储备为主的军仓。

晋宋时，又有度支校尉立府洲上或洲边的记载：

> 赣水北出，际西北历度支步，是晋度支校尉立府处。步，即水渚也。①

> 赣水又历钓圻邸阁下，度支校尉治，太尉陶侃移置此也。旧夏月，邸阁前洲没，去浦远。景平元年，校尉豫章，因运出之力，于渚次聚石为洲，长六十余丈，洲里可容数十舫。②

> （江津洲）此洲始自枚回，下迄于此，长七十余里。洲上有奉城，故江津长所治。旧主度州郡，贡于洛阳，因谓之奉城，亦曰江津戍也。③

度支步与钓圻，都在南昌，大约度支校尉先立府于度支步，陶侃将其迁到钓圻。江津洲在江陵，其主度的时间并未明确记载，从"贡于洛阳"看，东汉、魏、西晋都有可能。考虑到度支为曹魏以后才出现的官职，而曹魏时江陵为三国纷争的地区，笔者倾向于这里的洛阳应指西晋。三例中，以钓圻邸阁记载最详，伊藤敏雄最先注意到本条材料，并据以讨论洲与邸阁的位置关系，但这条记载本身仍有需要解读的地方。④ 圻为曲岸，钓圻邸阁看似设在江边。但邸阁如果就在江边，那么何以会因"洲没"而"去浦远"呢？因此，"邸阁前洲"似应理解为"邸阁所在洲的前部"，亦即邸阁是在江中洲上的，它的"前洲"离江边较近，所

---

① 《水经注》卷三九《赣水注》，第921页。

② 同上书，第922页案。豫章应为郡名，其下脱去校尉姓名。

③ 《水经注》卷三四《江水注》，第797页。

④ ［日］伊藤敏雄：《关于长沙走马楼简牍中的邸阁、州中仓、三州仓》："……以及再参考《水经注》卷三九赣水条中的因漕运而在邸阁前筑洲的刘宋时代的事例，三州仓、州中仓的位置在'洲'的附近的可能性就变得很高"，其解读略显含混，从"在邸阁前筑洲"、"洲的附近"来看，似乎是倾向于邸阁并不在洲上的。收入长沙市文物考古研究所编《长沙三国吴简暨百年来简帛发现与研究国际学术研讨会论文集》，中华书局2005年版，第118页。

以在其淹没后，邸阁才会"去浦远"。度支校尉在"渚次聚石为洲"，是在渚边缘填石，将其扩建为较大的洲。"洲里可容数十舫"，说的也就是邸阁所在的洲，经扩建后，能够容纳更多的舟船。邸阁之所以要"去浦"近，或是因为邸阁不仅要接收水运而来的粮食，也要方便陆上粮食的运达。

由长洲泽太仓、牛渚邸阁以及晋时度支立府的情形，应当说，仓与邸阁不仅多立于水边，其中更应当有相当数量是立于洲上的。据此，笔者试图对走马楼吴简中久悬未决的"州中仓""三州仓"的问题略陈浅见。对州中仓、三州仓解释的分歧，最早见于公开发表的，是王素、宋少华、罗新《长沙走马楼简牍整理的新收获》对整理组两种意见的表述：

> 一种意见认为："州"可能与"洲"通。长沙地区江河纵横，水中多洲，所谓州中仓、三州仓，均为设在洲上之仓。仓设于洲，便于转运。据此，则州中仓、三州仓均为转运仓。一种意见认为：简牍屡见"三州丘"（该丘因三州仓所在而得名），丘一般为高地，故"州"不可能与"洲"通。州中仓之"州"应指"荆州"，州中仓为荆州派出临湘之正仓。三州仓之"三州"应为吴国代称。……三州仓可能是吴国中央派出临湘之转运仓。①

就此问题，较新的论述是伊藤敏雄《关于长沙走马楼简牍中的邸阁、州中仓、三州仓》。他沿用了胡平生、安部聪一郎指出三州仓吏、州中仓吏都是县吏，进而推出三州仓、州中仓都是县仓的观点，并据以推测，如果是县仓的话，"州"就可以作为"洲"的意思，而结合简文中的"漕引"与前引钓圻邸阁的史料，他认为"三州仓、州中仓的位置在'洲'的附近的可能性就变得很高"②。

在此基础上，笔者谨略谈两点浅见：

首先，《新收获》提到丘为高地，因而"州"不能与"洲"通的观

① 王素、宋少华、罗新：《长沙走马楼简牍整理的新收获》，《文物》1999年第5期。
② ［日］伊藤敏雄：《关于长沙走马楼简牍中的邸阁、州中仓、三州仓》，《长沙三国吴简暨百年来简帛发现与研究国际学术研讨会论集》，第118页。

点，应当是不能成立的。笔者注意到，在"三州丘"以外，吴简中存在以"某渚丘"为名的聚落：如前渚丘（壹·2828）、沙渚丘（贰·2722）、郭渚丘（贰·888）、进渚丘（壹·1549）、石渚丘（贰·865）、柤渚丘（贰·6240）等，此外还有渚山丘（壹·4498）①。据此，"三州丘"的"州"就可以理解为"洲"的通字。那么，结合前文对汉晋时期于洲上置仓的情形，"州中仓""三州仓"置于洲上的可能性是很大的。

其次，我们知道，秦汉时期官方设置的仓，最低的一级是县仓。乡中虽然也有仓，但是仍然称为县仓，是县仓在乡中的分支机构，由都仓啬夫或是仓曹主管全县的仓②。三国时期，这种基层的仓的建设，应当仍是普遍的现象。《晋书·宣帝纪》："帝以灭贼之要，在于积谷，乃大兴屯守，广开淮阳、百尺二渠，又修诸陂于颍之南北，万余顷。自是淮北仓庾相望。"③ 仓庾相望，虽是修辞，但恐怕应当是包含了许多基层的仓的设置的。吴简中的"三州仓"、"州中仓"，或许也应当是县仓在基层的分支机构。

总之，以吴简中的"某渚丘"为参照，"三州丘"与"三州仓"的州是可以通为"洲"的，参考汉晋置仓洲上的现象，三州仓与洲中仓置于洲上应当说存在很大的可能。而这两者应当是为县管辖的基层聚落的仓。

---

① 长沙市文物考古研究所、中国文物研究所、北京大学历史系走马楼简牍整理组编著：《长沙走马楼三国吴简·竹简（壹）》，文物出版社 2003 年版；长沙简牍博物馆、中国文物研究所、北京大学历史学系走马楼简牍整理组：《长沙走马楼三国吴简·竹简（贰）》，文物出版社 2007 年版。

② 参见裘锡圭《啬夫初探》，《云梦秦简研究》，中华书局 1981 年版，后收入《古代文史研究新探》，江苏古籍出版社 1992 年版，第 437 页。

③ 《晋书》卷一《宣帝纪》，第 15 页。

试论孙吴时期的海路交通的发展

——以大秦商人秦论来华为中心

中国人民大学国学院 钟良灿

众所周知，三国时期的孙吴政权比较重视海路交通的开发，这一方面固然是因为孙吴政权地处东南，有其独特的地理优势；另一方面，也是由孙吴政权"保守江东以观天下之衅"的基本国策所决定的。①

这一时期，孙吴政权发展和利用海路交通的重大历史事件，诸如通辽东、使高丽与规夷洲等，都是其重视海洋交通发展的具体表现，史书对此都有相当的论述，学者于此方面的相关研究也不少。② 相较而言，对于大秦商人秦论的来华，以记载魏、蜀、吴三国政权史事的《三国志》却只字未提，幸得存于贞观时期成书的《梁书》中，使得这一国际交流

---

① 参见简修炜、庄辉明《东吴的基本国策与孙权的战争谋略》，《学术月刊》1991 年第 2 期。

② 如对孙权几次通辽东行为考察的相关研究，可参见何满子《孙权经略辽东评议》，《学海》1994 年第 1 期；黎虎《孙权对辽东的经略》，《北京师范大学学报》（社会科学版）1994 年第 5 期；王永平《孙权"报聘辽东"及其与朝臣之冲突考论》，《徐州师范大学学报》（哲学社会科学版）2004 年第 6 期；李红权、郭秀琦《孙权经营东北战略构想——以嘉禾二年正月诏书为中心的考察》，《宜宾学院学报》2010 年第 4 期等。关于孙吴政权与高句丽等的交往，可参见崔永哲、苗威《高句丽与孙吴的交往》，《东疆学刊》1999 年第 4 期；孙祥伟《三国时期东吴、辽东与三韩关系探略》，《陇东学院学报》（社会科学版）2006 年第 1 期；金健人《古代东北亚海上交流史分期》，《社会科学战线》2007 年第 1 期。对于孙吴政权远规夷洲的研究，可参见周维衍《台湾历史地理中的几个问题》，《历史研究》1978 年第 10 期；张崇根《三国孙吴经营台湾考》，《安徽大学学报》（哲学社会科学版）1981 年第 1 期；叶哲明《东吴卫温、诸葛直远规台湾出海港口考析》，《东南文化》1990 年第 6 期；周文顺《简论三世纪东吴经略台湾之功绩》，《社会科学》1996 年第 7 期；张崇根《再论夷洲即今之台湾》，《国家航海》2012 年第 1 期。

史上的重大事件得以流传至今。秦论来华并与孙权有过对话，这一历史事件本身意义重大，孙权也由此成为"中国唯一曾与古罗马帝国公民直接对话的帝王"①。对秦论来华史事的考证，以许永璋的研究贡献为大。②本文拟从交通史角度，由秦论来华看孙吴时期的海路交通的发展。

对于秦论来华的始末，《梁书·诸夷传》载中天竺国：

> 汉桓帝延熹九年，大秦王安敦遣使自日南徼外来献，汉世唯一通焉。其国人行贾，往往至扶南、日南、交趾，其南徼外诸国少有道大秦者。孙权黄武五年，有大秦贾人字秦论来到交趾，交趾太守吴邈遣送诣权，权问方土谣俗，论具以事对。时诸葛恪讨丹阳，获黝、歙短人，论见之曰："大秦希见此人。"权以男女各十人，差吏会稽刘咸送论，咸于道物故，论乃径还本国。③

这一记载大致为《南史》所袭，此略不引。关于大秦王安敦遣使来献，《后汉书·桓帝纪》和《后汉书·西域传》均有记载。《西域传》载：

> 至桓帝延熹九年，大秦王安敦遣使自日南徼外献象牙、犀角、玳瑁，始乃一通焉。④

史籍所载的"大秦"，一般是指罗马帝国，有学者指出，秦论应来自罗马帝国的东部地区，具体为埃及的亚历山大城。⑤若此说成立，则秦论或由

① 王子今：《秦汉交通史稿》（增订版）第六章《秦汉近海航运与海外交通》，中国人民大学出版社 2013 年版，第 181—214 页。

② 参见许永璋《大秦商人秦论来华若干问题探讨》，北京大学历史系编《北大史学》第 4 辑，北京大学出版社 1997 年版，第 45—53 页；《秦论来华与朱应、康泰出使南海诸国》，《东南亚》1998 年第 3 期；《三国时期大秦商人秦论的鄂州之行》，《鄂州大学学报》2001 年第 1 期。

③ 《梁书》卷五四《诸夷传》，中华书局 1973 年版，第 798 页。

④ 《后汉书》卷八八《西域传》，中华书局 1965 年版，第 2920 页。

⑤ 许永璋：《大秦商人秦论来华若干问题探讨》。此说当承自伯希和，见［法］伯希和著《犁轩为埃及亚历山大说》，冯承钧译，冯承钧编《西域南海史地考证译丛》第 7 编，商务印书馆 1995 年版，第 34 页。

亚历山大港出发，由"海上丝绸之路"至交趾，[①] 再由交趾北上，到达孙吴的都城武昌（今鄂州）[②]。应该说，这条线路自东汉以来即已开通，秦论由此海路而来，可能性极大。

须加说明的是，在这一国际交往中，天竺（印度）所起的中介作用不容忽视。秦论来华之记载，即被安置在《梁书·诸夷传》中的"中天竺国"，可见其地位。《梁书》在记载秦论史事之前，即详细论述了天竺国与大秦国的商业往来：

> 其（中天竺国）西与大秦、安息交市海中，多大秦珍物，珊瑚、琥珀、金碧珠玑、琅玕、郁金、苏合……又云大秦人采苏合，先笮其汁以为香膏，乃卖其滓与诸国贾人，是以展转来达中国，不大香也。[③]

所云"与大秦、安息"交市海中，即通过"海上丝绸之路"完成交易。自汉武帝时代打通东南海上航路始，南洋航路的交通即已开通。[④] 研究表明，西汉时代，中国已经开通了远达南印度的航线，而至东汉时代，这条航线仍大致保持着畅通。[⑤] 由此看来，孙吴政权基本接收了两汉王朝南洋航路的遗产，并积极推进与发展。除了天竺，东南亚诸国也在这一国际交往中扮演着重要角色，引文所述大秦之"苏合"，即经东南亚诸国贾人之手而"辗转来达中国"[⑥]。历来关注"海上丝绸之路"者，大多以中国及罗马帝国等交易双方为研究对象，而对于居于其中起中转性质之南

---

① 王子今考证"海西幻人"来路大致有三条，其一即为"交趾海路"，参见王子今《海西幻人来路考》，中国中外关系史学会编《中西初识二编——明清之际中国和西方国家的文化交流之二》，大象出版社 2002 年版，第 199—213 页。

② 按《三国志》卷四七《吴书·吴主传》载黄初二年（221）"权自公安都鄂，改名武昌"，此后直至黄龙元年（229）孙权称帝，方"迁都建业，因故府不改馆，征上大将军陆逊辅太子登，掌武昌留事"（第 1121 页）。黄武五年（226）孙权接见秦论，应在都城武昌无疑，可参见许永璋《三国时期大秦商人秦论的鄂州之行》。

③ 《梁书》卷五四《诸夷传》，第 798 页。

④ 王子今：《秦汉交通史稿》（增订版）第六章《秦汉近海航运与海外交通》，第 208 页。

⑤ 同上书，第 208—209 页。

⑥ 参见马勇《东南亚与海上丝绸之路》，《云南社会科学》2001 年第 6 期。

亚、东南亚诸国关注较少，故在此多所赘言，以明其贡献。

孙权以内有山越之忧，外有强敌之患，迟至黄武七年（229）方才即位正号，其建国之路颇为曲折。① 尽管如此，孙吴在"限江自保"基本国策的影响下，对内狠力镇压、征服山越，对外积极谋求联盟以抗强魏。"孙刘"联盟经樊城之变和夷陵之战的影响，虽最终得以修复，但以荆州之争的长期存在，其联盟亦极脆弱。观孙权汲汲于通辽东，其寻求新联盟以制曹的用意十分明显。② 在这一大背景下，孙吴利用自身地理优势，大力开发海洋交通，积极参与国际贸易，也就不难理解了。

孙吴政权与南亚、东南亚的交往，多通过岭南得以实现。因此，岭南地理位置之重要性得以凸显。众所周知，自东汉末以来，岭南实际长期处于士燮家族的控制之下。士燮为交阯太守时，表其三弟分别为合浦、九真、南海太守，其家族势力由此达于巅峰，史载：

> 燮兄弟并为列郡，雄长一州，偏在万里，威尊无上。出入鸣钟磬，备具威仪，笳箫鼓吹，车骑满道，胡人夹毂焚烧香者常有数十。妻妾乘辎軿，子弟从兵骑，当时贵重，震服百蛮，尉他不足踰也。③

鉴于士燮家族的势力和士燮的人望，孙权未轻易对其动武。事实上，一直到士燮去世，双方之关系表面上应是融洽的，其表现是建安十五年（210）孙权派去的交州刺史步骘得到士燮的承认与容纳。然而士燮一死，孙权立即采取行动，开始了人事调整：

> （黄武五年，士燮卒于郡，孙权）乃分合浦以北为吕岱为刺史；交阯以南为交州，戴良为刺史。又遣陈时代燮为交阯太守。④

---

① 可参见唐长孺《孙吴建国及汉末江南的宗部与山越》，《魏晋南北朝史论丛》，中华书局2009年版，第1—26页；田余庆《孙吴建国的道路——论孙吴政权的江东化》，《秦汉魏晋史探微》（重订本），中华书局2004年版，第262—295页。

② 可参见何满子《孙权经略辽东评议》，黎虎《孙权对辽东的经略》，王永平《孙权"报聘辽东"及其与朝臣之冲突考论》，李红权、郭秀琦《孙权经营东北战略构想——以嘉禾二年正月诏书为中心的考察》等文。

③ 《三国志》卷四九《士燮传》，中华书局1982年版，第1192页。

④ 《三国志》卷四九《士燮传》，第1193页。

这样安排的结果是引起士燮子孙的反抗，孙吴最终顺理成章地铲除了其势力，从此实现全面控制。以铲除士燮家族势力为转折，孙吴实现了对岭南的全面统治。秦论由交趾觐见，恰在黄武五年（226），绝非巧合，应是在孙吴铲除士燮家族势力之后。孙权此举，除有消除士燮家族割据隐患之考虑外，当有开通南亚、东南亚之海路交通的现实需要，此从秦论黄武五年来华即可知矣。值得注意的是，这时的交趾太守是吴邈。按上引文可知，孙权初欲以陈时为交趾太守。同年之内，太守已易他人（或陈时并未就职），可见交趾最高长官之任免权，已转移至孙吴政权中央，故不再有如士燮者，长期霸守一方之可能。

吴邈将秦论遣送诣权，当是出于秦论的要求。秦论由交趾转至当时之吴都武昌。秦论作为大秦的商人，出使孙吴并要求觐见孙权，应该有"贡品"呈献。从孙权问以"方土谣俗"，秦论"具以事对"来看，这次对话应是愉悦的、成功的。孙权于"日理万机"之际，能与这个以个人名义出访的大秦商人轻松对话并详考其"方土谣俗"，可以看出孙权对此事之重视。此时的孙权刚实现对交趾的全面统治，即会见从交趾而来的海外大秦商人，其对开通南海交通之热心可知。

《梁书》的记载中提到诸葛恪讨丹阳获黝、歙短人事。史载嘉禾三年（234）"秋八月，以诸葛恪为丹杨太守，讨山越"[1]。直至嘉禾六年（237）冬，"诸葛恪平山越事毕"[2]。按孙权于黄龙元年（229）在武昌南郊即帝位后，正式迁都建业。诸葛恪为丹阳太守及讨平山越，更在此之后，显然秦论此时已来到建业。这就意味着秦论在武昌受到孙权的接见后，并未急着返回故国，而是在武昌定居了一段时间，并又随孙权来到了建业。关于黝、歙短人之"黝"，当为"黟"之误[3]，"黟、歙"为今安徽南部

---

①　《三国志》卷四七《吴主传》，第 1140 页。

②　同上书，第 1142 页。

③　《晋书·地理志》载新安郡下辖县即为"始新、遂安、黝、歙、海宁黎阳"，王念孙即指出"黝、黟"形近易误，参《晋书》卷一五《地理志》"黝"条注释二〇，中华书局 1974 年版，第 461、471 页。

的二县，在东汉至三国时期为山越的集中活跃地，史书中多有记载。①今虽难以确认诸葛恪献"黝、歙短人"具体在哪一年，然大体在诸葛恪丹阳太守任内应得其实。此即意味着在嘉禾三年（234）至六年（237）之间，秦论尚在吴都建业，则知秦论来华至少已经七载②。

　　由诸葛恪献"黝、歙短人"而秦论得见之的情状看，孙权对这位名不见经传的大秦商人之喜欢与信任可知。也正因此，当秦论说起"大秦希见此人"时，孙权才会慷慨赠赐。应该是在这次见面不久，秦论提出归国之议，孙权为此专派会稽吏员护送其归国。无奈该吏员中道"物故"，秦论只得"径还本国"③。在此需注意者为秦论的归国路线，按《梁书》所载，护送秦论归国者为会稽吏刘咸，颇疑秦论归国乃由东洋航路转南洋。东洋航路在秦汉时期早已开通，其标志之一即为徐福东渡传说的流广。④孙吴充分继承和吸收了秦汉时期东洋航路的遗产，在孙权称帝之次年，即黄龙二年（230），就派出了"将军卫温、诸葛直将甲士万人浮海求夷洲及亶洲"。史载：

　　　　亶洲在海中，长老传言秦始皇帝遣方士徐福将童男女数千人入海，求蓬莱神山及仙药，止此洲不还。世相承有数万家，其上人民，时有至会稽货布，会稽东县人海行，亦有遭风流移至亶洲者。所在绝远，卒不可得至，但得夷洲数千人还。⑤

这里反复提及会稽，可知会稽为东洋航线上一重要地标。卫温等虽未到达亶洲，但却开通了由会稽至夷洲的航路，这对秦论由会稽归国应有一定影响。秦论归国之路线，或为会稽而下东南，转交趾海路，然后走"海上丝绸之路"而径直归国。

──────────

　　①　如《吴书》引《江表传》曰："与贼丹阳、宣城、泾、陵阳、始安、黝、歙诸县大帅。"（第1107页）建安十三年，"使贺齐讨黝、歙"（第1117页）。
　　②　参见许永璋《大秦商人秦论来华若干问题探讨》。
　　③　或因护送之吏的道亡，秦论所携20短人未必能全部带到大秦，有学者即已推想20人中当有辗转返回中国者。（王子今：《秦汉交通史稿》（增订版），第211页）
　　④　参见王子今《秦汉交通史稿》（增订版），第203—206页。
　　⑤　《三国志》卷四七《吴主传》，第1136页。

秦论的来华与归国，在海路交通史上有着重要的贡献。许永璋即已指出，秦论的来华与朱应、康泰的出使南海诸国有着密切的联系。[①] 关于朱应、康泰的出使，《梁书》在《海南诸国传》、《扶南国传》及《天竺国传》中均有记载，许永璋指出：朱应、康泰出使时间应在 244—251 年或 244—252 年之间。[②]

据上文所知，秦论归国应在 234—237 年（或略后）之间。朱应与康泰的出使，在秦论归国后不久，两者之间的联系应该说是密切的。康泰回国后著有《吴时外国传》，其书虽早已亡，然部分内容却得以保存在《水经注》、《艺文类聚》、《太平御览》等书中。学者通过研究这些散存的片段，发现康泰对通往大秦的海上交通有一定的了解和认识。有意思的是，康泰与朱应的出使，并未远至大秦，其关于通大秦海路之知识，很有可能是来自秦论。许永璋因此怀疑当年孙权询问大秦"方土谣俗"时，康泰等可能在场。[③] 由上文不难看出，此推测有一定依据。当年秦论来华，孙权亲自接见并有过一段对话，想必为轰动一时之事件。朱应与康泰为孙吴政权着力培养之"外交"官员，参与其中，亦极可能。且秦论在华生活至少七载以上，想必与后来出使之朱应、康泰有过交往，以孙权之亲问"方土谣俗"来看，朱应与康泰从秦论口中获知不少有关大秦及东南亚诸国的相关知识亦属可能。

若以上推测属实，则朱应与康泰之出使，或多受益于秦论。孙吴政权以积极开发海外交流之姿态，必从秦论那里获得不少方外异域之资料。以当时孙吴之海洋航行能力而言，远规大秦或许还不现实，因此孙吴政权才选择东南亚诸国作为出使对象，开启了南洋异域的探索之旅。由此看来，秦论来华确为中外交通史上，尤其是海路交通史上之一重大历史事件。然为何陈寿著《三国志》，裴松之广罗史料，却都对此只字不提？观《梁书·诸夷传》总论海南诸国曰：

> 海南诸国……后汉桓帝世，大秦、天竺皆由此道遣使贡献。及

---

① 参见许永璋《秦论来华与朱应、康泰出使南海诸国》。
② 同上。
③ 同上。

吴孙权时，遣宣化从事朱应、中郎将康泰通焉。其所经及传闻，则有百数十国，因立记传。晋代通中国者盖少，故不载史官。及宋、齐，至者有十余国，始为之传。自梁革运，其奉正朔，修贡职，航海岁至，逾于前代矣。今采其风俗粗著者，缀为《海南传》云。[1]

由此看来，陈寿之所以未载之史册，或因其时无此官方记载。毕竟秦论来华，乃商人个人行为，非政府之"通中国"者，故不录于史官。而宋、齐之后，随着这些"海南诸国""至者十有余国"，才"始为之传"。秦论来华之所以能存于《梁书》，其一为当时"海南诸国""航海岁至，逾于前代"，故当时于此方面之记载较多；其二或为康泰所著之《吴时外国传》得以在唐代流传开来，唐代史臣采之入《梁书》。要言之，秦论来华之事载于《梁书》，当有其特殊之历史因缘，此虽为推测之言，亦不失为一可能之情状。

孙吴政权在三国政权中，是比较注重海路交通的开发与运用的。这一方面得利于得天独厚的地理优势，另一方面也是对秦汉时期海路交通条件的一个继承和发展。史料记载，孙吴时期的造船业和造船技术比较发达，这一认识在长沙走马楼吴简中得到深化。长沙走马楼吴简中有关舟传属具的简文，为我们认识孙吴的水运交通，提供了具体的资料。[2] 研究表明，走马楼吴简相关内容反映出当时的湘江水运已使用排水量70—100吨的船舶。[3] 由此不难看出：孙吴时期的水运形式与水运交通还是得到了巨大的发展，这与孙吴政权重视水路交通的发展有关。而作为水路交通之一的海路交通，也在孙吴时期得到比较大的发展，秦论来华及其返国，正是这方面的具体体现，它为我们展示了孙吴政权对海路交通的重视以及当时海路交通的实际情况，为我们深化对当时东洋和南洋海路航线的认识提供了帮助。

---

① 《梁书》卷五四《诸夷传》，第783页。
② 王子今：《秦汉交通史稿》（增订版），第236页。
③ 王子今：《走马楼舟传属具简与中国帆船史的新认识》，《文物》2005年第1期。

《广东新语》所载南越国史迹考

——兼论秦汉时期的岭南交通与岭南开发

河北大学历史学院　杨倩如

一　屈大均与《广东新语》

屈大均（1630—1696），字翁山，汉族，广东番禺人，明末清初著名学者、遗民诗人，"岭南三大家"之一。屈氏曾遍游岭南各地，举凡广东历史、地理、人文、风俗，无不详悉，有"广东徐霞客"之称。明亡之后，他积极投身于反清复明的斗争之中，足迹遍及吴越、幽燕、齐鲁、荆楚、秦晋各省乃至关外。屈大均毕生致力于研究、弘扬岭南文化，搜集整理和编纂汇刻了大量广东地方文献，[①] 当代学者评价其成就："不仅是岭南百科全书的开创者……而且是开粤人整理地方文献之先的文献学家……对广东乃至岭南文化的繁荣和发展做出了重大贡献"。[②]

成书于康熙十七年（1678）的《广东新语》，集明清岭南地方史志之长，备述粤地之天文、地理、山水、古迹、交通、矿藏、动物、植物、经济、物产、文化、习俗、民族、人物、诗文以及遗闻轶事等，资料翔实，内容丰富，描述生动，考订精审，具有极高的史料价值和学术成就。

---

① 屈大均整理了《广东文选》、《广东文集》、《岭南诗选》、《广东丛书》等文献，并参与《永安县次志》、《广州府志》、《定安县志》、《四朝成仁录》等方志、史传的编纂。

② 罗志欢：《岭南历史文献》，广东人民出版社 2006 年版，第 390 页。

作者自称此书"广大精微，可以范围天下而不过"①，被誉为"广东大百科"②。

《广东新语》在历史地理学、区域史、社会史、科技史、民族史、风俗史等方面的文献价值、叙事成就和学术贡献，古今学者已多有论述，在此无须赘言。引起笔者重视的，是该书对于南越国史迹的考订及相关人物、史事的评述。屈大均将秦汉之际赵佗所建立的南越国视为岭南文明的开端，"盖自秦、汉以前为蛮裔，自唐、宋以后为神州"。③ 在《广东新语》和一些诗文中，他着意搜求赵佗的生平史事，并详加考订南越国的历史遗迹。笔者统计，《广东新语》全书28卷、869条，其中记载赵佗和南越国的内容达33条之多，此外尚有一些条目涉及秦汉中央王朝对于岭南的开发、经略，以及这一时期岭南与中原地区的交往，本文拟对此进行专门考察。

二　《广东新语》对于"南越"疆域族源的界定

（一）"南交"与"越"考

岭南自古为百越聚居之地，对于岭南的区域范围和百越的民族源流，历代文人、学者说法不一、界定不明，屈大均对此提出了批评：

> 考唐分天下为十道，其曰"岭南道"者，合广东西、漳浦及安南国境而言也。宋则分广东曰"广南东路"，广西曰"广南西路"矣。今而徒曰"岭南"，则未知其为东乎？为西乎？且昭（明）代亦分广东为岭南、东、西三道矣，专言"岭"而不及"海"焉。廉、雷二州为海北道，琼州为海南道矣，专言"海"而不及"岭"焉。今而徒曰"岭南"，则一分巡使者所辖已耳。且广东之地，天下尝以

---

① （清）屈大均：《广东新语》"自序"，中华书局1985年版，第1页。
② 同文：《屈大均国际学术研讨会综述》，《学术研究》1997年第1期。
③ （清）屈大均：《广东新语》卷二《地语》"地"条，第29页。

"岭南"兼称之，今言"岭"则遗"海"矣，言"海"则遗"岭"矣。或舍"岭"与"海"而不言，将称陶唐之"南交"乎？周之"扬粤"乎？汉之"南越"乎？吴晋之"交广"乎？①

屈氏认定的"岭南"，是包括"岭"与"海"的广义范畴，即将历史上尧舜之"南交"、周朝的"扬粤（越）"、汉之"南越"、"吴晋"之"交广"悉数涵盖在内。他阐述"南越"之疆域沿革："南交者，粤也，陶唐之南裔也。故举南交而可以概粤矣。然史称周武王巡狩，陈诗南海，又《诗》曰：'于疆于理，至于南海。'则举南海又可以概粤矣。汉称粤为交州，盖本于唐；秦分粤地为南海郡，盖本于周。"②

对于赵佗以其国名为"南越"的由来，屈氏有详尽的考证：

《元命苞》云：牵牛流为扬分为越国，故越号扬越，谓扬州之末土。扬之越也。《尔雅》曰："越，扬也"，注谓发扬也，又其性轻扬也。李巡曰：江南其气燥劲，厥性轻扬。《太康地纪》云：以扬州渐太阳位，天气奋扬，履正含文，故取名焉。越又曰蛮扬。《风俗通》云：蛮，慢也。其人性慢，故又曰蛮越也。其曰百越者，以周显王时，楚子熊商大败越，越散处江南海上，各为君长也。曰勾越者，《淮南子》云：吴人语不正，言吴而加以勾也。勾，夷俗之发声也。颜师古云：吴与越音声多同，太伯自号曰勾吴，故越亦曰勾越也。《春秋》书于越，于亦勾也。勾践名践，勾亦语发声也。曰大越者，勾践自称其国也。曰于越者，始夏少康时。曰扬越者，始周武王时。曰荆越者，以在蛮荆之南，与长沙接壤，又当周惠王时归附于楚也。若蛮扬则始于汤也。曰南越者，吴王夫差灭越筑南越宫，故佗因其旧名，称番禺为南越也。③

---

① （清）屈大均：《广东文选·自序》，北京图书馆古籍出版编辑组：《北京图书馆古籍珍本丛刊》第1册，书目文献出版社1989年版，第3页。
② （清）屈大均：《广东新语》卷二《地语》"南交"条，第30页。
③ （清）屈大均：《广东新语》卷二《地语》"越"条，第31—32页。

屈氏指出，"南越"国名来源于春秋时代的两位霸主——越王勾践所建大越国以及吴王夫差灭越国后所筑的南越宫。岭南之地，以"番禺"之名为最古。屈氏援引《山海经》云："黄帝生禺阳、禺号，禺号处南海，生徭梁，徭梁生番禺，番禺者贲隅也。禺阳、禺号者，黄帝之庶子也。番禺，黄帝之曾孙也。则番禺之名，以黄帝之曾孙也"①，说明此地族群虽远离中原，但仍为轩辕黄帝之苗裔。"番禺之山甚大，故秦汉时，以广州之地总称番禺"②，故尔"佗因其旧名，称番禺为南越也"③，可见赵佗所建"南越"，疆域较勾吴、大越之"南越"更为广阔。

屈氏从越地始建宫室，揭示南越与楚地的渊源，并说明赵佗自号"南越武王"之名，来源于"东武山"和"南武城"：

> 越宫室始于楚庭，初，周惠王赐楚子熊恽胙，命之曰：镇尔南方夷越之乱。于是南海臣服于楚，作楚庭焉。越本扬越，至是又为荆越，本蛮扬，至是又为蛮荆矣。地为楚有，故筑庭以朝楚，尉佗仿之，亦为台以朝汉，而城则以南武为始云。初叔王时，越人公师隅为越相，度南海，时越王无疆为楚所败，其子孙遁处江南海上，相争为王。隅以无疆初避楚居东武，有怪石浮来镇压其地，名东武山，因于南海依山筑南武城以拟之，而越王不果迁。其时三晋，魏最强，越王与魏通好，使隅复往南海，求犀象珠玑以修献。隅久在峤外，得诸琛异，并吴江楼船、会稽竹箭献之，魏乃起师送越王至荆，栖之沅湘，于是南武疆上为越贡奉邑。或曰，《吴地志》称，吴中有南武城在海渚，阖闾所筑，以御见伐之师。或曰，初吴王子孙，避越岭外，亦筑南武城，及越灭吴，遂有南海，其后为楚所灭。越王子孙自皋乡入始兴，有鼻天子城，令公师隅修吴故南武城，既不果往，而赵佗遂都之，故佗自称南武王，而宫亦号南武宫。或曰，阖闾所筑南武城，在丹阳皋乡，吴既灭，其子孙南徙，遂移南武之名于岭外，亦犹越徙琅琊。初筑东武，既归会稽，亦名其地曰东武

---

① （清）屈大均：《广东新语》卷三《山语》"三山"条，第78页。
② 同上书，第79页。
③ （清）屈大均：《广东新语》卷二《地语》"越"条，第32页。

也。吴王子孙不能有其南武，而越王子孙有之，越王子孙复不能有
之，而佗实有之，遂以南武名其国，与汉争大，此劲越之所由称
也。……考楚之先熊渠曰："我蛮夷也，不与中国之号谥。"乃立其
三子皆为王，论者谓其王三子也，姑顺蛮夷之俗，不自为王，犹存
寅畏之心。其后十世熊通，求周室加位，不得，始自尊为武王。武
者生谥也，佗都南武，亦自称之曰武，盖师此意。①

对于赵佗"自称南越武王，已而又称武帝"，"生而自谥为武"且"与汉争
大"的行为，屈氏批评"此蛮夷大长之陋，盖始于秦政也"，这是将赵佗以
"武"自号与秦人的穷兵黩武，及"南蛮"民族尚武斗狠之陋习相联系，
有欠公允。历代帝王以"武"为谥号者众多，不能一概以"蛮夷大长之
陋"或严刑峻法之秦政相提并论。但是屈氏以为无论赵佗的名号"南越武
王"源于越、吴所建之"南武城"，还是楚人自号之"武王"，南越政权之
所以能够建国近百年，与汉并立对峙，是因为岭南地区和隶属于"东夷"
集团的吴、越，以及被视为"南蛮"之地的楚国之间的渊源和联系，却是
有道理的。② 东夷与楚国对岭南的影响不仅体现在文化方面，更体现在"百
越"民众"急疾有气势"、好勇不屈、"轻死易发"的地域性和民族性上③，
是以屈氏感叹说"此劲越之所由称也"，"越人之不可忽也如此"④。

虽然"百越"自古与"中国"隔绝（按，古代文献中之"中国"，
多指中央王朝所统治的地区，与今日"中国"之含义不同），但屈氏以为
"今粤人大抵皆中国种"，原因在于：

　　自秦始皇发诸尝逋亡人、赘婿、贾人略取扬越，以谪徙民与越
　　杂处。又适治狱吏不直者，筑南方越地。又以一军处番禺之都，一
　　军戍台山之塞，而任嚣、尉佗所将率楼船士十余万，其后皆家于越，

<hr/>

　① （清）屈大均：《广东新语》卷一七《宫语》"楚庭"条，第460—461页。
　② 有学者指出，岭南越族西与楚相隔以五岭，东与东夷相隔以东越，东夷与楚文化对岭南越
族产生了较大的影响（刘付靖：《东夷、楚与南越的文化关系》，《广西民族研究》1999年第1期）。
　③ 《汉书》卷二八下《地理志下》称楚人"皆急疾有气势"（中华书局1962年版，第1666
页），"吴、粤之君皆好勇，故其民至今好用剑，轻死易发"（第1667页）。
　④ （清）屈大均：《广东新语》卷一七《宫语》"吕相祠"条，第473页。

生长子孙，故嚣谓佗曰，颇有中国人相辅。今粤人大抵皆中国种，自秦汉以来，日滋月盛，不失中州清淑之气，其真鬋发文身越人，则今之徭、僮、平鬃、狼、黎、岐、蛋诸族是也。①

屈氏此语，有力地证明了"华夏"与"百越"、中原与岭南自古以来不可分割的民族、文化、风俗、疆域之间的联系。

（二）"越裳"与"白雉"考

在赵佗建立南越国之前，"中国"与这一地区的交往，始于古越裳国。远自唐尧②，后至西周初年周公摄政③，再到两汉时期④，历代史籍文献中均可见越裳朝贡的记载。越裳的具体位置，古今学者众说不一，

① （清）屈大均：《广东新语》卷七《人语》"真粤人"条，第232页。

② 汉伏生《尚书大传》："交趾之南，有越裳国。"（丛书集成初编本，中华书局1985年版，第86页）又，南朝梁任昉《述异记》："陶唐之世，越裳国献千岁神龟，方三尺余，背上有科斗文，记开辟以来，帝命录之，谓之龟算。"（郑学弢点校：《历代笔记小说丛书·列异传等五种》，文化艺术出版社1988年版，第159页）

③ 《竹书纪年》："（周成王十年）越裳氏来朝。"（王国维辑《今本竹书纪年疏证》，中州古籍出版社，第272页）又，（汉）伏生《尚书大传》："成王之时，有三苗贯桑叶而生，同为一穗。大几盈车，长几充箱，民得而上诸成王。王召周公而问之，公曰：'三苗为一穗，抑天下共和为一乎？'果有越裳氏重译而来。交趾之南，有越裳国。周公居摄六年，制礼作乐，天下和平，越裳以三象重九译而献白雉，曰：'道路悠远，山川阻深，恐使之不通，故重九译而朝。'成王以归周公，公曰：'德泽不加焉，则君子不飨其质，政令不施焉，则君子不臣其人。吾何以获其赐也？'其使请曰：'吾受命吾国之黄耇曰："久矣，天之无别风淮雨（一作烈风淫雨），意者中国有圣人乎？有则盍往朝之。"'周公乃归之于王，称先王之神致，以荐于宗庙。周而即衰，于是稍绝。"（第86—87页）又，晋崔豹《古今注》："周公治致太平，越裳氏重译来献白雉一，黑雉一，象牙一。使者迷其归路。周公锡以文锦二匹，车五乘，皆为司南之制。越裳氏载之以南，缘扶南、林邑、海际，期年而至其国。使大夫将送至国，而旋亦乘司南而背其所指，亦期年而还至。"（王根林校点《汉魏六朝笔记小说大观·古今注》，上海古籍出版社1999年版，第228页）

④ 《汉书》卷一二《平帝纪》："元始元年，春正月，越裳氏重译献白雉一、黑雉二，诏使三公以荐宗庙。"（第348页）又，《汉书》卷九九上《王莽传上》："始，风益州令塞外蛮夷献白雉。元始元年正月，莽白太后下诏，以白雉荐宗庙。"（第4046页）又，《王莽传上》："王莽复奏曰：'……越裳氏重译献白雉，黄支自三万里贡生犀。'"又，《后汉书》卷一下《光武纪下》："（建武十三年秋九月）日南徼外蛮夷献白雉、白兔。"（中华书局1973年版，第25页）《后汉书》卷三《章帝纪》："（元和元年春正月）日南徼外蛮夷献生犀、白雉。"（第61页）

大致为今越南中部地区，即秦所置象郡、汉所置九真郡范围内。与历来学者考证多从地望、族属的角度入手所不同，屈氏一方面认同古人对于越裳国地理位置的说法，认为"林邑即越裳，今曰占城，在厓州之南，风顺一二曰可至"①，另一方面对于越裳国名的由来，有独到的解释。一是从表面字义解读其地理内涵。他认为越裳即"越之裳也"："越诸上郡为衣，而诸下郡为裳也。南极入地，至南海而益下，故称交州为天下之趾，而象林界外为越之裳也。"古代百越民族的活动区域，就是"四夷"中的"岛夷""南蛮"之地，越裳即位于这一区域的最南端。二是从越裳与中央王朝的关系来解读其名的文化内涵。屈氏引用汉文帝致赵佗书中所言"服、领以南，王自制之"，和汉高祖、汉文帝下赐赵佗"蒲桃宫锦"及"上、中、下褚衣"之事，②从文明开化的角度，说明"越裳"之"裳"，乃与"服"相对：越裳乃先秦"五服制"所规定的"荒服"之地，③"越为荒服"，而裳"言乎为边之幅也"，即已达到"荒服"的边缘。至于"领"，则与"岭"同音："领者，衣领也。五岭之于荒服，犹衣之领，故曰岭。其边海之地，则曰裳也。"基于特定的自然环境和风俗习惯，古代百越之民向有剪发文身、赤身裸体之习，相传大禹时期即有"裸国"④，赵佗于南越称帝时，亦有瓯骆族建立的"裸国"称王⑤。越地原非"中华冠带之室"，因此屈氏援引赵佗"越西有瓯骆，其众半裸，南面称王"的说法，认为"越裳之地而有衣裳，是犹知夫礼义，非同裸国之民也"，"古者衣与裳相连，犹乾与坤不相离也。越裳而欲通于中国，盖欲以其裳连乎中国之衣也"。地理位置较瓯骆裸国更远的"越裳国"，

---

① （清）屈大均:《广东新语》卷二《地语》"铜柱界"条，第42页。

② 《汉书》卷九五《南粤传》载汉文帝赐赵佗书云："愿与王分弃前患，终今以来，通使如故。故使贾驰谕告王朕意，王亦受之，毋为寇灾矣。上褚五十衣，中褚三十衣，下褚二十衣，遗王。愿王听乐娱忧，存问邻国。"（第3850页）

③ 《国语·周语》载祭公谋父曰："先王之制：邦内甸服，邦外侯服，侯、卫宾服，蛮、夷要服，戎、翟荒服。"（徐元诰撰，王树民、沈长云点校《国语集解》，中华书局2002年版，第6—7页）

④ 《史记》卷四三《赵世家》载赵武灵王曰："昔者舜舞有苗，禹袒裸国，非以养欲而乐志也，务以论德而约功也。"（中华书局1959年版，第1807页）

⑤ 《史记》卷一一三《南越列传》载赵佗上文帝疏曰："南方卑湿，蛮夷中闲，其东闽越千人众号称王，其西瓯骆裸国亦称王。老臣妄窃帝号，聊以自娱，岂敢以闻天王哉！"（第2970页）

早在唐尧之世至西周初年，就已沐浴到"中国"文明之教化，此从其国名即可窥见。二者之关系，犹如一个人上身所穿之"衣"和下体所着之"裳"，看则两分、实为一体，缺一不可。因为"衣裳取诸乾坤，无衣裳，斯无乾坤矣"，"衣裳冠盖"象征着儒家最为推崇的礼乐文明和"盛世之治"："《春秋》重衣裳之会，盖以黄帝、尧、舜垂衣裳而天下治，天下而皆有其衣裳，而天下治矣。"①

越裳献"白雉"，向来被视为天下太平、政治清明、文化繁荣、盛德远播的祥瑞之兆，具有深刻的政治、文化内涵。② 屈大均以为文献所载之"白雉"即粤地所产珍禽"白鹇"：

> 白鹇者，南越羽族之珍，即白雉也。周成王时，越裳贡白雉。建武中，南越徼外蛮献白雉。唐肃宗时，日南徼外蛮献白雉，皆白鹇也。素质黑章，喙丹，雄者有朱冠，背纯白，腹有黑毛，尾长二三尺，时衔之以自矜。神貌清闲，不与众鸟杂，故曰鹇。

屈氏对"雉"的得名理据，也运用了"以音求义"的解说方式，将这一物种的自然形态加以社会化、圣洁化。他认为雉是一种"耿介不欲近人"的鸟，"雉，挚也"："雌雄挚而有别，终日并游，人未尝见其乘居而匹处，雌雄不相戏狎，若朋友然，故曰雉"，"暮栖枝上，则雄上雌下，类有礼者"③。此说援引《离骚》"鸷鸟之不群，自前世而固

---

① 此段引文，均出于屈大均《广东新语》卷二《地语》"越裳"条，第30页。

② 刘向《新序》："越裳重译，祥瑞并降。"（卢元骏注译《新序今注今译》，天津古籍出版社1987年版，第37页）又，汉班固《白虎通义》："天下太平，符瑞所以来至者，……皆应德而至……德至鸟兽，则凤皇翔，鸾鸟舞，麒麟臻，白虎到，狐九尾，白雉降，白鹿见，白鸟下。"（陈立撰、吴则虞点校《白虎通疏证》，中华书局1994年版，第283—284页）又，晋葛洪《抱朴子外篇》："夫周室非乏玉而须王母之环以其为富，非俭膳而渴越裳之雉以充庖也，所以贵之者，诚以斯物为太平。"（杨明照《抱朴子外篇校笺》，中华书局1991年版，第570—575页）又，《艺文类聚·鸟部》引《抱朴子》曰："周成王所以（以白雉）为瑞者，贵其所自来之远，明其德化所被之广，非谓此为奇也。"（欧阳询撰、汪绍楹校《艺文类聚》，上海古籍出版社1985年版，第1571页）

③ （清）屈大均：《广东新语》卷二〇《禽语》"白鹇"条，第513页。

然"① 之义,又从伦理道德的角度将白雉的活动加以拟人化的阐发,颇
为生动有趣。

此种以字音、字义来考证古代地名、族称的方法,是否科学?其结
论是否符合历史的真实?笔者不敢妄言。就字面意义而言,笔者认同屈
氏将"越裳"解读为"越之裳也",即"越地的衣裳"。有学者进而援引
《汉书·郊祀志》颜师古注"羽衣,以鸟羽为衣,取其神仙飞翔之意
也"②,联想到唐玄宗所作"仙乐"《霓裳羽衣曲》——相传其宠妃杨玉
环随乐起舞时所穿的精致美丽的"羽衣",可能正是广东地区所产的一种
孔雀羽毛制成的女用斗篷。由此推断越地既以产雉著称,又以雉羽制成
霓裳进贡,这可能就是"越裳"得名之缘由。进一步推想,《山海经》
《淮南子》所载之"羽民",广州象岗山南越王墓出土的铜筒上所绘之
"羽人船图像",可能就是以织造羽裳著称的古越裳国之族众。③ 相较屈氏
的解读,笔者以为此种推断可能更接近历史的真相。

然而,如以"知人论世"的态度,联系屈大均的生平际遇和学术思
想,探究其阐发"越裳"之名的深意,则可理解其借古讽今之意,已超
越了学术研究的范畴。屈氏为明末遗民,亲身经历了明室覆亡的惨痛变
故,曾积极投身于反清复明的抵抗斗争。他目睹满族铁骑在各地(特别
是南方各省)的残酷杀戮,对于清政权推行的"剃发令"、"文字狱"等
民族歧视政策和文化高压政策,给广大汉族民众带来的深重灾难,尤其
是"胡服薙发"对于知识阶层造成的人格侮辱与精神创痛,感触极深。④
因此他将象征"汉家文明"的"衣裳冠盖"作为区分"华夏"与"夷
狄""文明"与"野蛮"的标准,尖锐而痛切地表明自己所处的时代
"无衣裳,斯无乾坤矣"——亡国之痛、遗民之思,跃然纸上,发人
深省。

---

① (战国)屈原:《离骚》,蒋天枢校释《楚辞校释》,上海古籍出版社1989年版,第
23页。

② 《汉书》卷二五《郊祀志上》,第1225页。

③ 何科根:《"越裳献雉"及越鸟的文化阐释》,《文艺理论与批评》1998年第5期。

④ 屈大均激烈反对清政府的"剃发令",曾出家为僧,并写下《藏发冢铭》《长发乞人赞》
《秃颂》《藏发赋》等文字,以示抗争。

三　《广东新语》中对于南越国兴亡史迹的考察

（一）赵佗守"三关"与南越立国考

《广东新语》"南越初起"条叙述了赵佗立国始末：

秦以桂林、南海、象三郡，非三十六郡之限，乃置南海尉以典之，所谓东南一尉也。嚣始为南海尉，佗为令，仅治龙川，秦之报佗也薄矣。然五岭以南，广运万里，秦直以三郡制之，亦疏矣。秦略定扬越，以谪徙民与越杂处，扬越盖自古迁谪之乡也。他日任嚣谓佗曰"颇有中国人相辅"，中国人，即谪徙民也。佗之王，秦实资之，谪徙民得依佗以长子孙。……秦以佽男女三千人与徐福，而百姓悲痛相思，欲为乱者十家而六。以女无夫家者万五千人与尉佗，而百姓离心瓦解，欲为乱者十家而七。然则徐福、尉佗，皆秦之陈胜也。尉佗初起，移檄告横浦、阳山、湟溪关曰：盗兵且至。急绝道，聚兵自守。当是时，秦人皆以诸侯兵为盗，谓诸侯之客亦曰盗。……嗟夫！能为始皇之盗者，豪杰也，书盗亦荣甚矣。如佗者，假秦之土地甲兵以自王，乃真始皇之盗耳！[①]

秦军征服岭南，起初遭受重挫。后经史禄凿通灵渠，解决了军用物资的补给，并征发大量移民随军出征，秦军方在任嚣、赵佗的率领之下取得了胜利，以岭南之地为桂林、象郡、南海三郡，这标志着秦廷经略岭南的开始。[②]屈大均认为，以任嚣、赵佗所取得的战功，秦仅以嚣为南海

---

① （清）屈大均：《广东新语》卷九《事语》"南越初起"条，第 275—276 页。
② 《史记》卷六《秦始皇本纪》："（秦始皇）三十三年，遣诸通亡及贾人、赘婿略取陆梁，为桂林、南海、象郡，以适戍。"（第 253 页）又《汉书》卷六四下《严安传》："（始皇）使尉屠睢将楼船之士攻越，使监禄凿渠运粮，深入越地，越人遁逃。旷日持久，粮食乏绝，越人击之，秦兵大败。秦乃使尉佗将卒以戍越。"（第 2811 页）

尉、佗为龙川令，是酬赏不公，"秦之报佗也薄矣"。笔者以为此说与事实不符。秦于三十六郡之外，另置岭南三郡，然此三郡建制与内地郡县制不尽相同。如南海郡不设郡守，而以主管军事的南海尉典之，即"南海惟设尉以掌兵，监以察事而无守"，南海尉"视他尉为尊，非三十六郡之比"，成为"专制一方"的"东南一尉"，即集军政大权于一身的最高长官。这种安排是基于在平定岭南的过程中，越人各部族的激烈反抗，使秦军付出了巨大代价。① 越族虽为秦所败，但仍具有相当的实力。为了对付随时可能发生的越人的反抗，在平定岭南的初期，强化军事统治是势在必行的，故秦廷仅设郡尉以掌军政大权。然而，南海尉大权独掌，固然有利于强化中央政权对于岭南地区的统治，但也为其壮大个人势力、割据一方提供了便利。赵佗正是在此种形势下，利用了天时、地利、人和诸多因素，得以称王建国。从这个意义上说，屈氏以为"秦氏待佗也薄矣"，并不准确。但他认为"五岭以南，广运万里，秦直以三郡制之"，是重大的决策失误，致使朝廷陷入危机，失去对岭南大片领土和五十万秦军的控制，却是有道理的。

赵佗于天下大乱之际，绝道自守，以檄文告知民众，将可能进攻岭南的朝廷军队称为"盗兵"。屈大均不仅不视其为谋逆、叛乱，反而认为"能为始皇之盗者，豪杰也，书盗亦荣甚矣"；并且认为"如佗者，假秦之土地甲兵以自王，乃真始皇之盗耳"，肯定了赵佗拥兵自立是善于审时度势的睿智之举。对于赵佗要求秦始皇发一万五千名女子赴岭南为军士补衣、解决士兵的婚姻问题，屈氏以为这加重了内地民众对于暴秦的怨恨，造成"百姓离心瓦解，欲为乱者十家而七"，② 但毕竟保全了岭南一

---

① 《淮南子》卷一八《人间训》："（秦皇）利越之犀角、象齿、翡翠、珠玑，乃使尉屠睢发卒五十万，为五军，一军塞镡城之岭，一军守九疑之塞，一军处番禺之都，一军守南野之界，一军结余干之水，三年不解甲弛弩，使监禄无以转饷，又以卒凿渠而通粮道，以与越人战，杀西呕君译吁宋。而越人皆入丛薄中，与禽兽处，莫肯为秦虏。相置桀骏以为将，而夜攻秦人，大破之，杀尉屠睢，伏尸流血数十万。"（何宁《淮南子集释》，中华书局1998年版，第1289—1290页）

② 此说见于《史记》卷一一八《淮南衡山列传》伍被语淮南王刘安曰："（秦皇）使尉佗踰五岭攻百越。尉佗知中国劳极，止王不来，使人上书，求女无夫家者三万人，以为士卒衣补。秦皇帝可其万五千人。于是百姓离心瓦解，欲为乱者十家而七。"（第3086页）

方军民"免于中原之锋镝"，"为秦留其遗民"，是以他以为"佗之王，秦实资之，谪徙民得依佗以长子孙"。赵佗身为秦吏，却成为加速秦之灭亡的关键人物，在屈氏看来，赵佗实际上是"秦之陈胜也"。联系屈大均生活的时代，与秦末群雄割据、生灵涂炭的乱局何其相似！因此，对于秦末那些揭竿而起、反抗暴政的豪杰义士，如荆轲、张良、陈胜等人，他都予以极高评价。陈胜起义虽然最终失败，但屈氏乃肯定其开创之功。① 将赵佗与陈胜相提并论，足见他对赵佗在秦末划岭、保障岭南地区免受战火之灾、实现局部统一，是予以充分肯定的。

对于赵佗"移檄告横浦、阳山、湟溪关，乃备粤之北门"之"三关"，屈大均进行了专门考察：

> 湟溪、阳山、洭口皆有秦关，名曰三关。清远、汇口亦有之，盖粤东要害，首在西北，故秦所置三关皆在连州之境，而赵佗分兵绝秦新道亦在焉。佗既绝新道，于仁化北一百三十里，即今城口筑城，以壮横浦。于乐昌西南二里，上抵泷口筑城，以壮湟溪。盖仁化接壤桂阳，乐昌接壤郴州。当时东岭未开，入粤者多由此二道，即使南安有守，而精骑间道从郴、桂直趋，可以径薄韶阳，横断南北，此佗设险之意也。或曰，乐昌古城，任嚣之所筑，其在隔河二里之城，乃佗所筑。以夹武溪之水者，盖自宜章而下，三泷水最湍急，舟可两日至韶，二城夹扼泷口，则西北之要害据矣。②

屈氏以为，赵佗于粤东要害的三关之处驻防，并于仁化、乐昌、英德筑城固守，是极为有效的防御措施。仁化紧邻湖南，为防卫前沿之一，是号称"唇齿江湖，咽喉交广，当百粤之冲"的韶州之"唇齿咽喉"。赵佗于"仁化北一百三十里筑城"，目的在于阻止敌军南下，"以壮横浦"。乐昌是武水流经的重要地点，武水源于湖南南部的宜章，流入广东后，历

---

① （清）屈大均《翁山诗外·读陈胜传》："闾左称雄日，渔阳谪戍人。王侯宁有种？竿木足亡秦。大义呼豪杰，先声仗鬼神。驱除功第一，汉将可谁论？"（陈永正主编《屈大均诗词编年笺校》上册，中山大学出版社 2000 年版，第 594 页）

② （清）屈大均《广东新语》卷二《地语》"三关"条，第 32 页。

乐昌、韶关，与淡水合流为北江。在湖南顺武水而下，逾岭达于北江，然后可下至番禺等地。乐昌傍武水、近南岭，其战略重要性十分明显。赵佗于仁化、乐昌傍水筑城，一是因为河流为交通要道之一，极富战略意义；二是为了充分发挥越人"以船为本，以揖为马"的优长。因为越人习于水性，其舟兵（即楼船兵）极富战斗力。是以屈大均指出"仁化接壤桂阳，乐昌接壤郴州，当时东岭未开，入粤者多由此二道"，赵佗在这两地筑城，就可防备从南安（今江西境内）间道经郴、桂直趋而入粤之敌军，"此佗设险之意也"。

有人认为乐昌古城为任嚣所建，人称"任嚣城"；赵佗所建之城在隔河二里之外，人称"赵佗城"。因为秦新道惟此陇中（指武水在乐昌这一段）最险，"三泷水最湍急"，于此筑城不仅可以就近牢牢控制武水水道，还可对湖南地理形势起一定的控制作用，即"扼楚塞"，阻止敌军由此南下。赵佗城与任嚣城夹武水而筑，互为声援，不仅加强了乐昌附近的防卫力量，可以更有效地阻击敌军南下，还可与附近的秦关防连为一体，形成较大区域的军事防卫区。湟溪关可阻击从湖南郴州沿洭水而下至广东连州的敌兵，乐昌二城则可阻击从湖南宜章顺武水而下的敌兵，收到"壮湟溪"的军事效果。是以屈氏称"二城夹扼泷口，则西北之要害据矣"。此外，屈氏还考察了赵佗在英德修筑的"万人城"。英德城南，有浈水（即今北江）流经浈阳峡，峡长二十里。赵佗在洭水、浈水交接处设浦关，清远离番禺仅一宿之路程，其北为英德，系"两粤之孔道，北来之门户"，地理位置十分重要，为了守住这一门户，"佗又筑万人城于浈水"[①]，以利于清远的士卒北上驰援英德、南下屏藩番禺，可谓计虑周全。

此后所发生的战争证明，赵佗绝要道、守三关、设重兵、筑坚城的措施极为有效，即使汉高祖刘邦也不得不称赞他在"会天下诛秦"的乱世之中，将岭南治理得"甚有文理"，使"中县人以故不耗减"。因无力干涉南越政务，刘邦只能接受赵佗于岭南自立为王的事实，与之建立名

---

① （清）屈大均：《广东新语》卷二《地语》"三关"条，第32页。

义上的君臣关系。① 在刘邦去世后，因汉越交恶，赵佗称帝，吕后遣周灶等人前来征讨，汉军"薄阳山岭"，却始终"不能逾岭"，南越军队据岭上关防反击，终使汉军大败，赵佗趁机拓展疆域，与"中国"抗衡，使南越国力臻于鼎盛。② 此后汉武帝出五路兵进攻南越，其中伏波将军路博德正是沿着赵佗所筑关城故道而下，屈氏指出："伏波出桂阳，下汇水为奇兵，即此道也。楼船出豫章，下横浦为正兵，其道直，无泷水之险，故先至，攻陷寻陕。伏波从衡岳而下，道远，亦以二城夹扼，费攻坚之力，故后期也。"③ 由此亦可见赵佗精心构筑的防线之坚固。

仁化古城的遗址至明朝尚存"古秦城"三字，清朝重修时曾勒"古秦城"之横匾。20 世纪 80 年代初，广东省开展文物普查工作，在乐昌城南武水北岸洲仔发现了西汉早期建的城址，有石柱础、绳纹板瓦、筒瓦堆积以及利用河卵石而砌成的城墙基址，有学者认为这可能就是赵佗所修的城池遗址。除乐昌、仁化、清远城址外，汉时广东还存在着其他一些军事防守城堡，如 1983 年发现的始兴县汉代城堡遗址，有人认为可能是赵佗时所筑；再如澄海两汉城址，建筑在卜华东溪两岸龟山上，也是用以军事防卫的。④

赵佗之所以能够独立于岭南一隅，任嚣是其中关键人物，是以唐代许浑诗中有"南来作尉任嚣力"之句。⑤ 屈氏认为抚御岭南，任嚣之功不在赵佗之下，而"尉佗之自立也以任嚣"。考广东境内任嚣遗迹，除乐昌"任嚣城"、泷口"任嚣祠"外，尚有广州镇海楼左"三君祠"。《广东新

① 《汉书》卷一下《高帝纪下》："（十一年夏五月）诏曰：'粤人之俗，好相攻击。前时秦徙中县之民南方三郡，使与百粤杂处。会天下诛秦，南海尉它（佗）居南方长治之，甚有文理，中县人以故不耗减，粤人相攻击之俗益止，俱赖其力。今立它佗为南粤王。'使陆贾即授玺绶。它稽首称臣。"（第 73 页）

② 《汉书》卷九五《南粤传》："高后时，有司请禁粤关市铁器。佗曰：'高皇帝立我，通使物，今高后听谗臣，别异蛮夷，隔绝器物，此必长沙王计，欲倚中国，击灭南海并王之，自为功也。'于是佗乃自尊号为南武帝，发兵攻长沙边，败数县焉。高后遣将军隆虑侯灶击之，会暑湿，士卒大疫，兵不能隃领。岁余，高后崩，即罢兵。佗因此以兵威财物赂遗闽粤、西瓯骆，役属焉。东西万余里。乃乘黄屋左纛，称制，与中国侔。"（第 3848 页）

③ （清）屈大均：《广东新语》卷二《地语》"三关"条，第 32 页。

④ 张荣芳：《南越国史》，广东人民出版社 1995 年版，第 60—62 页。

⑤ （唐）许浑：《登尉佗楼》，《全唐诗》卷五三五，文化艺术出版社 2001 年版，第 1375 页。

语》有"任嚣墓"条云:

> 任嚣墓,在南海县西北二里,墓上旧有庙,今无。今镇海楼左,但有三君祠一区,祀嚣及赵佗、陆贾耳。当始皇时,南海尉屠睢,以苛法钳制粤人,粤人不服,乘秦人疲惓,潜出奇兵攻之,遂破五军。嚣至,抚绥有道,不敢以秦虎狼之威,复加荒裔,于是民夷稍稍安辑。当是时,秦北有蒙恬,威詟漠庭,南有任嚣,恩洽扬越,而始皇乃得以自安。其后项、刘并起,豪杰纷争,莫知所向。而甘公乃教张耳曰:汉王之入关也,五星聚东井。东井者,秦分也,先至必霸。自甘公此说一倡。而天下皆归心汉矣。嚣亦善识天文,能知五星余气及越门为南方偏霸之象,卒教尉佗成其业。故张耳之归汉也以甘公,而富贵数世,尉佗之自立也以任嚣。而享国五传,是皆以天文决之。①

屈氏以任嚣因识天文而"能知五星余气及越门为南方偏霸之象,卒教尉佗以成其业",认为南越国能够"享国五传","是皆以天文决之",显系迷信之说,不足为凭;但他评价任嚣治越"抚绥有道,不敢以秦虎狼之威,复加荒裔,于是民夷稍稍安辑",将任嚣与修筑长城、抗击匈奴的名将蒙恬相提并论,认为"秦北有蒙恬,威詟漠庭,南有任嚣,恩洽扬越,而始皇乃得以自安",确为公允之论。

(二) 汉军平南越史迹考

《广东新语》对汉军平南越的路线进行了考察。"西江"条云:

> 西江在西粤为三,在东粤为一,一名郁水。《唐志》称,南海名山灵洲,大川郁水。曰牂柯江……牂柯江即今巴盘江,黔之水惟此为大,由滇阿迷、罗雄,径广南泗城、田州乃至粤自广南以上,皆

---

① (清)屈大均《广东新语》卷一九《坟语》"任嚣墓"条,第494页。

崎岖不通舟楫。而唐蒙以为一奇，欲从夜郎浮船制南越，计亦疏矣……用兵贵取奇道，然深入人国，其势在分。武帝攻南越，兵分五路，其命驰义侯发夜郎兵下牂牁，特以为奇耳。正兵以下横浦为先，下横浦至番禺，水道平而径。故楼船先至寻狭。①

汉武帝攻南越，唐蒙请发夜郎兵，浮船牂牁江，至番禺城下，出越人不意，此事见于《史记》、《汉书》的《西南夷传》。② 历来史家、学者多以此为"奇兵"、"奇计"，而屈氏却以为唐蒙此计"疏矣"，因为"用兵贵取奇道，然深入人国，其势在分"。因此汉武帝时征南越的五路军队，驰义侯发夜郎兵下牂牁，此"奇道""奇兵"反不如楼船杨军杨仆所率之"偏师"先至。对于杨仆破越，"四路下南越"条云：

> 汉当时四路下南越，楼船以偏师先至，其道径也。先陷寻陕，破石门，则南越之险夺矣。复居前，得以自择便处，居东南面，则越之下流据矣。乘暮而疾攻，纵火烧城，计莫善焉。有楼船之锋锐，战如雷霆，而后伏波得以遣使招降。故破越者，杨仆也。然越人至今祀伏波不衰，未尝及仆，则以伏波遣使招降者赐印，复纵令相招，务行其德之故也。太史公以杨仆为酷吏，观其反驱越人入伏波营中，亦可见其惨暴之一端也哉。③

屈氏批评杨仆攻越惨暴，不及路博德遣使招降之德。两汉发岭南之军，先后有两位楼船将军和两位伏波将军，屈氏特意对其加以比较，"两伏波楼船"条云：

> 汉孝武讨南越。遣伏波将军路博德、楼船将军杨仆。其后光武

---

① （清）屈大均：《广东新语》卷四《水语》"西江"条，第127页。
② 《史记》、《汉书》之《西南夷传》均载录唐蒙请发夜郎书："南越王黄屋左纛，地东西万余里，名为外臣，实一州主也。今以长沙豫章往，水道多绝，难行。窃闻夜郎所有精兵，可得十余万，浮船牂牁江，出其不意，此制越一奇也。诚以汉之强，巴蜀之饶，通夜郎道，为置吏，易甚。"（第2994页）
③ （清）屈大均：《广东新语》卷九《事语》"四路下南越"条，第276页。

征交趾。亦遣伏波将军马援、楼船将军段志。盖以越人素畏伏波、楼船之威。故仍其号。使闻之而知震惧也。然两伏波至今俎豆。而两楼船无闻。当时实以德济之。不纯用威。故民之不能忘若是。①

两位伏波将军中，尤以马援"有大功德于越"，被南越民众奉以为神："居民每食必以祭，事若严君"；尤为"徼外蛮酋所畏"，"自汉至今，恪遵约束，岁时腊腊"。其中以交趾伏波神庙，祭祀最为隆重。马援平定交趾，立二铜柱以表汉界，作铭曰"铜柱折，交趾灭"，"交趾人至今怖畏"，是故"交趾人每惧汉人诉其过恶于侯（马援封新息侯）而得疫病。于是设官二人守庙。不使汉人得入。而其君臣入而祭者。必膝行蒲伏。惴惴然以侯之诛殛为忧"②。屈氏推测马援立铜柱之意是以此为"镇蛮大器"："吾粤不多产铜，而伏波所为铜物，处处多有。吾意古时蛮里多以铜为兵，伏波既平交趾，或尽收其兵销镕，既铸铜柱五以表汉疆"，从此"马援铜柱"即成为"中国"声威传播南越的象征。然而，铜柱并不都是马援所立，屈氏一一考察了南越各处的铜柱："一在钦州东界，一在凭祥州南界，三在林邑北为海界，五在林邑南为山界"，说明唐、后晋两代均有武将复立，且不仅在古南越之地，安南、云南、贵州也有铜柱："唐开元时，何履光以兵定南诏，取安宁城及盐井，复立铜柱。其后安南都护张舟，立铜柱。元和中，马总为安南都护，又立二铜柱于汉故处，镵著唐德，以名伏波之裔。（后）晋天福五年，楚马希范平群蛮，自谓伏波子孙，立二铜柱于溪州。"③ 然而，由于伏波将军之威名，后人皆称为"马援铜柱"。

此外，南越之地还有以马援后裔自居的族群，除上文所述唐代与后晋的"伏波子孙"之外，居住在交趾伏波铜柱附近的"马流人"（或称马留人），亦自称"大汉子孙"："援北还，留十余户于铜柱所，至隋有三百余户，悉姓马。土人以为流寓，号曰马流人。铜柱寻没，马流人常识其处，常自称大汉子孙云。"屈氏感叹伏波将军居功至伟、遗泽深远，特

① （清）屈大均：《广东新语》卷九《事语》"两伏波楼船"条，第276页。
② （清）屈大均：《广东新语》卷六《神语》"伏波神"条，第39—40页。
③ （清）屈大均：《广东新语》卷二《地语》"铜柱界"条，第39页。

赋诗二首云：

> 山留铜柱水铜船，新息威灵在瘴天。终古马留称汉裔，衣冠长守象林边。
>
> 朝鸣铜鼓伏波祠，大汉儿孙实在兹。一任金标埋没尽，马人终古识华夷。①

回顾马援平定交趾之功，联想汉弃珠崖、明弃交趾之失策，屈氏感叹说："使铜柱旧封，日沦异域，极目关河，非复元封、建武之盛。使有伏波其人者出，安知不可荡平，复为衣裳礼乐之地耶？"②

秦汉军队平定南越，关键在于水战，对此屈氏专门进行了考证。"操舟"条云：

> 越人善用舟……越地幽昧而多水险，其人皆习水斗……《山海经》云，番禺始为舟。番禺者，黄帝之曾孙也。……其始为舟，故越人习舟。古时吴楚之舟，皆使越人操之……越王句践，尝发习流二千伐吴，又作大翼、中翼、小翼以攻吴，战舰之制，至句践而渐备矣。越既灭，其子孙散处海峤。然当秦之时，始皇尝使尉佗、屠睢将楼船士卒平越，其后汉武帝亦遣五将军，率楼船十万师平越。何当时越人不能以水斗长技与之争耶？杨仆得越船粟，因推而前挫越锋，遂至番禺。汉将军凡分五路，皆以水军，南越之平，实以水军之力。

越人虽善水战，但终未能抵挡秦汉军队的进攻，其关键在于秦将赵佗、汉将杨仆等，善于出奇制胜，使越人之长技无法充分发挥，是故屈氏称"故知将在勇，勇则神速，能使敌人长技不及施，策之上者也"③。

汉武帝平南越，源于南越丞相吕嘉之乱。广东顺德有吕相祠，旧传

① （清）屈大均：《广东新语》卷七《人语》"马人"条，第232页。
② （清）屈大均：《广东新语》卷二《地语》"铜柱界"条，第40页。
③ （清）屈大均：《广东新语》卷一八《舟语》"操舟"条，第476页。

为宋代吕文焕之祠，屈氏考订为非，认为是吕嘉遗迹：

> 顺德桂洲堡有吕相祠，神甚赫，相传为宋吕文焕于甲子门与元人战败赴水死，尸溯流至，乡民祠之。咸平间，封忠愍武灵侯。考《通鉴》，文焕以襄阳降元，为参知政事，每导元人入寇，德祐初，籍其家。宋亡入见太后，尚出怨言，乃宋叛臣，无战甲子门事。况咸平乃真宗年号，先文焕二百余年，则所传者讹也。邑西南有地名石涌，南越相吕嘉故乡也。当汉兵南下，嘉于其乡筑石涌、金斗二城以为守，败后伏波追奔至此，编桥度兵，既获嘉，桥遂以伏波名。桂洲与石涌一水相连，溯流而至必嘉也，为南越相故称相，此乃嘉之子孙，居于石涌者之所祠也。

屈氏认为"（吕）嘉本越人之雄，尉佗得之，因越人之所服而相之，而南越以治"[1]。正是由于赵佗推行的"和辑百越"政策，才使得汉人在南越的统治得以巩固。[2] 但无论如何，"南越窃据为雄，已历世五王，历年九十有三矣"，于汉廷而言，终究是一个偏安割据政权，归于一统，乃大势所趋，"使（赵）建德、吕嘉善守，终亦覆亡"。屈氏以为汉武帝发兵平定南越，置九郡，将岭南大片领土归于汉域，是"天将以土地归神华，为衣冠文物之区，所以爱斯民也甚厚"，是为"举国归中原之兆"。此说出自一位深受儒家"大一统"和"华夷之辨"思想浸润的汉族学者，立场不免失于偏颇；但屈氏提出"天之所废，虽阻险无所用之，故曰：固国以德"，验之以历代边疆割据政权与中央王朝之间的冲突争战与融合统一，仍不失为真知灼见。

---

① （清）屈大均：《广东新语》卷一七《宫语》，第473页。

② 有学者总结赵佗推行的"和辑百越"政策主要包括以下措施：一、尊重越人风俗，以蛮夷大长老自居；二、吸收越人参加政治，建立汉越联合统治体制；三、倡导汉越联姻，从血缘婚姻上加强汉越联系，有除民族隔阂；四、在越族部族力量强大的地方，因地制宜地给越人一定程度的"自治权"，或封王，或派使者典主（即主持郡事）。上述政策消弭了民族间的战乱，为岭南史的发展缔造了近一百年的和平发展时期；促进了汉越融合的进程，造成了岭南越族汉化的内向力；加速了汉文化的南传，推动了越族社会的发展。参见余天炽《南越国"和辑百粤"民族政策初探》，《华南师范大学学报》1982年第5期。

四　《广东新语》中对于赵佗史事遗迹的考察

"广东之文始尉佗"①，这是屈大均对南越武王赵佗的评价。在《广东新语》中，他记载了许多与赵佗相关的史事、轶闻和遗迹。

（一）陆贾出使与"尉佗书"考

赵佗于汉高祖时对汉称臣，陆贾于高祖、文帝时期两度出使南越，既确立了双方政治上的宗藩关系，又维持了南越实质上的独立地位，除吕后执政时期双方一度交恶、发生战事之外，总体而言，汉越之间保持了较为长期稳定的友好关系。对此，屈大均的评价是：

> 嗟乎！佗本邯郸胄族，以自王之故，裂冠毁冕，甘自委于诸蛮，与西瓯半嬴之王为伍。其心岂诚欲自绝于中国耶？诚自知非汉之敌，故诡示鄙陋以相绐，而息高帝兼并之心耳……盖犹是伪为魋结之意也。②

历代史家、学者对于赵佗"魋结箕踞"接见汉使陆贾的姿态，大多以为赵佗自恃地远兵精、关险城固，汉廷鞭长莫及，故意做出此等挑衅之举。对于陆贾之胆识、辩才，极尽褒扬，认为赵佗之所以能够先踞后恭，一改桀骜不驯之态，均得益于陆贾的游说之辞。③ 但屈氏却以为赵佗本为汉

---

① （清）屈大均：《广东新语》卷一一《文语》"广东文集"条，第316页。
② （清）屈大均：《广东新语》卷一七《宫语》"楚庭"条，第460页。
③ 施之勉《汉书集注》十一《陆贾传》引陈仁锡评陆贾说赵佗辞曰："陆贾说士，尉佗夷君，叙处各得其语气，所以称妙笔。"又引杨慎曰："（陆贾）从亲戚兄弟坟墓说，至掘烧及夷族，情已迫切。至言越杀王降汉，新造未集二句，利害甚明，语不多而感动至矣。"又引吴齐贤曰："（陆贾）先责尉佗，即捷转入汉事……此一段，正从'中国人'三字贯下。盖中国人而王，越终是他族逼处，与越人之心，终未合一，故杀王降汉，直入老佗心坎，不觉蹶然起坐也。"（台北三民书局股份有限公司2003年版，第5367、5369页）

族，出身于邯郸贵胄，不可能真心愿意"自委于诸蛮，与西瓯半赢之王为伍"，而"自绝于中国"。他之所以"裂冠毁冕""魋结箕踞"，故意问陆贾"我孰与萧何、曹参、韩信贤"，甚至问出"我孰与皇帝贤"① 这种看似狂妄无知的大话，其实是心知南越非汉之敌，故意做出此等"夜郎自大"的姿态，"以息高帝兼并之心耳"。笔者以为，屈氏此言更为符合赵佗其人的性格、心理与当时汉越双方实力博弈的真实情况。

更能体现赵佗政治智慧与谋略的，是陆贾第二次出使时，赵佗所上之报文帝疏。历代正史典籍中多收录文帝赐赵佗书，极为推崇文帝的仁君风范与胸怀，但屈氏却高度赞扬赵佗的上书，认为他有"文王事殷之德"：

> 南越文章，以尉佗为始，所上汉文帝书，辞甚醇雅。其中国人代为之耶？抑出于南越人之手也？文帝曰：朕高皇帝侧室之子也，以王侯吏不释之故，不得不立也。佗亦曰：老夫故粤吏也，妄窃帝号，聊以自娱也。盖文帝有舜禹有天下不与之心，佗亦有文王事殷之德。君臣之间，以至诚感应，如响与声，信一时之盛事也。论者以文帝赐佗书，纯作家人父子语，不用欺，亦不示恩，所谓以德服人。然亦佗明哲炳于几先，故能变逆为顺，以相安于无事耳。②

有人认为是汉文帝的恳切态度感动了赵佗，心甘情愿俯首称臣；也有人以为是由于文帝甘愿自降天子之威，才使得赵佗易于接受，笔者以为均失于片面。诚如屈大均所言，文帝之仁德，需有赵佗之逊顺，方才得以彰显；这固然是由于汉越双方的实力所致，但也不能否认赵佗身为汉人，对于故乡、故国在政治、文化、血缘、感情上有着深刻的认同。是故屈氏认为赵佗言"老臣妄窃帝号，聊以自娱，岂敢以闻于天王之语"，"其词逊而屈，可谓滑稽之雄"，是由于赵佗审时度势、懂得明哲保身，"故能变逆为顺，以相安于无事耳"，方为洞悉史实、合乎情理的评价。清人梁廷柟受屈大均的影响，对此有更为精辟的解读：

---

① 《史记》卷九七《陆贾列传》，第 2698 页。
② （清）屈大均：《广东新语》卷一一《文语》"尉佗书"条，第 320 页。

　　汉兴，佗有服事之志，尺书一到，稽首称臣。彼其心实隐虑高帝之不能容，边关之不足恃，故托于顺天归命以自全。不然，纵百贾何为也哉？其背汉也，虽衅由高后，亦将伺汉之乱，而思逞焉。固不料文帝之能以结之恩者，消之也。当是时诸吕除，贤天子继出，向之机阱，安若泰山，固不待贾之再来，而帝号之削，在佗意中久矣。论者以椎结箕踞待汉使，谓犹有夜郎自大心，不知佗方欲自外乎蛮夷，示无远大志，俾汉之君臣荒陋置之，又报文帝书曰：妄窃帝号，聊以自娱。盖始以倔强，而终以滑稽，皆所以杜兼并之祸于无形，而并令受之者无以测也。佗之智，更出萧、张上哉！①

有鉴于此，屈氏在编纂《广东文选》时，不满意前人所编《岭南文献》和《岭南文献续集》中的采文标准，增入包括赵佗和赵佗之孙赵胡在内的汉代五家之文，并将赵佗《报文帝书》列于篇首，以其孙赵胡上武帝书次之，"重其文，亦重其智也"。屈氏此举意义深远，使得《报文帝书》由此成为"岭南文学的开篇之作"和"岭南地方文献的源头"②。

　　"三寸陆贾舌，万里汉山川"③，对于陆贾两度出使南越，以其过人的胆识、才华和诚意，达成汉越通好之功，屈氏也深为推崇，认为"自古文人至越者，始陆贾，继终军，皆有光于越"。《广东新语》中记载了当地所存陆贾之遗迹。一为广州越华楼："在广州城西啮船澳，南越王佗，以陆大夫有威仪文采，为越之华，故作斯楼以居之。或曰，越华楼一名越华馆，佗作此以送陆贾，因迩朝台称朝亭，唐改曰津亭云。④ 屈氏以为越华楼（或称越华馆）因靠近赵佗所修建的朝汉台，故而又称"朝亭"，

　　① （清）梁廷枏：《南越五主传》卷一《先主传》，杨伟群点校《南越五主传及其他七种》，广东人民出版社1982年版，第13页。
　　② 罗志欢：《岭南历史文献》，广东人民出版社2006年版，第298页。
　　③ （唐）于濆：《南越谣》，《全唐诗》卷五九九，第352页。
　　④ （清）屈大均：《广东新语》卷一七《宫语》"三楼"条，第467页。

但经梁廷枏考证二者非一。①

二为番禺陆贾城:"陆贾初至南越,筑城于番禺西浒以待佗,名曰陆贾城,其遗基在郊西十里,地名西场,一曰西候津亭。出城凡度石长桥一、短桥二,乃至,予之生实在其地。……予尝欲以宅地作贾祠,私俎豆之。"②此说经梁廷枏考证也与史实不符。《南越五主传》引《郡县志》云:"(陆贾)故城在南海县西十四里。贾之来也,佗不即前,贾故为城以待之。"又引《岭海剩》谓陆贾城在广州城西西十里。梁氏由此提出疑问:"佗王南越,设险守边,汉兵尚不能人,贾之入境,当有卫送至都者,岂得以一介孤使,于人国都逼近地,遽自兴筑以以待人来?倘佗终不出迎,贾能竟不入其都耶?揆之事势,真不可通矣。"因此梁氏以为所谓"陆贾城",应是"贾曾来居此,故后人因以名城耳"。③

三为德庆锦石山上的大中祠:

> 山在德庆州西,高百余丈,一石状天柱,削成而圆。旁有数大石,若箕踞而坐然……汉大夫陆贾使南越,从桂岭取道至此,施锦步障以登。尝祷山灵,若佗降,当以锦为报。其后佗去帝号,受南越王封,与贾泛舟珠江,溯牂牁而上。贾因以锦包山石,锦不足,植花卉代之,遍岩谷间,望若霞绚,因名锦石山……山之西五十里陆溪。水口旧有大中祠祀贾,祠今毁。予谓贾功名以南越终始,其魂魄当不忘此。宜建祠锦石之下,为贾汤沐。一以报贾安南越之功,一以昭是山效灵于汉之德,此亦炎方之盛事也。④

---

① 梁廷枏在《南越五主传·先主传》中注引《太平寰宇记》云:"尉佗傍江构越华馆,以送陆贾,因称朝台。"又引《广州记》:"南越王佗即城西江浒朝汉台以送陆贾,因尔朝汉台,称朝汉亭。"但是《岭海剩》却说朝汉台、越华馆并在城西江浒,梁氏以为由此可证《太平寰宇记》以朝台为越华馆之误。另《大清一统志》据《宋书》可知另有一朝亭,证明《广州记》以越华馆为朝亭,"亦误也"。见杨伟群点校《南越五主传及其他七种》,第10页。

② (清)屈大均:《广东新语》卷二《地语》"西场"条,第43页。

③ 杨伟群点校:《南越五主传及其他七种》,第10页。

④ (清)屈大均:《广东新语》卷三《山语》"锦石山"条,第102页。

屈氏以锦石山罗旁水口之华表石，"始有功于汉"，"为南越之桢干"，遂回顾千年之前南越国那段辉煌历史，慨然作铭曰："效灵汉室，臣服王佗。蛮椎大长，罔敢称戈。大夫奉使，来指山河。……频消越霸，永去秦苛。……并为汉臣，筑宫其址。重觇山灵，千葩万蕊。以荐大夫。以惠女士。"① 诗史印证，读来更添趣味，"贾之功名与以南越终始，其魂魄当不忘此"。

（二）赵佗史迹考

1. 赵佗城。前文已述，《广东新语》记载了赵佗所筑乐昌古城和在英德所筑"万人城"，并将乐昌古城称为"赵佗古城"：（乐昌）泷口东岸，有赵佗古城，佗昔自王，首筑此以扼楚塞，盖以秦新道惟此泷中最险。彼北从浈水、西从漓水以入者，险皆不及泷口。"② 但屈大均未说明广东境内另有"赵佗城"，清人顾祖禹《读史方舆纪要》称赵佗城在今广州城东。③ 今广东省河源市龙川县陀城镇（又称龙川故城、龙川城、赵佗城），为赵佗任龙川令时所建，是广东境内最早立县之地，距今已有 2220 余年的历史。④ 此城自秦汉之后向为粤东重镇，被视为岭南文化的发源地，现

---

① （清）屈大均：《广东新语》卷三《山语》"锦石山"条，第103页。

② （清）屈大均：《广东新语》卷四《水语》"昌乐泷"条，第142页。

③ （清）顾祖禹《读史方舆纪要》卷一〇一《广东二》云："广州城，今府城也。旧《图经》：广州州城，始筑自越人公师隅，号曰南武。《吴越春秋》阖闾子孙避越岭外，筑南武城。后楚灭越，越王子孙隅入，始兴令师隅修吴故南武城是也。秦以任嚣为南海尉，初居泷口西岸，俗名万人城，在今城西二十七里。既，乃入治番山隅，因楚亭之旧。其治在今城东二百步，俗谓之任嚣城。又相传南海人高固为楚威王相时，有五羊衔谷，萃于楚亭，遂增筑南武，城周十里，号五羊城。及赵陀代嚣，益广嚣所筑城，亦在今治东，今谓之赵陀城。汉平南越，改筑番禺县城于郡南六十里，为南海郡治，今龙湾、古坝之间是也。号陀故城曰越城。"（贺次君、施和君点校《读史方舆纪要》，中华书局2005年版，第4595页）

④ （唐）李吉甫《元和郡县图志·岭南道一》："龙川故城，在县东北，水路一百七十五里。秦龙川县也。秦南海尉任嚣疾，召龙川令赵佗，授之以政，即此处也。"（贺次君点校《元和郡县图志》，中华书局1983年版，第894页）又，清顾祖禹《读史方舆纪要》卷一〇三《广东四》："龙川故城，在县东北七十五里。秦县治此，赵陀为龙川令，筑此城。汉、晋以来，皆为县治。隋开皇十一年，省入河源县。唐初复置龙川县，属循州。贞观初，省入归善县。一云今龙川县东二里有龙川故城，似误。"（《读史方舆纪要》，第4709—4710页）

存赵佗故居、越王庙、越王井、陀城村等遗迹。

2. 越王台。越王台为广东境内著名古迹，历来文人墨客多有诗文吟咏。① 屈大均认为"自古诸侯王筑台以朝天子，始自佗"，考订共有四台为赵陀所筑：

> 赵佗有四台，其在广州粤秀山上者，曰越王台，今名歌舞冈。其在广州北门外固冈上者，曰朝汉台，冈形方正峻立，削土所成，其势孤，旁无丘阜，盖茎台也。与越王台相去咫尺，其在长乐县五华山下者，曰长乐台，佗受汉封时所筑。长乐本龙川地，佗之旧治，故筑台。又新兴县南十五里有白鹿台，佗猎得白鹿，因筑台以志其瑞，是为四台。②

屈氏以为，"战国之筑帝宫，奉冠带以事强秦者，无斯恭顺，佗亦贤也哉"。他本人也曾登临越王台，并作怀古词：

> 雁翅三城、龙荒十郡，秋来不减边沙。恨牛羊有地，鸡犬无家。虽少诸军浴铁，还余几队吹笳。朝台试望，天似穹庐，直接京华。
> 赵佗箕踞，南武称雄，遗墟间取栖鸦。谁得似、斑雎汉使，才藻纷葩。汤沐千年锦石，文章五岭梅花。彩丝女子，争看旌节，色映朝霞。③

在词作中，屈氏追忆"南武称雄"的赵佗和"才藻纷葩"的陆贾，显然是渴望当时能够出现这样的英雄豪杰和才智之士，以救时补敝。

3. 越王井。《广东新语》中所载赵佗所凿之井，一为"越王井"，一为"赵佗井"：

---

① 如唐人许浑《朝台送客有怀》《登尉佗楼》，黄滔《广州试越台怀古》，宋人洪适《番禺调笑·朝汉台》，清人朱彝尊《越王台怀古》，陈学洙《南海杂诗》，梁成枏《钓龙台歌》，丘逢甲词《满江红·越王台，次伯鲁韵》等。

② （清）屈大均：《广东新语》卷一七《宫语》"四台"条，第461页。

③ （清）屈大均：《雨中花慢·越王台怀古》，《屈大均诗词编年笺校》下册，第594页。

　　九眼井，在歌舞冈之阳，相传尉佗所凿。其水力重而味甘，乃
玉石之津液。志称佗饮斯水，肌体润泽，年百有余岁，视听不衰。
又尝投杯于井，从石门浮出，舟人得之以为神，名越王井……井又
名越台井，以在越王台之下也，广州诸井此最古……其广丈余，有
九孔，文石为盖。汲者欲得井华，分绠而下，瓶罂各满，毋相抵触，
人甚便之。自汉至今，以为尉佗之遗泽云……九眼井又一，在龙川
治西赵佗故城，名赵佗井，味亦甘冽。①

这两处越王井遗址今仍可见，一在今龙川县佗城镇，一在今广州市应元
路西端的广东省科学馆内。粤人相信赵佗罕见的长寿源于他经常饮用此
井水，明正德年间黄谏著《广州水记》，将广州城内水质分为十等，以九
眼井为最佳。今广州越王井遗址，仍存"九眼古井"石碑。

　　4. 赵佗墓。赵佗墓在何处，至今仍为南越国考古的不解之谜。相传
赵佗生前即做出安排，由丞相吕嘉率领心腹，在番禺郊外的禺山、鸡笼
岗、天井等地秘密开凿疑冢数十处，致使后人难辨真伪。《广东新语》
"赵佗墓"条考察了有关赵佗墓的传说轶事：

　　南越武王赵佗，相传葬广州禺山。自鸡笼冈北至天井，连山接岭，
皆称佗墓。《交广春秋》云：佗生有奉制称藩之节。死有秘异神密之墓
是也。孙权尝遣交州从事吴瑜访之，莫知所在，独得明王婴齐墓。掘
之，玉匣珠襦，黄金为饰，有玉玺金印三十六，铜剑三，烂若龙文，
而文王胡墓亦莫知其处。佗墓后有大冈，秦时占者言有天子气，始皇
遣使者凿破此冈，深至二十余丈，流血数日，今凿处形似马鞍，名马
鞍冈。其脉从南岳至于大庾，从大庾至于白云，千余里间，为危峰大
嶂者数百计。来龙既远，形势雄大，固宜偏霸之气所钟也。冈南至禺
山十二里，禺山南至番山五里，二山相属如长城，南控溟海，木棉松
柏刺桐之属，一望葱青，实为灵穴之所结。故佗墓营焉。自南汉刘䶮
铲平二山……而地脉中断，然霸气亦时时郁勃。②

_____

① （清）屈大均：《广东新语》卷四《水语》"九眼井"条，第156页。
② （清）屈大均：《广东新语》卷一九《坟语》"赵佗墓"条，第493页。

关于赵佗墓的传说,最神奇者是《广东新语》中所载"秦时占者言有天子气,始皇遣使者凿破此冈,深至二十余丈,流血数日"。此说是否成为赵佗以此地为自己营造陵墓的依据,不得而知,但此地之"霸气亦时时郁勃",却历来为岭南民众所深信。是以明洪武初年,永嘉侯朱亮祖戡定南粤,于越秀山巅建望楼,高二十余丈,"以压其气"。至屈大均作《广东新语》,历二百余年,清平无事,屈氏以为"盖其验焉"。关于赵佗墓藏珍宝的传说,历代不绝,为赵佗与南越国史迹更添了几分传奇色彩。[①]

5. 越王山。"越王山"即梅岭的俗称,人们多以为得名于赵佗,但屈大均考证是得名于秦末越人领袖梅鋗:

> 梅岭者,南岳之一支……其曰秦关者,以始皇三十四年,所适治狱吏不直者所筑也……南越吕嘉叛,杀汉将军韩千秋,函封使者节置塞上,即此。故又曰,汉塞也……梅岭之名,则以梅则以梅鋗始也。鋗本越句践子孙,与其君长避楚,走丹阳皋乡,更姓梅,因名皋乡曰梅里。越故重梅,向以梅花一枝遗梁王,谓珍于白璧也。当秦并六国,越复称王,自皋乡踰零陵至于南海,鋗从之,筑城浈水上,奉其王居之。而鋗于台岭家焉,越人重鋗之贤,因称是岭曰梅岭。其曰大庾岭者,汉元鼎五年,楼船将军杨仆出豫章击南越,神将庾胜,城而戍之,故名大庾。其东四十里胜弟所守,名小庾。是则岭名梅以鋗,岭名庾以胜兄弟,秦之时岭名梅,汉之时岭名庾也。然汉时亦称梅岭。《史记》云,汉破番禺,东越兵不至,杨仆请从便击之,上令屯豫章梅岭以待命,余善闻之遂反,入白沙、武林、

---

① 例如,明代小说《艳异编》叙述唐代士子崔炜,因其先人曾登临越王台赋诗拜谒,南越武王赵佗遂以墓藏宝珠相赠:"乃抵波斯店,潜鬻是珠。有老胡人一见,遂匍匐礼拜曰:'郎君的入南越赵佗墓中来,不然不合得斯宝。'盖赵佗以珠为殉故也。崔子乃具实告,方知皇帝是赵佗也。佗亦曾称南越武帝耳。遂具十万缗而易之。崔子诘胡人曰:'何以辨之?'曰:'我大食国宝阳燧珠也。昔汉初赵佗使异人梯山航海,盗归番禺,仅千载矣。我国有能玄象者,言来岁国宝当归。故我王召我具大舶之资,抵番禺而搜索,今日果有所获矣。'遂出玉液而洗之,光鉴一室。胡人遽泛舶归大食去。炜得金,遂具家产……又登越王殿台,睹先人诗云:越井冈头松柏老,越王台上生秋草。古墓千年无子孙,野人踏践成官道。"〔(明)王世贞:《艳异编·正集》卷三七《鬼部二·崔炜传》,上海古籍出版社1992年版,第559页〕

梅岭，杀三校尉，上乃遣仆出武林，王温舒出梅岭击之是也……盖以锅之王名也，今俗称梅岭为越王山，人皆以为赵佗，不知乃锅之王故治。故予诗云，禺峡本因黄帝子，梅关亦以越王孙。而世乃谓陆凯折梅寄友，岭遂名梅，因筑折梅亭其上，谬矣。①

屈氏认为梅锅为越王后代中申明大义、顺应天命人心的贤者，考其生平事迹曰：

> 越人以文事知名者，自高固始，以武事知名，自梅锅始。当越人之复畔秦也，以锅为将，锅下令，户出壮士一人，领以户将，使合传、胡害将之，战则编为什伍，领以队将，使摇毋余将之。将士受命，乃率之归番君吴芮。锅劝芮西从沛公伐秦，芮然之，使锅先往。当是时郡县苦秦法，多杀长吏以应陈胜等……使芮不听锅言，终为秦守，其不同于会稽、狄、沛、东阳者无几矣！锅既行，遇沛公于南阳，与言相合，遂从攻析郦，降之。又从攻武关，破之。秦既灭，项羽封锅为台侯，食台以南诸邑，其后沛公以锅能成番君功名，复封锅广德十万户。
>
> 夫以锅之才为百粤人所归，设当大楚方张之时，使庚胜兄弟绝关自守，其智勇岂遂出嚣、佗之下耶？且是时，锅之王在浈水上，固勾践之本支也，锅即奉其王，以继禹、少康宗祀，亦孝子慈孙之所有事焉者。而锅以为秦者，周之寇雠，非仅越人与六国人之寇雠也，越人首畔秦，吾当帅之，以为周先王报怨。且先君勾践，能灭吴尊周室，其遗风余烈，子姓当继绍而起。毋以窃据一方为天下所指名为也……台岭故锅汤沐地，今无锅祠，吾尝叹为旷典，夫任嚣且祀于浈口，佗亦祀于玉山，况锅之贤者乎！②

作为一名土生土长的粤人，屈大均以为秦汉之际岭南地区能够免于战乱之灾，并最终成为"大一统"中国的一部分，梅锅之功，不可抹杀。世

---

① （清）屈大均：《广东新语》卷三《山语》，第65—66页。
② （清）屈大均：《广东新语》卷七《人语》"梅锅"条，第220—222页。

人多以任嚣、赵佗为岭南开发的功臣,屈氏却以为若无本地土著贤明君长如梅铜者,不愿"以窃据一方为天下所指名",岭南最终归于汉家版图,是不可能实现的。相比之下,任嚣、赵佗均有专祠祭祀,而梅铜的故乡却无祠,至为不公:"梅铜与无诸摇(闽越王),皆起兵从楚灭秦,又从汉灭楚,有大功劳,不愧为勾践之子孙。顾佗倔强一隅,乘机僭窃,甘与冒顿分南劲北强以苦汉,斯诚勾践子孙之所深恶痛疾者也!"① 由此可见,屈氏对南越历史人物的评价,均以其是否忠于汉廷为标准。

(三)赵佗治越轶事考

1. 越人连弩。历代文献记载赵佗割据称王,攻打交趾的骆越人首领安阳王一事,颇类神话。《广东新语》云:

> 古越人能为连弩。《南越志》称,交趾之地最腴,旧有君长曰雄王,其佐曰雄侯,地曰雄田。一曰骆田,食其田者曰骆侯,诸县则曰骆将,铜印青绶,如今之令尹然。蜀王尝将兵三万,讨雄王灭之,以其子为安阳王,治交趾。其城九重,周九里,士庶蕃富。尉佗窃据番禺,遣兵攻之,安阳王有弩一张,一放杀越军万人,三放杀三万人。佗乃却垒息卒,还戍武宁,遣次子始为质通好。王之女媚珠,见始丰姿闲美,遂私焉。始求观神弩之妙,媚珠示之,因潜毁其机,驰使报佗,复兴师袭之。军至,安阳王如初放弩,弩败,师徒崩散,遂破之。佗遣二使者,典主交趾、九真,即瓯骆也。②

此事亦见于《交州外域记》《日南传》《南越志》《广州记》和《南越五主传》等文献。一次杀人一万的神弩,显然是神话传说,但却从中显示出越人的弓弩之锋利。史载赵佗"以兵威财物赂遗闽粤、西瓯骆,役属焉",才得以使南越国疆域拓展至"东西万余里。乃乘黄屋左纛,称制,

---

① (清)屈大均:《广东新语》卷二《地语》"越"条,第31页。
② (清)屈大均:《广东新语》卷一六《器语》"弩"条,第445页。

与中国侔"①，可见征服越人之难。屈氏详载此事并赋诗曰：

> 交州多狸子，利器悍无比。左张卢生弩，右佩石碣矢。
> 勾粤之劲幹，燋铜为锋镝。一发三百步，秦军俱辟易。②

屈氏感叹曰："相传安阳王，有神人皋通教为之，其制不可考。使佗子孙能仿佛其大概，为弩以守，则伏波、楼船必不能攻陷石门、寻狭如是之易。嗟乎！幅员虽广，几敌中国之半，而汉偏师一入，国即破灭。绵力薄材，乃一至于是乎！"③ 他认为赵佗及其子孙没有掌握越人制弓弩的方法，事实恐怕并非如此。《南越志》曰："龙川有营涧，尝有铜弩牙流出水，皆以银黄雕镂。取之者，祀而后得。曾有取此牙逢风雨举船沦没。父老云：'越王弩营处也。'"④ 这说明赵佗征服越人之后，其军队也必定掌握了越人制弩之法，并曾设专门机构制造，但终究无法抵挡汉军的进攻。这又一次证明了屈氏"固国以德"的观点，任何一个政权也无法凭借所谓的天险利器而保证长治久安。

2. 镇山宝剑。《广东新语》中有赵佗以宝剑镇于两广名山之中的记载：

> 尉佗尝瘗宝剑以镇名山，今两广山中，往往有剑气中夜烛天。唐明宗天成中，罗浮掘得古剑，有篆文二十字，识者以为己亥年圣君出也。其后宋太祖应之而兴，是岂佗之所瘗者欤？⑤

以赵佗之镇山宝剑和宋太祖兴起相联系，由此解释两个相隔千年的赵氏政权之兴替，显然属迷信、唯心之说，但从中也可窥见赵佗神话在岭南

① 《汉书》卷九五《南粤传》，第3848页。
② （清）屈大均：《狸子谣》，（清）卓尔堪《明遗民诗》卷七，中华书局1961年版，第839页。
③ （清）屈大均：《广东新语》卷一六《器语》"弩"条，第445页。
④ （宋）李昉等：《太平御览》卷三四八《兵部》，上海涵芬楼影印宋本，中华书局1960年版，第1602页。
⑤ （清）屈大均：《广东新语》卷一六《器语》"宝剑"条，第439页。

民间的流传之广。

3. 南越贡物。"汉既平中国，而佗能集杨越以保南藩，纳贡职。"① 史载南越国曾屡次向汉廷进贡，如《汉书·惠帝纪》载三年秋七月，"南越王赵佗称臣奉贡"②。又，赵佗上文帝书称："谨北面因使者献白璧一双，翠鸟千，犀角十，紫贝五百，桂蠹一器，生翠四十双，孔雀二双。"③《汉书·武帝纪》载元狩二年夏，南越献驯象、能言鸟。④ 在《广东新语》的《兽语》《禽语》《货语》《香语》等篇中，屈氏详细记载了岭南所产贡物，如犀、象、贝、珠、荔枝、桂蠹、白鹇、孔雀、沉香等。其中"珊瑚"一条，饶富意趣：

> 珊瑚，水之木也，生海中磐石之上，初白如菌，一岁乃黄。海人以铁网先沉水底，俟珊瑚贯出其中，绞网得之。或以铁猫儿坠海中得之，在水直而耎，见风则曲而坚，得日光乃作鲜红、淡红二色。其五七株合成者，名珊瑚林，夜有光景，常烨烨欲然，南越王以为烽火树是也。状多如柏，亦曰烽火柏。或谓此物贵贱，并随真珠，大抵以树身高大，枝柯丛多，纹细纵而色殷红，如银朱而有光泽者为贵。色淡有髓眼者次之，其色善变，可以占灾祥。⑤

珊瑚亦称"烽火树"，为岭南名产，然而正史中并未出现过赵佗向朝廷进贡珊瑚的记载。但在一些杂史小说中的描述却颇为灵异，如《西京杂记》："积草池中有珊瑚树，高一丈二尺，一云三柯上四百六十二条，是南越国王赵佗所进，号为烽火树，至夜光景照焉。"⑥ 屈氏所载，兼有正史之实与小说之趣。

4. 其他。除上述史事遗迹之外，《广东新语》中还有秦汉时期岭南史

---

① 《史记》卷一三〇《太史公自序》，第3317页。
② 《汉书》卷二《惠帝纪》，第89页。
③ 《汉书》卷九五《南粤传》，第3848页。
④ 《汉书》卷六《武帝纪》，第176页。
⑤ （清）屈大均：《广东新语》卷一五《货语》"珊瑚"条，第416页。
⑥ （宋）李昉等：《太平御览》卷六七《地部》引《西京杂记》，第318页。另，《酉阳杂俎》卷一〇《物异》亦有相似记载。

迹、人物的记载。例如，传说中以秦皇、汉武求仙而闻名的罗浮山，为汉武帝所迷信的越卜，① 供奉着汉高祖所祠黑帝的真武宫，② 令赵佗折服的秦末岭南女杰洗夫人，③ 等。这些考证和记载，或补正史之阙，或记民俗之异，或传遗闻之奇，记述生动，文字优美。以罗浮山为例，这是一个对屈大均来说至关重要的地方。罗浮山为屈氏故里名山，清军攻陷广州后，他曾入罗浮为僧。经过数十年的游历、奔走，他逐渐意识到复明希望渺茫，抗清意志转为绝望，只能无奈地忘游于罗浮山水之间，将满怀的忧愤感伤寄于浪漫游仙情怀之中。秦汉时期与罗浮山相关的各种神异传说，成为他的灵感源泉，由此创作了大量描述罗浮山水风景的诗作。与诗作相互映证的是对罗浮山名、历史及相关人物、传说的考证：

　　蓬莱有三别岛，浮山其一也。太古时。浮山自东海浮来，与罗山合。崖巘皆为一。然体合而性分，其卉木鸟兽，至今有山海之异，浮山皆海中类云。《汉书》云："博罗有罗山，以浮山自会稽浮来傅之，故名罗浮……秦置博罗县，言博罗而浮之，奇可知矣，故不言浮，然浮博于罗，其事荒诞，而始皇信之，至以名县，亦可谓好怪者矣……始皇尝使人入海求三神山，未能至，以其一峰渐来，傅于罗山。因以博罗名县。

　　安期生常与李少君南之罗浮，罗浮之有游者，自安期始……安期固罗浮开山之祖也……安期报始皇书云，后千岁求我于蓬莱山下。

　　① （清）屈大均《广东新语》卷六《神语》"五帝"条："汉武帝迷于鬼神，尤信越巫，尝令越巫立越祝祠。安台无坛，亦祠天神上帝百鬼，而以鸡卜。至今越祠多淫，以鬼神方惑民徼祥者，所在皆然。"（第208页）

　　② （清）屈大均：《广东新语》卷六《神语》"真武"条："吾粤多真武宫，以南海佛山镇之祠为大，称曰祖庙。其像被发不冠，服帝服而建玄旗，一金剑竖前，一龟一蛇，蟠结左右。盖《天官书》所称，北宫黑帝，其精玄武者也，或即汉高之所始祠者也。……或曰真武亦称上帝，昔汉武伐南越，告祷于太乙，为太乙缝旗，太史奉以指所伐国，太乙即上帝也。汉武邀灵于上帝而南越平，故今越人多祀上帝。"（第208页）

　　③ （清）屈大均：《广东新语》卷八《女语》"五女将"条："论越女之贤者，以洗氏为首。洗氏，高州人，身长七尺，兼三人之力。两乳长二尺余，当暑远行，两乳辄搭肩上。秦末，五岭丧乱，洗氏集兵保境，蛮酋不敢侵轶。及赵佗称王，洗氏乃赍军装物用二百担入觐，佗大欢悦，与论时政及兵法，智辩纵横，莫能折。乃委其治高梁，恩威振物，邻郡赖之，今南道多洗姓，皆其枝流云。"（第256页）

而少君云，安期生仙者，通蓬莱中，罗浮者，蓬莱之一股也。……
合则见人，不合则隐。其见始皇也，与之语三日三夜，可谓合矣。
千岁之期，始皇岂有千岁者耶？当时何不使徐芾、卢生等，往求之
于罗浮之间耶？要之安期、徐福之流，皆以始皇为戏。方朔之于汉
武亦然，所谓神仙多狡狯非耶？安期在秦汉间名最著，故栾大以能
往来海中，见安期、羡门之属。而汉武即心艳之，妻以公主。然当
时方朔在前，何不以安期事迹一问之耶？

屈氏"考罗浮始游者安期生，始称之者陆贾、司马迁"，"罗浮之名，自
陆贾始言之。而后司马迁称之为南岳佐命。贾者，开辟罗浮之祖也"。他
回顾秦始皇迷信荒诞邪说，遣徐芾、卢生出海求仙，汉武帝因求仙心切
屡屡为李少君、栾大等人欺骗之事，夹叙夹议，兼以对自然景的描写：
"有博罗之白水山焉，西麓有番禺之白云山焉，与之鼎立，人亦以为三
岛，则罗浮又为白水、白云之主矣……罗之巅曰飞云，其西有三峰亦峭
绝鼎峙，往往中夜可候日，而浮山极巅。每当雨霁，白云汹涌四出，大
风荡漾，乍往乍回，若尚在大海之中，浮而未定。"① 笔调清新，读来颇
有山水游记之美，更富神奇浪漫色彩。

五　结论

综上可知，《广东新语》所记载、考订的赵佗史事和南越国史迹，诚
如为其作序的潘耒所言，"游览者可以观土风，仕宦者可以知民隐，作史
者可以征故实，摛词者可以资华润"。相较历代岭南方志和文人笔记，如
《岭南异物志》《桂海虞衡》《广州记》《南越笔记》《粤东闻见录》《南
越游记》等，《广东新语》以"其察物也精以核，其谈义也博而辨，其陈
辞也婉而多风"②，成为明清岭南历史地理文献中的佳作。

尤其引起笔者关注的是，在明清鼎革的时代背景之下，屈大均将赵

---

① 此段引文均出自（清）屈大均《广东新语》卷三《山语》"罗浮"条，第82页。
② 此段引文均出自（清）屈大均《广东新语》序，第2页。

佗及其所建立的南越国，视为在岭南地区创造过辉煌历史的汉族政权代表，搜其史事、考其遗迹，见诸史志诗文。推想其动机，他是渴望在当时出现如赵佗那样的汉族英雄和领袖，即便不能统一全国，也能称霸岭南，建立如南越国一般的独立政权，以对抗满清政权。笔者以为，此正是屈氏对于赵佗史事和南越国史迹格外关注、着意搜求考证的深层动机；也是前人将《广东新语》与顾炎武《日知录》相提并论，认为二书并为垂世之作的原因。

正因如此，屈氏在评述南越国历史人物、事件时，体现出知古鉴今、维正风俗的鲜明政治倾向和心向汉廷、维护统一的强烈民族情绪：一方面，他肯定了赵佗在秦末天下大乱之际绝道自守，保全岭南一方军民免受战乱之祸，及其两度向汉称臣，是善于审时度势、申明大义之举；另一方面，他又将赵佗视为"越之罪人"，对于赵佗窃据为雄、僭制称帝，对汉廷采取明恭暗拒的两面政策，且"不以礼乐自治以治其民，仍然椎结箕倨，为蛮中大长，与西瓯、骆、越之王为伍，使南越人九十余年不得被大汉教化"，认为是"尉佗之大罪也"。对于秦始皇置岭南三郡，移民实边，屈氏以为"以中国之人实方外，变其蛮俗。此始皇之大功也"；汉武帝发兵平南越，他也认为是合乎历史大势的"正义之举"①。此种略嫌严苛之论，固然是屈氏囿于儒家"华夷之辨"和大汉族主义立场所发，但笔者以为，应联系他的时代背景、生活经历和政治立场予以分析。

屈大均评价历代政权，认为"自唐、虞、夏而后，得天下之正者，莫如汉、明"。基于这一立场，他反对南越国持分裂割据之势，拥护中央王朝的统一。事实证明，秦征岭南、汉平南越，促进了岭南地区政治、经济、文化、教育的发展，以及汉越民族的融合、交流，使这一地区成为统一中国稳固的南部边疆，"盖越至始皇而一变，至汉武而再变。中国之人，得蒙富教于兹土，以至今日，其可以不知所自乎哉！"②从历史发展角度而言，其积极、进步意义是无庸置疑的。是故有学者称《广东新语》是一部"政治思想性很高的地方史志著作"，"教导人们热爱乡土，

---

① （清）屈大均：《广东新语》卷七《人语》"真粤人"条，第232页。
② 同上。

热爱人民，热爱祖国"①，原因正在于此。因此笔者以为，从这一视角来审视屈大均对于赵佗和南越国史的评价，在承认其立场、观点的局限性之外，亦应看到其超越时代、民族和地域意义的一面。后来治史者，对此不可不察。

---

① 李默:《读屈大均〈广东新语〉》,《广东社会科学》1997 年第 5 期。

作者简介

王海,1981年11月生,历史学博士,渤海大学历史学系讲师。

姜守诚,1975年4月生,哲学博士,中国社会科学院哲学研究所副研究员。

孙闻博,1983年8月生,历史学博士,中国人民大学国学院讲师。

杨延霞,1984年4月生,历史学博士,中国计量学院马克思主义学院讲师。

王君,1982年9月生,历史学硕士,山东英才学院讲师。

徐畅,1986年10月生,历史学博士,北京师范大学历史学院博士后。

靳金龙,1988年1月生,历史学硕士,就职于山西出版传媒集团。

陈宁,1981年3月生,历史学博士,河北省博物院文博馆员。

熊长云,1988年3月生,北京大学历史系博士研究生。

赵宠亮,1982年7月,历史学博士,四川省文物考古研究院副研究馆员。

黄旭,1989年3月生,台湾成功大学中文系博士研究生。

尤佳,1978年11月生,历史学博士,云南民族大学人文学院副教授。

[韩]琴载元,1981年9月生,西北大学历史学院讲师。

曲柄睿,1985年11月生,历史学博士,北京师范大学历史学院博士后。

董涛,1984年11月生,历史学博士,重庆大学人文社会科学高等研究院讲师。

孙兆华，1986 年 1 月生，中国人民大学国学院博士研究生。

田家溧，1988 年 4 月生，历史学博士，郑州大学历史学院博士后。

李迎春，1981 年 1 月生，历史学博士，西北师范大学历史文化学院副教授。

曾磊，1982 年 5 月生，历史学博士，中国社会科学院历史研究所助理研究员。

刘志平，1981 年 8 月生，历史学博士，西北大学历史学院讲师。

李玥凝，1988 年 11 月生，历史学博士，吉林大学古籍研究所讲师。

党超，1979 年 11 月生，历史学博士，南开大学历史学院讲师。

崔建华，1981 年 2 月生，历史学博士，陕西师范大学历史文化学院讲师。

吕方，1975 年 11 月生，历史学博士，陕西理工学院历史文化系讲师。

汪华龙，1988 年 6 月生，中国人民大学历史学院博士研究生。

钟良灿，1985 年 12 月生，中国人民大学国学院博士研究生。

杨倩如，1971 年 11 月生，历史学博士，河北大学历史学院副教授。